古典文獻研究輯刊

六 編

潘美月・杜潔祥 主編

第 7 冊

葉夢得《春秋傳》研究

姜 義 泰 著

國家圖書館出版品預行編目資料

葉夢得《春秋傳》研究／姜義泰 著 — 初版 — 台北縣永和市：
花木蘭文化出版社，2008〔民97〕
目 4+250 面；19×26 公分
（古典文獻研究輯刊 六編；第 7 冊）

ISBN：978-986-6657-05-4（精裝）
1.（宋）葉夢得 2.春秋三傳 3.學術思想 4.研究考訂

621.7   97000810

ISBN 978-986-6657-05-4

9 789866 657054

古典文獻研究輯刊
六 編 第 七 冊   ISBN：978-986-6657-05-4

葉夢得《春秋傳》研究

作　　者　姜義泰
主　　編　潘美月　杜潔祥
企劃出版　北京大學文化資源研究中心
出　　版　花木蘭文化出版社
發 行 所　花木蘭文化出版社
發 行 人　高小娟
聯絡地址　台北縣永和市中正路五九五號七樓之三
　　　　　電話：02-2923-1455／傳眞：02-2923-1452
電子信箱　sut81518@ms59.hinet.net
初　　版　2008 年 3 月
定　　價　六編 30 冊（精裝）新台幣 46,500 元

葉夢得《春秋傳》研究

姜義泰　著

作者簡介

姜義泰，生於 1975 年 10 月 30 日。曾就學於建國中學、台灣大學中文系、中興中文研究所。目前就讀於台灣大學中文博士班。學術專業領域在宋代《春秋》學、《春秋》三傳研究等領域。目前已發表〈論〈關雎〉之「亂」〉（《孔孟學報》第八十一期 2003 年 9 月）、〈從《韓非子‧解老》看韓非對老子思想的改造〉（《第四屆多元語言、文學與思想國際學術研討會成果專輯》，台北市立教育大學應用文學研究所主辦，2005 年 11 月）等文章。

提　　要

　　本篇論文的研究目的，在於根據葉氏《春秋傳》的內容，對葉氏《春秋》學理論進行初步的論述，並對《春秋》學中存在已久的重要問題予以進一步的反省思考。

　　本文共分六章：

　　第一章是緒論，旨在說明本文的研究目的與研究範圍，並約略引述本文希望討論的各種問題。

　　第二章除約略交代葉氏的生平與著作外，主要討論在葉氏觀點中，《春秋》一書的著作本旨。葉氏以「法天之大數」此一說法，來解釋《春秋》一書斷自隱公的事實，從而塑造孔子具備「代天行法」的神聖使命，並進一步地採用「天王去天」等經例，來貶斥天子。本章企圖在解釋葉氏理論後，對葉氏「法天之大數」這一說法予以理論溯源，進而評價其得失所在。

　　第三章主要論述葉氏對《春秋》一書性質的看法。首先，分析中唐啖、趙學派對於葉氏理論之深入而又普遍的影響。其次，說明葉氏所具有的尊經疑傳懷疑精神，基於尊經前提下對於三《傳》記事的攻擊，以及強調經文所具有的重「義」輕「事」性質。在《春秋》無闕文」一節中，希望透過比較皮錫瑞、顧棟高兩家意見，來對問題本身進一步地分析。在「闕文」問題上，葉夢得傾向胡安國。顧棟高則主要攻擊胡安國，反對「一字褒貶」，認為經文中斷闕不全的部分，皆是史料闕文。皮錫瑞則站在今文經家的立場，對顧氏說法提出答辯。因此可由兩家意見，進一步認識葉夢得的「闕文」論。

　　同時，此章仍根據葉氏對三《傳》性質的說明，分析葉氏所提出的《春秋》學研究方法。並詳細地論述「左氏傳事不傳義，是以詳於史而事未必實，以不知經故也。《公羊》、《穀梁》傳義不傳事，是以詳於經而義未必當，以不知史故也」這段意見中，容易讓人誤解的內容涵意。用現代學者的術語來說，希望說明《左傳》只能「以史傳經」而不能「以義傳經」。《公》、《穀》則只能「以義傳經」，不能「以史傳經」。進而連帶地討論葉氏對於當時流行之蘇轍、孫復兩家解經路線的駁斥，以凸顯葉氏在解經路徑上的堅持。

　　第四章則著眼於葉氏的解經特色，希望能詳盡地說明葉氏對於禮制考證、義例辨析的重視。從葉氏的考禮觀念開始，進一步說明葉氏運用古代禮制解釋經文，藉此約略呈現出葉氏在禮制考證上的豐富成果。同時，透過對歸入例等義例之辨析，葉氏展現出批評三《傳》缺失的深刻功力。最後則綜合評論葉氏在解經上的成就所在。

　　第五章主要是討論《春秋》學兩個重要問題，分析葉氏對於《公羊》經權說的看法，以及對於諱例理論的意見。希望藉由對於葉氏理論的詮釋，提供後來學者在《春秋》學領域進一步思考的空間。

　　第六章結論，概略總結本篇論文的意見觀點，並試圖對葉氏解經成就進行整體性的評價。

　　【關鍵字】葉夢得、春秋傳、春秋、義例辨析、宋代春秋學

目

次

第一章　緒　論

第一節　研究目的

　　經學是中國古代學術的主流，正如學者周積明所指出：對經學流變中是非得失的批評是中國古代學術的重要線索。但直到清乾隆中葉以前，所有的經學批評都缺乏宏觀意識和系統性，直至《四庫全書・總目提要》出，這一格局方被徹底打破。〔註1〕在經學部門，通過經部總敘、小序和經部提要，《提要》辨析經學的流變，闡述著作的旨歸，並指示學者讀書的門徑。

　　近代學者汪惠敏在《宋代經學之研究》中，考察《四庫全書・總目提要》對於宋儒《春秋》學的批評，從中發現一些非常值得參考的意見。汪氏指出《提要》在抑揚與奪的標準上，往往少可多否。其中值得注意的是，《提要》特別斥責孫復、胡安國兩人。和孫、胡兩人解經途徑相近的學者，《提要》同樣予以摒斥。以爲其人說經，異於先儒，穿鑿附會，木有根柢。

　　汪氏進一步指出，由《提要》褒貶之論以觀，則其猶有漢、宋之別，屢言宋儒「好軋先儒」、「空談臆說」、「穿鑿附會」、「棄傳從經」，尤其反對離左氏而言經者，其論述之中，屢見右左氏之言。〔註2〕

　　換言之，《四庫全書・總目提要》在面對宋代《春秋》學著作時，在褒貶批評中往往呈現揚《左》抑《公》、《穀》的傾向。從《提要》經部《春秋》類的序文中，以及卷末跋語，不難看出《提要》對於《左傳》的重視。《提要》說：

〔註1〕周積明：〈《四庫全書總目》的經學批評〉《孔孟學報》，1996 年 3 月，第 71 期，頁 179～198。

〔註2〕汪惠敏：《宋代經學之研究》（臺北市：師大書苑有限公司，1989 年），頁 301～312。

說經家之有門戶，自《春秋》三《傳》始，然迄能並立於世。其間諸儒之論，中唐以前，則左氏勝；啖助、趙匡以逮北宋，則《公羊》、《穀梁》勝。孫復、劉敞之流，名爲棄傳從經，所棄者特《左氏》事跡、《公羊》、《穀梁》月日例耳。其推闡譏貶，少可多否，實陰本《公羊》、《穀梁》法，猶誅鄧析用竹刑也。夫刪除事跡，何由知其是非？無案而斷，是《春秋》爲射覆矣。聖人禁人爲非，亦予人爲善。經典所述不乏褒詞，而操筆臨文，乃無人不加誅絕，《春秋》豈吉網羅鉗乎？至於用夏時則改正朔，削尊號則貶天王，《春秋》又何僭以亂也！沿波不返，此類宏多。雖舊說流傳，不能盡廢，要以切實有徵，平易近理者爲本。其瑕瑜互見者，則別白而存之，遊談臆說，以私意亂聖經者，則僅存其目。蓋六經之中，惟《易》包眾理，事事可通。《春秋》具列事實，亦人人可解。一知半見，議論易生；著錄之繁，二經爲最，故取之不敢不慎也。〔註3〕

這是《提要》對於歷代《春秋》學發展梗概的敘述。其中特別突顯出《左傳》事跡在解讀《春秋》時具備的重要性。並以「切實有徵」、「平易近理」作爲選錄著作的標準。至於卷末跋語則說：

《春秋》三《傳》互有短長，世以范寧所論爲允。寧實未究其所以然也。《左氏》說經所謂「君子曰」者，往往不甚得經意；然其失也，不過膚淺而已。《公羊》、《穀梁》二家，鉤棘月日以爲例，辨別名字以爲褒貶，乃或至穿鑿而難通。三家皆源出聖門，何其所見之異哉？左氏親見國史，古人之始末具存，故據事而言，即其識有不逮者，亦不至大有所出入。《公羊》、《穀梁》則前後經師遞相附益，推尋於字句之間，故憑心而斷，各徇其意見之所偏也。然則徵實跡者其失小，騁虛論者其失大矣。後來諸家之是非，均持此斷之可也。至於《左氏》文章，號爲富豔，殘膏賸馥，沾溉無窮。章沖聯合其始終，徐晉卿排比其對偶，後人接踵編纂日多，而概乎無預於經義，則又非所貴焉。〔註4〕

《提要》在此評論三《傳》的高下得失，以爲《左傳》短處，不過膚淺。然而斥責《公》、《穀》缺失，甚至認爲「穿鑿而難通」。進而露骨地指出，衡量諸家得失的標準即在「徵實跡者其失小，騁虛論者其失大」這一觀點上。

爲何《提要》在三《傳》高下的問題上帶有揚《左》抑《公》、《穀》的傾向呢？則在於《提要》作者以爲左氏親見國史，據事而言，較爲信而有徵。《公》、《穀》「憑

〔註3〕 紀昀總纂：《四庫全書・總目提要》（石家莊：河北人民出版社，2000年），頁679。
〔註4〕 紀昀總纂：《四庫全書・總目提要》（石家莊：河北人民出版社，2000年），頁776。

心而斷」而各徇意見所偏。從《提要》作者對於《左傳》事跡的注重，即有學者攻擊《提要》「由於該書作者站在漢學家即古文經學立場上決定取捨，品評是非，因而其黨同伐異習氣隨處可見。」〔註5〕

　　事實上，拋開對於《提要》固守古文經學立場的指責，從《提要》揚《左》抑《公》、《穀》的傾向這點來看，即涉及許多《春秋》學中的重大問題。這包括三《傳》，亦即《左傳》、《公羊》、《穀梁》在解經時所扮演的角色。三《傳》對於理解經義，各提供何種貢獻呢？

　　再者，三《傳》各自的性質與內容爲何？三《傳》的缺失爲何？以及我們應該採取何種方式來研讀《春秋》？除了圍繞在三《傳》性質的問題以外，《春秋》經與三《傳》又有何種關係？這些都是《春秋》學中亟待解決的問題。

　　在宋代，學者葉夢得提出「左氏傳事不傳義……《公羊》、《穀梁》傳義不傳事」〔註6〕這一觀點，即對上述的問題提出初步的解釋。這裡葉氏用「左氏傳事不傳義」，來概括《左傳》在解經時所扮演的角色。一方面說明《左傳》敘事詳備，一方面說明《左傳》在義例、論斷方面的粗疏。葉氏稱「《公羊》、《穀梁》傳義不傳事」，即說明《公》、《穀》在義例分析上可資參考，但是關於事件的記載描述不多。葉氏並根據三《傳》在解經時的特點、性質，提出研究《春秋》可以採行的解經方法。

　　但是此一說法並非葉氏憑空提出，而是根據中唐以來啖、趙學派對於三《傳》性質的基本看法。深入來說，其實更涉及到啖、趙兩人以「尊經」觀念爲核心的經學主張。從而啖、趙兩人對三《傳》的性質、三《傳》缺失、經傳關係等問題，提出有別於前人的嶄新見解。最重要的是，對於《春秋》一書的性質予以鄭重釐清，開啓「變專門爲通學」〔註7〕的研究路徑。葉氏解經，即跟隨啖、趙兩人的研究腳步，並融入自身特有的解經特色，在《春秋》學的發展史中，卓然成家，成一家之言。

　　本篇論文，一方面鑑於目前在宋代《春秋》學研究領域中，仍有許多發展開拓的空間；一方面希望能理解葉氏觀點中三《傳》在解經時所扮演的角色。隨著研究的進展，進而發現葉氏不光是解說三《傳》的性質與解經貢獻。在葉氏理論的溯源上，葉氏理論和啖、趙學派的觀點之間具有非常密切的承襲關係。在解經成果上，

〔註5〕塗文學、周德鈞：《諸經總龜──《春秋》與中國文化》（開封市：河南大學出版社，1998年），頁247。

〔註6〕葉夢得：〈春秋傳序〉《葉氏春秋傳》（臺灣商務印書館影文淵閣四庫全書本，149冊），頁2～3。

〔註7〕皮錫瑞：〈論啖趙陸不守家法未嘗無扶微學之功宋儒治春秋者皆此一派〉《經學通論》（臺北市：臺灣商務印書館，1989年），頁58～59。

葉氏在禮制考證、義例辨析以及抉摘三《傳》缺失上，都有豐富精彩的論述，可供後人進一步參考、研究。

因此，筆者企圖通過上述這些題目，根據葉氏《春秋傳》的內容，對葉氏《春秋》學理論有初步的介紹論述，並對《春秋》學中存在已久的重要問題予以更深一層的思考，以待後來研究者批評指教。

第二節　研究範圍與前人研究成果

葉夢得在《春秋》領域的著作，共有三部。著有《春秋三傳讞》二十二卷、《葉氏春秋傳》二十卷、《春秋考》十六卷。葉氏對於這三部書的關係，提出這樣的看法：

> 自其《讞》推之，知吾之所正爲不妄也，而後可以觀吾《考》。自其《考》推之，知吾之所擇爲不誣也，而後可以觀吾《傳》。〔註8〕

這裡葉氏現身說法，並提供後來學者研究葉氏《春秋》學的引導。亦即在葉氏著作的閱讀順序上，應自《春秋三傳讞》開始，進而研讀《春秋考》，最後研讀《葉氏春秋傳》。同時，學者認爲這段話可看做是葉氏自述其研究《春秋》學的過程，從而葉氏走的是一條「批判——考證——立說之路」。〔註9〕

因此，研究葉氏《春秋》學應以《春秋三傳讞》爲入門材料，從葉氏對於三《傳》的批評開始，逐步理解葉氏立說的用意所在。然而應該注意的是，葉氏除了說明研讀葉氏著作的順序外，也對三部書各自的重要性提出說明。他說：

> 吾爲《春秋讞》，是正三家之過，亦略備矣。古之君子，不難於攻人之失，而難於正己之是非。蓋得、失相與爲偶者也，是、非相與爲反者也。必有得也，乃可知其失；必有是也，乃可斥其非。而世之言經者，或未有得而遽言其失，莫知是而遽詆其非。好惡予奪，惟己之私。終無以相勝，徒紛然多門，以亂學者之聽，而經愈不明。〔註10〕

這段意見出自葉氏《春秋考》的序文，也可以看做葉氏經歷批判三《傳》得失後的心得體會。在葉氏檢視三《傳》中種種缺失以及其他學者的研究成果後，葉氏體會到攻擊他人缺失的容易，和建立己說、糾正己說的困難，必須對問題有清楚正確的理解、掌握，才有能力來衡量學術上的諸般得失是非。葉氏並斥責某些學者「好惡予奪，惟己之私」，反而混淆學術上的眞僞而迷失經旨。因此，在葉氏建立自身《春

〔註8〕葉夢得：《葉氏春秋考》（臺灣商務印書館影文淵閣四庫全書本，149 冊），頁 249。
〔註9〕趙伯雄：《春秋學史》（濟南市：山東教育出版社，2004 年），頁 538。
〔註10〕葉夢得：《葉氏春秋考》（臺灣商務印書館影文淵閣四庫全書本，149 冊），頁 248。

秋》學論述之前，必須經過批判、考證的基本研究階段。從而能在批判、考證的基礎上，建立對《春秋》經文的解釋，完成《葉氏春秋傳》一書。

從另一方面來看，《葉氏春秋傳》一書在葉氏《春秋》學中其實佔有核心、總結的地位。《提要》對於《春秋考》一書則說：

> 據夢得自序，稱自其《讞》推之，知吾所正爲不妄，而後可以觀吾《考》；自其《考》推之，知吾所擇爲不誣，而後可以觀吾《傳》。然《書錄解題》已先列《傳》，次列《考》，次列《讞》。蓋《傳》其大綱，而《考》、《讞》其發明之義疏也。今仍從陳氏之序，次於《傳》後焉。〔註11〕

學者陳振孫在《直齋書錄解題》，即以《傳》、《考》、《讞》的次序來介紹葉氏《春秋》學方面的著作〔註12〕。事實上即是根據《葉氏春秋傳》一書，在內容上總結了葉氏批判三《傳》缺失、考證經傳問題的種種看法，並進而能提出一家之言。從而《傳》、《考》、《讞》三書在重要性的問題上，構成這樣的關係：

> 蓋《傳》，其大綱；而《考》、《讞》，其發明之義疏也。〔註13〕

可以說，葉氏對《春秋》學最爲成熟、總結性的意見，紀錄在《葉氏春秋傳》一書中。《春秋考》、《春秋三傳讞》兩書則可視爲輔助《葉氏春秋傳》的參考性著作。因而在研究範圍上，筆者以《葉氏春秋傳》作爲研究葉氏《春秋》學的基本典籍，並在研究過程中一併參考《春秋考》、《春秋三傳讞》的意見。特別在《春秋考》前三卷〈統論〉中，葉氏考論了許多《春秋》學的綜合性問題，包括《春秋》之名〔註14〕、經傳關係〔註15〕、十二公的意義〔註16〕、諱例問題〔註17〕、三正問題〔註18〕、《春秋》所涉禮制問題〔註19〕、書法問題〔註20〕、《左傳》傳承記載等問題〔註21〕。在論文寫作中，隨同論文章次一一予以論述。

在前人研究成果上，就筆者所見，主要有兩本專門性的著作曾對葉氏《春秋》

〔註11〕葉夢得：《葉氏春秋考》（臺灣商務印書館影文淵閣四庫全書本，149 冊），頁 248。
〔註12〕陳振孫在著錄葉氏著作時，他說：「《春秋傳》十二卷《考》三十卷《讞》三十卷」可見其次第葉氏著作的順序。陳振孫：《直齋書錄解題》（臺北市，廣文書局，1968年），頁 461。
〔註13〕葉夢得：《葉氏春秋考》（臺灣商務印書館影文淵閣四庫全書本，149 冊），頁 248。
〔註14〕參見第二章、第一節【斷自隱公以法「天之大數」的內容。
〔註15〕參見第三章【葉氏論《春秋》一書的性質】的內容。
〔註16〕參見第二章、第一節【斷自隱公以法「天之大數」的內容。
〔註17〕參見第五章、第二節【諱例理論的反省】的內容。
〔註18〕參見第四章、第一節、第一小節【援用古代禮制解經】的內容。
〔註19〕參見第四章、第一節【重視禮制的辯證】的內容。
〔註20〕參見第四章、第二節【重視義例的辨析】的內容。
〔註21〕參見第三章、第一節、第二小節【葉氏對啖、趙學說的繼承】的內容。

學予以較爲深入的論述。一是學者沈玉成、劉寧所合著的《春秋左傳學史稿》，於1992年初版印刷，一是學者趙伯雄《春秋學史》，於2004年初版印刷。

就《春秋左傳學史稿》一書而言，據作者後記，採用「以敘述評論歷代對《左傳》的研究爲綱，其間穿插問題」〔註22〕這方式予以寫作。並對許多《春秋》學重要問題予以深入的論述。從此書的目錄中，即可約略看出作者對於歷代《春秋》學演進的趨勢所在。

例如下篇第五章「在今文經學中脫胎──漢魏」，這裡即扼要點出《左傳》學興起時和當時今文經家的關係。第六章「杜預《集解》和南北學風──兩晉南北朝」，從篇名不難發現杜預《左傳》學在兩晉、南北朝所佔的主流地位。第七章「從總結到轉變──隋唐」，說明隋唐《左傳》學在兩晉和宋元明之間的仲介位置。第八章「《春秋》經傳學的進一步政治化──宋元明」，由篇名即說明宋代《春秋》學通經致用的特點以及和當時政治緊密的關係。特別在第八章第一節，討論「啖、趙學風的繼續與深化」，實際上符合宋代《春秋》學發展的主要脈絡。皮錫瑞說：「今世所傳，合三《傳》爲一書者，自唐陸淳《春秋纂例》始。淳本啖助、趙匡之說，雜采三《傳》，以意去取，合爲一書，變專門爲通學，是《春秋》經學一大變。宋儒治《春秋》，皆此一派。」〔註23〕沈氏的確在章次編排上，刻意呈現啖、趙學派和宋代《春秋》學的緊密關係。

在沈氏的著作中，葉夢得被歸爲「重視訓詁和史實」。一定程度上反映葉氏解經重視禮制考證的特色。沈氏並強調：

> 「左氏傳事不傳義，是以詳於史而事未必實，以不知經故也。《公羊》、《穀梁》傳義不傳事，是以詳於經而義未必當，以不知經故也。（愚按：此應作「不知史故也」）」所以他要斟酌三家，以求史實與大義的契合，這種論調雖然沒有也不可能突破傳統的藩籬，但是他充分注意到「史」的意義，在宋代學風中別樹一幟，實際上是對《左傳》的尊重。〔註24〕

這裡凸顯出葉氏對《左傳》史實的重視。但是沈氏又說：

> 然而葉氏雖頗重實證，卻又宗經非傳，經常以正統經學家的姿態指責《左傳》。〔註25〕

〔註22〕 沈玉成、劉寧：《春秋左傳學史稿》（江蘇省，江蘇古籍出版社，2000年），頁415。
〔註23〕 皮錫瑞：〈論啖趙陸不守家法未嘗無扶微學之功宋儒治春秋者皆此一派〉《經學通論》（臺北市：臺灣商務印書館，1989年），頁58～59。
〔註24〕 沈玉成、劉寧：《春秋左傳學史稿》（江蘇省，江蘇古籍出版社，2000年），頁226。
〔註25〕 沈玉成、劉寧：《春秋左傳學史稿》（江蘇省，江蘇古籍出版社，2000年），頁228。

據筆者的研究，其實應以後者對葉氏的評價爲眞。葉氏接受啖、趙學派的「尊經」觀點。往往在《春秋》經文與《左傳》記事相衝突時，刻意斥責《左傳》，甚至扭曲事件，以維護《春秋》經文的正確性。葉氏對於《左傳》史實的重視程度，不如沈氏以爲的那樣強烈。在對葉氏解經觀點與態度的評論上，沈氏的意見仍有商榷的餘地。

學者趙伯雄的《春秋學史》，內容極爲詳盡，資料非常豐富，並連帶討論到許多著作中往往忽略的學者著作，特別在論述有關隋唐時代《春秋》學的發展歷史。在編排上，內容份量的多寡也能和一般經學史發展脈絡相契合。不過在論述範圍上，趙氏只討論到清末劉師培爲止，不像《春秋左傳學史稿》一書，連帶論及現代有關《左傳》學的發展。就論述內容的完備性而言，筆者以爲似可再繼續擴充內容。總結來說，《春秋學史》仍是一部體大思精的著作。據趙氏自言，此書完成歷時十二年，不能不令人佩服前輩學者在學術上長久付出的功力。

在趙氏對葉夢得的論述中，主要集中在對《春秋三傳讞》一書的討論。在論述重點上的確掌握住葉氏重視義例辨析、批評三《傳》得失的特點所在。不過對於《葉氏春秋傳》一書的著墨甚少，分析不多。似乎趙氏強調葉氏在批判三《傳》缺失的貢獻，而忽略葉氏其他方面，包括對解經方法、三《傳》性質、重視禮制辯證等方面的意見。

在約略檢視前人研究成果後，此篇論文希望能對葉氏理論有更爲完整、深入的分析。在論文內容方面分爲六章，以《葉氏春秋傳》爲研究根據，來討論葉氏《春秋》學方面的貢獻。

第一章是緒論，旨在說明本文研究目的與範圍。並約略提及本文希望討論的各種問題。

第二章除約略交代葉氏的生平與著作外，主要討論在葉氏觀點中，《春秋》一書的著作本旨。葉氏以「法天之大數」此一說法，來解釋《春秋》一書斷自隱公的事實，從而塑造孔子具備「代天行法」的神聖使命，並進一步地採用「天王去天」等經例，來貶斥天子。本章企圖在解釋葉氏理論後，對於葉氏「法天之大數」這一說法予以理論溯源，進而評價其得失所在。由於葉氏主張《春秋》旨在爲後世樹立「一王大法」，在《葉氏春秋傳》一書中出現「一見法焉」的特殊論述內容。因此，基於「一王大法」與「一見法焉」兩者的相關性，一併在第二章中加以討論。

第三章主要論述葉氏對《春秋》一書性質的看法。首先，分析中唐啖、趙學派對於葉氏理論之深入而又普遍的影響。其次，說明葉氏所具備的尊經疑傳懷疑精神，與基於尊經前提下對於三《傳》記事的攻擊，以及強調經文所具有的重「義」輕「事」

性質。在「《春秋》無闕文」一節中，希望透過比較皮錫瑞、顧棟高兩家意見，來對問題本身進一步地說明。顧氏主要攻擊胡安國，反對「一字褒貶」，認爲經文中斷闕不全的部分，皆是史料闕文。葉夢得其實是主張「一字褒貶」，因此可以將顧氏對於「闕文」問題的看法，視爲對葉氏觀點的批評。皮錫瑞則站在今文經家的立場，對顧氏說法提出答辯。同樣可以幫助我們進一步認識葉夢得的「闕文」論，故有必要在理論上對兩家說法予以分析。

同時，此章仍根據葉氏對三《傳》性質的說明，分析葉氏所提出的《春秋》學研究方法。並詳細地論述「左氏傳事不傳義，是以詳於史而事未必實，以不知經故也。《公羊》、《穀梁》傳義不傳事，是以詳於經而義未必當，以不知史故也」中，容易讓人誤解的內容涵意。用現代學者的術語來說，希望說明《左傳》只能「以史傳經」而不能「以義傳經」。《公》、《穀》則只能「以義傳經」，不能「以史傳經」。進而連帶地討論葉氏對於當時流行之蘇轍、孫復兩家解經路線的駁斥，以凸顯葉氏在解經路徑上的堅持。

第四章則著眼於葉氏的解經特色，希望能詳盡地說明葉氏對於禮制考證、義例辨析的重視。從葉氏的考禮觀念開始，進一步說明葉氏運用古代禮制解釋經文，藉此約略呈現出葉氏在禮制考證上的豐富成果。同時，透過對歸入例等義例之辨析，葉氏展現出批評三《傳》缺失的深刻功力。最後則綜合評論葉氏在解經上的成就所在。

第五章主要是討論《春秋》學兩個重要問題，分析葉氏對《公羊》經權說的看法，以及對諱例理論的意見。希望藉由對葉氏理論的詮釋，提供後來學者在《春秋》學領域進一步思考的空間。

第六章結論，概略總結本篇論文的意見觀點，並試圖對葉氏解經成就進行整體性的評價。

第二章 葉氏《春秋傳》的述作本旨

第一節 葉夢得之生平、著述

葉夢得，字少蘊，號肖翁。因所居烏程卞山奇石林列，故自號石林居士。蘇州長洲人。生於宋神宗熙寧十年（西元 1077 年）丁巳，卒於高宗紹興十八年（西元 1148 年）戊辰。年七十有二。

紹聖四年，登進士第，調丹徒尉。徽宗朝，自婺州教授召為議禮武選編修官，用蔡京薦。召對，言：「自古帝王為治，廣狹大小，規模各不同，然必自先治其心者始。今國勢有安危，法度有利害，人材有邪正，民情有休戚，四者，治之大也。若不先治其心，或誘之以貨利，或陷之以聲色，則所謂安危、利害、邪正、休戚者，未嘗不顛倒易位，而況求其功乎？」上異其言，特遷祠部。

大觀初，京再相，向所立法度已罷者復行，夢得言：「《周官》太宰以八柄詔王馭群臣，所謂廢置賞罰者，王之事也；太宰得以詔王而不得自專。夫事不過可、不可二者而已，以為可而出於陛下，則前日不應廢；以為不可而不出於陛下，則今不可復。今徒以大臣進退為可否，無乃陛下有未了然於中者乎？」上喜曰：「邇來士多朋比媒進，卿言獨無觀望。」遂除起居郎。時用事者喜小有才，夢得則論「自古用人必先辨賢能」。

二年，累遷翰林學士，極論士大夫朋黨之弊，專於重內輕外，且乞身先眾人補郡。蔡京初欲以童貫宣撫陝西，取青唐。夢得見京，問曰：「昨八寶恩遷除貫節度使，天下皆知非祖宗法，此已不可救。今又付以執政之任，使得青唐，何以處之？」京有慚色，然卒用貫取青唐。

三年，以龍圖閣直學士知汝州，尋落職，提舉洞霄宮。政和五年，起知蔡州，

復龍圖閣直學士。移帥潁昌府，發常平粟振民，常平使者劉寄惡之。宦官楊戩用事，寄括部內，得常平錢五十萬緡，請糴粳米輸後苑以媚戩。戩委其屬持禦筆來，責以米樣如蘇州。夢得上疏極論潁昌地力與東南異，願隨品色，不報。時旁郡糾民輸鏹就糴京師，怨聲載道，獨潁昌賴夢得得免。李彥括公田，以點吏告訐，籍郟城、舞陽隱田數千頃，民詣府訴者八百戶。夢得上其事，捕吏按治之，郡人大悅。戩、彥交怒，尋提舉南京鴻慶宮，自是或廢或起。

逮高宗駐蹕揚州，除戶部尚書，陳待敵之計有三：曰形，曰勢，曰氣。因請上南巡，阻江為險，以備不虞。既而帝駐蹕杭州，遷尚書左丞，奏監司、州縣擅立軍期司掊斂民財者，宜罷。上諭以兵、食二事最大，當擇大臣分掌。門下侍郎顏岐、知杭州康允之皆嫉夢得，又與宰相朱勝非議論不協，會州民有上書訟夢得過失者，上以夢得深曉財賦，乃除資政殿學士、提舉中太一宮，專一提領戶部財用，充車駕巡幸頓遞使，辭不拜，歸湖州。

紹興初，為江東安撫大使兼知建康府。時建康荒殘，兵不滿三千。夢得奏移統制官韓世清軍屯建康，崔增屯採石，閤皋分守要害。會王才降劉豫，引兵入寇，夢得遣使臣張偉諭才降之，以其眾分隸諸軍。濠、壽叛將寇宏、陳卞，雖陽受朝命，陰與劉豫通，夢得諭以福禍，皆聽命。

八年，除江東安撫制置大使兼知建康府、行宮留守。又奏防江措畫八事。金都元帥宗弼犯含山縣，進逼歷陽，張俊諸軍遷延未發。夢得見俊，請速出軍，曰：「敵已過含山縣，萬一金人得和州，長江不可保矣。」俊趣諸軍進發，聲勢大振，金兵退屯昭關。明年，金復入寇，遂至柘皋，夢得團結沿江民兵數萬，分據江津，遣子模將千人守馬家渡，金兵不得渡而去。

初，建康屯兵歲費錢八百萬緡，米八十萬斛，榷貨務所入不足以支。至是，禁旅與諸道兵咸集，夢得兼總四路漕計以給饋餉，軍用不乏，故諸將得悉力以戰。詔加觀文殿學士，移知福州，兼福建安撫使。

時海寇朱明猖獗，詔夢得挾御前將士便道之鎮，或招或捕，或誘之相戕，遂平寇五十餘群。然頗與監司異議，上章請老，特遷一官，提舉臨安府洞霄宮。尋拜崇信軍節度使致仕。十八年，卒湖州，贈檢校少保。〔註1〕

夢得嗜學蚤成，多識前言往行，談論喋喋不窮，尤工於詞。著述繁富，有著作二十餘種。計有：

《春秋傳》二十卷。宋開禧元年乙丑葉筠刻於南劍州（西元1205年）。今有《通

〔註1〕以上記載，節錄《宋史·列傳二百四·文苑七》第四百四十五卷中葉夢得傳。全文見脫脫：《宋史》（台北市：鼎文書局，1998年），頁13132～13136。

志堂經解》本、《四庫全書》本、《摛藻堂四庫全書薈要》本、鈔本等。

《春秋考》十六卷。撰成於紹興八年（西元 1138 年）。開禧元年乙丑葉筠刻於南劍州（西元 1205 年），原本久佚，四庫館臣自《永樂大典》輯出，有《四庫全書》本、《武英殿聚珍版叢書》本。

《春秋讞》二十二卷。成書於《春秋考》之前。開禧元年乙丑葉筠與《春秋傳》、《春秋考》刻於南劍州（西元 1205 年），原本久佚，四庫館臣自《永樂大典》輯出，有《四庫全書》本、《四庫全書珍本初集》本、清顧氏藝海樓鈔本。

以上爲葉夢得《春秋》方面的著作。此外，葉氏仍著有《石林奏議》十五卷。《石林燕語》十卷。《避暑錄話》四卷。《巖下放言》一卷，或作三卷。《玉澗雜書》十卷。《石林家訓》一卷。《建康集》八卷。《石林詩話》一卷，或作三卷。《石林詞》一卷。《老子解》二卷。

已佚之作，則有：

《石林書傳》十卷。《論語釋言》十卷。《維揚過江錄》一卷。《石林過庭錄》二十七卷。《石林總集》一百卷、《年譜》一卷。《石林審是集》八卷。《琴趣外篇》三卷。《志愧集》十卷。《金石類考》五十卷。《石林書目》。《葉少蘊自序並制誥錄》。《葉石林集略》。《禮記解》。〔註2〕

葉夢得在《春秋》領域的著作，共有三部。計有《春秋三傳讞》二十二卷、《葉氏春秋傳》二十卷、《春秋考》十六卷。在名稱上，其實頗爲複雜。近代學者葉德輝在整理葉夢得著述時，提到葉氏《春秋》方面著作在歷代典籍著錄的情況，葉德輝說：

> 《宋志》葉夢得《春秋讞》三十卷，又《春秋考》三十卷、《春秋傳》三十卷。《通考·經籍考》：《石林春秋考》、《春秋傳》、《春秋讞》，共七十二卷。明《文淵閣書目》地字號第三廚《春秋葉石林傳》一部五冊完全。《菉竹堂書目》：《春秋葉石林傳》七冊。〔註3〕

葉德輝又說：

> 《文淵閣書目》、《菉竹堂書目》，有《傳》無《讞》、《考》。世善堂、淡生堂、天一閣、絳雲樓，並《傳》、《讞》，《考》不載。可知此三書在明時已若存若亡，傳本絕少。幸逢……《四庫全書》均已著錄。〔註4〕

〔註2〕 以上有關葉氏著述的資料，引自王兆鵬：《兩宋詞人年譜·葉夢得年譜》（臺北市：文津出版社，1994 年），頁 127～131。
〔註3〕 葉德輝：《石林遺事》（上海市：上海書局，叢書集成續編本 37 冊，史部），頁 549。
〔註4〕 葉德輝：《石林遺事》（上海市：上海書局，叢書集成續編本 37 冊，史部），頁 549。

從這段資料，可見得葉氏《春秋》方面著作在名稱上的複雜。即就《春秋傳》一書，被稱做《春秋傳》、《石林春秋傳》、《春秋葉石林傳》等名稱。因為這三部書在《四庫全書》均有著錄，《四庫全書》本之《葉氏春秋傳》為筆者研究的底本，因此葉氏《春秋》方面的著作，均以《四庫全書》該書目次所稱：《葉氏春秋傳》、《春秋考》、《春秋三傳讞》之名稱為主。為行文方便，《葉氏春秋傳》或稱「葉氏《春秋傳》」，其實均指同一部書。

為了進一步研究的需要，參考目前的網路檢索，將葉氏《春秋》方面著作的相關版本、館藏地予以表列。詳下表：

題 名	卷 數	著述者	版 本	現 藏 者
石林先生春秋傳	二十卷	葉夢得	清康熙十九年通志堂刊乾隆五十年修補本	故宮博物院圖書館
石林先生春秋傳	二十卷	葉夢得	清乾隆五十年(1785)內府刊本	國家圖書館
葉氏春秋傳	二十卷	葉夢得	清乾隆間寫文淵閣四庫全書本	故宮博物院圖書館
葉氏春秋傳	二十卷	葉夢得	清乾隆間寫四庫全書薈要本	故宮博物院圖書館
石林先生春秋傳	二十卷	葉夢得	清同治十二年(1873)粵東書局重刊本	國家圖書館
春秋考	十六卷	葉夢得	清乾隆間武英殿聚珍本	故宮博物院圖書館
春秋考	十六卷	葉夢得	清乾隆間寫文淵閣四庫全書本	故宮博物院圖書館
春秋考	一六卷	葉夢得	清道光戊子(八年；1828)福建重刊同治間至光緒甲午(二十年；1894)續修增刊本	國家圖書館
春秋考	一六卷	葉夢得	民國五十八年(1969)藝文印書館百部叢書集成初編影印本	國家圖書館
春秋考	十六卷	葉夢得		中研院文哲所圖書館
春秋考	十六卷	葉夢得著嚴一萍選輯		東海大學圖書館
春秋三傳讞	二十二卷	葉夢得	清乾隆間寫文淵閣四庫全書本	故宮博物院圖書館
春秋讞	二二卷	葉夢得	民國二十三年(1934)至二十四年(1935)上海商務印書館四庫全書珍本初集影印文淵閣本	國家圖書館
春秋讞	二十二卷	葉夢得		臺灣師範大學
春秋左傳讞	十卷	葉夢得	民國二十三年(1934)至民國二十四年(1935)上海商務印書館景印文淵閣本	國家圖書館

在著作完成時間先後的問題方面，《春秋考》自序末署「紹興八年正月旦」（西元 1138 年），此書應撰於是年。《春秋考》自序又謂「吾為《春秋讞》是正三家之過，亦略備矣」，觀其語意，則《春秋三傳讞》成於紹興八年正月初一以前，疑為紹興七年撰。《葉氏春秋傳》則未知作於何時。

此外，《四庫全書・總目提要》曾對葉氏這三本書的命名、體例，予以說明。《提要》說：

> 《宋史・藝文志》又載夢得別有《春秋考》三十卷，《讞》三十卷，《指要總例》二卷，《石林春秋》八卷，今《讞》、《考》二書，散見《永樂大典》中，尚可得其大概，餘皆散佚。惟此傳猶為完書。《南窗紀談》載：「夢得為《春秋》書，其別有四：解釋音義曰『傳』，訂正事實曰『考』，掊擊三傳曰『讞』，編列凡例曰『例』。嘗語徐惇濟曰：『吾之為此名，前古所未見也。』惇濟曰：『吳程秉著書三萬餘言，曰《周易摘》、《尚書駁》、《論語弼》，得無近是乎？』」云云。案此《傳》不專釋音義，其說已非。至於以一字名書，古人多有，即以《春秋》而論，傳為通名，不必言矣。如《漢志》所載鐸氏、張氏，皆有《春秋微》，《公羊傳疏》有閔因《春秋序》，《後漢書》有鄭眾《春秋刪》，《隋志》有何休《春秋議》、崔靈恩《春秋序》、孫炎併先有《春秋例》，夢得博洽，安得不見！乃以為古無此名，必非事實。且《宋志》載夢得《春秋指要總例》亦不名曰「春秋例」，殆小說附會之辭，不足據也。〔註 5〕

成書於南北宋之間的《南窗紀談》，對於葉夢得《春秋》方面著作的體例，提出解釋。但在《提要》看來，葉氏的《春秋傳》採取「傳」體，在內容上不光是解釋音義，因此《南窗紀談》的記載不可盡信。不過據學者看來，除了對《傳》的解釋稍嫌狹隘之外，其餘對《考》、《讞》、《例》的說明還說得過去。〔註 6〕

進一步說，在《葉氏春秋傳》的內容中，葉氏除瞭解釋經文外，在注文中葉氏刻意標舉「葉子曰」此一論述方式，來表達自己對於《春秋》學及其重要問題的看法。包括禮制的考證，義例的辨析，立說的論據、理由何在。因此，《南窗紀談》用「解釋音義」來概括葉氏《春秋傳》的內容，在定義上過於狹隘，也不能完全概括葉氏此書的內容。

不僅如此，由於《葉氏春秋傳》在論述上包括了禮制考證，義例辨析等成果，在一定程度上總結了葉氏對於《春秋》學的論述成果和最為成熟的意見。

〔註 5〕紀昀總纂：《四庫全書・總目提要》（石家莊：河北人民出版社，2000 年），頁 704。
〔註 6〕趙伯雄：《春秋學史》（濟南市：山東教育出版社，2004 年），頁 537。

第二節　斷自隱公以法「天之大數」

一、孔子爲何作《春秋》

　　關於孔子爲何作《春秋》，在《春秋》學中的確是一個古老、基本而又爭論不休的問題。在《春秋》學的發展史上，開啓「尊經廢傳」、「捨傳求經」學風的中唐啖助曾說：

> 夫子所以修《春秋》之意，三《傳》無文。說左氏者以爲《春秋》者，周公之志也。暨乎周德衰，典禮喪，諸所記注多違舊章。宣父因魯史成文，考其行事而正其典禮。上以遵周公之遺制，下以明將來之法。言《公羊》者則曰：「夫子之作《春秋》，將以黜周王魯，變周之文，從先代之質。」解《穀梁》者則曰：「平王東遷，周室微弱，天下板蕩，王道盡矣。夫子傷之，乃作《春秋》。所以明黜陟，著勸誡，成天下之事業，定天下之邪正。使夫善人勸焉，淫人懼焉。」吾觀三家之說，誠未達乎《春秋》大宗，安可議其深旨？可謂宏綱既失，萬目從而大去者也。〔註7〕

這段引文約略地提到《春秋》三傳研究者對這問題的解釋，但在啖氏看來，這些意見並沒有切中孔子的原意。因此說：「誠未達乎《春秋》大宗，安可議其深旨？」啖氏並進而認爲：如果研究者無法對這基本題目持有正確的認識，也不可能進一步地討論《春秋》學中其他重要的問題。故說：「宏綱既失，萬目從而大去者也」。可見啖氏是將「孔子爲何作《春秋》」視爲《春秋》學中的綱領性問題，並將此視爲批判三傳、自伸其說的起點。

　　平心而論，個人認爲關於「孔子爲何作《春秋》」這問題之所以具有重要性，在於答案反映了研究者對《春秋》旨意的理解。在葉夢得《春秋》學裡面，對這問題的論述具有非常關鍵性的性質。甚至可以說：這問題的解釋影響了葉氏對許多《春秋》學重要問題的看法。

　　葉氏在《春秋傳》的〈自序〉中表示：

> 《春秋》爲魯而作乎？爲周而作乎？爲當時諸侯而作乎？爲天下與後世而作乎？曰：「爲魯作」，《春秋》非魯之史也。曰：「爲周作」，《春秋》非周之史也。曰：「爲當時諸侯作」，《春秋》非當時諸侯之史也。夫以一天下之大，必有與立者矣。可施之一時，不可施之萬世。天下終不可立也。

〔註7〕陸淳：〈春秋宗指議第一〉《春秋集傳纂例》（臺灣商務印書館影文淵閣四庫全書本，146冊），頁379～380。

　　　　然則為天下作歟？為後世作歟？故即魯史而為之經。〔註8〕

這段論及「孔子為何作《春秋》」的意見，刻意標舉「為魯而作」、「為周而作」、「為當時諸侯而作」、「為天下與後世而作」四個理由自行設問。最後以《春秋》非魯史、周史、非當時諸侯之史等理由，肯定《春秋》是「即魯史而為之經」，目的在於「為天下與後世而作」。

　　葉氏為何刻意標舉「為魯而作」、「為周而作」、「為當時諸侯而作」、「為天下與後世而作」這四個目的來提問呢？筆者以為除了文章為了增加氣勢、強化說服力之外，可能是葉氏試圖回應《公羊》學中何休所謂「據魯、新周、故宋」之說而來。

　　東漢《公羊》學大師何休在論述「孔子為何作《春秋》」這一問題時，提出「據魯、新周、故宋」之說，為日後《公羊》學建立了理論骨架。何休於《公羊·宣公十六年》傳文：「成周宣榭災，何以書？記災也。外災不書，此何以書？新周也」下說：

　　　　孔子以《春秋》當新王，上黜杞，下新周而故宋。因天災中興之樂器，
　　示周不復興，故係宣榭於成周，使若國文，黜而新之，從為王者後記災也。
　　　　〔註9〕

又在隱公元年三月的《公羊傳》文「因其可褒而褒之」下說：

　　　《春秋》王魯，托隱公以為始受命王。〔註10〕

在何休看來，孔子作《春秋》的目的在於「據魯、新周、故宋」、「以《春秋》當新王」。簡單地說，所謂「故宋」，表示不忘宋人的故舊事業，對宋國的事情特予記載，而不與其他諸侯國採取等同的記載方式。至於「新周」，因為上天降災給西周中興之王周宣王廟榭裡的樂器，這是上天藉此向世人傳達祂的黜周之意，說明周代已無復興的可能。不過，周朝雖然應該免黜，但是拿來和殷商相比，周朝較新，故說「新周」。如果周朝免黜，由誰來當天下的新王呢？這即指《春秋》繼周興起為一新王。「以《春秋》當新王」，實際上即以魯公為天下新王，故說：「《春秋》王魯，托隱公以為始受命王」。

　　何休所謂「新周、故宋、以《春秋》當新王」，是否即是孔子著作《春秋》的本意，或是仍為《公羊》學一家之言？這姑且不論。但其理論提出了一些值得探究的問題：《春秋》是否為魯國而作？為新周而作？為王者繼起而作？為了避免後人對《春

<hr>

〔註8〕　葉夢得：〈春秋傳序〉《葉氏春秋傳》（臺灣商務印書館影文淵閣四庫全書本，149 冊），
　　　　　頁 2～3。
〔註9〕　《春秋公羊傳注疏》（北京：北京大學出版社，十三經注疏標點本，1999 年），頁 363。
〔註10〕　《春秋公羊傳注疏》（北京：北京大學出版社，十三經注疏標點本，1999 年），頁 13。

秋》旨意的誤解，葉氏認為必須在序文中予以澄清。

　　葉氏並沒有具體的駁斥何休的觀點，但是在序文中刻意標舉「為魯」、「為周」、「為當時諸侯」、「為天下與後世」這四個目的，無疑可視為葉氏對於何休「新周、故宋、以《春秋》當新王」說法的回應。而認為孔子作《春秋》，其目的應為天下與後世。葉氏又說：

> 求之天理，則君臣也、父子也、兄弟也、朋友也、夫婦也，無不在也。求之人事，則治也、教也、禮也、政也、刑也、事也，無不備也。……而吾以一王之法，筆削於其間。〔註11〕

這裡所提出的「一王之法」，是葉氏《春秋》學中一個非常重要的觀念。這觀念貫串了葉氏《春秋》學中許多重要問題。包括他判斷《春秋》一書是經而非史，研究《春秋》應注重義例、禮制層面等問題。但必須強調在歷代《春秋》學的發展中，「一王之法」這說法並非一個嶄新的觀念。早自先秦的孟子、漢代的司馬遷，對這觀念已經進行了論述。孟子說：

> 世衰道微，邪說暴行有作。臣弒其君者有之，子弒其父者有之。孔子懼，作《春秋》。《春秋》，天子之事也。是故孔子曰：「知我者，其惟《春秋》乎！罪我者，其惟《春秋》乎！」〔註12〕

所謂「天子之事」，朱子引胡安國意見說：

> 胡氏曰：「仲尼作《春秋》以寓王法。惇典、庸禮、命德、討罪，其大要皆天子之事也。知孔子者，謂此書之作，遏人欲於橫流，存天理於既滅，為後世慮，至深遠也。罪孔子者，以謂無其位而託二百四十二年南面之權，使亂臣賊子禁其欲而不得肆，則戚矣。」愚謂孔子作《春秋》以討亂賊，則致治之法垂於萬世，是亦一治也。〔註13〕

因此，孟子以孔子行天子賞罰之權，為後代立一王大法，故說：「《春秋》，天子之事也」。司馬遷於《史記·孔子世家》說：

> 子曰：「弗乎！弗乎！君子病沒世而名不稱焉。吾道不行矣，吾何以自見於後世哉？」乃因史記作《春秋》，上至隱公，下訖哀公十四年，十二公。……約其文辭而指博。故吳、楚之君自稱「王」，而《春秋》貶之

〔註11〕 葉夢得：〈春秋傳序〉《葉氏春秋傳》（臺灣商務印書館影文淵閣四庫全書本，149 冊），頁 2～3。
〔註12〕 引文出自《孟子·滕文公下》，見朱熹：《四書章句集注》（臺北市：大安出版社，1994年），頁 379。
〔註13〕 朱熹：《四書章句集注》（臺北市：大安出版社，1994 年），頁 380。

曰：「子」；踐土之會實召周天子，而《春秋》諱之曰：「天王狩於河陽」。推此類以繩當世。貶損之義，後有王者舉而開之。《春秋》之義行，則天下亂臣賊子懼焉。孔子在位聽訟，文辭有可與人共者，弗獨有也。至於爲《春秋》，筆則筆，削則削，子夏之徒不能贊一辭。弟子受《春秋》，孔子曰：「後世知丘者以《春秋》，而罪丘者亦以《春秋》。」〔註14〕

這裡強調孔子「筆則筆，削則削」，藉由對《春秋》的筆削褒貶來「推此類以繩當世」，立一王大法。

整體來說，葉氏所謂的「一王之法」、「筆削於其間」等觀念和孟子、太史公的說法、內涵並無太大不同。但是葉氏又提出「法天之大數」這一觀念，從而使葉氏眼中的孔子具備了「代天子立法」，甚或「代天立法」的特殊意涵。換言之，不僅是孔子無位以臣子身份而託王權來進行褒貶賞罰，甚至是替代天道以行褒貶。可以說，這觀點使得葉氏《春秋》學開始具備獨具一格的特色。

然而在當時已有學者對此表示疑惑，陳振孫在《直齋書錄解題》針對葉氏《春秋傳》說：

夢得自號石林居士，明敏絕人。藏書至多，博鑑強記。故其爲書，辨訂考究，無不精詳。然其取何休之說，以十二公爲法天之大數，則未可曉也。〔註15〕

葉氏表示爲何《春秋》只敘述魯國十二公史事，源自於孔子作《春秋》時爲了效法「天之大數」。所謂「天之大數」即指十二，這個概念源於一年中有十二個月的具體事實。葉氏說：

吾以一王之法，筆削於其間。穹然如天之在上，未嘗容其心。而可與、可奪、可是、可非、可生、可殺，秋毫莫之逃焉。迎之不見其始，要之不見其終。是以其書斷取十有二公，以法天之大數，備四時以爲年。而正其行事，號之曰《春秋》。以自比於天。〔註16〕

葉氏強調孔子立一王之法，其與奪是非的標準猶如天之高高在上而無所偏倚。在記載上斷取魯國十二公，是爲了達成符合「天之大數」的需要。因爲孔子爲了「代天立法」，本著「自比於天」的態度而作《春秋》，所以得效法「天之大數」以剪裁史事。

〔註14〕司馬遷：《史記》（臺北市：大明王氏出版社，1975年），頁1943。

〔註15〕陳振孫：《直齋書錄解題》（臺北市，廣文書局，1968年），頁461。

〔註16〕葉夢得：〈春秋傳序〉《葉氏春秋傳》（臺灣商務印書館影文淵閣四庫全書本，149冊），頁2～3。

　　葉氏強調孔子在記事上效法「天之大數」，目的不僅說明「孔子爲何作《春秋》」這個問題，就現有的文獻看來，可以相信葉氏是將「孔子爲何作《春秋》」和「爲何《春秋》始於隱公」這兩個問題一併考慮。

二、始於魯隱公以合「天之大數」

　　至於《春秋》爲何始於魯隱公？葉氏說：

> 《春秋》何始乎隱公？王政不行而王法絕也。孟子曰：「王者之跡熄，而詩亡。詩亡然後《春秋》作」。詩亡於陳靈公，則何始乎隱公？無王詩也。二雅至幽王而絕，平王東遷，詩下降於國風，而王跡熄矣。〔註17〕

周平王東遷以後，在當時政教號令無法普及天下，王室威嚴傾頹。在當時，〈黍離〉降爲王風，而天下無復有雅。這是孔子著作《春秋》的時代背景。但若以嚴格的時間斷限來看，平王東遷以後，時間接近魯惠公當政，而非惠公之子魯隱公。於是這裡出現爲何《春秋》記事和周平王東遷之事時間不吻合的問題。針對這點，葉氏說：

> 隱公之始，平王之末也。而惠公先焉。何以不始於惠公而始隱公？是《春秋》之義也。天者，能生殺萬物者也。天子者，繼天以取法者也。《春秋》者，代天子以行法者也。……孔子窮而在下，故代天子者。具四時以爲年，而作《春秋》。斷自隱公，爲十有二公，以當月之數，而行法者著矣。〔註18〕

葉氏分析「《春秋》爲何始於魯隱公」這問題，正如上文所說是連同「孔子爲何作春秋」這問題一併考慮。因此，先說明所謂的「天子」，其神聖使命在於「繼天以取法者也」。換言之，即是承繼「天」而效法天道，並因天道而樹立人世間的各種規則。《春秋》一書的性質在於「代天子以行法者也」，替代天子來推行根源於天道的種種法則。如果更精準地照葉氏原意說，應是替代「天道」來進行筆削褒貶。

　　然而，如何證明孔子是「代天子以行法」呢？葉氏認爲《春秋》一書，和周公所作的《周官》同樣是效法天道而作。故說：

> 天道運於四時，布於十有二月，備於三百有六十日。周公達而在上，故佐天子者。列天地四時以爲之職，而作《周官》，設其屬三百有六十，以當朞之日，而取法者顯矣。孔子窮而在下，故代天子者。具四時以爲年，而

〔註17〕葉夢得：《葉氏春秋傳》（臺灣商務印書館影文淵閣四庫全書本，149 冊），頁 4。
〔註18〕葉夢得：《葉氏春秋傳》（臺灣商務印書館影文淵閣四庫全書本，149 冊），頁 4。

作《春秋》。斷自隱公，爲十有二公，以當月之數，而行法者著矣。〔註19〕

《周官》即現存的《周禮》，共分爲六篇，即〈天官冢宰〉、〈地官司徒〉、〈春官宗伯〉、〈夏官司馬〉、〈秋官司寇〉、以及〈冬官考工記〉所組成。從《周禮》篇目來看，是採用天地、四時之名來對其書的內容予以分類。在葉氏看來，這不是一件偶然的事，而含有某種特殊的意義在其中。這意味著在上位的周公其實是以效法天道的方式來作《周禮》。故說：「列天地四時以爲之職」。另外一件有關《周禮》的事實是：在《周禮》的官職建制中，設有三百有六十個官職，這和一年的日數相符。關於這一點，賈公彥以爲源於周天具有三百六十餘度的事實。他說：

　　　鄭云：「象天」者，周天有三百六十餘度，天官亦總攝三百六十官，
　　故云「象天」也。〔註20〕

不論是爲了符合周天具有三百六十度，還是一年的日數，在葉氏看來這些都是周公效法天道而作《周禮》的證據。顯達在上的周公「法天」以作《周禮》，志在繼承周公並處下位的孔子同樣也爲了「法天」而作《春秋》。《春秋》旨在爲後世立「一王大法」，褒貶賞罰是其中極爲重要的組成內容，在葉氏看來，這仍是承繼天道而來，包括《春秋》一書爲何被稱爲「春秋」？葉氏說：

　　　天之大數不過十二，古者天子冕十有二旒，服十有二章，圭十有二寸。
　　其食也，鼎十有二物。列天下十有二州，而時巡以十有二歲，皆所以法天
　　也。而孔子不得行之於其君，故其託之於《春秋》，亦曰：「春者，天之所
　　以生萬物，而吾彰善以褒焉者也。秋者，天之所以殺萬物，而吾懲惡以貶
　　焉者也」。是以因古史而爲之名，茲不以周公天地四時名官者歟？〔註21〕

在葉氏看來，孔子之道不得行於當時，於是效法天道生殺萬物之意以作《春秋》，《春秋》一書即因此命名。由於一年具有十二月，使葉氏主觀地相信「天之大數」即爲十二。《春秋》的日的在於「代天了以行法」，進而「代天立法」，其具體作法即是依照「天之大數」而在史事記載上予以斷限，故說：「斷自隱公，爲十有二公，以當月之數」。魯隱公在君位承遞順序上正是孔子晚年上推的第十二個魯國君主，所以《春秋》始於魯隱公而不始於魯惠公。簡單地說，《春秋》由於符合「天之大數」的需要，必須在時間上從魯隱公時予以斷限。

　　葉氏並進一步地總結他分析「《春秋》爲何始於魯隱公」、「孔子爲何作《春秋》」等問題的推理過程，他說：

〔註19〕　葉夢得：《葉氏春秋傳》（臺灣商務印書館影文淵閣四庫全書本，149冊），頁4。
〔註20〕　《周禮注疏》（北京：北京大學出版社，十三經注疏標點本，1999年），頁1。
〔註21〕　葉夢得：《葉氏春秋傳》（臺灣商務印書館影文淵閣四庫全書本，149冊），頁4。

惟知《春秋》之名，而後知天子所以法天。知《春秋》之作，而後知
孔子所以代天子。知《春秋》之取十二公，而後知代天子以法天之道，如
是而可與言《春秋》矣。〔註22〕

所謂的《春秋》之名，即是上文所說：「春者，天之所以生萬物，而吾彰善以褒焉者
也。秋者，天之所以殺萬物，而吾懲惡以貶焉者也」。葉氏相信，若是對這一點有充
分的認識，當能明白周天子應當以褒貶賞罰來「繼天取法」。若能肯定筆削褒貶具有
「代天行法」的意義，即可證明孔子如何「代天子以行法者也」。若能明白《春秋》
爲何只取十二公，則能明白孔子依照「天之大數」以效法天道。

三、「代天行法」與「代天子以行法」用詞之辨析

筆者在此必須指出，葉氏在說明孔子「代天行法」時，或許沿用「代天子以行
法」這個字眼。於是出現代「天」或代「天子」行法的差別。筆者在詮釋葉氏思想
時，採用「代天行法」這個說法。

其實，依照葉氏的意思深入分析，正確的說法應是「代天行法」。在葉氏眼中，
天子繼天立法的背後依據，仍是遠比人間君主更爲崇高的「天」。「代天子以行法」
的背後仍應依照「天」來推行天道。除了理論上的溯源外，「代天行法」這說法更能
符合葉氏《春秋》學論述的深刻用心。葉氏說：

孟子曰：「《春秋》，天子之事。」此得之矣，猶未盡也。夫王政不行，
以褒貶代天子賞罰。以爲天子之事，可也。然諸侯有善惡，固可代天子而
行。天子有善惡，則孰當代而行之乎？《春秋》有貶諸侯而去王者矣。諸
侯而無王，則王之所絕也。然則《春秋》蓋天事，非止天子之事也。故以
名，取于舊史之文雖同；以義，取於《春秋》之意則異。凡《春秋》所書，
皆天之所爲云爾。〔註23〕

這裡是筆者採取「代天行法」這說法的主要證據。不說「代天子以行法」，而說「《春
秋》蓋天事」，目的爲了能夠依照比世間君主更高的權威來褒貶「天子」。企圖在理
論建構上，取得最高的道德評判制高點來對治「天子」，進而下及諸侯。因此葉氏才
會顧慮「天子有善惡，則孰當代而行之乎？」這一難題，而賦予《春秋》無上的地
位。故說：「《春秋》蓋天事，非止天子之事也」、「凡《春秋》所書，皆天之所爲云
爾」。

因此，依據葉氏本意，應採用「代天行法」來說明《春秋》的著作本意。這一

〔註22〕葉夢得：《葉氏春秋傳》（臺灣商務印書館影文淵閣四庫全書本，149 冊），頁 5。
〔註23〕葉夢得：《葉氏春秋考》（臺灣商務印書館影文淵閣四庫全書本，149 冊），頁 252。

點也合乎漢代《公羊》學大師董仲舒對《春秋》旨意的說明，《史記・自序》引董仲舒的話說：

> 周道衰廢，孔子爲魯司寇，諸侯害之，大夫壅之。孔子知言之不用，道之不行也，是非二百四十二年之中，以爲天下儀表，貶天子，退諸侯，討大夫，以達王事而已矣。〔註24〕

葉氏以「《春秋》蓋天事，非止天子之事」等說法，刻意在理論上高舉「天」這個至高的標準來限制君主，以達到「貶天子，退諸侯，討大夫」等目的。其用心雖苦，立意雖美，但在推論上確有許多無法服人之處。以致在當時招致學者陳振孫的疑惑。

四、葉氏「法天之大數」說法之失

整體說來，葉氏對《春秋》「代天行法」、「斷自隱公，爲十有二公，以當月之數」等說法，說法雖奇特，但不免在觀點和方法上淪於附會與臆測。筆者以爲主要的問題有兩點，一是《春秋》本舊史之名，未必蘊含「代天行法」的深意。二是《春秋》取十二公，和一年月數相符這點，應是繼承了漢代《公羊》學大師董仲舒、何休的說法。《春秋》記事包括十二公的眞實原因可能出於史料上的欠缺。

（一）《春秋》本舊史之名

葉氏論述《春秋》「代天子以行法」，主要根據在於孔子仿效春、秋生殺萬物而行筆削賞罰。但是，「春秋」一詞早在古代已經存在，並作爲當時史書的通名，未必蘊含天道生殺萬物之意。在古書中，有些例子可供參考：

> 《墨子・明鬼》：「當是之時，周人從者莫不見，遠者莫不聞，著在周之《春秋》。……著在燕之《春秋》。……著在宋之《春秋》。……著在齊之《春秋》。」〔註25〕

由此可知當時周王室、燕國、宋國、齊國等史書被稱作《春秋》。在《國語・晉語》記司馬侯對晉悼公說：

> 羊舌肸習於《春秋》。〔註26〕

《國語・楚語》記申叔時論教太子時說：

> 教之《春秋》，而爲之聳善而抑惡焉，以戒勸其心。〔註27〕

《韓非子・內儲》中提到：

〔註24〕司馬遷：《史記》（臺北市：大明王氏出版社，1975年），頁3297。

〔註25〕李漁叔：《墨子今註今譯》（臺北市：台灣商務印書館，1997年），頁222～226。

〔註26〕《國語》（臺北市：漢京文化事業有限公司，1984年），頁445。

〔註27〕《國語》（臺北市：漢京文化事業有限公司，1984年），頁528。

魯哀公問於仲尼曰：「《春秋》之記曰：『冬十二月霣霜不殺菽』，何爲記此？」〔註28〕

可見晉國、楚國、魯國史書皆名《春秋》。《孟子・離婁》中亦說：「晉之《乘》，楚之《檮杌》，魯之《春秋》，一也。〔註29〕」由這些資料可以證明「春秋」一詞應是當時各國史書的通名。至於爲何史書被稱作「春秋」呢？晉代學者杜預以史學家的角度，提出一個平實通達的解釋：

《春秋》者，魯史記之名也。記事者，以事繫日，以日繫月，以月繫時，以時繫年，所以紀遠近、別同異也。故史之所記，必表年以首事。年有四時，故錯舉以爲所記之名也。〔註30〕

《春秋》一書屬於編年史。編年體史書在記事上要求詳細地標明時間。因此，在記載史事時，必須詳細地將發生時間的年、月、時、日等資料記下，以供後來人區別和研讀。「以事系日，以日系月，以月系時，以時系年」等記載方法，當然成爲史書記載的通例。因爲記事的時序跨越了春、夏、秋、冬四季，因此史書姑且標舉春、秋二季來作爲書名。

因此，《春秋》的命名，源自當時各國史書採行編年體記事的事實。不取自春、秋二季天道生殺萬物的意涵。葉氏藉後者論《春秋》之名，推衍到「惟知《春秋》之名，而後知天子所以法天」等說，顯然出自個人主觀地附會臆測。如果《春秋》「法天」而作之說不成立，孔子「代天立法」而法「天之大數」等說，亦不成立。

（二）「天之大數」說源自董、何二人附會穿鑿之解經思維

《春秋》斷取十二公以法「天之大數」，這說法承自漢代學者董仲舒、何休兩人的解經思維，其方式在於對客觀事實的臆測和附會。關於葉氏說法和董、何二人的思想關係，葉氏承認他所謂的「天之大數」等說法和何休觀點相同。葉氏說：

夫然，故載之十有二公之行事，以備其數。則亦以三百六十爲之屬之意也。是說也，古之人有傳之者，而何休獨知之。〔註31〕

至於何休的說法，出現在《公羊・隱公元年》「所見異辭，所聞異辭，所傳聞異辭」傳文下的註解：

故《春秋》據哀錄隱，上治祖禰。所以二百四十二年者，取法十二公，

〔註28〕王先謙：《韓非子集解》（北京：中華書局，2003年），頁223。

〔註29〕朱熹：《四書章句集注》（臺北市：大安出版社，1994年），頁413。

〔註30〕《春秋左傳正義》（北京：北京大學出版社，十三經注疏標點本，1999年），頁3。

〔註31〕葉夢得：《葉氏春秋傳》（臺灣商務印書館影文淵閣四庫全書本，149冊），頁4。

天數備足，著治法式，又因周道始壞絕於惠、隱之際。〔註32〕

何休在此即以「十二」這個數字來代表「天數備足」。換言之，和葉氏同樣地將一年有十二月的「十二」，比作爲「天數」。再將「天數」和《春秋》包含十二公之史事相比附。雖說葉氏辯解「法天之大數」等說非出自何休〔註33〕，但是以一年月數來比作「天之大數」的思維模式其實和何休非常相近。

何休是東漢著名的今文經學家，是繼董仲舒之後的又一位《公羊》學大師。並著有《春秋公羊解詁》，而爲現存最早的《公羊傳》注本。在思想內容上，何休不僅提出了具有相當進步意義的「三世說」，但也採用當時荒謬怪誕的讖緯學說來解釋《春秋》，而染上迷信、附會的荒謬色彩。筆者相信何休以「天數」來附會《春秋》十二公並非偶然，而是他特有解經模式的一個延伸。此外，可以透過以下幾個例子來說明何休在解經上的特點、方式。何休在魯莊公十七年冬，「多麋」，《公羊傳》說：「何以書？記異也」，以爲冬天而多麋，是個特殊的現象。〔註34〕但是何休卻說：

麋之爲言，猶迷也。象魯爲鄭瞻所迷惑也。言多，以多爲異也。〔註35〕

在《春秋》經文中記載本年春，「齊人執鄭瞻」；秋，「鄭瞻自齊逃來」。《公羊傳》說鄭瞻是鄭國的佞人〔註36〕，卻沒記載鄭瞻來到魯國後，魯人、魯君全爲其所迷惑。若參考《左傳》、《穀梁傳》，也沒發現這樣的史實記載。爲何何休會如此註解呢？只因「麋」字和「迷」字聲音相同〔註37〕，因此由「麋」附會到迷惑的「迷」字，再編造魯人被鄭瞻所迷的史實。又如《春秋》經文記魯哀公十二年十二月，「螽」，何休說：

〔註32〕《春秋公羊傳注疏》（北京：北京大學出版社，十三經注疏標點本，1999年），頁26。

〔註33〕葉氏在《葉氏春秋考・統論》中辯稱：「惟何休言十二公，法天之大數，適與吾合。吾非取於休，取於經也。孟子曰：『《春秋》，天子之事』。此得之矣，猶未盡也。……然則《春秋》蓋天事，非止天子之事也。……凡《春秋》所書，皆天之所爲云爾。」引文見葉夢得：《葉氏春秋考》（臺灣商務印書館影文淵閣四庫全書本，149冊），頁252。

〔註34〕楊伯峻在此年經文「冬，多麋」下說：「周之冬，夏之秋也。麋多而害稼，故以災書。」說見楊伯峻：《春秋左傳注》（高雄市：復文圖書出版社，1991年），頁204。

〔註35〕《春秋公羊傳注疏》（北京：北京大學出版社，十三經注疏標點本，1999年），頁156。

〔註36〕《公羊・莊公十七年》「秋，鄭瞻自齊逃來」下《公羊傳》說：「何以書？書甚佞也。曰：『佞人來矣！佞人來矣！』」引文見《春秋公羊傳注疏》（北京：北京大學出版社，十三經注疏標點本，1999年），頁155。

〔註37〕迷，《說文》說：「迷，惑也。從辵，米聲。」麋，《說文》說：「麋，鹿屬，從鹿，米聲。」可見「迷」、「麋」兩字在當時具有音近關係。「迷」字見許慎作、段玉裁注《說文解字注》（臺北市：天工書局，1992年），頁73。「麋」字見許慎作、段玉裁注：《說文解字注》，頁471。

> 比年再蝝者，天不能殺，地不能埋。自是以後，天下大亂，莫能相禁，
> 宋國以亡，齊並於陳氏，晉分爲六卿。〔註38〕

宋國滅亡，姜姓齊君爲陳氏所取代，晉國政權被六卿所掌握，因而導致三家分晉，這些都是戰國時事。何休以災異解經，認爲他們的先兆在魯哀公十二年的蝝災中即已呈現。這裡顯然通過附會災異來解說史事。在魯哀公十三年經文：「冬，十有一月，有星孛于東方」，《公羊傳》僅說：「何以書？記異也。」但何休卻把這顆慧星與戰國以後的史事聯繫起來，認爲：

> 是後周室遂微，諸侯相兼，爲秦所滅，燔書道絕。〔註39〕

魯哀公十三年出現的奇異天象，竟然預示著秦滅諸侯及秦始皇的焚書坑儒，這個例子同樣是出於附會。

考察這些何休對《公羊傳》的解說，不難發現何氏在解經思維上帶有濃厚的附會臆測傾向。將一年十二月之事實，和《春秋》十二公之記事相比附，顯然順理成章。事實上，何休所具備的附會臆測解經模式，其實出自更早的《公羊》學大師董仲舒。

由學界已有的研究成果來看，董、何二人，在學術淵源上確有一脈相承的關係。〔註40〕葉氏對這一點也有所認識。〔註41〕爲了強化天人感應的理論，並證明「唯人獨能偶天地」、「人絕於物而參天地」這些觀點，董仲舒對許多客觀事實進行了大規模的比附、類比。在《春秋繁露·人副天數》中記載著：

> 唯人獨能偶天地。人有三百六十節，偶天之數也；形體骨肉，偶地之
> 厚也；上有耳目聰明，日月之象也；體有空竅理脈，川谷之象也。……此
> 見人之絕於物而參天地。是故人之身，首坌而員，象天容也；髮象星辰也；

〔註38〕 《春秋公羊傳注疏》（北京：北京大學出版社，十三經注疏標點本，1999年），頁613。

〔註39〕 《春秋公羊傳注疏》（北京：北京大學出版社，十三經注疏標點本，1999年），頁617。

〔註40〕 錢基博在《經學通志·春秋志》中說：「故董仲舒明言：『自近者始』、『王化自近及遠』由其國而諸夏而夷狄以漸進於天下，遠近大小若一；其義（指何休三科九旨）即本諸董仲舒也。寧爲三科九旨而已，董仲舒《春秋繁露·重正篇》云：『《春秋》變一謂之元。』何休說隱元年以焉。《繁露·二端篇》云：『以元之深，正天之端，以天之端，正王者之政。』何休之明五始以焉。《繁露·玉杯篇》有『先質後文』之語。而何休遂謂：『《春秋》變周之文，從殷之質。』如此之類，難以僕數，是休之《解詁》，胥出董仲舒之指矣！」引文見錢基博：《經學通志》（臺北市：台灣中華書局，1978年），頁185。

〔註41〕 葉氏說：「至何休始爲《公羊》作訓詁，是時前諸書宜猶在，休必擇其尤者著之。而其言多本讖緯，爲張三世、新周、故宋之論，其盡出於《公羊》本書。不可知而其譎怪不經之端，則吾嘗謂董仲舒有以啓之矣。」引文見葉夢得：《葉氏春秋考》（臺灣商務印書館影文淵閣四庫全書本，149冊），頁298。

耳目戾戾，象日月也；鼻口呼吸，象風氣也；胸中達知，象神明也；腹胞
實虛，象百物也。……天以終歲之數，成人之身，故小節三百六十六，副
日數也；大節十二分，副月數也；內有五臟，副五行數也；外有四肢，副
四時數也；乍視乍暝，副晝夜也；乍剛乍柔，副冬夏也；乍哀乍樂，副陰
陽也。〔註42〕

董氏將大量有關人的自然事實予以類比，企圖證明天人之間緊密而相對應的關係。
進而闡明在「唯人獨能偶天地」的前提下，「唯人獨能為仁義」。換言之，這種類比
事實的手法，其目的仍在於輔助董氏建立仁義說、德政說的相關理論。董氏從人骨
節有三百六十六個，附會到一年有三百六十天。骨節中大的部分有十二個，類比到
一年有十二月。人的五臟，和天地間運行的五行可互相比附。這些比附不一而足，
和何休附會臆測的解經思維如出一轍。

因此，以「天數」比附《春秋》十二公的說法，葉氏與董、何二人實有極其相
近的一面，即是運用比附類比的思維模式來羅列事實，企圖藉此為自身理論尋找證
明。

至於《春秋》為何只記載十二公之史實呢？撇開葉氏「法天之大數」的說法，
近代學者顧頡剛有一番論證：

《春秋》何以始自隱公？釋者有數說：（一）隱公值平王時，所以自
東遷起，紀中興也。然平王東遷時為魯孝公，孝公而後惠公，惠公而始為
隱公，故當始於孝公而不當始於隱公也。於是有第（二）說：謂孔子敬隱
公之仁而傷其亡也，然何以不自開國君之更可敬者始？此亦講不通。可從
者惟第（三）說：清江永《群經補義》：「疑當時魯春秋惠公以上魯史不存，
夫子因其存者修之，未必有所取義也。」〔註43〕

在顧氏引文中，提到一個合理的懷疑：《春秋》一書記載十二公的史事，不是為了寄
託特別的寓意，而是源於實際上史料的欠缺，於是只能自魯隱公開始記事。嚴格的
來說，這個說法比起「法天之大數」等說更可能接近事實。

整體來說，葉氏論述《春秋》「法天之大數」以斷自隱公的說法，是「《春秋》
者，代天子以行法者」說法的其中一個組成側面。從資料比對上，可以相信葉氏有
意將「孔子為何作《春秋》」和「《春秋》為何始於魯隱公」這兩問題一併處理，從
而塑造孔子具備「代天行法」的神聖使命。

〔註42〕蘇輿：《春秋繁露義證》（北京市：中華書局，2002年），頁354～357。
〔註43〕顧頡剛講授、劉起釪筆記：《春秋三傳及國語之綜合研究》（香港：中華書局香港分
局，1988年），頁12。

這種說法背後除了「退諸侯，討大夫」，更重要的是要「貶天子」，所以葉氏才考慮：「天子有善惡，則孰當代而行之乎？」將《春秋》披上「代天行法」的外衣，即能假借天道來評判人世間一切是非得失，並發揮限制君權的作用。但是，葉氏說法雖巧、立意雖美，但是在論證上卻經由誤解《春秋》命名，以證成孔子「代天行法」之說。葉氏說：「春者，天之所以生萬物，而吾彰善以褒焉者也。秋者，天之所以殺萬物，而吾懲惡以貶焉者也」，這說法忽略了《春秋》作爲當時編年體史書通名的事實。

再者，以「天之大數」比擬《春秋》十二公，其實是受了漢代董仲舒、何休的說法影響，在解經思維上流於附會臆測，從而削落了論述《春秋》旨意的說服力。至於《春秋》爲何只記載十二公之史實，可能出於實際上史料的缺乏。但是，葉氏論「天之大數」等說法雖流於怪誕，以致不被當時學者陳振孫所明瞭。但是在其他問題上，諸如論當時禮制、以及考辯《春秋》經例時，葉氏仍具有實事求是、信而有徵的一面，這一點有待下文說明。

第三節　天王去「天」以示貶

葉氏從論述孔子作《春秋》的用意開始，認爲「《春秋》者，代天子以行法者也」，並進一步提出「《春秋》蓋天事，非止天子之事也」，將孔子披上「代天立法」的神聖外衣。《春秋》爲了奉行天道的需要，故「法天之大數」以斷自隱公。可以這麼說，「法天之大數」的觀點是《春秋》「代天以行法」這一說法的其中一個組成側面，另一個側面則是「天王去『天』以示貶」。

一、天王去「天」以示貶

在論述《春秋》著作旨意時，葉氏說：「《春秋》者，代天子以行法者也」。但在序文中，葉氏說：

> 吾以一王之法，筆削於其間。穹然如天之在上，未嘗容其心。……而
> 正其行事，號之曰《春秋》。以自比於天。〔註44〕

這裡將孔子「自比於天」，從而爲孔子披上「代天行法」的神聖使命。值得特別說明的是，「代天行法」這點和「《春秋》者，代天子以行法」的說法不盡相同。但正如上文所指出，依照葉氏的觀點，應認爲孔子「代天行法」。因爲葉氏認爲：

〔註44〕葉夢得：〈春秋傳序〉《葉氏春秋傳》（臺灣商務印書館影文淵閣四庫全書本，149 冊），頁 2～3。

> 《春秋》蓋天事，非止天子之事也。……凡《春秋》所書，皆天之所
> 爲云爾。〔註45〕

葉氏認爲《春秋》不僅是「天子之事」，甚至可以視爲「天事」。這裡重點不是強調
人世間背後有一個全知全能的「天」在賞罰仲裁，《春秋》效法「天」以行筆削褒貶。
重點在於葉氏藉由「天」的至高無上地位，賦予《春秋》具備賞罰人事間一切事物
的資格。這其中特別在於針對周天子的褒貶與批評。如果只將《春秋》視爲「代天
子以行法」，葉氏擔心出現這種情況難以解決：

> 天子有善惡，則孰當代而行之乎？

因此在理論上賦予《春秋》「代天行法」的神聖性，來對周天子進行褒貶。在整本《葉
氏春秋傳》中，這個觀念表現在對下列經文的解說中。

在莊公元年「王使榮叔來錫桓公命」經文下，葉氏說：

> 禮，諸侯即位，三年喪畢，以士服朝。天子錫之韍冕圭璧，然後歸以
> 臨其民，謂之受命。未冠，未能朝；或有故不能朝，則天子遣大夫，即其
> 國而錫之，謂之錫命。受命，常事不書。錫命，非常事，書。桓已葬而錫
> 命，則桓未嘗朝，不受命而追錫之也。王者，繼天而能賞罰者也。王失其
> 賞罰，則不足以繼天王矣，故王去天。葉子曰：「諸侯之所聽者，王也。
> 諸侯不能正，則去王。王之所聽者，天也。王而不能天，則去天。古之誅
> 天子，必於郊。爲其有善，非臣子所能褒也。則其貶也，夫誰敢當之？其
> 亦必天乎？去天，所以示爲天之所絕也。用是，見有不能於天。而天絕之
> 者。雖天子亦不得免也。」〔註46〕

葉氏對這條經文的解說，可分作幾層意思來說。第一，承襲《穀梁傳》將「受命」、
「錫命」二分。《穀梁傳》對此條的解說是：

> 禮有受命，無來錫命；錫命非正也。生服之，死行之，禮也。生不服，
> 死追錫之，不正甚矣。〔註47〕

《穀梁傳》認爲根據禮制，只有諸侯前往接受周天子的詔命和賞物，沒有周天子派
人前來賜與詔命和賞物。但葉氏認爲「受命」、「錫命」是有不同，應作區分。在某
些前提下，「錫命」也合乎禮制。但葉氏強調，桓公生前未曾朝見周天子，理該不具
備「受命」的資。在死後，卻獲得周天子「錫命」，這是不合乎禮制的。

第二，周天子違背禮制賜與魯桓公詔命和賞物，理該貶斥。《春秋》如何表示對

〔註45〕葉夢得：《葉氏春秋考》（臺灣商務印書館影文淵閣四庫全書本，149 冊），頁 252。
〔註46〕葉夢得：《葉氏春秋傳》（臺灣商務印書館影文淵閣四庫全書本，149 冊），頁 53。
〔註47〕《春秋穀梁傳注疏》（北京：北京大學出版社，十三經注疏標點本，1999 年），頁 63。

周天子的貶斥？則在周天子的名號上，削去「天」字來表示批評。這即是經文中「王使榮叔來錫桓公命」中，周天子只稱「王」，而不稱「天王」。在一般情況下，經文稱周天子為「天王」，如下列經文：

> 《公羊・隱公七年》：「冬，天王使凡伯來聘。」〔註48〕

> 《公羊・隱公九年》：「春，天王使南季來聘。」〔註49〕

至於「天王」在稱號上削去「天」字，這被葉氏視為對天子的貶斥。葉氏並由「天王」之名號，闡明「天」字有何含意。強調周天子治國經邦上的神聖任務在於「繼天而能賞罰者」。如果行事違背禮制，紊亂倫常，則不足以擔當這份任務，因此在名號上削去「天」字。「王而不能天，則去天」除了表示對周天子的貶斥，也意味著周天子被「天」所拒絕。

透過上述的說明，葉氏認為《春秋》藉由「天王」削去「天」字的方式，表示對周天子的貶斥。

在文公五年「王使榮叔歸含且賵」經文下，葉氏說：

> 歸含、賵不書，此何以書？妾母非王之所得含、賵者也。瀆夫婦之道而亂嫡庶之別，王無以繼天矣。故去天。……葉子曰：「名分，禮之大也。古者立五教以正上下，夫婦居其一焉。其敘為五典，曰天敘。秩之為五禮，曰天秩。明其有所受也。非王其誰任之歟？……今王不能正其僭，死又從而禮之，則致之以為夫人者，殆請於王而王聽之者也。春秋之去天，非正其歸含且賵也。正其成之為夫人者也。」〔註50〕

關於這條經文，《公》、《穀》持不同解說。《公羊傳》說：

> 含者何？口實也。其言歸含且賵何？兼之。兼之非禮也。〔註51〕

《穀梁傳》說：

> 含，一事也；賵，一事也；兼歸之，非正也。其曰且，志兼也。其不言來，不周事之用也。賵以早，而含已晚。〔註52〕

《公》、《穀》認為，依照禮制，不該由榮叔一人兼辦「含」、「賵」兩種物品的贈送之事。但葉氏認為這條經文主要不在於批評「兼之非禮」這點上，而在於貶斥魯國成風去世後，周天子派榮叔「歸含且賵」的行為違背了當時嫡庶之別。用現代術語

〔註48〕 《春秋公羊傳注疏》（北京：北京大學出版社，十三經注疏標點本，1999年），頁56。
〔註49〕 《春秋公羊傳注疏》（北京：北京大學出版社，十三經注疏標點本，1999年），頁61。
〔註50〕 葉夢得：《葉氏春秋傳》（臺灣商務印書館影文淵閣四庫全書本，149冊），頁128。
〔註51〕 《春秋公羊傳注疏》（北京：北京大學出版社，十三經注疏標點本，1999年），頁285。
〔註52〕 《春秋穀梁傳注疏》（北京：北京大學出版社，十三經注疏標點本，1999年），頁163。

來說，即指責周天子的行爲違背了當時的嫡長子繼承制度。嫡長子繼承制是宗法制度的一個核心。它的目的是：防止爲了爭奪君位而發生內亂，從而維護並鞏固其氏族統治。嫡長子繼承制度規定：必須由嫡夫人所生之長子繼承父位。如果嫡夫人無子，由妃妾之貴者之子繼承。〔註53〕這制度詳細的規定，見於何休在《公羊・隱公元年》：「立適以長，不以賢；立子以貴，不以長」傳文下的注文：

> 適，謂適夫人之子。尊無與敵，故以齒。子謂左右媵及姪娣之子。位有貴賤，又防其同時而生，故以貴也。禮，嫡夫人無子，立右媵；右媵無子，立左媵；左媵無子，立嫡姪娣；嫡姪娣無子，立右媵姪娣；右媵姪娣無子，立左媵姪娣。〔註54〕

注文中的「適」，通「嫡」。「適夫人之子」即指嫡長子。在何休的注文中詳細地規定了自嫡夫人到左右媵姪娣的繼承順序，以避免在君位繼承上出現問題。因爲在君位繼承上奉行「立適以長，不以賢；立子以貴，不以長」的原則，可見這制度能否順利運作的首要關鍵則在於嚴格地區別嫡庶。因此，關係到嫡長子繼承制的「嫡庶之別」，成爲《春秋》學中一個常常被重視的問題。

　　在繼承問題上，葉氏認爲「嫡庶之別」是不該被褻瀆混亂的。因此，對於周天子爲了成風而派榮叔「歸含且賵」，其實是將本來身爲妾母身份的成風〔註55〕，提升到夫人的地位。這在葉氏看來無異是「瀆夫婦之道而亂嫡庶之別」的行爲，同時也違背「天道」。於是《春秋》採用「去天」的方式來貶斥，表示「王無以繼天矣，故去天」這層意思。關於「嫡庶之別」，葉氏並引《尚書・虞書・皋陶謨》中的典故〔註56〕，認爲夫婦之倫出自上天。關於這點，孔穎達論之甚詳，他說：

> 典禮政刑皆從天出，天次敘人倫，使有常性，故人君爲政，當敕正我父、母、兄、弟、子，五常之教教之，使五者皆惇厚哉！〔註57〕

夫婦之倫稱爲「天敘」。導正夫婦之「天敘」，也同樣是「繼天取法」的天子應當背負的任務。不能區別嫡庶而紊亂倫常，《春秋》即施予「天王去天」的貶斥。

〔註53〕錢玄：〈宗法制度〉《三禮通論》（南京市：南京師範大學出版社，1996 年），頁 441～444。

〔註54〕《春秋公羊傳注疏》（北京：北京大學出版社，十三經注疏標點本，1999 年），頁 13。

〔註55〕關於成風的身份，見杜預在《左傳・閔公二年》「成風聞成季之繇，乃事之」下注文：「成風，莊公之妾，僖公之母也。」《春秋左傳正義》（北京：北京大學出版社，十三經注疏標點本，1999 年），頁 317。

〔註56〕原文是出自《尚書・虞書・皋陶謨》：「天敘有典，敕我五典五惇哉！天秩有禮，自我五禮有庸哉！」《尚書正義》（北京：北京大學出版社，十三經注疏標點本，1999 年），頁 107。

〔註57〕《尚書正義》（北京：北京大學出版社，十三經注疏標點本，1999 年），頁 108。

　　葉氏從論述天子承擔「繼天以取法」的責任開始，闡明《春秋》效法天道生殺萬物之意，從而建立《春秋》「代天行法」的神聖性。在這個觀點下，賦予周天子承繼天道以行賞罰的重大責任。一但周天子違背了他應該承擔的任務，《春秋》即藉由「天王去天」的方式表示貶斥。這點可在莊公元年「王使榮叔來錫桓公命」及文公五年「王使榮叔歸含且賵」兩條經文中得到證明。

二、何休、范寧兩人對「天王去天」的不同意見

　　在說明「天王去天」這條經例時，必須指出除葉氏外仍有許多經學家抱持相同的意見。例如程頤在文公五年「王使榮叔歸含且賵」經文下說：

　　　　天子成妾母為夫人，亂倫之甚，失天理矣。不稱「天」，義已明。稱「叔」，存禮也。王使召伯來會葬，天子以妾母同嫡，亂天理，故不稱「天」。聖人於此尤謹其戒。〔註58〕

程氏又在隱公元年「天王使宰咺來歸惠公仲子之賵」經文下說：

　　　　王者，奉若天道故稱「天王」。其命曰：「天命」；其討曰：「天討」。盡此道者，王道也；後世以智力把持天下者，霸道也。春秋因王命以正王法，稱「天王」以奉天命。夫婦，人倫之本。故當先正。春秋之時，嫡妾僭亂，聖人尤謹其名分。〔註59〕

程氏認為「天王」這個名份，意味著周天子具有奉行天道的使命。如果天子在行事賞罰上的種種抉擇違背了天道，即沒有資格使用「天王」這個名號。因此用削去「天」字的方式來表示周天子違背天理。在「王使榮叔歸含且賵」經文中，因為周天子的作法「以妾母同嫡」，違背了嫡庶之分而「亂天理」，因此《春秋》在記載上不稱「天王」。拿程氏之說和葉氏說法相互比較，程氏和葉氏同樣主張「天王去天」這條經例。不僅程氏採用此說，劉敞、胡安國等學者亦堅持相同觀點。劉敞於文公五年「王使榮叔歸含且賵」經文下說：

　　　　王何以無「天」？言是非「天」之法也。是非「天」之法者何？是以妾為嫡也。〔註60〕

同條經文下，胡安國說：

　　　　不稱「天王」者，弗克若天也。《春秋》繫天於王，以定其名號者，所履則天位也。所治則天職也。所敕而惇之者，則天之所敘也。所自而庸

〔註58〕程頤：《程氏經說》（臺灣商務印書館影文淵閣四庫全書本，183 冊），頁 111。
〔註59〕程頤：《程氏經說》（臺灣商務印書館影文淵閣四庫全書本，183 冊），頁 93。
〔註60〕劉敞：《劉氏春秋傳》（臺灣商務印書館影文淵閣四庫全書本，147 冊），頁 419。

之者，則天之所秩也。所賞而刑者，則天之所命，而天之所討也。夫婦，
人倫之本。王法所尤謹者。今成風以妾僭嫡，王不能正，又使大夫歸含、
賵焉，而成之爲夫人，則王法廢，人倫亂矣。是謂弗克若天，而悖其道非
小失耳。故特不稱「天」，以謹之也。〔註61〕

根據這些資料，不難發現葉氏、程頤、劉敞、胡安國等經學家都認爲《春秋》採
用「天王去天」的書法，來對周天子進行褒貶。至於爲何他們出現一致的觀點？
除了他們在理念上同感限制君權、寄託天道於「天王」的需要外，他們的觀點可
能源於更早注解《公羊傳》的何休。何休針對莊公元年「王使榮叔來錫桓公命」
經文說：

不言「天王」者，桓行實惡，而乃追賜之，元悖天道，故云爾。〔註62〕

又針對文公五年「王使榮叔歸含且賵」經文說：

去「天」者，含者臣子職，以至尊行至卑事，失尊之義也。〔註63〕

若拿何休的說法和葉氏相比，在《春秋》貶斥周天子的理由上，何、葉兩家不同，
但是同樣承認《春秋》採用「天王去天」這條經例表示批評。何休以爲不稱「天王」，
代表周天子違背天道。這觀點都被後來程頤、劉敞、葉氏、胡安國等學者所接受，
進而深入發揮。可以斷定在「天王去天」這一經例上，何休和這些經學家在觀念上
有一脈相傳的關係。

然而，「天王去天」這條經例在晉人范寧研究中，卻有不同看法。范寧在注解《穀
梁・莊公元年》「王使榮叔來錫桓公命」經文時，他說：

何休曰：「桓弒逆之人，王法所宜誅絕，而反賜命，悖亂天道，故不
言『天王』也。文五年『王使榮叔歸含且賵』，則曰：『含者，臣子之職也，
以至尊行至卑事』，故不言「天王」也。三月，『王使毛伯來會葬』，又曰：
『剌比失禮』，故亦不言『天王』也。」寧案：僖二十四年「天王出居於
鄭」，不可最大矣。禮天子既有賵含之制，傳但譏二事共一使耳，言「且」
所以示譏，一事無再貶之道也。以天王之尊，會人妾祖母之葬，誠失禮矣。
孰若使任叔之子來聘，使家父求車之不可乎？此三者皆言天王，明非義之

〔註61〕 胡安國：《春秋傳》（上海市：上海書店，四部叢刊續編本，1989 年），卷 14。

〔註62〕 引文見何休於《公羊・莊公元年》「王使榮叔來錫桓公命」條下傳文「追命也」的註
釋。《春秋公羊傳注疏》（北京：北京大學出版社，十三經注疏標點本，1999 年），
頁 116。

〔註63〕 引文見何休於《公羊・文公五年》「王使榮叔歸含且賵」條下傳文「兼之非禮也」的
註釋。《春秋公羊傳注疏》（北京：北京大學出版社，十三經注疏標點本，1999 年），
頁 285。

所存。舊史有詳略，夫子因而弗革，故知曲說雖巧，致遠則滯矣。〔註64〕

范寧針對《春秋》中涉及「天王」的經文進行比較，認爲「天王去天」這條經例不能成立。凡是義例，首要條件在於《春秋》中涉及的各條記載都能符合此義例。如此才能斷定此義例可以成立。在面對「天王去天」這條經例中，范氏認爲在《春秋》中天王失德悖理之事甚多，應該一律「去天」表示貶斥。但某些經文仍書「天王」。例如僖公二十四年「冬，天王出居於鄭」，《穀梁傳》說：

> 天子無出。出，失天下也。居者，居其所也。雖失天下，莫敢有也。
> 〔註65〕

據《左傳‧僖公二十四年》的記載，「天王出居於鄭」的背景源自周襄王和其弟王子帶的紛爭。周襄王之母惠后，厭惡襄王而喜歡其弟王子帶。惠后曾欲立王子帶爲太子，事未成而惠后先死。襄王即位後，子帶因以前曾與狄人勾結而畏罪出逃於齊國。襄王念及兄弟之情，遂召子帶回國。及襄王娶狄人之女隗氏爲夫人，子帶竟與隗氏私通，於是襄王廢了隗氏。王叔、子頹即奉子帶召狄人攻打周王室，襄王力不能敵，逃亡到鄭國避難，同時向魯、秦、晉告急。〔註66〕

針對這段史實，《穀梁傳》認爲經文用「出」字，表示周天子失去了天下。《左傳》說：「天子無出，書曰：『天王出居於鄭』，辟母弟之難也。天子凶服、降名，禮也」。〔註67〕面對王室傾頹、飄搖欲墜的處境，周天子必須爲此服凶服、自稱「不穀」時，《春秋》仍書「天王」。又如桓公五年「天王使任叔之子來聘」，《穀梁傳》說：

> 任叔之子者，錄父以使子也。故微其君臣而著其父子，不正父在子代
> 仕之辭也。〔註68〕

范寧根據傳文，對這條經文所涉的人事有很尖銳的批評，他說：

> 錄父使子，謂不氏名其人，稱父言子也。君暗劣於上，臣苟進於下，
> 蓋參譏之。〔註69〕

《穀梁傳》認爲，「任叔之子」表示《春秋》通過記載他父親的名字來表明派遣的是任叔的兒子。這裡隱匿了君臣關係，凸顯的是父子關係。經文中使用這樣的說法，表示對父親還健在而由兒子代爲出使聘問這一不合正道之作法的不滿。范氏更引伸

〔註64〕 《春秋穀梁傳注疏》（北京：北京大學出版社，十三經注疏標點本，1999 年），頁 63。
〔註65〕 《春秋穀梁傳注疏》（北京：北京大學出版社，十三經注疏標點本，1999 年），頁 143。
〔註66〕 《春秋左傳正義》（北京：北京大學出版社，十三經注疏標點本，1999 年），頁 422
～424。
〔註67〕 《春秋左傳正義》（北京：北京大學出版社，十三經注疏標點本，1999 年），頁 424。
〔註68〕 《春秋穀梁傳注疏》（北京：北京大學出版社，十三經注疏標點本，1999 年），頁 41。
〔註69〕 《春秋穀梁傳注疏》（北京：北京大學出版社，十三經注疏標點本，1999 年），頁 41。

其義，認爲這種情況之所以發生，源自在上的周天子頑劣不明，在下的臣子貪婪苟進的緣故。但是，儘管此條經文直指周天子失德，《春秋》仍書「天王」。又如桓公十五年「天王使家父來求車」，《穀梁傳》說：

> 古者諸侯時獻于天子，以其國之所有，故有辭讓，而無徵求。求車，
> 非禮也。〔註70〕

《穀梁傳》認爲古時候，諸侯要按時將他國內出產的物品貢獻給天子，所以天子只有推辭和謙讓的事，卻沒有征斂和索取的事。向諸侯索取車輛，這是不符合禮制的事。儘管此條經文不合禮制，但是《春秋》仍稱「天王」。

　　因此，范氏根據僖公二十四年「冬，天王出居於鄭」、桓公五年「天王使任叔之子來聘」、桓公十五年「天王使家父來求車」這三條經文都批評周天子失德悖理，但《春秋》皆書「天王」這一事實，認爲周天子或稱「天王」，或稱「王」這點並無義例；所以出現「天王」、或「王」名稱上的不同，只是因爲史料上的詳略不同。孔子因襲魯史而不作刪削。范氏並批評何休「天王去天」之類的說法儘管看來巧妙高明，但是卻無法符合《春秋》中所有相關經文而有所拘滯。

　　綜上所述，必須指出，除葉氏外仍有許多經學家主張以「天王去天」來表示對周天子的否定。如程頤、劉敞、胡安國等學者均認爲《春秋》採用「天王去天」的方式，來對周天子進行貶抑。這樣一致的觀點，除了理念上的需要外，可能源於更早的何休《公羊》傳注。但范寧根據經文的比較，發現在僖公二十四年「天王出居於鄭」、桓公五年「天王使任叔之子來聘」、桓公十五年「天王使家父來求車」這三條經文中，儘管經文文義涉及對周天子的否定，但並未一致地採用「天王去天」的方式來表示貶斥。因此，范氏推論「天王」或「王」的不同稱呼，導源於「舊史有詳略，夫子因而弗革」這一事實。

三、論「天王去天」說的得失

　　由范寧的說法來看，「天王去天」這一義例似乎出於「舊史詳略」而了無意義。但筆者認爲，衡量「天王去天」這個說法時應從更深一層的角度來看，方能見其價值意義所在。在處理此一問題時，首需探究一個更基本、深刻的問題：什麼是「義例」？

（一）何謂「義例」？

　　在論述這個問題時，首先應該提到的是孟子對於《春秋》的看法。孟子說：

〔註70〕《春秋穀梁傳注疏》（北京：北京大學出版社，十三經注疏標點本，1999 年），頁 55。

　　王者之跡熄而《詩》亡，《詩》亡然後《春秋》作。晉之《乘》，楚之
《檮杌》，魯之《春秋》，一也。其事則齊桓、晉文，其文則史。孔子曰：
「其義，則丘竊取之矣。」〔註71〕

這段話有兩點值得重視。一是說明《春秋》作於平王東遷，周王室政令不能遍行天
下的時期。另一是指出《春秋》並不是普通的史書。經孔子筆削以後，《春秋》蘊藏
了孔子的政治觀點和政治思想。所以孟子才特意強調《春秋》中包含了孔子所竊取
的「義」。針對《春秋》中所包含的「義」，司馬遷在《史記‧孔子世家》有深入的
發揮：

　　子曰：「弗乎！弗乎！君子病沒世而名不稱焉。吾道不行矣，吾何以
自見於後世哉？」乃因史記作《春秋》，上至隱公，下訖哀公十四年，十
二公。……約其文辭而指博。故吳、楚之君自稱「王」，而《春秋》貶之
曰「子」；踐土之會實召周天子，而《春秋》諱之曰：「天王狩於河陽」。
推此類以繩當世。貶損之義，後有王者舉而開之。《春秋》之義行，則天
下亂臣賊子懼焉。孔子在位聽訟，文辭有可與人共者，弗獨有也。至於爲
《春秋》，筆則筆，削則削，子夏之徒不能贊一辭。弟子受《春秋》，孔子
曰：「後世知丘者以《春秋》，而罪丘者亦以《春秋》。」〔註72〕

這段關於《春秋》大義的說明，包含幾層值得進一步說明的觀點。第一，這裡說明
孔子爲了表明他的生命理想和政治觀點，因此根據當時史書以作《春秋》，企圖通過
二百四十二年的魯國歷史，傳達隱微奧妙的微言大義。第二，如果這種《春秋》大
義可以普遍地施行天下，即可樹立世間人倫的準則和政治的典範，進而促成亂臣賊
子有所顧忌。第三，孔子是以非常虔誠專注的態度來著作《春秋》，即使親近孔子，
善於文辭的學生都無法代孔子下筆。《春秋》大義也被認爲是可供後世王者奉行的「一
王大法」。最後值得重視的是，在這段資料中司馬遷援用分析「義例」的方式，來說
明《春秋》所包含的微言大義。例如在紀錄踐土之會這件史事上，《春秋》爲了避諱
以臣召君的事實，於是諱稱：「天王狩於河陽」。

　　《春秋》的材料，本來是魯國史書，是一條條逐年按月按日的簡單記事，和新
聞標目一樣的簡單，因此二百四十二年之久的記事錄，不過一萬八千字。這樣的典
籍，如果沒有意義含在裡面，便沒有什麼價值。所以《春秋》的價值，全在乎「義」。
〔註73〕進一步地追問，《春秋》如何表現大義？這裡便是一個《春秋》學中難於處

〔註71〕朱熹：《四書章句集注》（臺北市：大安出版社，1994年），頁413。
〔註72〕司馬遷：《史記》（臺北市：大明王氏出版社，1975年），頁1943。
〔註73〕戴君仁：《春秋辨例》（臺北市：中華叢書編審委員會，1964年），頁9。

理的關鍵問題。後來學者，爲了探求《春秋》中的微言大義，於是採用了「義例」的方式來解讀經文。關於這個問題，近代學者戴君仁認爲：

> 例是何時講起的呢？我想例當然不是孔子之意，這是後人研究《春秋》的一種方法，恐戰國儒家也無此陋習。一定是經書成了專業之後，一般經師要在經書上做鑽研的功夫，才弄出這種花樣來。〔註74〕

戴氏指出「義例」爲後來經師研究《春秋》的一種方法。在蔣伯潛的《十三經概論》中，對這問題有相同並更深入的分析。蔣氏說：

> 蓋所謂「例」，爲治《春秋》者就《春秋》經傳比較歸納而得，非《春秋》經文中明著其例；亦非孔子於作《春秋》之前，先定若干書法之凡例，而後據之爲標準，以作《春秋》；更非周公定有若干之例，孔子依之以作春秋也。洪興祖曰：「《春秋》本無例，學者因行事之跡以求例；猶天本無度，治曆者因周天之數以爲度也。」此語最爲明通。故《春秋》之例，如研究言語文章者，就古今人發言行文之習慣，加以比較，分析綜合，細譯而得語法文法；研究古文字者，就文字之構造，比較歸納，概括而得「六書」；非先有語法文法，而後說話作文，先有六書而後創造文字也。〔註75〕

在論述「義例」的性質時，戴君仁認爲「義例」應是後代經師鑽研經典所發展出來的一種方法。蔣伯潛認爲不僅「義例」是後來經師比較歸納而得，甚至孔子在作《春秋》時也沒有先立若干的凡例、書法來作爲行文的準則。因此，根據這些意見應認爲「義例」實爲後來經師研讀《春秋》時所發展出來的一種解經方法，主要透過經文的比較歸納而得。

至於「義例」的實質內容，則可區分「文」與「義」。爲了說明這個觀念，胡安國的一段意見很有參考價值。他說：

> 《春秋》之文，有事同則詞同者，後人因謂之「例」。然有事同而詞異，則其例變也矣。是故正例非聖人莫能立，變例非聖人莫能裁。正例，天地之常經。變例，古今之通誼。惟窮理精義，於例中見法，例外通類者，斯得之矣。〔註76〕

爲了掌握《春秋》中存在的種種「義例」，胡安國將「例」分爲「正例」、「變例」兩項。值得注意的是，不論是何種「例」，都承載了某種義理、法則。這即是「例中見

〔註74〕戴君仁：《春秋辨例》（臺北市：中華叢書編審委員會，1964年），頁10。
〔註75〕蔣伯潛：《十三經概論》（臺北市，學海出版社，1985年），頁463。
〔註76〕胡安國：〈述綱領〉《春秋傳》（上海市：上海書店，四部叢刊續編本，1989年），頁數不明。

法」。換言之，即是強調「義例」本身透過某些格式相同、筆法相近的文字，來傳達某種法則、義理。亦即「義例」是由「文」來傳達「義」。進代學者沈玉成對「義例」的實質，有一段極爲清楚的說明，他說：

> 歷來的經學家和史學家，談到《春秋》，總離不開所謂的「義法」。「義」，指大義，也就是所包含的深刻內容；「法」，指書法，也稱「書例」，就是記事的體例都有嚴格的方法和規格，各種「書例」都表達某種褒貶的態度。這兩者又統一而不可分，「義」通過「例」而表達，「例」則是「義」的載體。〔註77〕

自從孟子針對《春秋》提出了「其義則丘竊取之」的觀點後，歷代經學家大多肯定《春秋》中蘊含了孔子的微言大義。問題則在於如何自《春秋》中發掘出潛藏其中的「微言大義」？於是經師們採用「義例」的方式來解析經文，認爲大義即蘊藏在這些經文所具有的「書法」之中。釐清了「書法」，大義也隨而凸顯。

換句話說，經師們透過經文的比較，在《春秋》經文中找出某種特定的體例、「書法」，藉此研尋大義。大義和「書法」、體例這兩者之間，也就是所謂的「文」與「義」這兩者之間，實有密不可分的關係。此即是沈氏所強調的：「『義』通過『例』而表達，『例』則是『義』的載體」。因此，討論「義例」時需注意到「義例」其實包含了「義」與「例」兩個層面。

後代經師雖採用「義例」來申說《春秋》中的義理，但問題即在於此種藉由「義例」所發揮的微言大義，是否即是孟子所強調而孔子沒有清楚說明的，「其義則丘竊取之」的「義」呢？亦即是「義例」所申述的微言大義，是否眞是孔子所說？這其實有很大的問題。早自南宋的朱子，即對此表示懷疑，他說：

> 人道《春秋》雖曉，據某理會來，無難曉處。只是據他有這簡事在，據他載得恁地。但是看今年有甚麼事，明年有甚麼事，禮樂征伐不知是自天子出？自諸侯出？自大夫出？只是恁地。而今卻要去一字半字上理會褒貶，卻要去求聖人之意，你如何知得他肚裏事！〔註78〕

> 《春秋》大旨，其可見者：誅亂臣，討賊子，內中國，外夷狄，貴王賤伯而已。未必如先儒所言，字字有義也。想孔子當時只是要備二三百年之事，故取史文寫在這裏，何嘗云某事用某法？某事用某例邪？〔註79〕

在此朱子即懷疑孔子作《春秋》不用義例，並以非常切實的態度追問：我們如何得

〔註77〕沈玉成、劉寧：《春秋左傳學史稿》（江蘇省，江蘇古籍出版社，2000年），頁38。
〔註78〕宋・黎靖德編：《朱子語類》（北京市：中華書局，1999年6月4版），頁2144。
〔註79〕宋・黎靖德編：《朱子語類》（北京市：中華書局，1999年6月4版），頁2144。

知孔子作經之意？從而朱子懷疑《春秋》只是史實的記載，並不談「義例」。基於求真求實的態度，朱子連帶懷疑後來講述《春秋》各家，全出杜撰。他說：

> 世間人解經，多是杜撰。且如《春秋》只據赴告而書之，孔子只因舊史而作《春秋》，非有許多曲折。〔註80〕

> 或論及《春秋》之凡例。先生曰：「《春秋》之有例固矣，奈何非夫子之爲也。昔嘗有人言及命格，予曰：『命格，誰之所爲乎？』曰：『善談五行者爲之也。』予曰：『然則何貴？設若自天而降，具言其爲美爲惡，則誠可信矣。今特出於人爲，烏可信也？』知此，則知《春秋》之例矣。」
〔註81〕

> 問：「諸家《春秋》解如何？」曰：「某盡信不及。如胡文定《春秋》，某也信不及，知得聖人意裏是如此說否？今只眼前朝報差除，尚未知朝廷意思如何，況生乎千百載之下，欲逆推乎千百載上聖人之心！況自家之心，又未如得聖人，如何知得聖人肚裏事！某所以都不敢信諸家解，除非是得孔子還魂親說出，不知如何。」〔註82〕

在此，朱子即攻擊後來解經者，「多是杜撰」。以爲「義例」諸說，「今特出於人爲，烏可信也？」並認爲除非孔子「還魂親說出」，才能真正地肯定「義例」以及依附「義例」所推導出的種種說法，的確爲聖人所說。不難發現，朱子認爲經由「義例」所推闡的種種微言大義，其實都是後來研究者所杜撰的。這即是學者沈玉成所強調的：

> 說到底，其實不過是研究者在發揮自己的大義，不論他是虔誠地在闡明聖人的隱微之義還是藉聖人爲因由而申述自己的政治倫理觀念。〔註83〕

沈氏不僅強調義例等說其實是後來研究者個人意見的發揮，甚至指出義例即是古代史書中不成熟書法的殘留與集合。這觀點出自沈氏對於清代學者朱鶴齡意見的分析。朱鶴齡則在《左氏春秋集說‧白序》中，強調義例應爲古代史書記事的書法，他說：

> 今之說《春秋》，何其亂與？則凡例之說爲之也。自左氏立例，《公》、《穀》二氏又有例，啖、趙以下亦皆有例，言人人殊，學者將安所適從？……夫所貴乎例者，正取其一成而不易。若前後遊移，彼此乖忤，何以示萬世之繩準？嗚呼！夫子作《春秋》，上明天道，下正人事，變化從心，安得

〔註80〕宋‧黎靖德編：《朱子語類》（北京市：中華書局，1999年6月4版），頁2146。
〔註81〕宋‧黎靖德編：《朱子語類》（北京市：中華書局，1999年6月4版），頁2147。
〔註82〕宋‧黎靖德編：《朱子語類》（北京市：中華書局，1999年6月4版），頁2155。
〔註83〕沈玉成、劉寧：《春秋左傳學史稿》（江蘇省，江蘇古籍出版社，2000年），頁43。

有例？例特史家之說耳。自隱、桓至定、哀，二百四十二年間，載筆者非一人，則或詳或略，不免異辭。所見所聞，難於一概。自史法言之，尚無一成之例，而欲執後人之例以按經，又欲屈聖人之經以從例，其可乎哉？〔註84〕

沈玉成則根據朱氏的意見，指出後來研究者藉由義例發揮一己思想的荒謬之處，他說：

《春秋》據魯史舊文修成，史官作史，總有若干約定的慣例，但《春秋》紀事凡二百四十二年，幾代史官很難絕對統一體例，前後矛盾齟齬之處在所不免，後代的研究者硬是將這些混亂以各種各樣的曲解裁成劃一，總結出體系，這體系越是眉目清晰，條理分明，就越能證明其爲研究者的發明，而非史官之舊。朱鶴齡一語道破了歷代創爲凡例者，假古史書例之名，創一己義例之實的荒謬之處。〔註85〕

綜合朱子、沈氏的意見來看，後代經師經由發掘「義例」，進而申說《春秋》中的微言大義，其實這只是研究者自身政治理想、倫理觀念的反映。亦即是「義例」本身以及經由「義例」得知的微言大義，都出於後來研究者的杜撰、附會。除非孔子死而復生，根本不能相信「義例」及依附「義例」等說法確是孔子所說，符合孔子之意。

（二）「天王去天」說的得失

在澄清對於「義例」的看法後，我們即可對於葉氏所說的「天王去天」這個說法進行評價。根據上述對於「義例」的分析，「義例」其實是由「義」、「例」兩者所構成。在論述「義例」時，應該將「義」、「例」這兩個層面一併考慮。根據上節范寧的注文，即可斷定「天王去天」這條經例在「例」這個層面上其實不成立。其所以或書「王」、「天王」，只是源於「舊史有詳略，夫子因而弗革」這一事實。連帶地葉氏特別強調的「王者，繼天而能賞罰者也。王失其賞罰，則不足以繼天王矣，故王去天」等說法，隨同「例」的不成立而沒有依據。

但是換一個角度來說，或是就「義」的角度來看，筆者以爲這其實是葉氏在渴望限制君權、樹立「一王大法」的企圖下，藉由「天王去天」這條義例來申說他對於理想君主、理想政治的看法。那些和葉氏在這條經例上抱持同樣意見的程頤、劉敞、胡安國等學者，也應作如是觀。誠如近代學者宋鼎宗所論，「天王去天」這條「義

〔註84〕 清・朱鶴齡：《左氏春秋集說》（上海市：上海古籍出版社，續修四庫全書本，經部，120 冊），頁 5。

〔註85〕 沈玉成、劉寧：《春秋左傳學史稿》（江蘇省，江蘇古籍出版社，2000 年），頁 261。

例」實發揮了約束君權的作用。他說：

> 若夫貶天子，退諸侯，討大夫，與夫聖人以天自處之說，蓋民權未萌
> 之時，王權無有約束者，故儒者乃以約束帝王之權託之於天，因創以天制
> 王之論。其在董生、史遷之時，蓋欲假天以制帝權之澎漲，庶免漢武，於
> 肆欲逞暴之極，致我大漢之聲名文物亦毀之。其在南宋，則欲假天以導時
> 王以自彊安國，立功復土，使我大漢之聲名文物，得永續不絕於斯土耳。
> 由此觀之，儒者之用心亦苦矣，而民權之不能不興，亦由此乎！〔註86〕

宋氏比較漢代、南宋時經學家「天王去天」說法的不同用心，並肯定兩者都由「假
天以制帝權之澎漲」觀點出發。因此，葉氏在論述「天王去天」這條「義例」時，
也企圖發揮同樣的作用，促使君王戒慎恐懼，奉行天道。

綜上所述，筆者以爲在論述葉氏「天王去天」的說法時，應明白「義例」的性
質和特點。根據近代學者的研究，「義例」應爲後代經師研讀《春秋》的一種方法。
通過對於《春秋》經文的比較分析，從中歸納出某種「書法」，並認爲可以透過「書
法」來掌握孔子的微言大義。不過，探究「義例」的實質，其實是後來研究者藉由
假託孔子這一方式來申論自己的政治理想和倫理觀念。

因此，就「義例」的形式來看，「義例」可分作「義」與「例」兩部分。評價「義
例」應從這兩部分來入手。就葉氏對「天王去天」這條義例的論述來說，在「例」
的層次上，的確如范氏所說，書「天王」或「王」源於「舊史有詳略，夫子因而弗
革」這一事實。但在「義」的層次上，應該認同學者宋鼎宗的看法，將「天王去天」
這個說法視爲民權未萌時，「假天以制帝權之澎漲」。藉由一個無上崇高的「天」，來
警惕君主奉行天道、合乎禮義。

第四節 一王大法的落實——「一見法焉」

在論述《春秋》著作的旨意時，葉氏認爲《春秋》目的在於「代天子以行法者」。
這裡所說的「法」，即《春秋傳·序》所強調的「吾以一王之法，筆削於其間」。在
《葉氏春秋傳》中，葉氏認爲「一王之法」不僅表現在經由比較歸納所得出的「義
例」裡，也存在於一些零碎、片段的經文之中。而這些經文，在葉氏論述中是藉由
「一見法焉」的形式加以論述的。

值得注意的是，這些片段、零碎的經文通常涉及到某些具體、個別的問題，並

〔註86〕宋鼎宗：《春秋宋學發微》（臺北市：文史哲出版社，1986年），頁160。

出現在某些特殊的歷史情境之中。孟子論《春秋》，即說：「其事則齊桓、晉文，其文則史」，意即說明《春秋》在內容上包含了諸多史料記載，紀錄了當時許多複雜的歷史情境。為了探究如何因應當時的歷史情境，葉氏企圖藉由「一見法焉」的形式，針對這些問題提供他個人經由經傳研究後獲得的具體解決辦法。可以說，在「一見法焉」的「法」字，意味著針對特殊、具體問題的解決辦法並足以供後人加以參考。

由於葉氏在這部分的論述通常指涉具體個別的問題，相對地論述內容包含的範圍非常廣泛。討論的主題包括了：政治、宗法繼承、社會倫理、國防、世間災異、女子歸寧之道、君臣關係、臣子自處等，涉及的對象也不僅僅限於君王，而包括了大夫、夫人等。現就上述要點分述之。

就內容來看，葉氏藉由「一見法焉」這個形式就許多問題提供了重要意見。為了便於展開對葉氏這部分內容的分析，我們先看幾個實際的例子。

一、「一見法焉」所涉內容

在隱公三年「夏四月辛卯，尹氏卒」下，葉氏說：

> 尹氏，左氏作「君氏」，《公羊》、《穀梁》作「尹氏」，當從二傳。夫人不可以氏，君王之卿士也。外大夫不卒，此何以卒？天王之喪，嘗主我而我喪之也。何以舉族？因是以貶世卿也。葉子曰：古者內諸侯祿，外諸侯嗣。內諸侯而嗣，強也。諸侯世國，大夫不世爵祿。諸侯之大夫而世爵祿，僭也。春秋之世，內諸侯之嗣，有如尹氏者，其後卒以擅立君。諸侯之大夫世爵，有如齊崔氏者，其後卒以弒君。故尹卒以氏書，崔杼出奔以氏書。以為是世卿者所為，故各因其事一見法焉。〔註87〕

在同條經文下，《公羊傳》說：

> 尹氏者何？天子之大夫也。其稱尹氏何？貶。曷為貶？譏世卿，世卿非禮也。〔註88〕

何休在同條經文下說：

> 卿大夫任重職大，不當世，為其秉政久，恩德廣大。小人居之，必奪君之威權，故尹氏世立王子朝，齊崔氏世弒其君光，君子疾其末則正其本。〔註89〕

將葉氏《傳》文和《公羊傳》、何休的意見相參照，明顯可以看出兩者的因襲關係。

〔註87〕 葉夢得：《葉氏春秋傳》（臺灣商務印書館影文淵閣四庫全書本，149 冊），頁 14。
〔註88〕 《春秋公羊傳注疏》（北京：北京大學出版社，十三經注疏標點本，1999 年），頁 37。
〔註89〕 《春秋公羊傳注疏》（北京：北京大學出版社，十三經注疏標點本，1999 年），頁 37。

此處以「尹氏卒」譏世卿一見法焉。並進而論及政治組織中不該保有壟斷、僵固的官爵、勢力。

葉氏在莊公十七年「齊人殲於遂」下說：

> 遂，國也。齊人，眾辭也。殲，盡殺之也。齊以強滅遂，遂不畏其力，能以亡國之餘，而盡殺其眾，非遂能殲齊，齊自殲也。葉子曰：「得天下有道，得其民斯得天下矣。得其民有道，得其心斯得民矣。齊小白之霸，能率諸侯而九合，不能服遂一國，豈得之者不以心歟？文王之造周曰：『大邦畏其力，小邦懷其德』夫文王之所謂力者，非強服之也。靈臺之詩曰：『經始勿亟，庶民子來』使有國而知此，則天下之民，皆繈負而至矣。何待滅人之國而後為強乎？故以遂一見法焉。」〔註90〕

齊國在莊公十三年滅了遂國。到了十七年，《左傳》記載原來遂國四家大族「饗齊戍，醉而殺之」〔註91〕，於是齊國的戍守士兵都被殺死。面對齊國在擴張領土，收附人民時發生的挫折困頓，葉氏從如何得眾的角度出發，分析一個國家如何真正地招徠人民，獲取政權。

在如何得天下的問題上，葉氏繼承了孟子的說法〔註92〕，認為唯有真正地得到民心，方能得眾，進而得到天下。葉氏並引《尚書·武成》「大邦畏其力，小邦懷其德」〔註93〕、及《詩·大雅·靈臺》「經始勿亟，庶民子來」〔註94〕等材料，說明獲得民心的正確法則。葉氏並批評齊國徒恃武力滅人之國，只是一種窮兵黷武式的強大，但不能真正地得到民心，遑論取得天下。在此處，葉氏在「齊人殲於遂」下談論如何取得天下的問題。

葉氏在僖公二年「虞師、晉師滅下陽」下說：

> 下陽，虢邑也。外取邑不書，此何以書？為滅虢也。虞貪晉賂，許之假道而請先伐，故序晉上，疾之也。下陽，虞、虢之塞邑也。邑不言滅，虞恃虢，虢恃下陽。無下陽則無二國矣。故以下陽當二國也。葉子曰：「域民不以封疆之界，固國不以山谿之險。有天下者，固不在險也。然在《易》

〔註90〕葉夢得：《葉氏春秋傳》（臺灣商務印書館影文淵閣四庫全書本，149冊），頁67。
〔註91〕《左傳·莊公十七年》：「遂因氏、頜氏、工婁氏、須遂氏饗齊戍，醉而殺之，齊人殲焉」引文見《春秋左傳正義》（北京：北京大學出版社，十三經注疏標點本，1999年），頁257。
〔註92〕孟子說：「得天下有道，得其民斯得天下矣。得其民有道，得其心斯得民矣。」引文見朱熹：《四書章句集注》（臺北市：大安出版社，1994年），頁393。
〔註93〕《尚書正義》（北京：北京大學出版社，十三經注疏標點本，1999年），頁291。
〔註94〕《毛詩正義》（北京：北京大學出版社，十三經注疏標點本，1999年），頁1043。

之〈坎〉曰：『天險不可升也，地險山川丘陵也，王公設險以守其國』則聖人有時而用險矣。所惡於險者，爲其恃之而不爲德也。苟德之修，雖險，猶將設之，況可守而不守乎？虞虢之相爲援，宮之奇蓋知之矣。曰：『脣亡則齒寒』豈特滅國乎？《詩》曰：『赫赫宗周，褒姒滅之』古之人蓋有推其所以滅，而知其滅者也。恃其非所恃，則雖浚洙見譏。不守其所可守，則滅下陽，亦不免於罪。夫亦必有德者，然後無所恃而不失其守，故以虢一見法焉。」〔註95〕

葉氏藉由虞師幫助晉師攻打下陽，最後落得滅國的史實，討論一個國家如何運用強固軍事城邑這個問題。爲了避免虞、虢兩地覆滅的事件發生，並在此一經文中歸結出一個歷史教訓，葉氏認爲利用險惡地理形勢強化國防是需要的，但重點在於不可全盤依賴地勢而放棄其他方面的人爲努力。

首先葉氏引用《易·坎》中的〈象〉辭〔註96〕，認爲利用險要地勢來強固國防是君主的責任。隨即葉氏指出，過度依賴地勢，忽略德行方面的努力而錯估情勢，反倒會帶來滅亡。葉氏認爲：唯有「有德者」，才能不過度依賴地勢並且不會怠忽職責。《春秋》在「虞師、晉師滅下陽」這條經文中，藉由「虢」國的史實論證了孟子所謂的「域民不以封疆之界，固國不以山谿之險」〔註97〕這個命題。

在僖公三年「六月，雨」這條經文下，葉氏說：

記喜也。書不雨矣，則不書者，皆雨也。何獨志於僖公歟？僖公書不雨者四，皆以月見。僖公有志於民，而閔雨者也。則僖公之雨，宜喜矣。僖公之喜，皆雨也。何獨志於六月歟？建巳之月也。萬物始盛，待雨而大。古者以是月雩而祈雨，則六月之雨宜喜矣。葉子曰：「水旱堯舜之所不免也。然古之人不以是歸之天，而必反之己。故湯有六事自責者矣。春秋十有二公，而不雨獨見於僖、文。蓋憂雨者有矣，莫勤於僖公。故以歷月見而志雨。不憂雨者有矣，莫慢於文公。故以歷時見而不志雩。夫文公而無雩，則雨之得否，亦何以爲心哉？雖旱亦不書也。僖公有志雨，文公無志雩，是民事之不可不重也。故以僖公一見法焉。」〔註98〕

在僖公二年《春秋》記載「冬十月，不雨」，三年記載「三年春王正月，不雨」、「夏

〔註95〕葉夢得：《葉氏春秋傳》（臺灣商務印書館影文淵閣四庫全書本，149冊），頁91。
〔註96〕《易·坎·象》：「天險不可升也，地險山川丘陵也，王公設險以守其國」引文見《周易正義》（北京：北京大學出版社，十三經注疏標點本，1999年），頁130。
〔註97〕《孟子·公孫丑下》《四書章句集注》（臺北市：大安出版社，1994年），頁335。
〔註98〕葉夢得：《葉氏春秋傳》（臺灣商務印書館影文淵閣四庫全書本，149冊），頁92。

四月，不雨」，接者才記載「六月，雨」，因而葉氏認為這條在僖公時特地紀錄的經文，肯定了僖公對於民間疾苦的重視。進而葉氏分析同類型的經文，認為在文公二年出現「自十有二月不雨，至於秋七月」的天災後，《春秋》沒有雩祭的記載，這點表示文公對於民事的漠然和怠慢。在這一褒一貶間，葉氏認為《春秋》中「六月，雨」的經文反映出「民事之不可不重」這層意思。

在僖公十五年「己卯晦，震夷伯之廟」下，葉氏說：

> 記異也。晦，月晦也。夷伯，魯大夫夷氏也。伯，字也。大夫則曷為以字見？大夫卒，則不名也。震，雷擊之也。桓宮、僖宮災，孔子在陳聞火，曰：『其桓、僖乎？』為其親盡而當毀也。夷伯之廟，必有不得其正者矣。故辭間容「之」，「之」，緩辭也，不與其正之辭也。葉子曰：「是在周《易》所謂「洊雷，震，君子以恐懼修省」者歟？天之威怒，非苟然也。成王未知周公，秋大熟未穫。天大雷電以風，禾盡偃。成王啟金縢之書曰：「今天動威以彰周公之德」天乃雨，反風，禾則盡起。是以君子迅雷風烈必變，中夜必興正衣冠而坐。以為天不可不畏也，故以夷伯一見法焉。」

〔註99〕

在這條經文中，葉氏表達了對於災異的看法。認為人們面對災異應保持戒慎恐懼的態度。在《傳》文中，葉氏引用了《左傳》哀公三年的記載〔註100〕，類比夷伯廟遭受雷擊的事實，認為夷伯之廟必和桓宮、僖宮同樣地具備某些不合正道之處，因此才導致上天降下雷擊。

葉氏進一步申論面對災異時，人們自處之道。他引用《易‧震‧象》：「洊雷，震，君子以恐懼修省」〔註101〕，說明面對災異應戒慎恐懼，並且自我修身省過。葉氏認為，存在於天地間的種種災異並非偶然，而具備某些目的性。在《尚書‧金縢》一篇，記載了上天「動威以彰周公之德」的故事。〔註102〕既然災異呈現了上天的旨意，因此一個有德的君子應該「迅雷風烈，必變」〔註103〕，「中夜必興正衣冠而坐」〔註104〕。《春秋》藉由「己卯晦，震夷伯之廟」這條經文，說明面對災異時人們應

〔註99〕　葉夢得：《葉氏春秋傳》（臺灣商務印書館影文淵閣四庫全書本，149 冊），頁 105。

〔註100〕　《春秋左傳正義》（北京：北京大學出版社，十三經注疏標點本，1999 年），頁 1626。

〔註101〕　《周易正義》（北京：北京大學出版社，十三經注疏標點本，1999 年），頁 210。

〔註102〕　《尚書正義》（北京：北京大學出版社，十三經注疏標點本，1999 年），頁 338。

〔註103〕　《論語‧鄉黨》：「迅雷風烈，必變」。引文見《論語‧鄉黨》《四書章句集注》（臺北市：大安出版社，1994 年），頁 166。

〔註104〕　《禮記‧玉藻》：「若有疾風迅雷甚雨，則必變，雖夜必興，衣服冠而坐。」引文見《禮記‧玉藻》《禮記正義》（北京：北京大學出版社，十三經注疏標點本，1999 年），頁 884。

該遵循的法則與態度。

葉氏雖然引用《尚書·金縢》的故事，肯定上天降下災異並非偶然，但在文公十六年「毀泉臺」的《傳》文下，葉氏又將災異視為怪力亂神，他說：

> 毀泉臺何以書？不正其聽於神而疑民也。有蛇出於泉宮，入國如先君之數。既而夫人薨，魯人以為妖，遂毀泉臺，非示民之道也。葉子曰：「殷人率民以事神，先鬼而後禮。孔子以為其民之敝，蕩而不靜。是以古者假鬼神時日卜筮以疑眾者，誅不以聽。孔子蓋知之矣。故曰：『不語怪力亂神』。然後人知敬鬼神而遠之，故以泉臺一見法焉。」〔註105〕

在文公十六年魯國發生一件異事，在泉宮出沒了十七條蛇，恰好和魯國在位的先君數目相符。〔註106〕接著夫人聲姜過世了。魯人以為這是件妖異的事，因此將有蛇出沒的泉臺毀掉，來杜絕禍源。〔註107〕葉氏認為這不是正確的處理災異的方式，並且也不是良好的示範。葉氏引用《禮記·表記》的記載〔註108〕，認為殷人「其民之敝，蕩而不靜」，因此孔子不語怪力亂神。對於「假鬼神時日卜筮」來蠱惑民眾的人，應當予以誅殺。〔註109〕如此人們才知道對於災異、鬼神應保持一定的距離，不讓這些難以說明的因素混亂、迷惑了世間人事的合理進展。《春秋》藉由「毀泉臺」來告誡人們不該被災異、鬼神所迷惑，應該保持「敬而遠之」的態度。

在宣公九年「陳殺其大夫洩冶」下，葉氏對於臣子的出處有一番深刻的說明，他說：

> 靈公之惡洩冶，見其微則當諫，諫而不從則當去。逮其宣淫於朝，而後言焉，洩冶之死，罪累上也，故以國殺。葉子曰：「洩冶其猶可以為罪歟？曰：昔者晉假道於虞以伐虢，宮之奇諫，百里奚不諫。孟子不多宮之奇之諫，而以百里奚為智。曰：『知虞公之不可諫而不諫，可謂不智乎？』靈公之惡，固有自來矣。而孔寧、儀行父者，洩冶之所得治者也。既不能

〔註105〕 葉夢得：《葉氏春秋傳》（臺灣商務印書館影文淵閣四庫全書本，149 冊），頁 142。

〔註106〕 杜預注曰：「如先君之數」曰：「伯禽至僖公十七君」。引文見《春秋左傳正義》（北京：北京大學出版社，十三經注疏標點本，1999 年），頁 564。

〔註107〕 杜注「毀泉臺」曰：「魯人以為蛇妖所出而聲姜薨，故壞之」。引文見《春秋左傳正義》（北京：北京大學出版社，十三經注疏標點本，1999 年），頁 564。

〔註108〕 《禮記·表記》：「殷人尊神，率民以事神，先鬼而後禮，先罰而後賞，尊而不親；其民之敝：蕩而不靜，勝而無恥。」引文見《禮記·表記》《禮記正義》（北京：北京大學出版社，十三經注疏標點本，1999 年），頁 1485。

〔註109〕 葉氏此意同《禮記·王制》：「假於鬼神、時日、卜筮以疑眾，殺。此四誅者，不以聽」。引文見《禮記·王制》《禮記正義》（北京：北京大學出版社，十三經注疏標點本，1999 年），頁 413。

誅二人以正一君，又見不可而不能止。雖能言之，徒以殺其身，則異乎從
君於昏者，無幾。志士仁人，無求生以害仁，有殺身以成仁。所貴於殺身
者，爲其足以成仁也。殺身而不足以成仁，君子何取焉。然則比干非歟？
曰：是不可以一道也。比干貴戚之卿。微子既已去矣，使比干而復去，誰
與扶其宗者？故雖死不失其爲仁。此君子所以立教也。洩冶，異姓之卿，
三諫不從，則去而已。何必至於死？故曰：『所謂大臣者，以道事君，不
可則止』，故以洩冶一見法焉。」〔註110〕

陳靈公與孔寧、儀行父三人同時和夏姬私通，洩冶對於這件惡行，說：「公卿宣淫，
民無效焉，且聞不令。君其納之！」〔註111〕最後洩冶被殺。葉氏藉由這件事，分析
臣子自處之道。首先引用《孟子・萬章上》的議論〔註112〕，藉由孟子肯定「百里奚
不諫」這件事，說明臣子應當分辨君主是否具有虛心納諫的氣度胸襟，據此來判斷
應不應該對君主提出建言。葉氏站在洩冶的立場來看，洩冶應當在事件開始萌生時
提出建議。如果建議不被君主接受，即該主動離去。故葉氏說：「見其微則當諫，諫
而不從則當去」。洩冶不能除掉孔寧、儀行父兩個奸臣，又不能見機而作。儘管忠心
地針對君主的惡行提出諷諫，但只是平白地犧牲生命，這是葉氏所不讚同的。

　　但是《論語・衛靈公》說：「志士仁人，無求生以害仁，有殺身以成仁」〔註113〕，
這句話是否可以用來描述洩冶？或是說，洩冶在君主無道時是否應該不懼艱危地諷
勸國君，以求殺身成仁？葉氏認爲洩冶之死，不足以成仁道。但同樣地在危急存亡
的關頭，比干因諷諫君主而死，是否可以和洩冶之事相比附？葉氏認爲這是不同的，
差別在於比干是同姓的貴族，負有國家興亡之責。洩冶是異姓之卿大夫，如果三次
建議不聽，則可以離去，不必將自己置身在死亡的處境。換言之，洩冶所該依循的
法則即是孔子所說「以道事君，不可則止」〔註114〕。

　　在這條經文的說明下，葉氏引用《孟子》、《論語》的議論，分析臣子自處之道。
並針對比干、洩冶看來相似的歷史情境予以分辨，來暢論臣子在目睹君主失德時應
該持守的出處分際。並以孔子「以道事君，不可則止」作爲準則。認爲《春秋》在

〔註110〕葉夢得：《葉氏春秋傳》（臺灣商務印書館影文淵閣四庫全書本，149 冊），頁 152。
〔註111〕《春秋左傳正義》（北京：北京大學出版社，十三經注疏標點本，1999 年），頁 622。
〔註112〕孟子說：「百里奚，虞人也。晉人以垂棘之璧與屈產之乘，假道於虞以伐虢。宮之
　　　　奇諫，百里奚不諫，知虞公之不可諫而去……不可諫而不諫，可謂不智乎？知虞公
　　　　之將亡而先去之，不可謂不智也。」引文見朱熹：《四書章句集注》（臺北市：大安
　　　　出版社，1994 年），頁 436。
〔註113〕朱熹：《四書章句集注》（臺北市：大安出版社，1994 年），頁 228。
〔註114〕朱熹：《四書章句集注》（臺北市：大安出版社，1994 年），頁 177。

「陳殺其大夫洩冶」這條經文中，藉由洩冶表達了這層意思。

除了上述這些例子外，葉氏在閔公二年「鄭棄其師」下談論如何重視軍隊這問題〔註115〕；在僖公二十四年「天王出居於鄭」下，針對王子帶之亂這件事，設想周天子應該如何對待自己的弟弟，來平息王朝的戰亂〔註116〕；僖公二十六年「公子遂如楚乞師」下，談論國防自保之道〔註117〕；文公九年「夫人姜氏至自齊」下，論夫人歸寧之道〔註118〕；宣公八年「猶繹，萬入去籥」下，論君臣相待等問題〔註119〕；襄公十八年「多，十月，公會晉侯、宋公、衛侯、鄭伯、曹伯、莒子、邾婁子、滕子、薛伯、杞伯、小邾婁子同圍齊」下，論敦親睦鄰之道〔註120〕；襄公二十年「蔡殺其大夫公子燮」下，論「古之君子，作事必稽於眾」〔註121〕；襄公二十三年「齊侯襲莒」下，論齊侯「輕千乘之貴，而幸一日之勝」之不可取。〔註122〕從這些問題裡，即可發現在「一見法焉」的論述內容中，葉氏對人事物理所抱持的廣泛關懷。

二、「一見法焉」的論述形式

由上述的內容看來，葉氏企圖通過「一見法焉」的形式，廣泛地處理《春秋》經文中可能涉及的種種問題。上至國防，下至夫人歸寧等問題都一一予以論述。企圖針對這些問題提供具體的辦法以供後人參考。在這部分的內容中，值得特別注意的有三點。

第一，從這些內容來看，對於葉氏來說，所謂的「一王大法」並不是空泛的概念。經由葉氏的補充發揮，《春秋》能夠對許多實際發生的問題提供建議與解決辦法。無疑地這將使《春秋》更能和現實情境相互結合。由「一見法焉」這部分的廣泛內容來說，葉氏的確企圖藉此達到《春秋傳・序》裡所提出的標準：

> 故即魯史而為之經。求之天理，則君臣也、父子也、兄弟也、朋友也、夫婦也，無不在也。求之人事，則治也、教也、禮也、政也、刑也、事也，無不備也。〔註123〕

〔註115〕 葉夢得：《葉氏春秋傳》（臺灣商務印書館影文淵閣四庫全書本，149 冊），頁 88。
〔註116〕 葉夢得：《葉氏春秋傳》（臺灣商務印書館影文淵閣四庫全書本，149 冊），頁 112。
〔註117〕 葉夢得：《葉氏春秋傳》（臺灣商務印書館影文淵閣四庫全書本，149 冊），頁 114。
〔註118〕 葉夢得：《葉氏春秋傳》（臺灣商務印書館影文淵閣四庫全書本，149 冊），頁 134。
〔註119〕 葉夢得：《葉氏春秋傳》（臺灣商務印書館影文淵閣四庫全書本，149 冊），頁 150。
〔註120〕 葉夢得：《葉氏春秋傳》（臺灣商務印書館影文淵閣四庫全書本，149 冊），頁 189。
〔註121〕 葉夢得：《葉氏春秋傳》（臺灣商務印書館影文淵閣四庫全書本，149 冊），頁 191。
〔註122〕 葉夢得：《葉氏春秋傳》（北京：北京大學出版社，十三經注疏標點本，1999 年），頁 193。
〔註123〕 葉夢得：〈春秋傳序〉《葉氏春秋傳》（臺灣商務印書館影文淵閣四庫全書本，149

　　第二，就葉氏論證的方式來看，葉氏在論述「一見法焉」時廣博地採取儒家經典中的義理和材料，以幫助他說明問題。如在莊公十七年「齊人殲於遂」的《傳》文中，引《尚書・武成》「大邦畏其力，小邦懷其德」〔註124〕、及《詩・大雅・靈臺》「經始勿亟，庶民子來」〔註125〕等材料，說明如何獲得民心。在僖公十五年「己卯晦，震夷伯之廟」的《傳》文中，引用《易・震・象》：「洊雷，震，君子以恐懼修省」〔註126〕，說明面對災異應戒慎恐懼，並自我修身省過。並引《論語・鄉黨》：「迅雷風烈，必變」〔註127〕，《禮記・玉藻》：「雖夜必興，衣服冠而坐」〔註128〕來說明面對災異應有的態度。在宣公六年「陳殺其大夫洩冶」的《傳》文中，引用《孟子》、《論語》的議論反覆辨析人臣事君的出處之道，最後歸結到《論語・先進》：「以道事君，不可則止」〔註129〕。在這些例子中，明顯可以看出針對《春秋》經文所涉及的問題，葉氏並非平白地捏造解決辦法，而是經過長時間研究儒家經典，融會貫通後才在《傳》文中表現出來。因此其議論信而有徵、考究精詳。

　　第三，葉氏博採經傳義理來注釋《春秋》，並在「一見法焉」這部分內容中提供他針對各項問題的看法。從他的《傳》文裡可以發現葉氏的博學，但是並非每條經文的說明都能盡善盡美。在某些內容中，葉氏反而因為他的博學，使他在駕馭材料上顯得狼狽不堪。這可以由下列例子說明。

　　在桓公三年時，《春秋》書「有年」。「有年」指五穀豐熟。對於宋代經學家來說，這條經文成為一個棘手的問題。在魯國歷史上，桓公以弒君作為即位的手段，本該痛加貶斥。然而《春秋》卻特地在其執政的時期中，經文書「有年」，於是這條經文帶給後來經學家極大的迷惑。在程頤看來，書「有年」並非祥瑞，反是災異，他說：

　　　　書「有年」，記異也。人事順於下，則天氣和於上。桓弒君而立，逆
　　　天理亂人倫，天地之氣為之繆戾，水旱凶災乃其宜也。今乃「有年」，故
　　　書其異。〔註130〕

程頤認為以桓公的惡行，應招致上天降下水旱凶災。《春秋》書「有年」，其實應視為災異。承繼程頤這層意思的胡安國，對這一條有更多的發揮，他說：

　　冊），頁2～3。
〔註124〕《尚書正義》（北京：北京大學出版社，十三經注疏標點本，1999年），頁291。
〔註125〕《毛詩正義》（北京：北京大學出版社，十三經注疏標點本，1999年），頁1043。
〔註126〕《周易正義》（北京：北京大學出版社，十三經注疏標點本，1999年），頁210。
〔註127〕《論語・鄉黨》：「迅雷風烈，必變」。引文見《論語・鄉黨》《四書章句集注》（臺北市：大安出版社，1994年），頁166。
〔註128〕《禮記正義》（北京：北京大學出版社，十三經注疏標點本，1999年），頁884。
〔註129〕朱熹：《四書章句集注》（臺北市：大安出版社，1994年），頁177。
〔註130〕程頤：《程氏經說》（臺灣商務印書館影文淵閣四庫全書本，183冊），頁104。

> 舊史災異與慶祥並記，故「有年」、「大有年」得見於經。若舊史不記，聖人亦不能附益之也。然十二公，多歷年所。有務農重穀，閔雨而書「雨」者，豈無豐年而不見於經？是仲尼於他公皆削之矣。獨桓「有年」、宣「大有年」，則存而弗削者，緣此二公獲罪於天，宜得水旱凶災之譴。今乃「有年」，則是反常也，故以爲異特存耳。然則天亦儳乎？桓、宣享國十有八年，獨此二年書「有年」，他年之歉可知也。而天理不差，信矣。此一事也，在不修《春秋》則爲慶祥，君子修之則爲變異，是聖人因魯史舊文，能立興王之新法也。〔註131〕

胡氏發揮程頤以《春秋》書「有年」爲災異的意見，並認爲孔子對《春秋》經文進行了刪削。《春秋》歷時二百四十二年，其間書「有年」的經文僅僅只有兩條，還分別落於同樣以弑君即位的桓公、宣公兩位的執政期間。因而胡氏懷疑《春秋》必定經過孔子的特意刪除，才可能出現這種狀況。

胡氏又認爲，在桓公、宣公時，除此二年書「有年」。這即意謂其他年份裡穀物收成都該歉收。筆者以爲，胡氏對這條經文所提出的刪削說、或他年歉收說，可能是些沒有文獻依據的臆測。但是不論程頤或胡安國，顯然都想在「有年」這條經文下，針對桓公弑君、弑兄的罪行予以批評譴責。

其實葉氏也想在此條經文下對桓公提出批評，但是他批評的焦點卻因爲引用的經文證據支離破碎，批評力道顯得不足。他說：

> 古之辨年之上下者，曰：「豐年」；曰：「中年」；曰：「無年」。「有年」者，中年也；「大有年者」，豐年也。歲非五穀皆不熟，無非有年者。何獨於桓書「有年」，於宣書「大有年」歟？〔註132〕

這裡葉氏先挑出問題，希望探求《春秋》僅見的兩條經文其背後的深意何在？他接著說：

> 桓、宣皆弑君者也。桓書「大水」、書「螽」、書「雨雪」、書「無水」，則「有年」，非桓之所得致也。宣書「螽」、書「大旱」、書「大水」、書「蝝生」、書「饑」，則「大有年」非宣公之所得致也。〔註133〕

這裡藉由《春秋》在桓、宣時所書的有關災異、飢荒等經文，說明「有年」這件事並非桓公本人的德行所招致，宣公亦然。他又說：

> 「於皇來牟，將受厥明，明昭上帝，迄用康年」武王之詩也。「天降

〔註131〕 胡安國：《春秋傳》（上海市：上海書店，四部叢刊續編本，1989年），卷4。
〔註132〕 葉夢得：《葉氏春秋傳》（臺灣商務印書館影文淵閣四庫全書本，149冊），頁34。
〔註133〕 葉夢得：《葉氏春秋傳》（臺灣商務印書館影文淵閣四庫全書本，149冊），頁35。

喪亂，滅我立王，降此蝨賊，稼穡卒癢」屬王之詩也。年之有無，豈非以
其君歟？〔註134〕

這裡引用《周頌・臣工》〔註135〕、《大雅・桑柔》〔註136〕的材料，說明穀物豐歉與
否似乎和君主的有德、無德相關。換言之，若是賢良的武王，則享豐年。無道的屬
王，則穀物歉收。但是，弒君即位的桓公，《春秋》反書「有年」，和《詩》經文義
不合。爲了彌補這點，葉氏說：

> 然天之愛人至矣，非其惡有至屬王，未有因其君而奪之年者。則「有
> 年」，其常也。「無年」，非其常也。故曰：「自古有年」、「匪今斯今，振古
> 如茲」以其常而不能常也。故「有年」、「大有年」各因其人而一見法焉。
> 然卒常也，則不必書。故終《春秋》不以再見，非外此則無年也。〔註137〕

葉氏以爲上天深愛世間人民，若非窮凶惡極到如周屬王，上天不會因爲其人的失德
敗行而降災。爲了不讓人們誤會《春秋》書「有年」，是桓公個人德行所招致，葉氏
援引《小雅・甫田》：「自古有年」〔註138〕《周頌・載芟》：「匪今斯今，振古如茲」
〔註139〕，證明「有年」其實只是常事，「無年」，並非常態。實際狀況應該是「有年」、
「無年」這兩種情況都可能出現。葉氏認爲既然「有年」只是常事，依照《春秋》
「常事不書」的書寫原則，《春秋》並不再次書寫。

嚴格看來，葉氏這段對「有年」的說明在解說上顯得牽強支離。他引用《周頌・
臣工》、《大雅・桑柔》的材料，似乎意味「有年」與否和君主德行相關。但是又引
《小雅・甫田》、《周頌・載芟》的材料，以爲「有年」只是常事，連帶地也認爲這
和君主德行無關。在解說上葉氏引用了經傳中兩段文義矛盾的材料，卻沒有加以進
一步的辨析。

再者，葉氏既以爲「有年」屬於常事，因此《春秋》「不必書」。但是並沒有解
釋《春秋》爲何要記載「不必書」的「有年」？以及葉氏原來追問的：爲何《春秋》
在兩位以弒君即位的魯君執政期間記載「有年」、「大有年」？

因此，筆者以爲葉氏對這條經文的分析，隨著經傳出現矛盾支離的意見而變得
焦點模糊，解說牽強。在論證的過程中似乎陷於材料的解釋而不能提出深入一層的
看法。這反映葉氏在廣博吸收經傳意見時，有時無法全然掌握的狀況，特別在經傳

〔註134〕　葉夢得：《葉氏春秋傳》（臺灣商務印書館影文淵閣四庫全書本，149 冊），頁 35。
〔註135〕　《毛詩正義》（北京：北京大學出版社，十三經注疏標點本，1999 年），頁 1315。
〔註136〕　《毛詩正義》（北京：北京大學出版社，十三經注疏標點本，1999 年），頁 1184。
〔註137〕　葉夢得：《葉氏春秋傳》（臺灣商務印書館影文淵閣四庫全書本，149 冊），頁 35。
〔註138〕　《毛詩正義》（北京：北京大學出版社，十三經注疏標點本，1999 年），頁 832。
〔註139〕　《毛詩正義》（北京：北京大學出版社，十三經注疏標點本，1999 年），頁 1360。

中原本存在許多矛盾、破碎的議論時。

綜上所述，葉氏認為「一王之法」不僅僅表現在經文「義例」裡，也存在於一些零碎、片段的經文之中。在葉氏論述裡，藉由「一見法焉」的形式予以呈現，並通常涉及《春秋》某些具體、個別的問題，以及某些特殊的歷史困境。換言之，葉氏企圖藉由「一見法焉」的形式，針對這些問題提供他個人經由經傳研究後所獲得的具體解決辦法，以供後人加以參考。

由於這部分的論述指涉了許多具體個別的問題，相對地在內容範圍上包含廣泛。討論的主題包括了：政治、宗法繼承、社會倫理、國防、世間災異、女子歸寧之道、君臣關係、臣子自處等。涉及的對象也不僅僅限於君王，而包括了大夫、夫人等。在這部分的內容中，值得特別注意的有三點。

第一，從這些內容看來，對於葉氏來說，所謂的「一王大法」並不是空泛的概念。經由葉氏的補充發揮，《春秋》能夠針對許多實際發生的問題提供建議與解決辦法。無疑地這將使《春秋》更能和現實情境相互結合。可見得葉氏企圖藉此達到《春秋傳・序》裡所提出的標準：「故即魯史而為之經。求之天理，則君臣也、父子也、兄弟也、朋友也、夫婦也，無不在也。求之人事，則治也、教也、禮也、政也、刑也、事也，無不備也。」

第二，就葉氏論證的方式來看，葉氏廣泛地採取儒家經典中的義理和材料，以幫助他說明問題，提供解決方法。在葉氏論述下，明顯可以看出針對《春秋》經文所涉及的問題，葉氏並非平白地捏造解決辦法，而是經過長時間研究儒家經典，融會貫通後才在《傳》文中表現出來。因此其議論信而有徵、考究精詳。

第三，葉氏博採經傳義理來注釋《春秋》，並透過「一見法焉」這個形式表達對於各項問題的看法。從他的《傳》文中不難發現葉氏的博學，但是並非每條經文的說明都能盡善盡美。在某些例子裡，葉氏反而因為他的博學，使他在駕馭材料上顯得狼狽不堪。

不論如何，「一見法焉」的內容將「一王大法」這個概念予以落實，而不流於空泛、高調。它針對《春秋》中許多實際的問題提出解決辦法，紀錄了葉氏研究經典的豐碩成果，並將葉氏《春秋》學和現實情境進一步地予以結合。

第三章　葉氏論《春秋》一書的性質

　　葉氏除了闡述孔子「代天行法」的著作本旨外，對《春秋》一書的性質問題更是屢加論述。所謂《春秋》一書的性質，其實是涉及《春秋》在性質上究竟屬於「經」，或是屬於「史」這一問題。就《春秋》學而言，這問題其實非常久遠，最早可以追溯到孟子對《春秋》性質的說明，他說：「其事則齊桓、晉文，其文則史。孔子曰：『其義則丘竊取之矣』」〔註1〕。不難發現，在孟子的眼中，《春秋》一書是可以分成「文」、「史」、「義」三個層次加以討論。

　　孔子因襲魯國的史書而作《春秋》，《春秋》一書帶有史書性質應是不容置疑的事。但是，從另一方面來說：孔子正是藉由《春秋》，來表明他內心對於理想政治、倫理綱紀的各種看法，因此才說：「其義則丘竊取之矣」。這導致後來經學家透過分析義例等方式來探究《春秋》中的微言大義，從而《春秋》一書的重點應在「義」，而不在「史」。由以上簡單的敘述，即可發現從不同角度來檢視《春秋》這部書，往往得出不同的重點與觀念。這中間便產生了極大的歧異。在學者回顧歷代《春秋》學的發展時，仍可發現直到清代仍對《春秋》一書的性質產生極大的爭議。學者錢穆說：

　　　　晚清學者推尊《春秋》，大體還是依據董仲舒。但他們所爭的要點，
　　　謂《春秋》是經而非史，故學者當重義不重事。……《春秋》本列於五經，
　　　則《春秋》是經而非史，已屬不爭的事實，從來也沒有人主張《春秋》乃
　　　史而非經，為何晚清儒特地要提出這一爭議呢？當知這裏便牽涉到《春秋》
　　　之義法，牽涉到經學上今文學派與古文學派之分歧，牽涉到左氏學與《公

〔註1〕《孟子・離婁下》，見朱熹：《四書章句集注》（臺北市：大安出版社，1994年），頁413。

羊》學之不同點。〔註2〕

誠如錢氏所指出，《春秋》一書的性質牽涉到經學上今文學派與古文學派的分歧，以及左氏學與公羊學兩派學說的差異。這之中的分歧差異，學者周予同曾扼要明快的歸納出特點，他說：

> 「今文學派」認孔子是經學的開創人物，所以《春秋》是孔子的著作。《春秋》有「未修的《春秋》」和「筆削後的《春秋》」的區別，他們是承認的；但「未修的《春秋》」只是材料，不是著作；經孔子筆削後的春秋，含有孔子的「微言大義」，那就一變而為孔子的著作了。……「古文學派」不然，他們認周公是經學的開創人物，他們說《春秋》源於魯史，魯史的發凡起例由於周公，所以孔子對於《春秋》，只是根據周公的魯史凡例加以修訂補充，不能算是著作。〔註3〕

這其中還涉及孔子的身份問題，周氏又說：

> 他們（按：即指「古文學派」）以為《六經》都是前代的史料，──所謂《六經》皆史說──孔子是「述而不作，信而好古」的聖人，他不過將前代史料加以整理，以傳授給後人而已。簡言之，就是他們認為孔子是史學家。……他們（按：即指「今文學派」）以為孔子絕不僅僅是一位古代文化的保存者！……六經大部分是孔子作的；這裡面固然有前代的史料，但這是孔子「託古改制」的手段。六經的文字是糟粕，是軀殼；他的微言大義是別有所在的。……總結一句話，今文家認為孔子是政治家、哲學家、教育家。〔註4〕

在周氏對於今文學派、古文學派的說明中，可以清楚發現：《春秋》是經或是史這問題，不僅僅只包括《春秋》一書的性質，它同時也包括了孔子的身份問題；《春秋》一書是孔子著作，或是前代歷史史料的遺留；孔子對於《春秋》進行何種層次、或是何種意義的工作；理解《春秋》應重義或重事等問題。

再進一步分析：若是依從「今文學派」的觀點，《春秋》是經，是經孔子整理筆削後的經書，研讀經書就該設法探究經書中的微言大義。由字句間筆削褒貶的痕跡中，窺探夫子作經的深刻用意，從而在解經方法上，應如同《公羊傳》般透過經文

〔註2〕 錢穆：〈孔子與春秋〉《兩漢經學今古文平議》（臺北市：東大圖書股份有限公司，1989年），頁235～283。

〔註3〕 周予同：〈《春秋》與《春秋》學〉《周予同經學史論著選集》（上海市：上海人民出版社，1996年），頁492～507。

〔註4〕 周予同：〈經今古學〉《周予同經學史論著選集》（上海市：上海人民出版社，1996年），頁1～39。

的比較分析來尋求義例，探求其中的夫子大義，一王大法。然而從另一角度而言，若是《春秋》是史，是前代史料的遺留，經文中的發凡起例源於周公，研究《春秋》應在詞章訓詁、史事考訂上著手，並根據《左傳》來說明二百四十二年間的歷史演進，人物賢否。由區別《春秋》是經或是史這問題，連帶地也各自建立了不同的解經方式和途徑。

當然，在《春秋》學中經學家們注經、解經的途徑五花八門，並不僅止於上述所說的解經方式。不可否認的是，歷來的《春秋》學家都無法迴避《春秋》是經或是史這一重大問題，並得在著述中說明對此問題的看法。在葉氏建立自身《春秋》學詮釋時，同樣得面對此一重大問題，並對此歷來久遠的理論問題予以回應。就葉氏學說而言，《春秋》是經或是史不僅僅關係到孔子的身份，也連帶地涉及經文中許多經例的判定、以及三《傳》的內容性質和解經方式。詳細一點說，這裏牽涉到《春秋》中「闕文」或是「不書」例的判定，和三《傳》解經時應該注意的部分。

同時，在分析葉氏理論時應該注意中唐的啖、趙學派對葉氏《春秋》學深入普遍的影響。為了全面說明葉氏《春秋》學的根本立場，筆者試著由：尊經抑傳的「經」、「史」爭議，《春秋》無闕文，稽合事、義的解經方式等面向來說明葉氏的立場。希望能交代葉氏對《春秋》是經或史這個問題的看法，並透過資料的整理排比，來溯源葉氏理論可能的源頭。並以實例來論證葉氏《春秋》學中如何反映「《春秋》是經非史的」此一觀點。

第一節　尊經抑傳的「經」、「史」爭議

一、葉氏「尊經」觀念的先驅──啖助、趙匡

關於《春秋》一書是經或是史，往往決定經學家研讀經文的途徑和焦點。也是經學家們面對《春秋》這部經典時必須解決的重大基本問題。在《葉氏春秋傳》的序文中，除了對於著述旨意的敘述外，下面這段文字應可視為葉氏對於《春秋》一書性質的看法，他說：

> 然則為天下作歟？為後世作歟？故即魯史而為之經。……而吾以一王之法，筆削於其間。……而正其行事，號之曰《春秋》。以自比於天。……夫《春秋》者，史也。所以作《春秋》者，經也。故可與通天下，曰「事」；不可與通天下，曰「義」。〔註5〕

〔註5〕葉夢得：〈春秋傳序〉《葉氏春秋傳》（臺灣商務印書館影文淵閣四庫全書本，149 冊），

這裡摘錄的序文內容，清楚地說明葉氏認為《春秋》一書應被視為經，而非史。葉氏承認孔子根據魯史作《春秋》，但是不能因此將之當成史學著作，而應當成一部學術上的經典。而其中的內容則是寄託孔子理想的「一王大法」。

葉氏並清楚地就「經」、「史」的角度說明《春秋》的原始素材是「史」，但是經孔子筆削後，寄託大義在其中的《春秋》即變成「經」。我們研讀《春秋》即該探求孔子「所以作《春秋》者」，而非魯國史事。因史事記載詳盡，人人可知，故說：「可與通天下，曰『事』」，但是夫子大義寄託在《春秋》微言之中，故說：「不可與通天下，曰『義』」。

在確立《春秋》一書是經非史後，研讀經文的重點即該探究經文中蘊含的微言大義。進一步的研究步驟，即在於確定那些資料可以援用參考，以幫助後來經學家深入認識《春秋》這部書，因此勢必探究《春秋》與三《傳》的關係。亦即是釐清三《傳》在解經這個層次上，有何貢獻？關於這點，葉氏首先認為三《傳》不可廢，他說：

> 或曰：「三家既多牴牾，則所載之事，所釋之經，類不可據乎？」曰：
> 「不然，去孔子久，不幸不得親見。若不求之先儒，以考其從來，是妄人
> 也。近世言經之弊，類多屏傳注而私己見。使己之學誠可與三家等，其去
> 之千餘載，尚不若其近孔子傳之者多。然三家猶且牴牾，今固可無所傳而
> 自謂得之乎？」〔註6〕

在這裡藉由問答，葉氏肯定三《傳》在解經時不可或缺的作用。有人會以為三《傳》在解釋經文時常常出現牴牾矛盾，因此不可作為解經的憑據。但葉氏認為，就三《傳》是目前最接近孔子時代的文獻資料這點來說，就可證明三《傳》保留了最多孔子的意思。並認為如果在解經上全然捨棄三《傳》，其實是種狂妄自大的表現。葉氏在解經上主張不廢三《傳》的態度，這即後來論者所說：

> 讀《春秋》者，當以三《傳》為津筏；讀《春秋》而不由三《傳》，
> 是猶入門而不由戶也。〔註7〕

研讀《春秋》應以三《傳》作為研究的基點。在不廢三《傳》的前提下，葉氏繼而提出對三《傳》內容的看法，他說：

> 左氏傳事不傳義，是以詳於史而事未必實，以不知經故也；《公羊》、
> 《穀梁》傳義不傳事，是以詳於經而義未必當，以不知史故也。〔註8〕

頁2～3。

〔註6〕葉夢得：《葉氏春秋考》（臺灣商務印書館影文淵閣四庫全書本，149冊），頁300。

〔註7〕張高評：《左傳導讀》（臺北市：文史哲出版社，1995年），頁17。

〔註8〕葉夢得：〈春秋傳序〉《葉氏春秋傳》（臺灣商務印書館影文淵閣四庫全書本，149冊），

這裡將《左傳》和《公羊》、《穀梁》在內容上予以區別。首先要指出，就葉氏的用語來說，不論是「傳事不傳義」或是「傳義不傳事」，都是注釋《春秋》的重要典籍，因此這裡用「傳」字。因此在葉氏《春秋》學中，並不認同西漢諸儒在門戶意氣下所說的「左氏不傳《春秋》」這個觀點〔註9〕。再者，雖說三《傳》同傳《春秋》，但是在內容上彼此不同。葉氏認為《公羊》、《穀梁》其實可以畫作同一類，《左傳》是另一類。關於《公羊》、《穀梁》內容上的相似處，葉氏說：

> 漢興，《春秋》始見於世者，魯申公傳《穀梁》學于江公，而董仲舒為《公羊》，公孫弘亦本出《公羊》，相與論輯。武帝遂尊《公羊》以授戾太子，而太子復私聞《穀梁》，學而善之。故宣帝立，復尊《穀梁》，劉向、蕭望之、韋賢、夏侯勝等相與左右，《穀梁》學始盛行。以今考之，二學本不甚相遠，同者十八九，異者亦或更相竊取而附益之，不知二傳當時何以各為專門，如是其嚴乎？〔註10〕

這裡以為《公羊》、《穀梁》彼此「同者十八九，異者亦或更相竊取而附益之」，在內容上其實為同一類。主「傳義不傳事」。《左傳》另為一類，主「傳事不傳義」。然而在解經上，這兩類其實可以互相補充。

綜上所述，葉氏肯定《春秋》是經非史後，認為《春秋》其實重點在於藉由微言表述大義。針對三《傳》在解經時所扮演的角色時，葉氏認為後來學者在研讀《春秋》時，不可廢棄三《傳》。三《傳》同傳《春秋》，不過所傳不同。這裡可以用「傳義不傳事」、「傳事不傳義」來劃分《公羊》、《穀梁》和《左傳》之間的不同。

換個角度來看葉氏對於三《傳》內容的劃分，可以發現用「事」、「義」的角度來區別三《傳》，其實並不只有葉夢得。這裡還可以引出其他學者類似的看法，例如胡安國，他說：

> 傳《春秋》三家，左氏敘事見本末，《公羊》、《穀梁》詞辨而義精。

頁 2～3。

〔註9〕 葉氏認為《左傳》仍同《公》、《穀》般注釋《春秋》，不過所傳多為事，因此說「傳事不傳義」。但是葉氏在敘述《左傳》的傳承時，認為在學術史上的確存在西漢諸儒所說「左氏不傳《春秋》」這問題，他說：「左氏本出孔子宅，謂之古文，而未及行，但藏於祕府而已。太史公書所以時載左氏事，蓋從孔安國受書併得之。當時為左氏學者，既以其多古字古言，傳訓詁而已。故劉歆詆諸儒，亦以其謂左氏不傳經。至劉歆乃始引傳文以解經，轉相發明以為章句。由是言之，西漢諸儒本不以左氏言經也」。引文見葉夢得：《葉氏春秋考》（臺灣商務印書館影文淵閣四庫全書本，149 冊），頁 299。

〔註10〕 葉夢得：《葉氏春秋考》（臺灣商務印書館影文淵閣四庫全書本，149 冊），頁 298。

學經以傳爲按，則當閱左氏；玩詞以義爲主，則當習《公》、《穀》。〔註11〕
胡氏在這裡即以「敘事詳盡」、「詞辨義精」來分別說明《左傳》和《公羊》、《穀梁》
的特色。並認爲研讀《春秋》在史實掌握上應參考《左傳》，分析義例以《公羊》、《穀
梁》爲主。朱子也發表類似的意見，他說：

> 左氏所傳春秋事，恐八九分是。《公》、《穀》專解經，事則多出揣度。
> 〔註12〕

> 國秀問三《傳》優劣。曰：「左氏曾見國史，考事頗精，只是不知大
> 義，專去小處理會，往往不曾講學。《公》、《穀》考事甚疏，然義理卻精。
> 二人乃是經生，傳得許多說話，往往都不曾見國史。」〔註13〕

> 以三《傳》言之，左氏是史學，《公》、《穀》是經學。史學者記得事
> 卻詳，於道理上便差；經學者於義理上有功，然記事多誤。〔註14〕

朱子以「左氏是史學，《公》、《穀》是經學」來區分三《傳》，和葉氏、胡氏的論點
非常接近。呂大圭也說：

> 左氏熟於事，《公》、《穀》深於理。蓋左氏曾見國史，而公、穀乃經
> 生也。〔註15〕

這些相似的意見，並非學者各自偶然的研究成果，其實淵源於中唐時啖助、趙匡的
經學意見〔註16〕。關於啖、趙二人的學說，目前可以看到的資料大多出於後人陸淳
的整理。關於陸淳和啖、趙兩人的關係，《四庫全書・總目提要》說：

> 《春秋集傳纂例十卷》（浙江汪啟淑家藏本），唐陸淳撰。蓋釋其師啖
> 助並趙匡之說也。助字叔佐，本趙州人，徙關中，官潤州丹陽縣主簿。匡
> 字伯循，河東人，官洋州刺史。淳字伯沖，吳郡人，官至給事中，後避憲
> 宗諱，改名質。事蹟具《唐書・儒學傳》。案《二程遺書》、陳振孫《書錄

〔註11〕胡安國：〈敘傳授〉《春秋傳》（上海市：上海書店，四部叢刊續編本，1989 年），卷首。
〔註12〕宋・黎靖德編：《朱子語類》（北京市：中華書局，1999 年 6 月 4 版），頁 2151。
〔註13〕宋・黎靖德編：《朱子語類》（北京市：中華書局，1999 年 6 月 4 版），頁 2151。
〔註14〕宋・黎靖德編：《朱子語類》（北京市：中華書局，1999 年 6 月 4 版），頁 2152。
〔註15〕呂大圭：《呂氏春秋或問》（臺灣商務印書館影文淵閣四庫全書本，157 冊），頁 674。
〔註16〕皮錫瑞即主此說，他說：「自啖助斟酌三傳，各取其長，云：『左氏敘事尤備，能令
百代之下，頗見本末，因以求意，經文可知。二傳傳經，密於左氏，《穀梁》意深，
《公羊》辭辨』宋人推衍其說」錢基博亦主此說。錢氏在羅列胡氏、朱子、呂氏的
說法後，認爲：「此推衍啖助『《公》、《穀》守經，左氏通史』之說也。」皮說見皮
錫瑞：〈論公穀傳義左氏傳事其事亦有不可據者不得以親見國史而進信之〉《經學通
論》（臺北市：臺灣商務印書館，1989 年），頁 60～62。錢說見錢基博：《經學通志》
（臺北市：台灣中華書局，1978 年），頁 201。

解題》及朱臨作是編《後序》皆云：「淳師助、匡」，《舊唐書》云：「淳師匡，匡師助。」《新唐書》則云：「趙匡、陸淳，皆助高弟。」案《呂溫集》有《代人進書表》稱：「以啖助爲嚴師，趙匡爲益友。」又淳自作《修傳始終記》稱助爲啖先生，稱匡爲趙子，餘文或稱爲趙氏。《重修集傳義》又云：「淳秉筆執簡，侍於啖先生左右十有一年」，而不及匡。又柳宗元作淳墓表亦稱助、匡爲淳師友，當時序述顯然明白，劉昫以下諸家，並傳聞之誤也。〔註17〕

據此可知陸淳和啖、趙兩人的關係。關於啖、趙學派興起的原因，非常複雜。簡單的說，唐中葉以後，由於政治局勢丕變，整個社會、經濟有較新的刺激。同時，整個學術也有嶄新的發展。經書的注疏之學，已無法限制日漸增多的「異說」；佛學的禪宗異軍突起，提出「教外別傳，不立文字」，對天臺、華嚴、唯識三宗的經教權威，作無情的挑戰。文學的駢文，經陳子昂、蕭穎士、獨孤及、柳冕、韓愈、柳宗元等人的批評，影響力逐漸衰退，他們所提倡的「古文運動」也日漸壯大。〔註18〕

在經學層面上，學者馬宗霍認爲啖、趙學派的出現反映出學術上企圖打破《五經正義》的藩籬，他說：

> 《五經正義》頒行而後，學固定於一尊。……蓋官學雖尊，而執守一家之言，每不足以厭通人之望。緣蟫思難，亦其勢也。……蓋自大曆而後，經學新說日昌。初則難疏，繼則難注，既責難傳。於是離傳言經，所謂猶之楚而北行，馬雖疾而去欲遠矣。〔註19〕

在《五經正義》頒行後，經學定於一尊。後來的研究者難以在既有的義疏體系下踵事增華，於是唯有另闢蹊徑，走上「離傳言經」的解經路徑。於是啖、趙學派在此情勢下提出嶄新的經學主張，以《春秋》這部經典爲核心來展現面對時代、面對政治、面對學術發展的嶄新看法。

在筆者看來，啖、趙學派的主張以「尊經」觀念爲核心，以圖達到「尊王」的目的。他們之所以要「尊王」，目的在於透過「尊王」來達成「王道」的建立。這個宗旨也同時反映出唐中葉以後，政治局勢丕變，中央政府的威權逐漸陵夷，地方藩鎭的勢力日趨高漲。爲了重建倫常綱紀，學者不得不以「尊王」作爲號召。這種匡時救世的意圖，體現在啖、趙二人對於《春秋》宗旨的解釋。例如啖助，他說：

〔註17〕紀昀總纂：《四庫全書總目提要》（石家莊：河北人民出版社，2000年），頁687。
〔註18〕林慶彰編：〈唐代後期經學的發展〉《中國經學史論文選集・上冊》（臺北市：文史哲出版社，1992年），頁671～677。
〔註19〕馬宗霍：《中國經學史》（臺北市：臺灣商務印書館，2000年），頁102～105。

　　　　予以爲《春秋》者，救時之弊，革禮之薄。……是故《春秋》以權輔
　　正，以誠斷禮。正以忠道，原情爲本。不拘浮名，不尚狷介。從宜救亂，
　　因時黜陟。〔註20〕

又說：

　　　　歷代史書，皆是懲勸，《春秋》之作，豈獨爾乎？是知雖因舊史，酌
　　以聖心，撥亂反正，歸諸王道。〔註21〕

啖氏從「救時之弊，革禮之薄」、「從宜救亂，因時黜陟」等觀點詮釋《春秋》，目的
在於「撥亂反正，歸諸王道」，以「尊王」爲宗旨來達成「王道」的建立。趙匡則說：

　　　　予謂《春秋》因史制經，以明王道。其指大要二端而已，興常典也，
　　著權制也。〔註22〕

又說：

　　　　問者曰：「然則《春秋》救世之宗指安在？」答曰：「在尊王室，正陵
　　僭，舉三綱，提五常，彰善癉惡，不失纖芥，如斯而已。」〔註23〕

趙氏同樣以「尊王」爲宗旨，認爲《春秋》「因史制經」以闡明「王道」的內涵與意
義。這裡應該指出，啖、趙二人除了確立《春秋》的「尊王」宗旨外，爲了能夠達
成《春秋》經世的理想，於是進一步地在學說上建立以「尊經」爲核心的《春秋》
學理論，並爲後來宋代《春秋》學研究者所承襲。上文曾提到，許多學者在三《傳》
性質的問題上，持有相近的意見，不過是對啖、趙學派意見的部分因襲而已。

　　在筆者看來，啖、趙學派的「尊經」理論以下列幾個論述策略來達成：

（一）經傳「同源異流」說

　　啖助個人在說明《春秋》和三《傳》的關係時，往往援用「泉源」的比喻來說
明經傳關係。換言之，即企圖在經傳關係上確立《春秋》經爲本源，三《傳》爲分
枝。例如啖助說：

　　　　惜乎微言久絕，通儒不作。遺文所存，三《傳》而已。傳已互失經指，
　　註又不盡傳意。《春秋》之義，幾乎泯滅。唯聖作則，譬如泉源，苟涉其

〔註20〕陸淳：〈春秋宗指議第一〉《春秋集傳纂例》（臺灣商務印書館影文淵閣四庫全書本，
　　　　146冊），頁379～380。
〔註21〕陸淳：〈春秋宗指議第一〉《春秋集傳纂例》（臺灣商務印書館影文淵閣四庫全書本，
　　　　146冊），頁379～380。
〔註22〕陸淳：〈趙氏損益義第五〉《春秋集傳纂例》（臺灣商務印書館影文淵閣四庫全書本，
　　　　146冊），頁382～386。
〔註23〕陸淳：〈趙氏損益義第五〉《春秋集傳纂例》（臺灣商務印書館影文淵閣四庫全書本，
　　　　146冊），頁382～386。

流，無不善利在人，賢者得其深者，其次得其淺者。〔註24〕

啖氏在批評三《傳》「互失經指」、注文「不盡傳意」的同時，引用「泉源」作爲比喻，不難看出啖氏以《春秋》經爲本源、三《傳》爲分枝的用意。他又說：

> 先儒各守一傳，不肯相通，互相彈射，仇讎不若，詭辭迂說，附會本學。鱗雜米聚，難見易滯，益令後人不識宗本。因註迷經，因疏迷註，黨於所習，其俗若此。……故知三《傳》分流，其源則同，擇善而從，且過半矣。歸乎允當，亦何常師。〔註25〕

由「三《傳》分流，其源則同」一語，即可知啖氏以「源、流」的概念來理解經傳關係。啖氏並批評三《傳》的研究者「各守一傳，不肯相通，互相彈射，仇讎不若」，並認爲之所以造成後來傳文解釋上的矛盾雜亂，問題出於三《傳》流傳過程中「詭辭迂說，附會本學」。換言之，即在三《傳》流傳過程中因「詭辭迂說」的混入而逐步地偏離《春秋》的本旨，迷失本源。這導致學者淪於「因註迷經，因疏迷註」的困境中而各自拘執黨同伐異的偏見。爲了能溯及本源，釐清經旨，澄清《春秋》的本意，因此必須在三《傳》的解說中「擇善而從」、「歸於允當」。這裡即意味著考辨三《傳》文義成爲探究經旨的主要方式。爲了發揮這點，啖氏又說：

> 或問：「三《傳》之文，每說一事，解一義，是當併是，非當併非，何謂摘取之乎？」答曰：「三《傳》所記，本皆不謬。後人不曉，而以濫說附益其中，非純是本說。故當擇而用之，亦披沙揀金，錯薪刈楚之義也。」
> 〔註26〕

這裡採用「本說」這個字眼，來比擬三《傳》初始對於《春秋》經文的解說。不過啖氏強調因爲在三《傳》流傳過程中出現「詭辭迂說，附會本學」的情況。因此爲求得《春秋》大義，勢必在三《傳》傳注中考辨別擇，「擇而用之」，以求歸於至當。如此便開創雜采三《傳》、摘取別擇的解經路徑。

啖助並認爲，除了考覆三《傳》外，再配合前賢注釋，即可以明白孔子的微言大義，故說：

> 予輒考覈三《傳》，舍短取長。又集前賢註釋，亦以愚意，裨補闕漏，商榷得失，研精宣暢，期於浹洽。尼父之志，庶幾可見。疑殆則闕，以俟

〔註24〕陸淳：〈啖氏集傳注義第三〉《春秋集傳纂例》（臺灣商務印書館影文淵閣四庫全書本，146冊），頁381～382。

〔註25〕陸淳：〈啖氏集傳注義第三〉《春秋集傳纂例》（臺灣商務印書館影文淵閣四庫全書本，146冊），頁381～382。

〔註26〕陸淳：〈啖子取捨三傳義例第六〉《春秋集傳纂例》（臺灣商務印書館影文淵閣四庫全書本，146冊），頁386～388。

　　君子，謂之《春秋集傳集註》。〔註27〕

啖氏藉由敘述如何撰寫《春秋集傳集註》的方式，完整地說明啖、趙學派詮釋《春秋》的研究進路。事實上，啖氏這種「擇而用之」的研究路徑，在《春秋》學史上具有極為重大的意義。其意義即在於《春秋》學的研究從此「變專門為通學」，不拘泥於一家之言。關於這點，學者皮錫瑞說：

　　　　三《傳》專門之學，本不相通。……今世所傳，合三《傳》為一書者，自唐陸淳《春秋纂例》始。淳本啖助、趙匡之說，雜采三《傳》，以意去取，合為一書。變專門為通學，是《春秋》經學一大變。宋儒治《春秋》，皆此一派。如孫復、孫覺、劉敞、崔子方、葉夢得、呂本中、胡安國、高閌、呂祖謙、張洽、程公說、呂大圭、家鉉翁，皆其著者。〔註28〕

這種「變專門為通學」的學風，對宋代《春秋》學的發展具有非常重大的影響。葉夢得的《春秋》學研究中，很大一部分即受啖、趙兩人「擇而用之」的觀念影響。

（二）確立三《傳》的性質

　　啖氏採用「同源異流」的觀念來確立經傳關係，這觀念和他在傳承問題上認為三《傳》最初皆是口傳彼此相關，他說：

　　　　古之解說，悉是口傳。自漢以來，乃為章句。如《本草》，皆後漢時郡國，而題以神農；《山海經》廣說殷時，而云夏禹所記。自餘書籍，比比甚多。是知三《傳》之義，本皆口傳，後之學者，乃著竹帛，而以祖師之目題之。〔註29〕

因為三《傳》起初皆是口傳，未著竹帛，這裡便有上文所謂「詭辭迂說」、「濫說」附會本學的空間，從而造成三《傳》在內容解說上的歧異。面對三《傳》內容上的差異，啖氏說：

　　　　予觀左氏傳，自周、晉、齊、宋、楚、鄭等國之事最詳。晉則每一出師，具列將佐。宋則每因興廢，備舉六卿。故知史策之文，每國各異。左氏得此數國之史，以授門人。義則口傳，未形竹帛。後代學者乃演而通之，總而合之，編次年月，以為傳記。又廣采當時文籍，故兼與子產、晏子及

〔註27〕陸淳：〈啖氏集傳注義第三〉《春秋集傳纂例》（臺灣商務印書館影文淵閣四庫全書本，146冊），頁381～382。

〔註28〕皮錫瑞：〈論啖趙陸不守家法未嘗無扶微學之功宋儒治春秋者皆此一派〉《經學通論》（臺北市：臺灣商務印書館，1989年），頁58～59。

〔註29〕陸淳：〈三傳得失議第二〉《春秋集傳纂例》（臺灣商務印書館影文淵閣四庫全書本，146冊），頁380～381。

> 諸國卿佐家傳，並卜書，及雜占書，縱橫家，小說，諷諫等，雜在其中。
> 故敘事雖多，釋意殊少。是非交錯，混然難證。其大略皆是左氏舊意。故
> 比餘傳，其功最高，博采諸家，敘事尤備。能令百代之下，頗見本末，因
> 以求意，經文可知。又況論大義，得其本源。解三數條大義，亦以原情爲
> 說。欲令後人推此，以及餘事。而作傳之人，不達此意，妄有附益，故多
> 迂誕。〔註30〕

這段啖氏對於《左傳》內容的解說，清楚地確立《左傳》一書的史學性質。這裡可以分做幾個層次來說明：

首先，啖氏認爲「古之解說」，皆是口傳。因此，啖氏斷言《左傳》雖得各國史書，義則口傳，故說：「左氏得此數國之史，以授門人。義則口傳，未形竹帛。」

再者，在《左傳》流傳過程中，經過了學者「演而通之，總而合之」的整理工作。其中的重點在於「編次年月，以爲傳記」。因此現在所能看到的《左傳》，在時間順序上和《春秋》經文相互符合。

第三，《左傳》成書過程中，廣採大量的史料，內容包括了當時文籍、以及諸國卿佐家傳、並卜書、雜占書、縱橫家、小說，諷諫等。這說明《左傳》網羅豐富、記事詳盡的史學特點。從而幫助後來研究者明白當時史事，進而窺探《春秋》經義。啖氏從肯定《左傳》「博采諸家，敘事尤備」的立場，推崇《左傳》「故比餘傳，其功最高」。不過，啖氏也批評《左傳》保留史料雖多，但是解經處卻少。故說：「敘事雖多，釋意殊少」。比起《公》、《穀》專就經文發揮大義，《左傳》在解經上相形不足。

因此，啖氏對於《左傳》的解說中，清楚地交代了《左傳》「博采諸家，敘事尤備」的史學立場，並認爲可以透過《左傳》紀錄的史事來幫助研究者理解經文。不過啖氏也批評《左傳》重於記事，疏於解經的缺失。

啖氏對於《公》、《穀》則說：

> 《公羊》、《穀梁》初亦口授，後人據其大義，散配經文。故多乖謬，
> 失其綱統。然其大指亦是子夏所傳。故二傳傳經，密於左氏，《穀梁》意
> 深，《公羊》辭辨。〔註31〕

啖氏在這裡依然強調《公》、《穀》原先皆是口授。在流傳過程中，亦即「據其大義，

〔註30〕陸淳：〈三傳得失議第二〉《春秋集傳纂例》（臺灣商務印書館影文淵閣四庫全書本，146 冊），頁 380～381。

〔註31〕陸淳：〈三傳得失議第二〉《春秋集傳纂例》（臺灣商務印書館影文淵閣四庫全書本，146 冊），頁 380～381。

散配經文」的過程中，仍有「詭辭迂說」附會其中，因此造成二傳解經時「故多乖謬，失其綱統」的缺失。不過，比起《左傳》，二傳更注重解說經文，而不注重記事。因此說：「故二傳傳經，密於左氏」。啖氏並在二傳中區分各自的性質，故說：「《穀梁》意深，《公羊》辭辨」。承襲啖氏觀點的趙匡，則說：

> 今觀左氏解經，淺於《公》、《穀》，誣謬寔繁。若丘明才實過人，豈宜若此？推類而言，皆孔門後之門人，但《公》、《穀》守經，左氏通史，故其體異耳。〔註32〕

趙氏論《左傳》解經，「淺於《公》、《穀》，誣謬寔繁」，應是因襲啖氏「二傳傳經，密於左氏」的觀點。趙氏區分三《傳》的性質，認為「《公》、《穀》守經，左氏通史」，這即本於啖氏對三《傳》的解說。整理啖、趙二人學說的陸淳，也在門人質問《集傳》文義順序時說：

> 或問：「《集傳》先左氏，次公羊，後穀梁，亦有意乎？」答曰：「左氏傳經，多說事跡。凡先見某事，然後可以定其是非。故先左氏焉。《公羊》之說事跡，亦頗多於《穀梁》，而斷義即不如《穀梁》之精。精者宜最在後結之，故《穀梁》居後焉，事勢宜然，非前優而後劣也。」〔註33〕

陸淳肯定《左傳》「多說事跡」，可助學者「定其是非」，這承襲自啖氏「博采諸家，敘事尤備。能令百代之下，頗見本末，因以求意，經文可知」。陸氏又說《公羊》斷義不如《穀梁》之精深，這源自啖氏「《穀梁》意深，《公羊》辭辨」的經學意見。

（三）批評三《傳》傳注

在經傳關係上，啖氏以為三《傳》起初皆是口傳，因此在流傳過程中混入許多「詭辭迂說」，以致迷失本源。這意味著《春秋》的微言大義隱淪在三《傳》駁雜淆亂的解釋裡。因此，為了探求經文本義，啖氏一方面區分三《傳》的性質，另一方面則批評三《傳》的傳注。藉由批評三《傳》傳注，來導正《春秋》學的學風，並企圖引導後來的研究者重新地回到《春秋》經文的研究上，而不是拘執在三《傳》之間矛盾歧異的解說中。

更值得注意的是，這其中最主要批評的是以《左傳》為主的研究風氣。換言之，即藉由批評三《傳》傳注，來導致學者重新回溯《春秋》經文，進而達到「尊經」的目的，以助成王道的建立。甚至可以說，以「同源異流」來劃分經傳關係，進而

〔註32〕陸淳：〈趙氏損益義第五〉《春秋集傳纂例》（臺灣商務印書館影文淵閣四庫全書本，146 冊），頁 382～386。

〔註33〕陸淳：〈重修集傳義第七〉《春秋集傳纂例》（臺灣商務印書館影文淵閣四庫全書本，146 冊），頁 388～389。

批評三《傳》傳注，目的是導正《春秋》學研究重新回到經文本身的有效策略。

　　針對三《傳》的缺失，啖助說：

　　　　夫子所以修《春秋》之意，三《傳》無文。說左氏者以爲《春秋》者，
　　　　周公之志也。暨乎周德衰，典禮喪，諸所記注多違舊章。宣父因魯史成文，
　　　　考其行事而正其典禮。上以遵周公之遺制，下以明將來之法。言《公羊》
　　　　者則曰：「夫子之作《春秋》，將以黜周王魯，變周之文，從先代之質。」
　　　　解《穀梁》者則曰：「平王東遷，周室微弱，天下板蕩，王道盡矣。夫子
　　　　傷之，乃作《春秋》。所以明黜陟，著勸誡，成天下之事業，定天下之邪
　　　　正。使夫善人勸焉，淫人懼焉。」吾觀三家之說，誠未達乎《春秋》大宗，
　　　　安可議其深旨？可謂宏綱既失，萬目從而大去者也。予以爲《春秋》者，
　　　　救時之弊，革禮之薄。〔註34〕

這裡是啖氏不滿三《傳》研究者對於《春秋》宗旨的理解，依啖氏意，《春秋》宗旨
在於「救時之弊，革禮之薄」。此是批評三《傳》傳注對宗旨的說明。

　　啖氏針對《左傳》缺失，則說：

　　　　故敘事雖多，釋意殊少。是非交錯，混然難證。……又況論大義，得
　　　　其本源。解三數條大義，亦以原情爲說。欲令後人推此，以及餘事。而作
　　　　傳之人，不達此意，妄有附益，故多迂誕。〔註35〕

此不滿《左傳》對經文解說內容稀少，並以爲後人對《左傳》的附益，類多迂誕。

　　啖氏針對《公》、《穀》缺失，則說：

　　　　《穀梁》意深，《公羊》辭辨。隨文解釋，往往鉤深，但以守文堅滯，
　　　　泥難不通。比附日月，曲生條例。義有不合，亦復強通，踳駁不倫，或至
　　　　矛盾，不近聖人夷曠之體也。夫《春秋》之文，一字以爲褒貶，誠則然矣。
　　　　其中亦有文異而義不異者，二傳穿鑿，悉以褒貶言之，是故繁碎甚於左氏。

　　〔註35〕

這裡批評《公》、《穀》拘泥於日月例，因此羅織深文，「曲生條例」。過份拘泥《春
秋》中的日月例，使得《公》、《穀》在經義解說上份外繁碎穿鑿，甚於《左傳》。值
得特別注意的是，啖氏仍相信「一字褒貶」的觀念。亦即是以「義例」作爲解釋《春

〔註34〕陸淳：〈春秋宗指議第一〉《春秋集傳纂例》（臺灣商務印書館影文淵閣四庫全書本，
　　　　146冊），頁379～380。

〔註35〕陸淳：〈三傳得失議第二〉《春秋集傳纂例》（臺灣商務印書館影文淵閣四庫全書本，
　　　　146冊），頁380～382。

〔註35〕陸淳：〈三傳得失議第二〉《春秋集傳纂例》（臺灣商務印書館影文淵閣四庫全書本，
　　　　146冊），頁380～382。

秋》的基礎。在啖氏看來，《春秋》學的研究應以《春秋》經文爲主，而不是以三《傳》的傳文爲主。由於《春秋》經文簡略，因此必以「義例」來發揮微言大義，從而相信「一字褒貶」的觀念。

儘管藉助「義例」來解說大義，問題在於《春秋》經文中哪些部分應視爲「義例」，哪些則否？在這個問題上，啖氏認爲日月不足爲例，《公》、《穀》的日月例過於穿鑿繁碎。此是啖氏反對日月例之說。

啖氏又批評《公》、《穀》不曉「史承赴告」之義，因此在《春秋》經例的判定上過份繁碎。他說：

> 《公羊》、《穀梁》又不知有不告則不書之義。凡不書者，皆以義説之。且列國至多，若盟會征伐喪紀，不告亦書。則一年之中，可盈數卷。況他國之事，不憑告命，從何得書？但書所告之事，定其善惡以文褒貶耳。〔註36〕

孔子因魯史作《春秋》，魯史即承各國史官赴告而來。因此，《春秋》沒有記載的內容，不一定出自孔子筆削，也有可能出於魯史記載上的史料欠缺。啖氏批評《公》、《穀》在經例判定上，凡是「不書者」，皆以爲孔子削去而寄託大義。這就難免啖氏批評《公》、《穀》「隨文解釋，往往鉤深」。

啖氏又批評《公》、《穀》解說時溺於私情，他說：

> 《公》、《穀》說經，多云：「隱之」、「閔之」、「喜之」之類。且《春秋》舉經邦大訓，豈爲私情悲喜生文乎？何待《春秋》之淺也？〔註37〕

這裡批評《公》、《穀》解經惑於私情，忘卻經邦大義。

啖氏除了批評三《傳》，又進而批評三《傳》研究者注解《春秋》時所持的觀點，他說：

> 據杜氏所論，褒貶之指，唯據周禮。若然，則周德雖衰，禮經未泯，化人足矣，何必復作《春秋》乎？且游夏之徒，皆造堂室。其於典禮，固當洽聞，述作之際，何其不能贊一辭也？又云：「周公之志，仲尼從而明之。」則夫子曷云：「知我者亦《春秋》，罪我者亦《春秋》乎？」斯則杜氏之言，陋於是矣。〔註38〕

〔註36〕 陸淳：〈三傳得失議第二〉《春秋集傳纂例》（臺灣商務印書館影文淵閣四庫全書本，146 冊），頁 380～382。

〔註37〕 陸淳：〈啖子取捨三傳義例第六〉《春秋集傳纂例》（臺灣商務印書館影文淵閣四庫全書本，146 冊），頁 386～388。

〔註38〕 陸淳：〈春秋宗指議第一〉《春秋集傳纂例》（臺灣商務印書館影文淵閣四庫全書本，146 冊），頁 379～380。

此批評杜預「其發凡以言例，皆經國之常制，周公之垂法，史書之舊章」〔註39〕、「周公之志，仲尼從而明之」〔註40〕之說。啖氏又說：

> 何氏所云：「變周之文，從先代之質」，雖得其言，用非其所。不用之於性情，而用之於名位。失指淺末，不得其門者也。周德雖衰，天命未改，所言變從夏政，唯在立忠爲教，原情爲本。非謂改革爵列，損益禮樂者也。故夫子傷主威不行，下同列國。首王正以大一統，先王人以黜諸侯，不言戰，以示莫敵。稱天王，以表無二尊。唯王爲大，逸矣崇高。反云黜周王魯，以爲《春秋》宗指。兩漢專門，傳之於今，悖禮誣聖，反經毀傳，訓人以逆，罪莫大焉。〔註41〕

此批評何休「《春秋》變周之文，從殷之質」〔註42〕「《春秋》王魯，托隱公以爲始受命王」〔註43〕之說。以爲何休「訓人以逆」、「反經毀傳」。啖氏又說：

> 范氏之說，粗陳梗概，殊無深指。且歷代史書，皆是懲勸。《春秋》之作，豈獨爾乎？是知雖因舊史，酌以聖心。撥亂反正，歸諸王道。三家之說，俱不得其門也。〔註44〕

在此批評范寧解經之說「粗陳梗概，殊無深指」。因此，啖氏認爲關於三《傳》最爲著名的研究者杜預、何休、范寧三人，都無法掌握《春秋》學的核心。

　　承繼啖助學說的趙匡，則主要攻擊《左傳》。他首先攻擊《左傳》作者非丘明，他說：

> 今觀左氏解經，淺於《公》、《穀》，誣謬寔繁。若丘明才實過人，豈宜若此？……且夫子自比，皆引往人，故曰：「竊比於我老彭」又說伯夷等六人，云：「我則異於是」，並非同時人也。丘明者，蓋夫子以前賢人，如史佚、遲任之流，見稱於當時耳。焚書之後，莫得詳知。學者各信胸臆，見《傳》及《國語》，俱題左氏，遂引丘明爲其人。此事既無明文，唯司馬遷云：「丘明喪明，厥有《國語》」。劉歆以爲《春秋左氏傳》是丘明所爲。且遷好奇多謬，故其書多爲淮南所駁。劉歆則以私意所好，編之《七略》。班

〔註39〕《春秋左傳正義》（北京：北京大學出版社，十三經注疏標點本，1999 年），頁 14。
〔註40〕《春秋左傳正義》（北京：北京大學出版社，十三經注疏標點本，1999 年），頁 12。
〔註41〕陸淳：〈春秋宗指議第一〉《春秋集傳纂例》（臺灣商務印書館影文淵閣四庫全書本，146 冊），頁 379～380。
〔註42〕《春秋公羊傳注疏》（北京：北京大學出版社，十三經注疏標點本，1999 年），頁 56。
〔註43〕《春秋公羊傳注疏》（北京：北京大學出版社，十三經注疏標點本，1999 年），頁 13。
〔註44〕陸淳：〈春秋宗指議第一〉《春秋集傳纂例》（臺灣商務印書館影文淵閣四庫全書本，146 冊），頁 379～380。

固因而不革，後世遂以爲眞。所謂傳虛襲誤，往而不返者也。〔註45〕

此是趙匡攻擊「左氏非丘明」之說。其用心正如《四庫全書・總目提要》所說：

> 至唐趙匡始謂左氏非丘明。蓋欲攻傳之不合經，必先攻作傳之人非受
> 經於孔子，與王柏欲攻《毛詩》，先攻《毛詩》不傳於子夏，其智一也。
> 〔註46〕

趙匡並懷疑《左傳》的傳承記載，他說：

> 近代之儒，又妄爲記錄。云：「丘明以授魯曾申，申傳吳起，起傳其
> 子期，期傳楚鐸椒，椒傳虞卿，卿傳荀況，況傳張蒼，蒼傳賈誼。」此乃
> 近世之儒，欲尊崇左氏，妄爲此記。向若傳授分明如此，《漢書》〈張蒼〉、
> 〈賈誼〉及〈儒林傳〉何故不書？則其僞可知也。〔註47〕

趙匡發現《漢書》記事和劉向〈別錄〉記載不同〔註48〕，於是懷疑《左傳》的傳承。

這點和後來今文經家劉逢祿攻擊《左傳》的說法相互一致〔註49〕。趙氏並攻擊註解
《左傳》的杜預所提出的「凡例」，他說：

> 杜預云：「凡例皆周公舊典禮經」，按其傳例，云：「弒君稱君，君無
> 道也；稱臣，臣之罪也」，然則周公先設弒君之義乎？又云：「大用師曰：
> 『滅』，弗地曰：『入』」，又周公先設相滅之義乎？又云：「諸侯同盟，薨
> 則赴以名」，又是周公令稱先君之名以告鄰國乎？周以諱事神，不應有此
> 也。〔註50〕

〔註45〕 陸淳：〈趙氏損益義第五〉《春秋集傳纂例》（臺灣商務印書館影文淵閣四庫全書本，
146 冊），頁 382～386。

〔註46〕 紀昀總纂：《四庫全書總目提要》（石家莊：河北人民出版社，2000 年），頁 679。

〔註47〕 陸淳：〈趙氏損益義第五〉《春秋集傳纂例》（臺灣商務印書館影文淵閣四庫全書本，
146 冊），頁 382～386。

〔註48〕 此傳承見杜預〈序〉孔穎達〈正義〉所引。見《春秋左傳正義》（北京：北京大學出
版社，十三經注疏標點本，1999 年），頁 2。

〔註49〕 劉逢祿以爲這條說法出於劉歆僞造，他說：「〈張蒼傳〉曰：『好書律術』、曰：『習天
下圖書計籍，又善用算律術』、曰：『蒼尤好書，無所不觀，無所不曉，而尤邃律術』、
曰：『著書十八篇，言陰陽律術事』而已，不聞其修左氏傳也。蓋歆以漢初博極群書
者，惟張丞相，而律術及譜五德，可坿左氏，故首援之。〈賈生傳〉曰：『能頌《詩》、
《書》屬文』、曰：『頗通諸家之書』而已，未聞其修左氏傳也。蓋賈生之學，疏通
知遠，得之《詩》、《書》。修明制度，本之於禮，非章句訓詁之學也。其所著述……
皆與左氏不合。惟〈禮容篇〉，一事似採左氏，二事似採《國語》耳。蓋歆見其偶有
引用，即誣以爲《左氏訓詁》。」引文見劉逢祿：《左氏春秋考證》（臺北市：藝文印
書館，皇清經解本，1961 年），頁 14196。

〔註50〕 陸淳：〈趙氏損益義第五〉《春秋集傳纂例》（臺灣商務印書館影文淵閣四庫全書本，
146 冊），頁 382～386。

以爲《左傳》凡例非周公舊典，不可引以爲據。總之，啖、趙二人藉由批評三《傳》傳注，企圖扭轉當時《春秋》學研究學風。關於這點，啖氏對《左傳》的批評裡，鮮明地表示了啖氏對當時研究路向的憂慮，他說：

> 今《公羊》、《穀梁》，二傳殆絕，習左氏者，皆遺經存傳。談其事跡，翫其文彩，如覽史籍，不復知有《春秋》微旨。嗚呼！買櫝還珠，豈足怪哉！〔註51〕

啖氏感歎的「二傳殆絕」，並非虛語，而爲當時《春秋》學研究的窘況。關於這點，皮錫瑞的《經學歷史》記敘甚詳，他說：

> 開元八年，國子司業李元瓘上言：「三《禮》、三《傳》及《毛詩》、《尚書》、《周易》等，並聖賢微旨，生人教業。……今明經所習，務在出身。咸以《禮記》文少，人皆競讀。《周禮》經邦之軌則，《儀禮》莊敬之楷模；《公羊》、《穀梁》，歷代宗習。今兩監及州縣，以獨學無友，四經殆絕。事資訓誘，不可因循。」開元十六年，楊瑒爲國子祭酒，奏言：「今明經習左氏十無二三。……又《周禮》、《儀禮》、《公羊》、《穀梁》殆將廢絕，……請量加優獎。」據此二說，則唐之盛時，諸經已多束閣。蓋大經，左氏文多於《禮記》，故多習《禮記》，不習左氏。中、小經，《周禮》、《儀禮》、《公羊》、《穀梁》難於《易》、《書》、《詩》，故多習《易》、《書》、《詩》，不習《周禮》、《儀禮》、《公羊》、《穀梁》。此所以四經殆絕也。〔註52〕

根據皮氏這段記載，《周禮》、《儀禮》、《公羊》、《穀梁》這四部經典在當時，就遭到乏人問津的窘境，以致於在經學傳承上面臨斷絕的危險。然而研習《左傳》，卻流於「遺經存傳」的弊病，亦即是注重《左傳》傳文，輕忽《春秋》經文。並且只注重《左傳》傳文中的文采詞藻、史事記載。將《左傳》視爲一本史書，而忘記《左傳》應該承擔的解經任務。

　　如果這種「遺經存傳」的學風、注意《左傳》輕忽《春秋》經的觀點不能扭轉，欲使世人重新注重《春秋》大義無異緣木求魚。啖、趙兩人在這層深刻的憂慮下，以批評三《傳》爲手段，試圖挽回世人的焦點，使其脫離《左傳》並轉而注意《春秋》經文。

　　因此，就啖、趙兩人對三《傳》傳注的攻擊而言，他們不滿三《傳》對《春秋》宗旨的解說，不滿《公》、《穀》比附日月曲生條例，認爲《公》、《穀》解經多溺私

〔註51〕陸淳：〈啖氏集傳注義第三〉《春秋集傳纂例》（臺灣商務印書館影文淵閣四庫全書本，146冊），頁381～382。

〔註52〕皮錫瑞：《經學歷史》（臺北市：藝文印書館，2000年），頁225。

情忘卻經邦大義，並懷疑《左傳》的作者以及相關傳承記載，批評當時「遺經存傳」的研究學風，目的皆在於促使學者回到《春秋》經文的研究，並倡導「尊經」的學風，以助成「王道」的建立。就筆者看來，實為用心良苦。因此，皮錫瑞以今文經家的目光批評啖、趙兩人「變專門為通學」、「不守家法」，在考量到當時的學術處境後也對啖、趙兩人的用心、努力予以肯定，他說：

> 吳澄曰：「唐啖助、趙匡、陸淳三子，始能信經駁傳，以聖人書法纂而為例。得其義者十七八，自漢以來，未聞或之先也。」案吳氏極推三子得聖人之義，勝於漢儒之不合不公。蓋自唐宋以後，《春秋》無復專門之學，故不知專門之善，而反以為非。後儒多歸咎於昌黎三《傳》束閣之見，詆啖、趙、陸不守家法。而據啖子曰：「今《公羊》、《穀梁》，二傳殆絕，習左氏者，皆遺經存傳。」則《春秋》之學不講可知。唐開元八年，國子司業李元瓘上言，《公羊》、《穀梁》殆絕。十六年楊瑒為國子祭酒，奏言今明經習左氏者，十無二三。《公羊》、《穀梁》殆將絕廢。啖氏正當其時，於經學廢墜之餘，為舉世不為之事。使《公》、《穀》二傳復明於世。雖不守家法，不得謂其無扶微學之功也。〔註53〕

皮氏批評啖、趙兩人「不守家法」，但使《公》、《穀》復明於世，其實這裡還是皮氏今文經家的私見。但是，啖、趙學派的「尊經」要求，目的在於透過經文歸納義例，以發揮孔子的微言大義。這和《公》、《穀》的解經路徑實為一脈相傳，而不近《左傳》之傳經。在當時注重《左傳》，「遺經存傳」的風氣下，啖、趙兩人的「尊經」要求，連帶地也會振興解經路徑相似的《公》、《穀》研究，因此才得到皮氏振衰起廢，匡扶微學的評價。

（四）確立《春秋》是經非史

啖、趙學派的「尊經」主張，透過上述的觀點為基礎而確立的。啖、趙兩人為了闡明《春秋》「因史制經，以明王道」的宗旨，因此從「尊經」的觀點為核心，重新面對當時以《左傳》為主的研究學風。為了促使研究者回到《春秋》經文的研究，啖、趙兩人以「三《傳》分流，其源則同」的觀點，來確立三《傳》和《春秋》之間的關係。在此前提下，確立三《傳》的解經性質，並對三《傳》傳注缺失提出猛烈的攻擊。目的則在扭轉當時「遺經存傳」的解經風氣。

但是啖、趙兩人最重要的經學主張，則在「尊經」前提下，確立《春秋》一書

〔註53〕皮錫瑞：〈論啖趙陸不守家法未嘗無扶微學之功宋儒治春秋者皆此一派〉《經學通論》（臺北市：臺灣商務印書館，1989年），頁58～60。

是經非史的性質，強調孔子作《春秋》背後的用心與大義。可以說啖、趙學派的經學主張，在消極面是批評三《傳》傳注，扭轉學風；在積極面則是確立《春秋》是經非史，以義例的整理作爲探討大義，申明王道的方式。

　　針對《春秋》一書是經非史的觀點，啖助說：

　　　　歷代史書，皆是懲勸。《春秋》之作，豈獨爾乎？是知雖因舊史，酌以聖心，撥亂反正，歸諸王道。〔註54〕

又說：

　　　　左氏言褒貶者，又不過十數條，其餘事同文異者，亦無他解。舊解皆言從告及舊史之文，若如此論，乃是夫子寫魯史爾，何名修《春秋》乎？〔註55〕

至於趙匡，則說：

　　　　予謂《春秋》因史制經，以明王道。〔註56〕

又說：

　　　　或曰：「聖人之教，求以訓人也。微其辭，何也？」答曰：「非微之也，事當爾也。人之善惡，必有淺深，不約其辭，不足以差之也。若廣其辭，則是史氏之書爾焉。足以見條例而稱《春秋》乎？辭簡義隱，理白當爾，非微之也。」〔註57〕

從這些例子來看，不難發現啖、趙兩人刻意將《春秋》與一般史書性質分開，而賦予《春秋》一書撥亂反正，申明王道的使命。孟子說：「其事則齊桓、晉文，其文則史。孔子曰：『其義則丘竊取之矣』」，到了啖、趙兩人，則擺脫《春秋》的史書身份，而視爲經典了。因此，《春秋》雖是孔子「因史制經」而完成，但是在啖、趙看來並非魯史，而爲一部匡正後世的經典。內容不僅是對人事的懲勸，重要在於可以發揮「撥亂反正，歸諸王道」的成效。這也是啖、趙兩人重視《春秋》一書的主要用心。而《春秋》表達大義的方式必是透過義例，因此才「辭簡義隱」，而不似史書鋪陳本末。由《春秋》採用「微言」表述「大義」的方式，這點更確立《春秋》一書是經

〔註54〕陸淳：〈春秋宗指議第一〉《春秋集傳纂例》（臺灣商務印書館影文淵閣四庫全書本，146冊），頁379～380。

〔註55〕陸淳：〈三傳得失議第二〉《春秋集傳纂例》（臺灣商務印書館影文淵閣四庫全書本，146冊），頁380～381。

〔註56〕陸淳：〈趙氏損益義第五〉《春秋集傳纂例》（臺灣商務印書館影文淵閣四庫全書本，146冊），頁382～386。

〔註57〕陸淳：〈趙氏損益義第五〉《春秋集傳纂例》（臺灣商務印書館影文淵閣四庫全書本，146冊），頁382～386。

非史的性質。

在確立《春秋》是經的觀點下，啖、趙兩人本著「尊經」的立場，取捨三《傳》及其傳注。取捨的標準一味以經文爲主，在啖助談到著書體例時，他說：

> 三《傳》文義雖異，意趣可合者，則演而通之。文意俱異，各有可取者，則並立其義。其有一事之傳首尾異處者，皆聚於本經之下，庶使學者免於煩疑。〔註58〕

將可資參考的三《傳》傳注「聚於本經之下」，這裡將《春秋》學研究「變專門爲通學」，並視一切三《傳》傳注皆爲闡明《春秋》經文服務。又說：

> 至於義指乖越，理例不合，浮辭流遁，事蹟近誣，及無經之傳，悉所不錄。〔註59〕

這裡刻意以「尊經」爲標準，以經文之有無來取捨三《傳》。特別指出《左傳》中的「無經之傳」，悉所不錄。啖氏又說：

> 若須存以通經者，刪取其要。〔註60〕

又說：

> 三《傳》敘事及義理同者，但舉左氏，則不復舉《公》、《穀》。其《公》、《穀》同者，則但舉《公羊》。又《公》、《穀》理義雖同，而《穀梁》文獨備者，則唯舉《穀梁》。《公羊》、《穀梁》以日月爲例，一切不取。〔註61〕

這裡指出三《傳》敘事及義理同者，舉出《左傳》。這是重視《左傳》敘事詳備的特點。至於《公》、《穀》的日月例，一概不取。這是源自啖、趙認爲《公》、《穀》比附日月、曲生條例，在解說上淪於穿鑿繁碎。啖氏又說：

> 或問：「無經之傳，有仁義誠節，知謀功業，政理禮樂，讜言善訓，多矣。頓皆除之，不亦惜乎？」答曰：「此經《春秋》也，此傳《春秋》傳也。非傳《春秋》之言，理自不得錄耳，非謂其不善也。且歷代史籍，善言多矣，豈可盡入《春秋》乎？其當示於後代者，自可載於史書爾。今左氏之傳見存，必欲耽玩文彩，記事蹟者，覽之可也。若欲通《春秋》者，

〔註58〕 陸淳：〈啖子取捨三《傳》義例第六〉《春秋集傳纂例》（臺灣商務印書館影文淵閣四庫全書本，146冊），頁386～388。

〔註59〕 陸淳：〈啖子取捨三《傳》義例第六〉《春秋集傳纂例》（臺灣商務印書館影文淵閣四庫全書本，146冊），頁386～388。

〔註60〕 陸淳：〈春秋宗指議第一〉《春秋集傳纂例》（臺灣商務印書館影文淵閣四庫全書本，146冊），頁379～380。

〔註61〕 陸淳：〈啖子取捨三《傳》義例第六〉《春秋集傳纂例》（臺灣商務印書館影文淵閣四庫全書本，146冊），頁386～388。

即請觀此傳焉。」〔註62〕

這是啖氏強調《春秋》是經非史的堅決主張，亦是他取捨三《傳》的理由所在。在啖氏和人的對答中，進一步確立以「尊經」爲標準的解經立場。在此傾向上，凡是經文沒有記載，一切無關的傳文悉皆裁去。儘管在內容上是些「仁義誠節，知謀功業，政理禮樂，讜言善訓」等，都應刪除。這作法的目的在於確立《春秋》是經非史，以及《春秋》和三《傳》的主從關係。《春秋》不是史書，因此歷代史書中眾多的讜言善訓，不可附入《春秋》。

啖、趙以「尊經」爲前提整理三《傳》傳注，因此說：「此經《春秋》也，此傳《春秋》傳也。非傳《春秋》之言，理自不得錄耳，非謂其不善也。」因此，一以經文爲主來取捨三《傳》。《四庫全書‧總目提要》則扼要地說明啖、趙學派的「尊經」觀對宋代《春秋》學的影響：

> 說經家之有門戶，自《春秋》三傳始，然迄能並立於世。其間諸儒之論，中唐以前，則《左氏》勝，啖助、趙匡以逮北宋，則《公羊》、《穀梁》勝。孫復、劉敞之流，名爲棄傳從經，所棄者特《左氏》事跡、《公羊》、《穀梁》月日例耳。〔註63〕

在《四庫全書‧總目提要》辨析三《傳》學術流傳時，認爲自啖、趙兩人以後，即以《公羊》、《穀梁》的研究爲重。特別是以「尊經」爲宗旨，名爲「棄傳從經」。這種研究方式即是在解經時忽略《左傳》事跡，以及繁碎的日月例。目的在於確立以「尊經」爲訴求的《春秋》學研究。

綜上所述，在三《傳》性質的問題上，葉夢得和胡安國、朱子、呂大圭等人皆有類似的觀念。大抵可以用葉氏所說：「左氏傳事不傳義。……《公羊》、《穀梁》傳義不傳事」來概括。這些經學家會有相近的觀念，源於對中唐《春秋》學家啖、趙兩人觀念的繼承。因此有必要對啖、趙兩人的觀點予以整理、說明。

經過研究後可以發現，啖、趙兩人以「尊經」觀念爲核心，以達成「尊王」與「王道」的建立。這並且體現在他們對《春秋》學的認識上。他們以「尊經」爲標準，重新檢視《春秋》經與三《傳》關係。以「三《傳》分流，其源則同」的觀念，確立經傳關係。在此基礎上，確立三《傳》的性質與解經時所扮演的角色。並透過對三《傳》的批評，特別是對《左傳》的批評，來扭轉當時重視《左傳》、「遺經存傳」的《春秋》學研究學風，將學者目光拉回到《春秋》經文、義例的研究上，並

〔註62〕陸淳：〈啖子取捨三《傳》義例第六〉《春秋集傳纂例》（臺灣商務印書館影文淵閣四庫全書本，146冊），頁386～388。

〔註63〕紀昀總纂：《四庫全書總目提要》（石家莊：河北人民出版社，2000年），頁679。

確立《春秋》是經非史，以及提出以「尊經」訴求爲主的解經風氣與史事辨擇。啖、趙二人以「尊經」爲主的《春秋》學，在經傳關係、三《傳》性質、三《傳》缺失、貶斥日月例、《春秋》是經非史等問題上，留下了精闢的研究成果，而爲日後的葉夢得所繼承。〔註64〕

二、葉氏對啖、趙學說的繼承

（一）亦步亦趨的「尊經」主張

在《葉氏春秋考》中，葉夢得提到他對啖、趙學派的評價，他說：

> 自范甯爲《穀梁》合三家以論其失，始有尊經之意。至唐啖趙出，而後三家始通爲一。惜乎其爲《集傳》者，不可得而見。陸淳《纂例》出於趙氏，趙氏《發微》出於啖氏，自兩漢以來，獨此三人，道不終廢。安知經廢千餘載之後，乃有能見其端者乎？〔註65〕

葉氏用「獨此三人，道不終廢」來推崇啖、趙、陸三人，可以想見他對啖、趙學派的敬慕。事實上，在葉氏《春秋》學中，可以發現葉氏其實是全面地繼承了啖、趙學派的觀點，並同以「尊經」爲訴求，對《春秋》經文進行解說。若是將葉氏著作中的相關材料予以排比，即可以發現葉氏其實「亦步亦趨」地繼承了啖、趙學派的觀念，在許多問題上跟隨啖、趙的研究腳步。這裡可以從下列幾個層面來說明：

1. 三《傳》的性質問題

在三《傳》性質的問題上，啖氏肯定《左傳》「博采諸家，敍事尤備」的特點，推崇《左傳》「故比餘傳，其功最高」。不過，啖氏也批評《左傳》保留史料雖多，但是解經處卻少。故說：「敍事雖多，釋意殊少」。對《公》、《穀》則認爲「故二傳傳經，密於左氏，《穀梁》意深，《公羊》辭辨」。簡單的概括啖氏的觀念，即是「左

〔註64〕啖、趙兩人強調《春秋》是經非史，這個觀念不僅影響葉氏，也影響許多其他的經學家，例如劉敞、孫覺。劉敞說：「經出於史，而史非經也。史可以爲經，而經非史也。」引文見劉敞：《劉氏春秋傳》（臺灣商務印書館影文淵閣四庫全書本，147冊），頁364。孫覺說：「作傳者既不解孔子所以作《春秋》之意，而杜預、何休之徒，又妄爲之說。如杜預之說，則曰：『周德既衰，官失其守。諸所記注，多違舊章。仲尼因魯史策書成文，考其眞僞，而志其典禮。其教之所存，文之所害，則刊而正之，以示勸誡，其餘則皆即用舊史。』若如此說，則孔子乃一是史官爾。《春秋》既曰『作之』，又徒因其記注，即用舊史，則聖人何用苟爲書也？」從孫覺對杜預說法的駁斥，不難推知承認《春秋》是經非史的立場。引文見孫覺：《春秋經解》（臺灣商務印書館影文淵閣四庫全書本，147冊），頁555。
〔註65〕葉夢得：《葉氏春秋考》（臺灣商務印書館影文淵閣四庫全書本，149冊），頁299。

氏是史學，《公》、《穀》是經學〔註66〕」。葉氏則對三《傳》的性質，抱持和啖、趙
非常相近的意見，他說：

> 左氏傳事不傳義，是以詳於史而事未必實，以不知經故也；《公羊》、
> 《穀梁》傳義不傳事，是以詳於經而義未必當，以不知史故也。〔註67〕

葉氏所謂的「左氏傳事不傳義」、「《公羊》、《穀梁》傳義不傳事」，不難看出是啖氏
說法的概括引伸。以「事」、「義」的觀點來區分三《傳》，同時也對三《傳》解經的
角色做出分別。〔註68〕值得注意的是，啖氏在評價《公》、《穀》時，認為：「《穀梁》
意深，《公羊》辭辨」，亦即《穀梁》義勝於《公羊》。這也為陸淳所接受，陸氏說：
「《公羊》之說事跡，亦頗多於《穀梁》，而斷義即不如《穀梁》之精」。這個對《公》、
《穀》解經高下的評價，亦為葉氏所承襲，葉氏說：

> 今二書解經之體，大抵皆相類，而義亦多同。其所從來者，蓋不遠。
> 皆深于左氏，而《穀梁》所得為尤多。〔註69〕

從葉氏對三《傳》性質的分析與對《穀梁》解經的高度肯定，反映葉氏在三《傳》
性質的問題上對啖、趙學派的繼承。

2. 三《傳》的缺失問題

在三《傳》缺失的問題上，啖、趙學派為了扭轉「遺經存傳」的《春秋》學研
究學風，以達成「尊經」的述求，在論述上對三《傳》傳注提出了許多缺失。這些
問題在葉氏《春秋》學中也屢加論述，主要是對日月例的攻擊以及經從赴告此問題
的分析。

在日月例的問題上，啖氏在批評《公》、《穀》時指出：「《穀梁》意深，《公羊》
辭辨。隨文解釋，往往鉤深，但以守文堅滯，泥難不通。比附日月，曲生條例。義
有不合，亦復強通，踳駁不倫，或至矛盾。……二傳穿鑿，悉以褒貶言之，是故繁
碎甚於左氏」，對《公》、《穀》解經拘於日月例人為不滿。葉氏同樣對日月例提出猛
烈攻擊，他說：

> 記史者以事繫日，以日繫月，然歟？曰：「然」。《春秋》以日月為例
> 歟？曰：「否」。繫事以日月，史之常也。有不可以盡得，則有時而闕焉。

〔註66〕宋・黎靖德編：《朱子語類》（北京市：中華書局，1999年6月4版），頁2152。

〔註67〕葉夢得：〈春秋傳序〉《葉氏春秋傳》（臺灣商務印書館影文淵閣四庫全書本，149冊），
頁2～3。

〔註68〕關於「左氏傳事不傳義，是以詳於史而事未必實，以不知經故也；《公羊》、《穀梁》
傳義不傳事，是以詳於經而義未必當，以不知史故也」一語，葉氏在《葉氏春秋考》、
《葉氏春秋傳》中仍有敘述，為了避免混淆焦點，待下一節另行說明。

〔註69〕葉夢得：《葉氏春秋考》（臺灣商務印書館影文淵閣四庫全書本，149冊），頁297。

《春秋》者，約魯史而爲之者也。日月，史不可以盡得，則《春秋》亦安得而盡書哉？必將以爲例，有當見而史一失之，則凡爲例者皆廢矣。故日月不可以爲例。爲是說者，《公羊》、《穀梁》之過也。然則何以有日或不日，有月或不月，此史之闕，而《春秋》不能益也。以爲非義之所在，則從史而已。間有待之以見義，而適得者。「癸酉，大雨震電」、「庚辰，大雨雪」，見時之失也；「癸亥，公之喪至自乾侯」、「戊辰，公即位」，見即位之節也。而不可爲常，亦有經成而後亡之者，「夏五」之類是也。〔註70〕

這裡是葉氏對日月例的駁斥。葉氏認爲以日月記事，是記史常例。並沒有微言大義寄託其中。因此不可依照《公》、《穀》，從「有日或不日」、「有月或不月」等經文記載上比附義例。葉氏並提出，日月記事常常受限於史料的詳備與否，因此《春秋》不可以之爲例，以避免出現「必將以爲例，有當見而史一失之，則凡爲例者皆廢矣」的危險。

葉氏進而說明：如果可以在日月記載上尋得意義，亦即是因爲日月記載清楚標示了時間，提供了人事活動的具體訊息，如：「癸酉，大雨震電」、「癸亥，公之喪至自乾侯」之類。從而葉氏斷定，凡是不書月者，皆是史料闕文。

在下一則注文中，葉氏即舉出一條並沒有記載月份的經文闕文。在僖公二十八年「壬申，公朝于王所」下，他說：

> 不書月，闕文也。葉子曰：「吾何以知不書月之爲闕文歟？《春秋》不以日月爲例，吾固言之矣。而其所謂闕文，蓋有二焉。有史失之，而經不能益者。有經成亡之，而後世不敢益者。故桓書五月而無夏，昭書十二月而無冬，有月而無時，豈時不可推乎？僖書『壬申，公朝于王所』以上五月癸丑推之，知其爲十月而不書。定書『辛巳，葬定姒』以上九月丁巳推之，亦知其爲十月而不書，有日而無月，豈月不可推乎？以《公羊》、《穀梁》言之，可書而不書者，皆義之所在也。而二氏不能爲之說。《穀梁》但於僖壬申不書月，以爲晉文公致天子之罪，其言亦已迂矣。由是言之，何日月例之云乎？以爲史失之，則經固可推而益也。而不推，非經成而後亡之者歟？吾意以日繫月，以月繫時，此史之常例。有不得則闕之，而傳《春秋》者，以爲非義之所在。雖經之所見，亦或略而遺之。不然，如是四者，雖二氏且不能容其私，豈後世可得而妄意之乎？」〔註71〕

這裡是葉氏對日月例進一步的反駁。葉氏認爲《春秋》不書日月，均是出於闕文。

〔註70〕葉夢得：《葉氏春秋傳》（臺灣商務印書館影文淵閣四庫全書本，149冊），頁6。
〔註71〕葉夢得：《葉氏春秋傳》（臺灣商務印書館影文淵閣四庫全書本，149冊），頁119。

這裡所謂的「闕文」，意指因史料欠缺或是流傳散失而形成的闕文。（葉氏另有「《春秋》無闕文」之說，是從「微言大義」的觀點立論，此詳下。）在這條注文中，葉氏將「闕文」分成兩個部分，一是因舊史欠缺，孔子作經不能增益而來的「闕文」；一是《春秋》流傳過程中，典籍保存不慎而導致的「闕文」。

這裡提出兩個造成「闕文」的原因，可能源自孔穎達的意見。孔氏在《左傳・宣公元年》「三月，遂以夫人婦姜至自齊」經文下說：

> 此文傳亦無氏，知是本史先闕，故云：「史闕文」而不云：「經闕文」也。史文既闕，仲尼不正之者，以無所貶，故因其詳略也。諸經所闕者，或史文先闕，仲尼不改；或仲尼具文在後始闕。〔註72〕

孔穎達在辨析「夫人婦姜」爲何不稱「夫人婦姜氏」時，認爲無「氏」字出於史傳闕文。並認爲「闕文」有兩種情況，一是史傳「闕文」；一是《春秋》完成後所闕。這個意見被葉氏所接受，葉氏進而論證如何確定「經成亡之」這一類「闕文」的出現。

葉氏發現《春秋》中某些可以推測月份的經文，但是《春秋》並不書月。如「僖書『壬申，公朝于王所』」，這裡可由「上五月癸丑推之」，知道這事發生在十月，但是《春秋》經不書十月。「定書『辛巳，葬定姒』」，亦是同樣可以推測月份的情況，但不書月。葉氏以爲這裡不按照史書通例紀錄月份，即源自經書流傳中的文字散失。葉氏並質問：若按照《公》、《穀》以日月爲例的解經思維，「僖書『壬申，公朝于王所』」，這裡顯然刪去「十月」，因此應視爲孔子所削去。但是《公》、《穀》又不解釋孔子爲何刪去？由這一點反推，這條例子應是「闕文」，是屬於「經成亡之」之類的「闕文」。

因此，葉氏認爲《春秋》經文中或日或不日、或月或不月的情況即由「闕文」而來，並以此反駁《公》、《穀》的日月例。從葉氏的分析中，葉氏攻擊日月例有兩項理由，一是日月記事常常受限於史料的詳備與否，所以《春秋》不可以之爲例，以免例外的情況破壞日月例的成立。二是或日或不日，往往出於「闕文」，或是魯史「闕文」以及「經成而後亡」的「闕文」。此是葉氏之反駁日月例。

在赴告問題上，啖氏批評《公》、《穀》不曉「史承赴告」之義，因此在《春秋》經例的判定上過份繁碎。他說：「《公羊》、《穀梁》又不知有不告則不書之義。凡不書者，皆以義說之。且列國至多，若盟會征伐喪紀，不告亦書。則一年之中，可盈數卷。況他國之事，不憑告命，從何得書？但書所告之事，定其善惡以文褒貶耳。」

〔註72〕《春秋左傳正義》（北京：北京大學出版社，十三經注疏標點本，1999 年），頁585。

〔註73〕在啖氏看來，《春秋》經文受限於赴告的史料。經文沒有記載的，並不像《公》、《穀》認爲的均是出於「不書」。

葉氏接受《春秋》經文「不告不書」的意見，但進一步地分析「經從赴告」、「史承赴告」兩者的不同。葉氏說：

> 學者多罪左氏，以經從赴告，而杜預解經，有不通者，復多因其說。委曲遷就，甚有疑經以爲誤者。夫以經從赴告，固非矣。若謂皆不從赴告，則經何由得其事乎？經者，約魯史而爲者也。史者，承赴告而書者也。諸國不赴告，則魯史不得書，魯史所不書，則《春秋》不得載。……當時史官知其妄，必亦考其實而後載之策。古今人情不能相遠，則事之是非，固已定於承告之初也。設史官有傳聞之謬，或懷私意爲之損益，孔子知之，亦必有爲之是正者。若但據其文而不革，則何用爲經乎？〔註74〕

這裡葉氏詳細辨析「經從赴告」、「史承赴告」的微細差別，認爲「經從赴告」之說誤解了《春秋》的性質。《春秋》因魯史而作，實際上是魯史承赴告而記載。這裡《春秋》、魯史的關係應該是：「諸國不赴告，則魯史不得書，魯史所不書，則《春秋》不得載。《春秋》是在魯史的基礎上，加以筆削褒貶，以義例來表達微言大義的。啖氏批評《公》、《穀》不知「不告則不書之義」，到了葉氏，更精細地分別「經從赴告」、「史承赴告」兩者說法的不同，葉氏以爲應爲魯史承赴告記載，不存在「經從赴告」這情形。

從葉氏日月例以及赴告問題的討論，可以確定葉氏對三《傳》缺失的抉摘，實際上沿襲了啖、趙學派的意見。並在解經立場上，以「尊經」觀點爲核心對三《傳》多所攻擊。《四庫全書‧總目提要》則針對葉氏另一部著作《春秋三傳讞》說：

> 是書抉摘三傳是非，主於信經不信傳，猶沿啖助、孫復之餘波，於《公羊》、《穀梁》多所駁詰。雖《左傳》亦據傳末「韓魏反而喪之」之語，謂智伯亡時，左氏猶在，斷以爲戰國時人，昌言排擊。〔註75〕

《提要》又說：

> 蓋不信三傳之說，創於啖助、趙匡（案韓愈《贈盧仝》詩有：「春秋三《傳》束高閣，獨抱遺經究終始」之句。仝與啖、趙同時，蓋亦宗二家之說者。以所作《春秋摘微》已佚，故今據現存之書，惟稱啖、趙。），

〔註73〕陸淳：〈三傳得失議第二〉《春秋集傳纂例》（臺灣商務印書館影文淵閣四庫全書本，146 冊），頁 380～381。
〔註74〕葉夢得：《葉氏春秋考》（臺灣商務印書館影文淵閣四庫全書本，149 冊），頁 294。
〔註75〕紀昀總纂：《四庫全書總目提要》（石家莊：河北人民出版社，2000 年），頁 705。

> 其後析爲三派：孫復《尊王發微》以下，棄傳而不駁傳者也；劉敞《春秋
> 權衡》以下，駁三《傳》之義例者也；葉夢得《春秋讞》以下，駁三《傳》
> 之典故者也。〔註76〕

據此，即可證明葉氏和啖、趙學派間的傳承關係，以及葉氏「主於信經不信傳」的
「尊經」立場。應該補充的是，這種「唯經是從」的態度，亦見於葉氏和友人書。
他在〈又答王從一教授〉的書信中說：

> 由漢以來，此學久廢不明，正患諸儒不能以經爲主。其交攻而力爭者，
> 惟三家之勝負。夫三家，安從出哉？爲漢儒之說，《公羊》、《穀梁》已自
> 別爲齊、魯二學，使人授受。果皆出於吾先君子□□散而之四夷八蠻，未
> 嘗不同也。何齊、魯之辨？今齊、魯，百里之間尚不能一，而欲數百歲之
> 後□擇其一，以爲眞可乎？劉歆知其不然，故強尊左氏爲丘明，幸人信其
> 好惡與聖人同。夫聖人之經具在，不知直求其意而附會，因人假託以求其
> 信。雖或從之，何異指晉爲燕，而泫然出涕者也？〔註77〕

葉氏在這裡感嘆《春秋》學不能被學者理解明瞭，在於學者不能「以經爲主」，而囿
於三家之說。於是《春秋》學的發展，停滯在三《傳》彼此的攻擊紛爭之中。即就
《公》、《穀》來說，葉氏質疑即使在漢代都無法在學說上調和一致，相隔數百年以
後的學者難道眞的有可能成功地融會兩家？劉歆又以爲左氏好惡與聖人同，其實也
是一種假託與附會。因此葉氏認爲，唯有從《春秋》經文入手，研究「聖人之經」，
才能釜底抽薪地理解《春秋》的本意。於是葉氏一方面批評三《傳》的缺失，一方
面則展開以經文爲主的《春秋》學研究。

3. 對《左傳》作者的懷疑

葉氏除了在日月例、赴告的問題上跟隨啖氏的研究腳步外，也仿效趙匡對《左
傳》的作者、來歷、經典傳承多所懷疑。這部分的材料可以幫助我們重新思索《左
傳》作者的身份問題。關於這點，葉氏說：

> 左氏，魯之史官，而世其職，或其子孫也。古者以左史書言，右史書
> 動，故因官以命氏，傳初但記其爲左氏而已，不言爲丘明也。自司馬遷論
> 《春秋》，言魯君子左丘明，惟弟子人人異端，各安其意而失其眞。因孔
> 子史記，具論其語。班固從而述之，謂孔子思存前世之業，以魯史官有法，
> 與左丘明觀其史記，據行事以作《春秋》。口授弟子，弟子退而異言，丘

〔註76〕 紀昀總纂：《四庫全書總目提要》（石家莊：河北人民出版社，2000年），頁727。
〔註77〕 葉夢得：〈又答王從一教授〉《石林居士建康集》，（上海市：上海書店，叢書集成續
編本，102冊，集部），頁778～779。

明恐弟子各安其意以失其眞，故論本事而作傳，明夫子不以空言說經也。
〔註78〕

葉氏以爲左氏爲「魯之史官，而世其職，或其子孫」，主要爲駁左氏爲孔子弟子或孔子當時人之說。以爲現在對《左傳》作者的說法出於司馬遷、班固。葉氏又說：

其說本于司馬遷，固以丘明爲名，則左爲氏矣。然遷復言「左丘失明，厥有國語」按姓譜有左氏，有左氏氏，遷以左丘爲氏，則傳安得名左氏耶？至劉歆附會《論語》，以爲親見孔子，好惡與聖人同。此則專門之家，欲以辨求勝而非其實也。〔註79〕

葉氏以司馬遷「左丘失明」一語論之，謂書名不得稱《春秋左氏傳》。又批評劉歆附會《論語》，捏造左氏親見孔子的事實。葉氏又說：

今《春秋》終哀十四年，而孔子卒。傳終二十七年，後孔子卒十三年，辭及韓、魏、知伯、趙襄子之事，而名魯悼公、楚惠王。夫以《春秋》爲經，而續之，知孔子者固不敢爲是矣。以年考之，楚惠王卒去孔子四十七年，魯悼公卒去孔子四十八年，趙襄子卒去孔子五十三年，察其辭，僅以哀公孫於越，盡其一世之事爲經終，泛及後事，趙襄子爲最遠，而非止於襄子。不知左氏後襄子復幾何時？豈有與孔子同時非弟子，而如是其久者乎？以左氏爲丘明，自司馬遷失之也。唐趙氏雖疑之，而不能必其說。今考其書，雜見秦孝公以後事甚多，以予觀之，殆戰國周、秦之間人無疑也。
〔註80〕

葉氏並以《左傳》的史事記載爲例，根據《左傳》記載了距離孔子卒後五十三年的史事，依一般人的年壽推測，則左氏應非孔子當時人，甚至可以親見孔子、共觀史記。據葉氏考證，左氏應爲「魯之史官，而世其職，或其子孫」，時代應在周、秦之間。這裡葉氏承認自己繼承了趙匡的說法，並繼續趙氏對左氏作者問題的分析考察。

再者，葉氏不僅懷疑《左傳》作者身份，也連帶懷疑《左傳》傳承，他說：

至陸德明爲《經典釋文·序》，遂授劉向《別錄》，以爲左丘明授曾申，申授吳起，起授其子期，期授鐸椒，椒授虞卿，卿授荀卿，卿授張蒼。劉向《別錄》，世不復見，不知其有無。以太史公考之，但言數子各著書爾，不言其相授也。〔註81〕

〔註78〕葉夢得：《葉氏春秋考》（臺灣商務印書館影文淵閣四庫全書本，149 冊），頁 291。
〔註79〕葉夢得：《葉氏春秋考》（臺灣商務印書館影文淵閣四庫全書本，149 冊），頁 292。
〔註80〕葉夢得：《葉氏春秋考》（臺灣商務印書館影文淵閣四庫全書本，149 冊），頁 292。
〔註81〕葉夢得：《葉氏春秋考》（臺灣商務印書館影文淵閣四庫全書本，149 冊），頁 293。

葉氏懷疑劉向《別錄》眞僞，又以爲《史記》不記載上列數位學者經學上的傳承，可見的《別錄》資料不可盡信，值得懷疑。葉氏又說：

> 今觀吳起，雖學于曾子，其行事絕不相類，其書專以論兵，尚不及司馬法，何知《春秋》乎？虞卿書傳，言節義，稱號揣摩，政謀八篇者是也。本以譏刺國家得失，未有傳《春秋》而志揣摩者也。荀卿書論，《春秋》善胥命于蒲一事，本出於《公羊》、《穀梁》，非左氏意，亦固不出於左氏。其說自與太史公相戾。故趙氏以爲出於近代欲尊孔子者之妄接左氏，初無師。張蒼、賈誼但傳其書，亦未必盡見其全。至魯共王所得始備。太史公從孔安國得諸侯世家，多探其事，以世本相參。凡左氏所無者，太史公亦多闕。故吾疑左氏爲魯史官，世守其職者，「春秋」名史，列國通用。鐸椒蓋楚史、虞卿蓋趙史，太史公自不曉也。〔註82〕

葉氏推敲吳起、虞卿、荀卿行事學說，認爲這些不合《別錄》所記《左傳》傳承。葉氏又對比《左傳》與《史記》的內容，以爲司馬遷確得《左傳》全本。左氏身份應爲「魯之史官，而世其職，或其子孫」。在《別錄》所說的鐸椒、虞卿，可能分別爲楚國史官、趙國史官。

從這些資料的說明，不難看出葉氏在《左傳》作者、經典傳授等問題上對趙匡的承襲。並稽考《左傳》一書的內容，提出自己對左氏身份的看法，從而確定左氏爲「魯之史官，而世其職，或其子孫」的看法。

4. 確立《春秋》是經非史

在《春秋》是經或史問題上，葉氏說：

> 然則爲天下作歟？爲後世作歟？故即魯史而爲之經。……而吾以一王之法，筆削於其間。……而正其行事，號之曰《春秋》。以自比於天。……夫《春秋》者，史也。所以作《春秋》者，經也。故可與通天下，曰「事」；不可與通天下，曰「義」。〔註83〕

這裡和啖氏「雖因舊史，酌以聖心，撥亂反正，歸諸王道」、「舊解皆言從告及舊史之文，若如此論，乃是夫子寫魯史爾，何名修《春秋》乎」，以及趙匡「予謂《春秋》因史制經，以明王道」說法一脈相承，強調《春秋》是經非史，並在其中寄託了「一王大法」。

概括地來說，「《春秋》是經非史」這個觀點出於啖、趙兩人，並深深影響葉氏

〔註82〕葉夢得：《葉氏春秋考》（臺灣商務印書館影文淵閣四庫全書本，149 冊），頁 293。
〔註83〕葉夢得：〈春秋傳序〉《葉氏春秋傳》（臺灣商務印書館影文淵閣四庫全書本，149 冊），頁 2～3。

在其他問題的看法，包括葉氏對經文中「闕文」的看法、赴告問題，以及從義例辨析中來建構《春秋》學的研究方式。下面將深入討論當《春秋》經文與《左傳》記事發生衝突時，葉氏如何抉擇？如何維護經文而攻擊《左傳》記事？

5. 尊經疑傳的懷疑精神

總括地來說，葉氏的「尊經」觀念來自啖、趙學派。而啖、趙學派賦予葉氏的最大遺產即在於尊經疑傳的懷疑精神。

啖氏說：

> 傳已互失經指，註又不盡傳意。〔註84〕

又說：

> 先儒各守一傳，不肯相通，互相彈射，仇讎不若，詭辭迂說，附會本學。鱗雜米聚，難見易滯，益令後人不識宗本。因註迷經，因疏迷註，黨於所習，其俗若此。……故知三《傳》分流，其源則同，擇善而從，且過半矣。歸乎允當，亦何常師。〔註85〕

這是啖氏批評三《傳》之說。這即是表示自古流傳下來的傳統說法都不足以盡信，其中存在著許多等待釐清的錯誤和假說。就是因為這些「詭辭迂說」造成了學者對《春秋》宗旨理解上的迷失。因此，研讀《春秋》的開始，即在於首先能認清現存的《春秋》已陷於「濫說附益其中，非純是本說」的情境，進而從事「當擇而用之，亦披沙揀金，錯薪刈楚之義也〔註86〕」之類的研究工作。

很顯然地這帶給學者非常重要的啟示：在《春秋》學研究上應該認知到不能盲從三《傳》及其傳住，不能不經考證地全盤接受前人的觀點，不能囿於古往今來習以為常的說法與觀點，因為不確定那些內容是否即是《春秋》的本意。

於是這種觀點便蘊含著一份深刻的懷疑精神，促使學者去懷疑、探究三《傳》中那些部分是正確的？是合乎聖人旨意的？是可以被採信的？進一步的問題即是當《春秋》經文與三《傳》傳文出現衝突時，應該相信什麼？如何判斷？哪一部份是錯誤的？

這種對傳注的大膽懷疑精神，幫助學者擺脫以往傳注的束縛，甚至進而創立嶄新的經學詮釋。日本學者安井小太郎編著的《經學史》，即是這麼看待啖、趙學派的

〔註84〕 陸淳：〈啖氏集傳注義第三〉《春秋集傳纂例》（臺灣商務印書館影文淵閣四庫全書本，146 冊），頁 380～382。
〔註85〕 陸淳：〈啖氏集傳注義第三〉《春秋集傳纂例》（臺灣商務印書館影文淵閣四庫全書本，146 冊），頁 380～382。
〔註86〕 陸淳：〈啖子取捨三傳義例第六〉《春秋集傳纂例》（臺灣商務印書館影文淵閣四庫全書本，146 冊），頁 386～388。

影響，他說：

> 就漢、唐以來的學者墨守三傳家法的保守態度，唯有啖助、趙匡、陸
> 淳三人能徹底地懷疑三《傳》，標榜自身的看法，是特別值得留意的。雖
> 與時代的變遷有極大的關連，宋代的學者之所以能批評前人的看法，提出
> 自己的見解，可以說是受到陸淳等三人極大的影響。〔註87〕

筆著認為，這種不盲從三《傳》及其傳注的精神，配合上啖、趙學派「三《傳》分流，其源則同」的觀念，又可發展成兩種經學研究傾向。一是希望能在「詭辭迂說，附會本學」的三《傳》傳注中，披沙揀金，窮源溯本，重新確定《春秋》的宗旨，釐清孔子垂法後世的用心所在。一是表現在對三《傳》傳注的懷疑，從而必須從事「擇善而從」、「擇而用之」的考證研究。總括來說體現於一種「尊經」疑傳的懷疑精神。

在論述啖、趙學派和葉氏《春秋》學理論之間的淵源時，也應該注意到在宋代自慶曆以後出現的「疑經」學風，這種風氣同樣對葉氏「信經不信傳」觀點有所影響。關於這種「疑經」學風，皮錫瑞的《經學歷史》這樣說：

> 《困學紀聞》云：「自漢儒至於慶曆間，談經者守訓詁而不鑿。《七經
> 小傳》出而稍尚新奇矣。至《三經義》行，視漢儒之學如土梗。」據王應
> 麟說，是經學自漢至宋初未嘗大變，至慶曆始一大變也。……而伊川《易
> 傳》專明義理，東坡《書傳》橫生議論，雖皆傳世，亦各標新。司馬光〈論
> 風俗箚子〉曰：「新進後生，口傳耳剽，讀《易》未識卦爻，已謂《十翼》
> 非孔子之言；讀《禮》未知篇數，已謂《周官》為戰國之書；讀《詩》未
> 盡〈周南〉、〈召南〉，已謂毛、鄭為章句之學；讀《春秋》未知十二公，
> 已謂三《傳》可束之高閣。」陸游曰：「唐及國初，學者不敢議孔安國、
> 鄭康成，況聖人乎？自慶曆後，諸儒發明經旨，非前人所及；然排《繫辭》，
> 毀《周禮》，疑《孟子》，譏《書》之〈胤征〉、〈顧命〉，黜《詩》之〈序〉，
> 不難於議經，況傳注乎？」案宋儒撥棄傳注，遂不難於議經。〔註88〕

皮氏認為這種「疑經」、「議經」學風，導源於「宋儒撥棄傳注」。這意謂因傳注不可信，連帶地影響宋代的學者懷疑傳沿已久的儒家經典本身。

整個時代學術步入對經傳的濃厚懷疑氛圍中，相信這種「疑經」學風對葉氏也產生過某種程度的影響。然而值得強調的是，葉氏《春秋》學的立場畢竟在於透過

〔註87〕安井小太郎等講述，林慶彰、連清吉譯《經學史》（臺北市：萬卷樓圖書有限公司，1996年），頁125。

〔註88〕皮錫瑞：《經學歷史》（臺北市：藝文印書館，2000年），頁237。

「尊經」而闡揚孔子的微言大義，爲後世樹立可供遵循的「一王大法」。可以斷定葉氏在經傳著述內容上，葉氏仍然尊崇《春秋》經，強調「《春秋》是經非史」，但是不得不對三《傳》傳注抱有濃厚的懷疑。

因此，葉氏從「尊經」疑傳的懷疑精神出發，在《春秋》學研究中強調經典考證的重要性。在葉氏《春秋傳》中，這種「尊經」疑傳的精神表現在兩方面，一是在三《傳》研究中強調「不得於事，則考於義；不得於義，則考於事」，從稽合「事」、「義」的研究方式來考證三《傳》內容中何者可信，何者爲誤，同時對三《傳》記載的義例展開細密的辨析；另一方面則是懷疑典籍記載的禮制內容，從而主張的博學、愼擇的考禮之說。這些都待下文予以論述之。

（二）「尊經」前提下的史事檢擇

啖助在談到著書體例時，在刪取三《傳》傳注時，認爲：「此經《春秋》也，此傳《春秋》傳也。非傳《春秋》之言，理自不得錄耳，非謂其不善也。且歷代史籍，善言多矣，豈可盡入《春秋》乎？其當示於後代者，自可載於史書爾。」〔註89〕基本上是以經文爲標準來取捨三《傳》傳注。這種釋經態度也爲葉氏所繼承。在《四庫全書·總目提要》看來，這種解經態度即是：「名爲棄傳從經，所棄者特左氏事跡」〔註90〕。在《葉氏春秋傳》中，可以發現葉氏在《春秋》經文與《左傳》記事彼此衝突時，往往基於「尊經」的前提駁斥《左傳》事跡。進一步扭曲《左傳》所敘述的事實。例如葉氏在莊公八年「秋，師還」下說：

> 左氏以是行爲公將，非也。其亦不達稱師之義矣。〔註91〕

在此條經文下，《左傳》的相關記載是：

> 夏，師及齊師圍郕。郕降於齊師。仲慶父請伐齊師。公曰：「不可。我實不德，齊師何罪？罪我之由。夏書曰：『皋陶邁種德，德，乃降。』姑務修德，以待時乎！」秋，師還。君子是以善魯莊公。〔註92〕

孔穎達對「秋，師還」的注疏說：

> 《春秋》之例，公行征伐，還則書至，命將出師。未有書「師還」者也。慶父請伐齊師，欲以自圍郕之師，迴伐齊師。若用其言，則方相戰鬥，師或喪敗。公乃自責無德，引罪歸己。時史善公克己復禮，全軍而還，喜

〔註89〕 陸淳：〈啖子取捨三《傳》義例第六〉《春秋集傳纂例》（臺灣商務印書館影文淵閣四庫全書本，146 冊），頁 386～388。

〔註90〕 紀昀總纂：《四庫全書總目提要》（石家莊：河北人民出版社，2000 年），頁 679。

〔註91〕 葉夢得：《葉氏春秋傳》（臺灣商務印書館影文淵閣四庫全書本，149 冊），頁 60。

〔註92〕 《春秋左傳正義》（北京：北京大學出版社，十三經注疏標點本，1999 年），頁 232。

其得還，故特書「師還」也。傳言「君子是以善魯莊公」，君子謂當時之

史，書此「師還」，以善魯莊公也。仲尼以為得理，故因而用之。〔註93〕

根據《左傳》的相關記載，此條經文是敘述魯國、齊國兩國軍隊共同攻打郕地，但郕單獨向齊國投降，引起魯國臣子仲慶父的不滿，提議攻打齊國，但在魯莊公的克制隱忍下，保存了軍隊。根據《左傳》傳文「君子是以善魯莊公」，顯然這場軍事行動是由魯莊公所主導，魯軍亦是魯莊公所率領。但是葉氏認為《左傳》這段記載不實，理由在於傳文違背了經文記事的體例、書法，亦即不合經文義例。葉氏所謂「稱師之義」，源自《葉氏春秋傳》隱公二年傳注，他在「無駭帥師入極」下說：

凡將尊師眾，稱某帥師；將尊師少稱將；將卑師眾稱師；將卑師少稱

人；惟君將不言帥師。〔註94〕

葉氏此例又出自隱公五年《公羊傳》的記載，《公羊傳》說：

曷為或言率師，或不言率師？將尊師眾，稱某率師；將尊師少稱將；

將卑師眾稱師；將卑師少稱人；君將不言率師，書其重者也。〔註95〕

根據這條義例，莊公八年書「師還」，意味著這次軍隊領導者位階低下，軍隊人數眾多，才合乎「將卑師眾稱師」這條義例。如果是魯莊公親自帥師，《春秋》應沿用「君將不言帥師」這條義例，書「公白某還」，不書「帥師」。

由這個例子可以發現葉氏在檢核《左傳》事跡時，只以《春秋》經例為主。不僅此例，在他處葉氏只以經文書「世子」，全盤否定《左傳》記事，以及複雜的繼承權爭議。例如在哀公二年「晉趙鞅帥師納衛世子蒯聵于戚」下，葉氏說：

君薨矣，蒯聵何以稱世子？明正也。輒不得受命於王父，則蒯聵之世

其國者，正也。葉子曰：「左氏載蒯聵使戲陽速殺南子之事，然歟，非也？

子路嘗問於孔子，曰：『衛君待子而為政，子將奚先？』子曰：『必也正名

乎？名不正則言不順。』推而下之，至於民無所措手足。使蒯聵果欲殺南

子，則弒母之賊也。安有弒母之賊，許之以繼世，而謂之名正而言順乎？

是故夫子不為衛君，子貢固知之矣。蓋蒯聵始以南子召宋朝，聞宋人之歌

而醜之。其歸必有正南子者，而南子愧焉。故欲加之罪，誣以殺己爾。戲

陽速，附之者也。左氏不能辨，遂以為實。《公羊》不知其事，而妄意之，

乃以輒為受命於靈公，而為不以父命辭王父命之說。夫靈公卒，南子欲立

公子郢為太子，以為君命郢，辭曰：『亡人之子輒在』，靈公未嘗立輒也。

〔註93〕《春秋左傳正義》（北京：北京大學出版社，十三經注疏標點本，1999年），頁232。

〔註94〕葉夢得：《葉氏春秋傳》（臺灣商務印書館影文淵閣四庫全書本，149冊），頁10。

〔註95〕《春秋公羊傳注疏》（北京：北京大學出版社，十三經注疏標點本，1999年），頁47。

此亦左氏之言。從《公羊》之說，固不可以爲訓，以左氏爲正，則輒非靈
公之所立，亦安得爲受命於王父乎？」〔註96〕

這裡注文牽涉到《左傳》定公十四年的記載，以及《公羊傳》出公輒與蒯聵繼承權
的爭議。《左傳》記載說：

> 衛侯爲夫人南子召宋朝。會于洮，太子蒯聵獻盂於齊，過宋野。野人
> 歌之曰：「旣定爾婁豬，盍歸吾艾豭？」太子羞之，謂戲陽速曰：「從我而
> 朝少君，少君見我，我顧，乃殺之。」速曰：「諾。」乃朝夫人。夫人見
> 太子。太子三顧，速不進。夫人見其色，啼而走，曰：「蒯聵將殺余。」
> 公執其手以登臺。太子奔宋。盡逐其黨，故公孟彄出奔鄭，自鄭奔齊。太
> 子告人曰：「戲陽速禍余。」戲陽速告人曰：「太子則禍余。太子無道，使
> 余殺其母。余不許，將戕於余，若殺夫人，將以余說。余是故許而弗爲，
> 以紓余死。諺曰：『民保於信』，吾以信義也。」〔註97〕

《公羊傳》則說：

> 齊國夏曷爲與衛石曼姑帥師圍戚？伯討也。此其爲伯討奈何？曼姑受
> 命乎靈公而立輒，以曼姑之義，爲固可以距之也。輒者曷爲者也？蒯聵之
> 子也。然則曷爲不立蒯聵而立輒？蒯聵爲無道，靈公逐蒯聵而立輒。然則
> 輒之義可以立乎？曰：「可」。其可奈何？不以父命辭王父命，以王父命辭
> 父命，是父之行乎子也；不以家事辭王事，以王事辭家事，是上之行乎下
> 也。〔註98〕

在這條經文中，涉及到蒯聵弒母之事以及蒯聵和輒的繼承爭議。在葉氏看來，經文
中「衛世子蒯聵」數字即可以解決這些複雜的問題。在這條經文涉及的對象中，輒
是蒯聵之子，衛靈公的嫡孫，即衛出公。據《左傳》，衛靈公廢逐太子蒯聵以後，有
意立庶子公子郢。衛靈公死後，公子郢辭讓不立，才立了蒯聵之子輒。〔註99〕

但周代的制度，以嫡長子繼承制爲主。如果嫡子不存，則傳位給嫡孫。因此，《公
羊傳》才以「不以父命辭王父命，以王父命辭父命」的觀點，肯定出公輒的繼承權。

〔註96〕葉夢得：《葉氏春秋傳》（臺灣商務印書館影文淵閣四庫全書本，149 冊），頁 237。
〔註97〕《春秋左傳正義》（北京：北京大學出版社，十三經注疏標點本，1999 年），頁 1603。
〔註98〕《春秋公羊傳注疏》（北京：北京大學出版社，十三經注疏標點本，1999 年），頁 593。
〔註99〕《左傳》的記載說：「初，衛侯遊於郊，子南僕。公曰：『餘無子，將立女。』不對。
他日又謂之，對曰：『郢不足以辱社稷，君其改圖。君夫人在堂，三揖在下，君命祇
辱。』夏，衛靈公卒。夫人曰：『命公子郢爲太子，君命也。』對曰：『郢異於他子，
且君沒於吾手，若有之，郢必聞之。且亡人之子輒在。』乃立輒。」見《春秋左傳
正義》（北京：北京大學出版社，十三經注疏標點本，1999 年），頁 1617。

但在葉氏看來，既然《春秋》經文認為蒯聵是「世子」身份，這無異否定《公羊傳》的見解，因此葉氏才批評《公羊傳》「不知其事，而妄意之」，並援引《左傳》「命公子郢為太子，君命也」的記事，否定出公輒的繼承權。

但是以蒯聵為世子，個人德行似乎和《左傳》定公十四年指使戲陽速謀殺南子之事相違背。在這個處境下，葉氏咬定《春秋》經文「衛世子蒯聵」的記載，認為這已是孔子認定蒯聵獲得繼承權的證據。在此前提下，孔子必定不讓弒母之賊得以繼位。因此，《左傳》的記載失實。為了落實《左傳》記事不當，葉氏更憑空揣測杜撰太子蒯聵在歸國後糾正南子，南子為求自保，將欲加之罪加在蒯聵身上這件事。現存《左傳》記事即是南子誣陷蒯聵的記載。

在葉氏這段注文中，可以發現葉氏在經文和《左傳》敘事發生衝突時，往往遷就經文而否定《左傳》事跡。在這個例子裡是經文「衛世子蒯聵」的記載和《左傳》蒯聵使人弒母之事的衝突，以及蒯聵和出公輒繼承權的衝突。為了維護《春秋》經文的正確性，於是只有設法攻擊傳文缺失。

在這條例子中，葉氏憑空杜撰蒯聵「其歸必有正南子者，而南子愧焉。故欲加之罪，誣以殺己爾」的史事。辯說《左傳》不察其實，其原因全為「尊經」，而不欲使學者懷疑經文的正確性。在下列的例子中，葉氏亦根據經文，懷疑《左傳》記事的正確性。在文公十八年「莒弒其君庶其」下，葉氏說：

> 弒君，天下之大惡也。《春秋》各正其名，而無所加辭，吾固言之矣。而左氏不能盡辨。……此左氏不傳經，臆以為說者也。故各書其事，雖或僅得之，而終不免惑其私。故於庶其曰：「莒杞公生太子僕，又生季佗，愛季佗而黜僕，且多行無禮於國，僕因國人以弒莒公」。於密州曰：「莒犁比公生去疾及展輿，既立展輿，又廢之。犁比公虐，展輿因國人攻莒子，弒之乃立。」若然，則庶其當為世子弒，密州當為公子弒，何為反書國與人乎？以吾攷之，庶其所謂多行無禮於國，密州所謂虐國人，而國人弒之者，其言是也。以為僕與展輿之弒，則不明《春秋》之義，而妄信舊史之過矣。惟《公羊》、《穀梁》氏為能近之。蓋非傳經者，不能辨。吾是以於左氏所記事，每不敢盡以為證，必斷於經焉。孟子曰：「盡信書不如無書，吾於〈武成〉，取二三策而已，此之謂善學。」〔註100〕

葉氏認為這條「莒弒其君庶其」經文事和襄公三十一年「莒人弒其君密州」事相仿，因此一併討論。就這兩條經文而言，拿《左傳》和《公羊》、《穀梁》彼此對照，可

以進而理解葉氏對三《傳》的態度。在襄公三十一年「莒人弒其君密州」下，《公》、《穀》無傳。在文公十八年「莒弒其君庶其」下，《穀梁》無傳，《公羊傳》說：

> 稱國以弒何？稱國以弒者，眾弒君之辭。〔註101〕

葉氏認為不管是這條經文還是襄公三十一年「莒人弒其君密州」，《公羊》、《穀梁》的解釋都較為合乎經義。事實上，這兩條經文中，只有《公羊傳》針對文公十八年「莒弒其君庶其」的經文予以解釋。並根據經文，提出「稱國以弒者，眾弒君之辭」這一義例。反觀《左傳》確有詳細的說明。針對「莒弒其君庶其」這條經文，《左傳》說：

> 莒紀公生太子僕，又生季佗，愛季佗而黜僕，且多行無禮於國。僕因國人以弒紀公，以其寶玉來奔，納諸宣公。〔註102〕

又對襄公三十一年「莒人弒其君密州」經文說：

> 莒犁比公生去疾及展輿。既立展輿，又廢之。犁比公虐，國人患之。十一月，展輿因國人以攻莒子，弒之，乃立。去疾奔齊，齊出也。展輿，吳出也。〔註103〕

但是詳細的記事並不被葉氏所載用。在葉氏看來，依據《左傳》的事實，這兩年弒君的主謀應為太子僕與公子展輿，但經文明明書「莒人弒其君密州」、「莒弒其君庶其」，不說太子僕與公子展輿。《左傳》記事和《春秋》經文出現了衝突。於是葉氏在《左傳》記事中，個別地挑出「庶其所謂多行無禮於國，密州所謂虐國人」的事實，斷章取義地將弒君的兇手改為莒國國人，以求合乎《春秋》經文。

在筆者看來，葉氏否定《左傳》記事的根據只有《春秋》經文，以及《公羊傳》一條簡略陳述的義例解釋。但在葉氏看來即足以否定《左傳》記事，並振振有詞地指責《左傳》「以為僕與展輿之弒，則不明《春秋》之義，而妄信舊史之過矣」。追溯葉氏考辨《左傳》敘事的方式，即是所謂「吾是以於左氏所記事，每不敢盡以為證，必斷於經焉」，於此可以發現葉氏立論一以經文是從的檢擇標準。

在下列一組的經文解釋中，葉氏明白地表示對《左傳》記事的懷疑。例如襄公七年「鄭伯髡頑如會，未見諸侯。丙戌，卒於鄵」下葉氏說：

> 髡頑之卒，三傳皆以為弒，左氏以為以瘧疾赴，固陋矣。《公羊》、《穀梁》以為諸大夫因欲從楚而弒，故不書弒，則是縱失弒君之罪，豈《春秋》

〔註101〕 《春秋公羊傳注疏》（北京：北京大學出版社，十三經注疏標點本，1999年），頁316。
〔註102〕 《春秋左傳正義》（北京：北京大學出版社，十三經注疏標點本，1999年），頁575。
〔註103〕 《春秋左傳正義》（北京：北京大學出版社，十三經注疏標點本，1999年），頁1130。

之義哉？是蓋以諸大夫不與髡頑，而適卒。故或者疑之以為弒，《春秋》
不然之也。吾何以知之，凡弒君不葬，而僖公書葬，是僖公非弒也。夫弒
君，固有書卒者矣，楚麇是也。所以正楚子而示天下之為人君。髡頑則無
可正者焉。……然則髡頑之卒，謂之弒，可乎？或曰：「實弒而以卒赴，《春
秋》從而書之，所以偏絕鄭之臣子也。」是不然，《春秋》，故史也。有所
不革，其赴於魯者，既曰：「卒矣」，《春秋》何從知其弒乎？趙盾之弒晉，
以穿赴，而《春秋》加之盾。許止之弒買，以卒赴，而《春秋》加之弒，
是為《春秋》之義。髡頑之卒，鄭人既不自言以為弒，則《春秋》之義，
無從生矣。吾是以知為當時之疑辭，而三家不能辨也。〔註104〕

葉氏又於昭公元年「冬十有一月己酉，楚子麇卒」下說：

《公羊》、《穀梁》作「卷」，左氏作「麇」，當從左氏。公子圍，共王
之子，康王之弟，而麇之叔父也。康王卒，麇立。圍欲篡國，蓋鄰國莫不
知焉，而麇莫之戒。故卒弒之，而以疾赴。魯史有知之者矣。《春秋》因
其辭而書「卒」，正麇之不能君也。葉子曰：「臣弒君，猶有不免於貶者歟？
曰此非圍之說，有國之說也。天子有天下，諸侯有一國，皆以其身受宗廟
社稷之託，必其身安而後天下國家可保也。坤之初六曰：『履霜堅冰至』
孔子傳之曰：『臣弒其君，子弒其父，非一朝一夕之故，其所由來者漸矣。
由辨之不早辨也。』天下之禍，莫大於弒父與君，使為人父與君者，常能
辨之於早，如履霜而知堅冰，則天下豈復有弒哉？圍為令尹之始，鄭子羽
固知其必代麇矣。及虢之會，遂居諸侯大夫之上，雖趙孟不能屈。以二執
戈者前，則叔孫豹、蔡子家、鄭行人揮皆知其必君，而非復公子也。故其
城犫、櫟與郟，則子產知其欲去黑肱、伯州犁二人，以行大事。薳罷問政
而不敢對，則叔孫豹知其與聞其意而佐之，匿其情。此其禍萌於即位之初，
而形見於鄰國之遠，楚之君臣，曾莫之慮，而預為之圖。則圍何憚而不為
乎？《春秋》以為圍之惡，天下不患於不知，而吾治天下之弒者，為法亦
已嚴矣。適得一人焉，可以為後世為人君者之戒，是以不嫌於免圍，而以
麇一見法焉。或者疑《公羊》、《穀梁》書「麇」名不同，《春秋》後見楚
子虔卒為靈王，非所謂圍乎？以左氏之說為妄，吾考於《穀梁》載慶封就
戮之言曰：『無或如楚共王之子圍弒其兄之子而代之君』與左氏之辭合，
則麇固圍之弒，而圍之為靈王審矣。圍與虔，名錯見。或曰：『圍即位而

〔註104〕葉夢得：《葉氏春秋傳》（臺灣商務印書館影文淵閣四庫全書本，149冊），頁181。

改爲虔也。』」〔註105〕

葉氏又於哀公十年「五月，公至自伐齊。葬齊悼公」下說：

> 諸侯弒而以疾告，《春秋》從而書卒，見於左氏者三，吾信其一，不信其二。吾豈苟然哉？楚麇之弒，見於圍之行事，而慶封亦言之，此吾之所信也。鄭髡頑之弒，吾既言之矣。齊陽生之弒，吾亦未知其說。夫弒君之惡，亦大矣。自非亂臣賊子欲篡而爭國，則必彊宗大家挾權專政而肆其虐。今陽生，左氏不言其故，直曰：「赴於吳師」而已。未見陽生取弒於齊者也。其赴於吳，以爲同好而告之邪？則兵方交，非以爲好也。將畏吳而求說邪？吾既卒能敗之，何懼而遽弒君乎？吳子三日哭於軍門之外，以爲恤其災而哀之邪？則宜不伐喪而返也。將必自海而伐之，則何爲而哭乎？既無當於人情，而齊未有討弒君之賊者，《春秋》乃書葬，則陽生固未嘗弒也。姑以爲從赴告，則非《春秋》之法，此吾之所不信者。〔註106〕

這三條經文，都是「諸侯弒而以疾告，《春秋》從而書卒」〔註107〕。這裡即出現《春秋》經文和《左傳》記事矛盾不一的文義衝突。葉氏於是本於「尊經」的立場考辨《左傳》史事。值得注意的是，葉氏在這三段文字中流露出的懷疑《左傳》立場。這在襄公七年「鄭伯髡頑如會，未見諸侯。丙戌，卒於鄵」、昭公元年「冬十有一月己酉，楚子麇卒」的注文中表達得最爲清楚。在襄公七年鄭伯髡頑卒於鄵的例子中，葉氏注文傳達出好幾層意思：

第一，在鄭伯髡頑病卒的事實上，三《傳》都以爲是弒君〔註108〕。可以確信鄭

〔註105〕葉夢得：《葉氏春秋傳》（臺灣商務印書館影文淵閣四庫全書本，149冊），頁203。

〔註106〕葉夢得：《葉氏春秋傳》（臺灣商務印書館影文淵閣四庫全書本，149冊），頁241。

〔註107〕《左傳・襄公七年》曰：「鄭僖公之爲太子也，於成之十六年與子罕適晉，不禮焉。又與子豐適楚，亦不禮焉。及其元年朝於晉，子豐欲愬諸晉而廢之，子罕止之。及將會於鄬子駟相，又不禮焉。侍者諫，不聽；又諫，殺之。及鄵，子駟使賊夜弒僖公，而以瘧疾赴于諸侯。」《春秋》書「鄭伯髡頑如會，未見諸侯。丙戌，卒於鄵」。《左傳・昭公元年》曰：「楚公子圍使公子黑肱、伯州犁城犨、櫟、郟。鄭人懼。子產曰：『不害。令尹將行大事，而先除二子也。禍不及鄭，何患焉？』冬，楚公子圍將聘于鄭，伍舉爲介。未出竟，聞王有疾而還。伍舉遂聘。十一月己酉，公子圍至，入問王疾，縊而弒之，遂殺其二子幕及平夏。」《春秋》書：「冬十有一月己酉，楚子麇卒」《左傳・哀公十年》曰：「公會吳子、邾子、郯子伐齊南鄙，師於鄎。齊人弒悼公，赴於師。吳子三日哭於軍門之外。徐承帥舟師將自海入齊，齊人敗之，吳師乃還。」《春秋》書：「五月，公至自伐齊。葬齊悼公」引文分別見《春秋左傳正義》（北京：北京大學出版社，十三經注疏標點本，1999年），頁854、1168、1653。

〔註108〕在襄公七年，鄭伯髡頑被弒之事，《公羊傳》說：「操者何？鄭之邑也。諸侯卒其封內不地，此何以地？隱之也。何隱爾？弒也。孰弒之？其大夫弒之。曷爲不言其大夫弒之？爲中國諱也。曷爲爲中國諱？鄭伯將會諸侯於鄬，其大夫諫曰：『中國不

伯「弒而以疾告，《春秋》從而書卒」的事實。但是葉氏卻硬是作翻案文章，駁斥三《傳》和《春秋》經文衝突的事實。葉氏在沒有證據的情況下，指責《左傳》對此事的記載「固陋矣」；對《公》、《穀》的說法表示不滿，因為葉氏認為果真照《公》、《穀》記事那樣，「以為諸大夫因欲從楚而弒，故不書弒」，這無疑意味記載病卒的《春秋》經文縱失了弒君的兇手，姑息了以臣弒君的鄭國大夫。這對《春秋》經文的神聖性和正確性，無疑是極大的否定。照這個邏輯看來，孔子以《春秋》為後世「代天立法」，難道就為了創立一部姑息弒君臣子、縱失弒君大罪的「一王大法」嗎？

進一步說，這裡其實觸及的是原則問題、宗旨問題、對《春秋》經義的判定問題。其實葉氏竭力維護《春秋》經文的正確性和神聖性，以此號召後世學者遵從這部書，進而研究、落實、發揮「一王大法」。從這個角度，葉氏本著「尊經」的原則，而非事實檢證的原則，想方設法地攻擊與經義矛盾的三《傳》文字。這裡葉氏攻擊《公羊》、《穀梁》，即指出若照《公》、《穀》記事，則有陷《春秋》經於不義的危險，因此《公》、《穀》對此事的記載不可信。

葉氏並揣測在這段史實中，其實是「是蓋以諸大夫不與髡頑，而適卒」鄭伯髡頑在敏感尷尬的時機中碰巧過世。從而造成三《傳》以為弒君的誤會。顯然，在檢擇三《傳》記事時，葉氏與其尊重自古相傳的經典記事，史實證據，無寧更著意維護《春秋》經的正確和神聖不可侵犯。

第二，在葉氏答覆他人，以為此事為「經從赴告」時，葉氏認為「《春秋》，故史也。有所不革，其赴於魯者，既曰『卒矣』，《春秋》何從知其弒乎？趙盾之弒晉，以穿赴，而《春秋》加之盾。許止之弒買，以卒赴，而《春秋》加之弒，是為《春秋》之義」，這是一段頗為費解的文字。在筆者看來，應該要和葉氏對赴告問題的看法一併參考。

在赴告問題上，葉氏認為：「夫以經從赴告，固非矣。若謂皆不從赴告，則經何由得其事乎？經者，約魯史而為者也。史者承赴告而書者也。諸國不赴告，則魯史

足歸也，則不若與楚。』鄭伯曰：『不可。』其大夫曰：『以中國為義，則伐我喪；以中國為強，則不若楚。』於是弒之。鄭伯髡頑原何以名？傷而反，未至乎舍而卒也。未見諸侯，其言如會何？致其意也。」《穀梁傳》說：「未見諸侯，其曰如會，何也？致其志也。禮，諸侯不生名，此其生名，何也？卒之名也。卒之名，則何為加之如會之上？見以如會卒也。其見以如會卒，何也？鄭伯將會中國，其臣欲從楚；不勝其臣，弒而死。其不言弒，何也？不使夷狄之民加乎中國之君也。其地，於外也；其日，未踰竟也。日卒時葬，正也。」二《傳》都記鄭伯髡頑被弒，但諱以疾卒。《左傳》襄公七年事見上注。引文見《春秋公羊傳注疏》（北京：北京大學出版社，十三經注疏標點本，1999 年），頁 424、《春秋穀梁傳注疏》（北京：北京大學出版社，十三經注疏標點本，1999 年），頁 249。

不得書，魯史所不書，則《春秋》不得載」〔註109〕，葉氏認為，魯史承赴告而記。《春秋》因魯史作成。但是這裡必須指出，在葉氏看來，《春秋》並不是一味地因襲魯史，全盤抄錄。《春秋》是透過一字褒貶，藉由義例來表明微言大義。從而使《春秋》變成一部寄託「一王大法」的經書，而非記載史事的史書，這是葉氏《春秋》是經非史的主張。這甚至意味《春秋》在史事記載上，往往有些特別的處理。最明顯表現《春秋》重「義」輕「事」的傾向的，即有關弒君例的記載。(關於這點，在下文有更清楚的討論)。

例如「趙盾之弒晉，以穿赴，而《春秋》加之盾」，藉由記載趙盾弒其君，即可以表明對「君弒臣不討」的譴責，也意味著《春秋》和赴告記載的事實並非一致。如果《春秋》經和赴告內容可以不一致，這裡即出現一個問題：如果孔子作《春秋》可以不依赴告內容，孔子如何得知他國之事？孔子自何種管道得知詳情，並予以褒貶？像是「趙盾之弒晉，以穿赴」，《春秋》怎麼可以「加之盾」？自何等管道得知詳情？關於這一點，葉氏沒有進一步解釋。

但在鄭伯髡頑卒這例子，葉氏說：「髡頑之卒，鄭人既不自言以為弒，則《春秋》之義，無從生矣」可能意味葉氏認為在史官赴告內容外，仍有各國人的議論、敘述記事可資參考。葉氏並進而以為在「鄭人既不自言以為弒」的前提下，這事應是「吾是以知為當時之疑辭，而三家不能辨也」。在筆者看來，葉氏似乎自圓其說，但是所謂「鄭人既不自言以為弒」這點，對照《公》、《穀》詳細的記事，無疑出自葉氏揣測捏造之詞。

在昭公元年「冬十有一月己酉，楚子麇卒」的例子下，葉氏似乎承認《左傳》記事正確，楚子麇為公子圍所弒，《春秋》卻書「卒」。若照葉氏對鄭伯髡頑卒的說法，這裡是否可以說：「不書弒，則是縱失弒君之罪，豈《春秋》之義哉？」在葉氏看來，經義並非如此。葉氏認為《春秋》是經非史，主要在於藉由義例表達微言大義。葉氏認為「楚子麇卒」應是《春秋》中唯一「諸侯弒而以疾告，《春秋》從而書卒」的例子。既是「唯一」一個例子，葉氏認為這其中必有孔子微言大義寄託其中。

因此葉氏說：「《春秋》以為圍之惡，天下不患於不知，而吾治天下之弒者，為法亦已嚴矣。適得一人焉，可以為後世為人君者之戒，是以不嫌於免圍，而以麇一見法焉」這裡葉氏認為公子圍弒君之惡眾人皆知，不必強調。應該譴責的是那些疏忽眾多徵兆，對臣下不軌意圖掉以輕心的糊塗君主。因此《春秋》刻意用「楚子麇卒」，違背《左傳》記事的經例，來闡明〈坤〉之初六曰：「履霜堅冰至」的道理。

〔註109〕葉夢得：《葉氏春秋考》(臺灣商務印書館影文淵閣四庫全書本，149 冊)，頁 294。

在這一大段關於公子圍不臣念頭的敘事，大多取自《左傳》。必須注意的是，這裡在結尾一段考證，葉氏所流露出對《左傳》記事的不信任感。

原來在此經文中，三《傳》用字不同。這即是葉氏所說：「《公羊》、《穀梁》作「卷」，左氏作「麇」，當從左氏」，用字的歧異，導致他人對《左傳》這段敘事的懷疑。在此葉氏答覆此問題的作法，卻因爲葉氏在《穀梁傳》中襄公四年慶封的一句話，說：「無或如楚共王之子圍弑其兄之子而代之君」〔註110〕從而使葉氏確定《左傳》史實眞有其事。這其中可以看出葉氏對《左傳》事實的懷疑，非得得到《穀梁》傳文證實才予以確信。

在哀公十年「五月，公至自伐齊。葬齊悼公」的例子中，葉氏針對《左傳·哀公十年》曰：「公會吳子、邾子、郯子伐齊南鄙，師於鄎。齊人弑悼公，赴於師。吳子三日哭於軍門之外。徐承帥舟師將自海入齊，齊人敗之，吳師乃還」〔註111〕的簡略記事，提出許多懷疑。在沒有更多的史事記載前，大概無法完整回答葉氏對這段記事的懷疑。葉氏所謂「既無當於人情，而齊未有討弑君之賊者，《春秋》乃書葬，則陽生固未嘗弑也」則是出自《公羊傳》隱公十一年經例的反推，《公羊傳》則說：

　　《春秋》君弑，賊不討，不書葬，以爲無臣子也。〔註112〕

同年《穀梁傳》亦說：

　　君弑，賊不討，不書葬，以罪下也。〔註113〕

換言之，若是《春秋》書葬齊陽生，即「葬齊悼公」，即代表陽生並非被弑。這意味著在《左傳》記事與《公》、《穀》義例，葉氏更爲傾向義例而懷疑《左傳》記事。

綜上所述，葉氏根據啖、趙學派的腳步，以經文爲標準來取捨三《傳》傳注，特別是對《左傳》記事的檢核。這可以簡單地分成三點：

第一，從上述的討論中，不難發現葉氏在「尊經」前提下，對《左傳》記事抱持強烈地不信任感，而傾向於採信《公》、《穀》義例。例如在莊公八年「秋，師還」的例子，以隱公五年《公羊傳》「將卑師眾稱師」、「君將不言率師」，否定魯莊公率

〔註110〕　《穀梁傳》襄公四年說：「靈王使人以慶封令於軍中曰：『有若齊慶封弑其君者乎？』慶封曰：『子一息，我亦且一言，曰：「有若楚公子圍弑其兄之子，而代之爲君者乎？」』軍人粲然皆笑。慶封弑其君，而不以弑君之罪罪之者，慶封不爲靈王服也，不與楚討也。」見《春秋穀梁傳注疏》（北京：北京大學出版社，十三經注疏標點本，1999年），頁280。傳載慶封言語和葉氏所引文字小異。

〔註111〕　《春秋左傳正義》（北京：北京大學出版社，十三經注疏標點本，1999年），頁1653。

〔註112〕　《春秋公羊傳注疏》（北京：北京大學出版社，十三經注疏標點本，1999年），頁65。

〔註113〕　《春秋穀梁傳注疏》（北京：北京大學出版社，十三經注疏標點本，1999年），頁30。

軍的可能性；在哀公二年「晉趙鞅帥師納衛世子蒯聵于戚」的例子中，據經文「世子」二字，否定《左傳》定公十四年蒯聵弒母之事，並據此釐清《公羊傳》：「不以父命辭王父命，以王父命辭父命」中出現的蒯聵和輒繼承權爭議；在文公十八年「莒弒其君庶其」與襄公三十一年「莒人弒其君密州」的例子中，僅根據《公羊傳》：「稱國以弒何？稱國以弒者，眾弒君之辭」一條，以及經文書「莒」與「莒人」，否定《左傳》所記的弒君主謀，亦即太子僕與公子展輿。葉氏並斷章取義地認爲密州與密州因「多行無禮於國」、「虐國人」，從而導致被眾人弒殺的遭遇。

在這些例子中，可以看到葉氏往往基於《春秋》經文，來駁斥和經義衝突矛盾的《左傳》敘事；或是採取否定《左傳》記事，偏信《公》、《穀》傳例的作法。

第二，在襄公七年「鄭伯髡頑如會，未見諸侯。丙戌，卒於鄵」這個例子中，更可以看出葉氏一以《春秋》經文是從的態度。甚至在三《傳》皆以爲弒君的前提下，爲了維護《春秋》經的正確性，以及避免旨在傳述「一王大法」的《春秋》發生「縱失弒君之罪」，葉氏極力否定三《傳》記事，並在無憑無據的情況下，捏造「是蓋以諸大夫不與髡頑，而適卒」的事實。

第三，在昭公元年「冬十有一月己酉，楚子麇卒」的例子中，這是唯一葉氏承認「諸侯弒而以疾告，《春秋》從而書卒」的例子。既是「唯一」一個例子，葉氏認爲這其中必有孔子微言大義寄託其中。葉氏並以〈坤〉之初六日：「履霜堅冰至」的道理，來譴責疏忽眾多徵兆、對臣下不軌意圖掉以輕心的糊塗君主。

值得注意的是，葉氏之所以相信《左傳》敘事可信，可能在於《左傳》敘事符合《穀梁傳》襄公四年「無或如楚共王之子圍弒其兄之子而代之君」的記載，從而使葉氏確定《左傳》史實眞有其事。據此可以仍看出葉氏對《左傳》事實的懷疑態度。

葉氏本著「尊經」的角度，對《左傳》敘事抱持濃烈的懷疑，並以經文爲準，刪取三《傳》記事。故說：「吾是以於左氏所記事，每不敢盡以爲證，必斷於經焉」，這點和葉氏在其他著作中所持的「信經不信傳」立場一致〔註114〕。其流弊即爲《四庫全書·總目提要》所謂：「名爲棄傳從經，所棄者特《左氏》事跡」，進一步即爲徹底排除《左傳》，甚至爲了攻擊《左傳》史事而流於揣測、捏造。在這種對《左傳》的濃厚懷疑之中，往往導致武斷臆測的學風，如《四庫全書·總目提要》所說：

> 宋自孫復以後，人人以臆見說《春秋》，惡舊說之害己也，則舉三《傳》

〔註114〕 《四庫全書總目提要》在《葉氏春秋讞》下說：「宋葉夢得撰。是書抉摘三傳是非，主於信經不信傳，猶沿啖助、孫復之餘波」。紀昀總纂：《四庫全書總目提要》（石家莊：河北人民出版社，2000年），頁705。

> 義例而廢之。又惡《左氏》所載證據分明，不能縱橫顛倒、惟所欲言也，
> 則併舉《左傳》事蹟而廢之。譬諸治獄，務燬案牘之文，滅證佐之口，則
> 是非曲直，乃可惟所斷而莫之爭也。〔註115〕

在輕視史實的學風下，從而淆亂事實、臆測武斷。因此，不得不承認這是葉氏基於
「尊經」觀下取捨《左傳》敘事時，難以避免的流弊與缺失。

（三）重「義」輕「事」的《春秋》經文

　　在說明葉氏對於《左傳》及《公》、《穀》的觀點後，筆者認為葉氏在強調「左
氏傳事不傳義」、「《公羊》、《穀梁》傳義不傳事」這觀點以後，他個人其實是更為重
視「傳義不傳事」的《公》、《穀》，勝於「傳事不傳義」的《左傳》。這個傾向其實
基於葉氏的「尊經」立場，導源於葉氏主張《春秋》是經非史。若用「事」、「義」
的觀點來說，葉氏認為《春秋》經文帶有重「義」輕「事」的性質。這一點在《春
秋》中有關弒君的經文表現的最為明顯。葉氏說：

> 《春秋》以道治弒君者三，而正弒君不與焉。鄭公子歸生非本弒夷者
> 也，懼人之譖己，而從之，故夷弒不書公子宋，而書歸生。楚公子比非親
> 弒虔者也，告之謀而不能拒，故虔弒不書公子棄疾，而書比。晉趙盾非實
> 弒夷皋者也。不討賊而居其位，故夷皋弒不書穿，而書盾。書歸生者，《春
> 秋》之義也；書比者，《春秋》之情也；書盾者，《春秋》之教也。〔註116〕

葉氏舉出《春秋》經文中三個與弒君有關的例子，說明《春秋》重「義」輕「事」的
性質。葉氏發現在《春秋》經文中，有三條經文並不直接記載主要弒君的兇手，而是
記載相關參與事件的人。於是葉氏認為這其中就含藏了孔子為萬世立法的微言大義。
這三條經文是宣公四年「鄭公子歸生弒其君夷」、昭公十三年「楚公子比自晉歸于楚，
弒其君虔於乾谿」、宣公二年「晉趙盾弒其君夷皋」。因此三條經文可以一併檢視，理
解葉氏的觀點所在。關於宣公四年「鄭公子歸生弒其君夷」此條經文，葉氏說：

> 此弒者，公子宋也。曷為以歸生主弒？宋欲弒靈公，而謀於歸生。使
> 歸生能為公子友，則宋之惡可遏，而靈公亦免矣。既不以告，反畏宋譖而
> 從之，則成宋之弒者，歸生之為也。《春秋》用法，常施於所疑，而不施
> 於所不疑。於所不疑，則舉重；於所疑，則舉輕以見重。宋之弒，無可免
> 之道，而歸生嘗拒宋。或疑於可免，故治歸生，則宋自見，非以歸生薄宋
> 也。〔註117〕

〔註115〕 紀昀總纂：《四庫全書總目提要》（石家莊：河北人民出版社，2000年），頁714。
〔註116〕 葉夢得：《葉氏春秋傳》（臺灣商務印書館影文淵閣四庫全書本，149冊），頁145。
〔註117〕 葉夢得：《葉氏春秋傳》（臺灣商務印書館影文淵閣四庫全書本，149冊），頁149。

關於昭公十三年「楚公子比自晉歸于楚，弑其君虔於乾谿」，葉氏說：

> 弑君未有言自者，何以言「公子比自晉歸於楚」？比歸而後楚子可得弑也。靈公爲無道，作乾谿之臺，三年不成。公子棄疾召比，脅而立之，然後令於乾谿之役，曰：「比已立矣，後歸者不得復其田裏」眾罷而去。靈王無與處，於是經而死，故以比主弑也。葉子曰：「召比，脅而立之者，棄疾也。今以比主弑，則棄疾爲免歟？《春秋》之義，常加於人之所疑，而不加於人之所不疑。棄疾之罪，固無得而逃矣。比之非其謀，則世或疑其可免焉。使比知己之不可立，效死而不聽，則靈王固未遽死矣。今告之謀，而聽立之爲王，而從。雖曰脅之，終不以己之私易靈王之死，則靈王之死，非比爲之乎？治棄疾，則比免。治比，則棄疾不免。君子於是以比主弑也。」〔註118〕

關於宣公四年「鄭公子歸生弑其君夷」，葉氏說：

> 此弑者，趙穿也。曷以爲盾主弑？盾，正卿也。臣弑君，在官者殺無赦。盾有憾於靈公，而出。聞靈公弑，未越境，非君命而自復，不討穿，反與之並列於朝，君子以爲此同乎欲弑靈公者，特假手於穿爾。是以探其惡而誅也。葉子曰：「左氏記盾事，載孔子之言稱盾能爲法受惡，爲良大夫而許之，以越竟乃免。此非孔子之言也。弑君，天下之大惡也。有爲，不爲爾，使與聞乎弑，雖在四海之外，無所逃，則安取於越竟？使不與聞，雖在朝，如晏子，其誰敢責之？而況已出？《春秋》書盾，非以其實弑也。穀梁氏載董狐之言曰：「子爲正卿，入諫不聽，出亡不遠，反不討賊，則志同。志同則書重，非子而誰？」是蓋推盾之志而加之弑者也。左氏傳史不傳經，故雖得於三言，而莫知《春秋》之義，正在於志同則書重，乃略而不言，則盾爲實弑矣。安有實弑君而爲法受惡？是區區何足言者，猶得爲良大夫乎？親弑其君者，其惡易見；假手以弑其君者，其惡難察。使盾而得免，則亂臣賊子，皆將假諸人以肆其惡，甚乎親弑君者矣。故以趙盾一見法焉。」〔註119〕

《春秋》對這三個弑君事件，都不記載主要的兇手，反而以牽涉其中，在事件發生時處於關鍵地位的人作爲主要兇手。葉氏認爲這是《春秋》「以道治弑君者」的表現。這不是姑息元兇，而是進一步地分辨處於疑似之間的罪責，賦予臣下在尊君方面更大的的責任，並警惕後來的心存僥倖的臣子。在葉氏看來，這即是《春秋》有關「一

〔註118〕葉夢得：《葉氏春秋傳》（臺灣商務印書館影文淵閣四庫全書本，149冊），頁212。

〔註119〕葉夢得：《葉氏春秋傳》（臺灣商務印書館影文淵閣四庫全書本，149冊），頁146。

王大法」的具體內容。

　　值得注意的是，葉氏一再地在注文中說明《春秋》判斷罪責的特殊原則：「《春秋》用法，常施於所疑，而不施於所不疑」「《春秋》之義，常加於人之所疑，而不加於人之所不疑」「親弒其君者，其惡易見；假手以弒其君者，其惡難察」這裡展現《春秋》對於臣子罪責極細微的分辨，亦即所謂「別嫌明微」。在葉氏看來，《春秋》並非以直錄史事為主要原則的史書，而是以表現微言大義為重的經典，亦即是葉氏一貫主張《春秋》是經非史。因此在記載史事上表現出重「義」輕「事」的性質。在這些例子中，《春秋》皆是以涉及弒君事件的臣子作為主要負責人，而不記載實際下手的人。

　　在葉氏看來，這些被《春秋》刻意挑出的臣子都是弒君事件發生時處於關鍵位置的人物，他們應當在事件發生時或是事後承擔更大的責任、更積極的作為。例如公子歸生事，葉氏責備歸生「使歸生能為公子友，則宋之惡可遏，而靈公亦免矣」。歸生如能像魯公子友順從君主，或許就可免除弒君事件的發生。例如公子比事，葉氏責備公子比「使比知己之不可立，效死而不聽，則靈王固未遽死矣」。公子比若能去除掉對於君主權位的私心眷戀，不受公子棄疾的威脅，也可能免除弒君事件的發生。例如趙盾事，雖然趙盾事發時不在現場，可是當他回到國都卻沒有基於執政大臣的本分追究元兇。因此《春秋》將趙盾列為弒君事件最大的負責人。通過這些例子，《春秋》明辨當時處於疑似之間的罪責。並藉由對這些人物的譴責，警惕後來臣子在君臣之際承擔更大的責任，從而為後世臣子樹立可供警惕的典範。

　　綜上所述，葉氏發現《春秋》在處理弒君事件上，往往不列真正下手殺害君主的人，而列涉及其中處於關鍵位置的人。即所謂「《春秋》以道治弒君者三，而正弒君不與焉。」這反映《春秋》並非直錄史事的史書，而是表現微言大義的經典，亦即認為《春秋》一書是經非史。通過這些經文，《春秋》對處於疑似之間的罪惡進行細密的分辨，並譴責那些在事發當時以及事後沒有盡到應有本分的臣子，從而為後世人臣樹立一個可供警惕的典範，並在《春秋》經文記載上展現重「義」輕「事」的性質。

　　進一步說，在三《傳》解經性質的問題上，葉氏強調「左氏傳事不傳義」、「《公羊》、《穀梁》傳義不傳事」。三《傳》在解經上具有不可或缺的重要性。但在研究上葉氏強調《春秋》經文帶有重「義」輕「事」的性質。此一觀點即是葉氏基於「尊經」的立場，認為《春秋》是經非史所導致。

第二節　《春秋》無闕文

上文在日月例的討論中提到，葉氏認爲有兩種可能的原因造成《春秋》中的「闕文」，他說：

> 所謂闕文，蓋有二焉。有史失之，而經不能益者。有經成亡之，而後世不敢益者。故桓書五月而無夏，昭書十二月而無冬，有月而無時，豈時不可推乎？〔註120〕

葉氏所舉出的例子，一是桓公十四年經文「夏五」，一是指昭公十年十二月前不書「冬」字。昭公十年的例子，葉氏無說。但在桓公十四年，葉氏說：

> 不書月，闕也。經成而後亡也。〔註121〕

這是葉氏在駁斥日月例時，所採取的「闕文」說。事實上，《春秋》中的「闕文」不僅僅只出現在日月記載中。在他處，葉氏曾透過精闢的史實考證，證明《春秋》中一處「經成而後亡」的闕文。在僖公二十八年「三月丙午，晉侯入曹，執曹伯，畀宋人」下，他說：

> 侵而不服，然後入之，數其罪而執其君，伯討也，故以侯執。不歸之京師，而畀宋人，則伯討歟？闕文也。是當曰：「畀宋人田」，不言田，經成而亡之也。曹、衛嘗侵諸侯之田矣。晉侯圖霸，欲怒楚而求戰。先軫乃爲之謀，使執曹君而歸諸侯之田。晉侯於是侵曹，數其不用僖負羈，而乘軒者三百人。奪所侵地以還諸侯，宋與得焉。……葉子曰：「吾何以知『畀宋人田』爲闕文歟？楚之圍宋，在二十七年之冬。宋公孫固如晉告急，是時宋公蓋在圍也。及諸侯盟于宋，蓋即宋之城外，以爲會，宋公不與焉。明年三月，晉侯入曹，執曹伯，宋圍猶未解，故再見宋使門尹般如晉師告急。左氏載先軫始謀，言我執曹君而分曹、衛之田，以賜宋人。既而公說。復言執曹伯，分曹、衛之田以畀宋人，此其終事也。楚子聞，果命子玉去宋，宋公於是始釋圍得歸，而從晉。城濮之戰始見宋師，則方執曹伯，畀之者誰乎？晉侯有疾，侯獳貨晉史，歸曹伯，則曹伯之歸，蓋自晉不自宋也。是其畀之者，田而已。」〔註122〕

在晉楚爭霸的歷史局勢下，晉國爲了援助同盟的宋國，於是採取類似圍魏救趙的手法，入侵曹國並分配曹國的田地給諸侯，以解除楚國包圍宋國的危機。但這裡經文書：「三月丙午，晉侯入曹，執曹伯，畀宋人」，葉氏根據《左傳》的史實記載，認

〔註120〕葉夢得：《葉氏春秋傳》（臺灣商務印書館影文淵閣四庫全書本，149冊），頁119。
〔註121〕葉夢得：《葉氏春秋傳》（臺灣商務印書館影文淵閣四庫全書本，149冊），頁45。
〔註122〕葉夢得：《葉氏春秋傳》（臺灣商務印書館影文淵閣四庫全書本，149冊），頁116。

爲經文這裡缺一個「田」字。比照《左傳》史事，可知葉氏此處的確考證精詳。《左傳・僖公二十八年》說：

> 宋人使門尹般如晉師告急。公曰：「宋人告急，舍之則絕，告楚不許。我欲戰矣，齊、秦未可，若之何？」先軫曰：「使宋舍我而賂齊、秦，藉之告楚。我執曹君，而分曹、衛之田以賜宋人。楚愛曹、衛，必不許也。喜賂、怒頑，能無戰乎？」公說，執曹伯，分曹、衛之田以畀宋人。〔註123〕

這裡證明確有將田地給予宋人的事實。《左傳・僖公二十八年》又說：

> 晉侯有疾，曹伯之豎侯獳貨筮史，使曰以曹爲解：「齊桓公爲會而封異姓，今君爲會而滅同姓。曹叔振鐸，文之昭也；先君唐叔，武之穆也。且合諸侯而滅兄弟，非禮也；與衛偕命，而不與偕復，非信也；同罪異罰，非刑也。禮以行義，信以守禮，刑以正邪。舍此三者，君將若之何？」公說，復曹伯，遂會諸侯於許。〔註124〕

這裡證明曹伯確實自晉國釋放，而非宋人。因此，「畀宋人」者，必非經文中所說的「曹伯」，而應爲田地。葉氏證明經文缺一「田」字，而並屬於「經成而後亡」的「闕文」。關於葉氏這段精闢的考證，後來的學者顧棟高甚至譽爲「千古隻眼」〔註125〕。從「三月丙午，晉侯入曹，執曹伯，畀宋人」這條例子，可以發現《春秋》中的「闕文」不光只有日月記事，在他處也有其他種類的闕文出現。但是我們也發現在《春秋》中某些地方，葉氏並非一味地認作「闕文」，而採取另外一番說法。亦即是將之視爲夫子筆削，以爲義例之所在。

一、《春秋》「不書」舉例

（一）桓無王

在葉氏看來，這種看似「闕文」，其實是夫子特意筆削，以「不書」的方式寄託微言大義。在葉氏《春秋》學之中，這種例子很多。在第二章所討論的「天王去『天』以示貶」，也可以被視爲一種「不書」。即孔子不書「天」字，表示對周天子的責備。故葉氏說：

> 諸侯之所聽者，王也。諸侯不能正，則去王。王之所聽者，天也。王

〔註123〕《春秋左傳正義》（北京：北京大學出版社，十三經注疏標點本，1999年），頁444。
〔註124〕《春秋左傳正義》（北京：北京大學出版社，十三經注疏標點本，1999年），頁458。
〔註125〕顧棟高：〈讀《春秋》偶筆〉《春秋大事表》（北京：中華書局，1993年），頁30～48。顧氏下文又批評葉氏：「然以十二公配十二月，周官三百六十職配三百六十日，迂騃可笑。」

而不能天，則去天。古之誄天子，必於郊。爲其有善，非臣子所能褒也。則其貶也，夫誰敢當之？其亦必天乎？去天，所以示爲天之所絕也。用是，見有不能於天。而天絕之者。雖天子亦不得免也。〔註126〕

除了「天王去『天』」外，在桓公三年「春正月」下，葉氏說：

> 正月何以不書王？無王也。桓弒君而奪之國，不受命而自立，以爲有王，則不至於是矣。而王亦不加討焉，王亦不自有其王也。故不書王。何以三年而後始不書？元年、二年未知其無王也。十年、十八年復有王，存王也。葉子曰：「古者諸侯喪畢，見於天子，賜之韍冕、圭璧，然後歸以臨其民，明其有所受也。而桓至莊公，始見『王使榮叔來錫命』，是桓未嘗朝王而受命也。元年、二年，隱之喪未畢，則將朝而請命歟？遂不朝歟？未可知也。故書王以俟之，至於三年而不朝，則不朝矣。其意曰：『是何必朝焉？』爾然後見其無王，故去王。自三年始王，天下之王也。十，數之終也。踰十年無王，則無王天下之王，豈以桓爲有無哉？〈坤〉之上六曰：『爲其嫌於無陽也，故稱龍焉』，則十年之書王，亦嫌於無王而存之也。十八年，桓之終也。桓雖無王，王不可以不治，使遂終不見王，則桓得成其無王之惡，而王亦廢其爲王之實矣。故十八年復書王，所以治桓而申王，此《春秋》正王法之道也。」〔註127〕

葉氏並於宣公十八年「冬十月壬戌，公薨于路寢。歸父還自晉，至笙，遂奔齊」下說：

> 桓、宣皆與聞乎弒而自立者也。何以桓不書王，而宣書王歟？桓不書王，非特以其弒也。昔者衛州籲弒其君完，石厚問定君於石碏，石碏曰：「王覲爲可」。桓公死而後錫命，蓋爲身未嘗覲王，則桓之爲君，非受命於王者也。宣不言錫命，則宣固嘗覲於王矣。覲而受命，則《春秋》雖欲奪之王而不可也。〔註128〕

這即是著名的「桓無王」之說。亦即在一般經文記載中，刪去「王」字。葉氏認爲「桓無王」不代表「闕文」，而有特殊的涵義。其說出自《穀梁傳》，在桓公元年「元年，春，王」下，《穀梁傳》說：

> 桓無王，其曰王，何也？謹始也。其曰無王，何也？桓弟弒兄、臣弒君，天子不能定，諸侯不能救，百姓不能去，以爲無王之道，遂可以至焉

〔註126〕 葉夢得：《葉氏春秋傳》（臺灣商務印書館影文淵閣四庫全書本，149冊），頁53。
〔註127〕 葉夢得：《葉氏春秋傳》（臺灣商務印書館影文淵閣四庫全書本，149冊），頁32。
〔註128〕 葉夢得：《葉氏春秋傳》（臺灣商務印書館影文淵閣四庫全書本，149冊），頁159。

爾。元年有王，所以治桓也。〔註 129〕

又於二年「春，王正月戊申，宋督弒其君與夷」下說：

桓無王，其曰王，何也？正與夷之卒也。〔註 130〕

又於十年「春，王正月庚申，曹伯終生卒。」下說：

桓無王，其曰王，何也？正終生之卒也。〔註 131〕

這是《穀梁傳》「桓無王」之說。《穀梁傳》和葉氏在義例判斷上皆認為孔子在桓公的記事中刪去「王」字，但是在解說上各自不同。這裡的不同，可能源自宋人察覺到《穀梁傳》「桓無王」之說在解釋上的矛盾。在葉氏之前，而備受葉氏推崇的劉敞〔註 132〕，在其名著《春秋權衡》說：

「二年，春王正月」，《穀梁》曰：「桓無王，其曰王，何也？正與夷之卒也」，非也。但不書王，與夷之卒遂不正乎？〔註 133〕

又說：

十年王正月，曹伯終生卒。《穀梁》曰：「桓無王，其曰王，何也？正終生之卒也」，非也。五年陳侯鮑卒，亦在正月。何以不書王正之乎？〔註 134〕

劉氏比較經文，核對《穀梁傳》的解說，認為若依《穀梁傳》「桓無王」之說，在二年、十年書「王」，表示對於與夷、終生的過世，採取正規的記載。但是五年「春，正月甲戌、己丑，陳侯鮑卒」的經文中，應按照二年、十年《穀梁》之說，書「王」字，但是《春秋》不書。在經文與傳義比較之後，因而發現《穀梁傳》在「桓無王」解釋上一個矛盾。因此，葉氏在「桓無王」這個經例上，另外建立新的說法。

稽考典籍，葉氏「桓無王」說法中「十，數之終」，這點出自何休，於此可以見葉氏「桓無王」說法的來源。何休在桓公三年「春，正月，公會齊侯於嬴」下說：

〔註 129〕《春秋穀梁傳注疏》（北京：北京大學出版社，十三經注疏標點本，1999 年），頁 31。

〔註 130〕《春秋穀梁傳注疏》（北京：北京大學出版社，十三經注疏標點本，1999 年），頁 33。

〔註 131〕《春秋穀梁傳注疏》（北京：北京大學出版社，十三經注疏標點本，1999 年），頁 48。

〔註 132〕葉氏推崇劉敞，可參考劉敞《劉氏春秋傳》的序文。其中證明葉氏援引歐陽脩的說法，說：「原父（即劉敞字）為《春秋》，知經而不廢傳，亦不盡泥傳。據義考例以折衷之，經傳更相發明。雖間有未然，而淵源已正。」見劉敞：《劉氏春秋傳》（臺灣商務印書館影文淵閣四庫全書本，147 冊），頁 364。

〔註 133〕劉敞：《春秋權衡》（臺灣商務印書館影文淵閣四庫全書本，147 冊），頁 324。

〔註 134〕劉敞：《春秋權衡》（臺灣商務印書館影文淵閣四庫全書本，147 冊），頁 326。

　　　　無王者，以見桓公無王而行也。二年有王者，見始也。十年有王者，
　　數之終也。十八年有王者，桓公之終也。明終始有王，桓公無之爾。不就
　　元年見，始者未無王也。〔註135〕

葉氏在何休說法的基礎上，另建新說。葉氏所遇到的理論難題即是：如果「桓無王」
之說成立，何以在桓公元年、二年、十年、十八年，書「王」？故葉氏以為「元年、
二年未知其無王也」，又說：「十年、十八年復有王，存王也」。

　　除了闡明「桓無王」之說外，葉氏並比較魯國史上同為弒君而立的桓公、宣公，
分析何以沒有「宣無王」之說的存在。在葉氏比較兩公的《春秋》經文後，得到一
個結論：「宣不言錫命，則宣固嘗覲於王矣。覲而受命，則《春秋》雖欲奪之王而不
可也」。亦即葉氏認為宣公無「錫命」的記載，這意味宣公曾經朝見周天子，因此雖
然以弒殺君主的手段即位，其魯國君主的資格還是可被承認。為了證成此說，葉氏
還援引《左傳・隱公四年》「王覲為可」之說來立論。

　　從上述的分析，可以看出：葉氏認為孔子藉由刪去「王」字，表示對於桓公以
弟弒兄、以臣弒君行為的貶斥。此即「桓無王」之說。此說最早出自《穀梁傳》，但
是《穀梁傳》在義例解說上存在著矛盾不足。或許源自這個原因，葉氏另立關於「桓
無王」的說法。若比照葉氏「十，數之終也」和何休的說法，可以相信葉氏應在何
休說法的基礎上創立新說。

　　然而換個角度而言，葉氏「桓無王」之說仍見缺失，主要在於葉氏論理不周。
若照葉氏的邏輯來說，桓不書「王」，宣書「王」的原因在於「宣不言錫命，則宣固
嘗覲於王矣。覲而受命，則《春秋》雖欲奪之王而不可也」。以為宣公因朝覲周天子，
所以可以書「王」。那麼是否意味著：儘管以弒君為手段進而即位的諸侯，只要能在
任期內朝見周天子，就可以免去《春秋》不書「王」的貶斥？就可以比照一般慣例
書「王」？如此一來弒君又有何罪？會否讓人以為《春秋》姑息了弒君大罪？進一
步說，書「王」又有何貴？不書「王」又表示何等程度的貶斥？這是就葉氏義例解
說的缺失而論。

　　再者，論者以為《春秋》藉「無王」表示無「王者之道」，表示周天子不加糾正，
諸侯不加改定。其實，是否「無王」，「無王之道」，應就行為事實來認定。劉敞即發
此意，他說：

　　　　「元年，春，王」，《穀梁》曰：「桓無王，其曰無王，何也？桓弟，
　　弒兄，臣弒君，以為無王之道」，非也。弟弒兄，臣弒君，見矣。雖書王，

─────────────
〔註135〕《春秋公羊傳注疏》（北京：北京大學出版社，十三經注疏標點本，1999 年），頁
　　　　76。

獨謂之有王乎？〔註136〕

劉氏以為《春秋》中可以發現「弟弒兄，臣弒君」的例子，一但事實發生，即使《春秋》書「王」，也不能認為這種行為合乎王道。這就意味著應該以行為本身來判定是否合乎王道，不該由經文中是否有「王」字來判斷。劉氏此說，無疑否定「桓無王」的說法。然在葉氏看來，應依《春秋》經文「王」字有無來論。葉氏在論述最後說：「此《春秋》正王法之道也」，顯然企圖透過義例，來表示對人事的譴責，不將《春秋》中桓公不書「王」的例子視為「闕文」，反以為這是孔子微言大義之所在。以上為葉氏「桓無王」之說的分析。

（二）桓四年、七年皆缺二時

葉氏在桓公四年「夏，天王使宰渠伯糾來聘」下說：

> 宰渠伯糾，王之上大夫也。宰，大宰也。糾，名也。……此何以名？桓負弒君之罪而不能討，不朝王而反聘之，王失正也。大宰以六典佐王治邦國，聘非其所聘，而不能正；使非其所使，而不能辭，糾失職也。然則何以不貶王？王不可以遽貶也。貶糾，所以貶王也。葉子曰：「是歲與七年，皆闕二時，不書秋冬，史之闕文歟？《春秋》闕之也。《易》曰：『大人者與天地合其德，與日月合其明，與四時合其序，與鬼神合其吉凶』。《春秋》歷一時無事，必書首月以見時，所以奉天也。桓無王，王者，天所王也。無王，亦無天矣。是何足與語四時之序者哉？而此二時者，下無事，上有事，是以因其可闕而闕之。四年，承宰渠伯糾來聘，見上無天子而渠伯來聘也。七年，承穀伯綏、鄧侯吾離來朝，見下無諸侯而穀、鄧來朝也。上無天子而不能誅，下無諸侯而不能討。故因其無事，不書首月以見時者，為其不足與奉天而絕之天也。」〔註137〕

關於桓公四年、七年，經文皆闕二時的事實，三《傳》傳注有不同說法。注解《左傳》的杜預說：

> 國史之記，必書年以集此公之事，書首時以成此年之歲。故《春秋》有空時而無事者。今不書秋冬首月，史闕文，他皆放此。〔註138〕

注解《穀梁傳》的范寧在四年「夏，天王使宰渠伯糾來聘」下說：

> 下無秋、冬二時，寧所未詳。〔註139〕

〔註136〕劉敞：《春秋權衡》（臺灣商務印書館影文淵閣四庫全書本，147 冊），頁 324。
〔註137〕葉夢得：《葉氏春秋傳》（臺灣商務印書館影文淵閣四庫全書本，149 冊），頁 35。
〔註138〕《春秋左傳正義》（北京：北京大學出版社，十三經注疏標點本，1999 年），頁 161。
〔註139〕《春秋穀梁傳注疏》（北京：北京大學出版社，十三經注疏標點本，1999 年），頁

又在七年「穀伯綏來朝，鄧侯吾離來朝」下說：

> 下無秋、冬二時，寧所未詳。〔註140〕

注解《公羊傳》的何休則說：

> 下去二時者，桓公無王而行，天子不能誅，反下聘之，故爲貶，見其罪，明不宜。〔註141〕

對照三《傳》傳注與葉氏意見，不難發現葉氏繼承何休的說法，以爲桓公四年、七年，經文皆闕二時，這不能簡單地視爲史料上的闕文，如杜預所認定者。葉氏認爲這裡應該根據何休的意見，將之視爲孔子特意不書秋冬。目的即在於透過不書這種義例表現方式，來譴責桓公，表示：「上無天子而不能誅，下無諸侯而不能討。故因其無事，不書首月以見時者，爲其不足與奉天而絕之天也」。此是葉氏論「桓公四年、七年，皆闕二時」的主張。

二、顧棟高、皮錫瑞二家對葉氏「闕文」論的看法

為求能對「闕文」問題作更深入的思考，筆者引用顧棟高、皮錫瑞的意見來進行深一層的分析。顧氏作〈春秋闕文表〉，在表前站在《左傳》學的立場對「闕文」問題發表意見。顧氏主要攻擊胡安國，反對「一字褒貶」認為：「文定反之，矯枉過正，遂舉聖《經》之斷闕不全者，皆以爲精義所存。」〔註142〕在顧氏的經學史分類中，葉夢得其實是同屬於胡安國的解經系統〔註143〕。因此，可以將顧氏對於「闕文」問題的看法，視爲對於葉氏「《春秋》無闕文」觀點的批評。皮錫瑞站在今文經家的立場，對顧氏說法提出答辯。同樣可以幫助我們進一步認識葉夢得的「闕文」論，因此，有必要在理論上對兩家說法予以分析。

顧棟高（1679～1759），字復初，又字震滄。江蘇吳錫人。積四十年精力所作的《春秋大事表》，成爲「清代前期《春秋》經傳研究最有份量的研究」〔註144〕。在

〔註140〕 《春秋穀梁傳注疏》（北京：北京大學出版社，十三經注疏標點本，1999 年），頁44。

〔註141〕 《春秋公羊傳注疏》（北京：北京大學出版社，十三經注疏標點本，1999 年），頁81。

〔註142〕 顧棟高：《春秋大事表》（北京：中華書局，1993 年），頁 2444。

〔註143〕 顧氏說：「自諸儒攻擊三《傳》，王介甫遂目《春秋》爲斷爛朝報，不列學宮，文定反之，矯枉過正，遂舉聖《經》之斷闕不全者，皆以爲精義所存，復理《公》、《穀》之故說，而呂氏東萊、葉氏少蘊、張氏元德諸儒俱從之，由是《春秋》稍明于唐以後者，復晦昧于宋之南渡，豈非勢之相激使然哉！」引文見顧棟高：《春秋大事表》（北京：中華書局，1993 年），頁 2444。

〔註144〕 沈玉成、劉寧：《春秋左傳學史稿》（江蘇省，江蘇古籍出版社，2000 年），頁 278。

這部書中，曾就「闕文」問題予以系統討論，作〈春秋闕文表〉。就在顧棟高書前的〈春秋大事表總敘〉之中，他說：

> 去姜存氏，去氏存姜，不成文理，杜、孔已斷爲闕文，宋儒謂各有意義，殊不知文姜、哀姜之罪惡豈待去其姓氏而明，況上下截去一字，人復知爲誰某？聖人無此弄巧文法，以俟後人推測之理，列〈闕文表〉，一掃後儒穿鑿支離之翳。〔註145〕

顧氏在〈總敘〉開宗明義，以爲「去姜存氏，去氏存姜」等名氏例，應爲「闕文」。事實上，在〈春秋闕文表〉中所列闕文甚多，不僅〈總敘〉所提的這個例子。在顧氏的研究中，《春秋》中的「闕文」包括下列幾項：「日食闕書日朔凡十，又疑誤三」「外諸侯卒闕書名凡十」「時日月闕誤凡二十八」「王不稱天凡六，誤稱天子一」「夫人姓氏闕文凡四」「殺大夫闕書名凡四」「秦、鄭、晉伐國闕書人字凡三」「盟會闕文凡五」「外諸侯名謚、國名闕誤凡五」「侵戰圍滅入救闕文衍文凡九」等幾類。在第二章所討論的「天王去『天』以示貶」，在顧氏看來其實是《春秋》中的「闕文」，而非義例。顧氏又在〈春秋闕文表〉前開宗明義地討論他對「闕文」問題的看法，他說：

> 儒者釋經，爲後王典制所自起，國家善敗恆必由之，可不慎哉！《春秋》文多闕誤，三《傳》類多附會，而《公》、《穀》尤甚，跡其流弊，種毒滋深。……王不稱天凡六，其三史脫之，其三從省文，而胡氏於錫桓公命，歸成風之賵及會葬，則云聖人去天以示貶。夫歸仲子之賵，王以稱天矣，豈於前獨罪宰咺，而于天王無貶，於此數事又獨責天王，而於榮、召無譏乎？〔註146〕

此駁「天王去『天』以示貶」這條義例。顧氏又說：

> 必以桓十四年不書王爲責桓無王，則宣亦篡弒，何以書王？〔註147〕

此駁「桓無王」之說。顧氏又說：

> 必以桓四年、七年不書秋冬爲責王失刑，則昭十年不書冬，定十四年不書冬，又何以說？〔註148〕

此駁「桓公四年、七年，皆闕二時」之說。

　　從這些例子來看，顧氏認爲例如「天王去『天』以示貶」、「桓無王」、「桓公四

〔註145〕顧棟高：〈春秋大事表總敘〉《春秋大事表》（北京：中華書局，1993年），頁1～3。
〔註146〕顧棟高：《春秋大事表》（北京：中華書局，1993年），頁2443～2444。
〔註147〕顧棟高：《春秋大事表》（北京：中華書局，1993年），頁2444。
〔註148〕顧棟高：《春秋大事表》（北京：中華書局，1993年），頁2444。

年、七年，皆闕二時」等深受《公》、《穀》所重視的經例，其實並非義例，而僅是史料上的「闕文」。如果要把這些例子視爲義例，往往無法在《春秋》中得到一致性的處理，而流於前後矛盾牴牾。這就凸顯出義例解釋的不周延。在上文中，筆者說明瞭解「義例」需注意「義」與「例」兩個層面，亦即「書法」、「義法」、「文」等「例」的層面和「大義」、「義」等「義」的層面。用「義」與「例」兩個觀念來分析，顧氏發現了「天王去『天』以示貶」、「桓無王」等被《公》、《穀》所承認的義例，往往在「例」的層面上不能自圓其說，從而在「義」的解釋上不可盡信。在「桓公四年、七年，皆闕二時」的例子中則沒有同樣解釋「昭十年不書冬，定十四年不書冬」的例子。

然而，仍有許多經學家採信《公》、《穀》的說法，試圖在這些「闕文」上建立解釋，分析義例。因此，顧氏除了反駁將「闕文」視爲義例的說法外，並進而申論爲何過往經學家採取這樣的說法，他說：

> 凡此皆《公》、《穀》倡之，而後來諸儒如孔氏穎達、啖氏助、趙氏匡、陸氏淳、孫氏復、劉氏敞亦既辨之矣，而復大熾于宋之中葉者，蓋亦有故焉。自諸儒攻擊三《傳》，王介甫遂目《春秋》爲斷爛朝報，不列學宮。文定反之，矯枉過正，遂舉聖《經》之斷闕不全者，皆以爲精義所存，復理《公》、《穀》之故說，而呂氏東萊、葉氏少蘊、張氏元德諸儒俱從之，由是《春秋》稍明于唐以後者，復晦昧于宋之南渡，豈非勢之相激使然哉！夫蔑棄聖人之《經》與過崇聖人之《經》，其用心不同，而其未得乎聖人垂世立教之旨則一也。〔註149〕

顧氏指出：將《春秋》中的「闕文」視作義例，以爲孔子微言大義寄託其中，這種解經思維導源於《公》、《穀》。但在《春秋》學的發展過程中，這種解經方式經過孔穎達、啖助、趙匡、陸淳、孫復、劉敞等人的辨析後，似乎較爲不受重視，不過在宋代中葉卻又大爲流行。顧氏以爲流行的原因來自學者對於王安石「斷爛朝報」說的反動，最特別顯眼的學者即是胡安國。

顧氏甚至斷言這種反動其實是出自「矯枉過正」的「尊經」心理，從而「舉聖《經》之斷闕不全者，皆以爲精義所存，復理《公》、《穀》之故說」。這種「矯枉過正」的解經思維實際上號召了一些學者響應，例如呂祖謙、葉夢得、張洽等人。其結果在顧氏看來反倒造成《春秋》宗旨的隱淪晦昧，因此顧氏反省到不論是蔑棄還是過份推崇《春秋》經，儘管用心不同，但是終將導致錯失聖人垂世立教的宗旨。

〔註149〕顧棟高：《春秋大事表》（北京：中華書局，1993年），頁2444。

　　由上述的說明可以看出，在分析《春秋》闕漏的文字後，顧氏發現向來被《公》、《穀》重視的某些義例，其實只是史料上的「闕文」，其實並無意義寄託其中。若是要將之視爲義例，往往前後牴牾，無法自圓其說。但在宋中葉以後出現的將《春秋》「闕文」視爲義例的解經思維，其實出自對王安石「斷爛朝報」說的反動。究其根本原因則源自對《春秋》經的過份推崇，從而在「矯枉過正」的「尊經」心理下誤解了《春秋》宗旨。顧氏就在這種的思想下，開始對《春秋》「闕文」的整理，作〈春秋闕文表〉。其意見主要在於攻擊胡安國，反對「一字褒貶」。由於葉夢得在解經系統上贊成義例，和胡安國相近。顧棟高對「闕文」的意見亦可視爲對葉氏意見的批評。

　　但是這問題並非就此結束，清末的今文經家皮錫瑞在《春秋通論》中再次探討這個問題。皮氏站在今文經家的立場，認爲應從一字褒貶的角度談《春秋》中的「闕文」問題，他的意見記錄在〈論《春秋》一字褒貶不得指爲闕文〉這段文字中。皮氏對顧氏意見的答辯，亦可幫助我們對「闕文」問題有更深的看法。

　　我們從篇題即可看出皮氏不贊成顧棟高將《春秋》中某些經例視爲「闕文」，而認爲應以「一字褒貶」的眼光來看待《春秋》中這些經例，不能視爲「闕文」。若承認「一字褒貶」的確是《春秋》用來表現微言大義的方式，上面提到的「天王去『天』以示貶」「桓無王」「桓公四年、七年，皆闕二時」等例，皆應看成採「一字褒貶」表現的義例。經學家的任務即在分析這些義例中寄託的大義何在。爲了證明《春秋》中「一字褒貶」的確存在，皮氏列舉了鄭樵、顧棟高的說法，展開他的議論。

　　爲何要列舉鄭樵、顧棟高這兩家呢？因爲在鄭樵的《六經奧論》中，系統地討論了「一字褒貶」的問題；而顧棟高又根據鄭樵的意見來談「一字褒貶」，皮氏則又再參照兩家意見。關於「一字褒貶」的問題，鄭樵列出了三種不同的說法，他說：

> 諸儒之說《春秋》，有以一字爲褒貶者，有以爲有褒無貶者，有以爲褒貶俱無者。謂《春秋》以一字爲褒貶者，意在於推尊聖人，其說出於太史公，曰：「夫子修《春秋》，游、夏之徒不能贊一詞」，故學者因而得是說也。謂《春秋》有褒無貶者，意在於列國之君臣，其說出於孟子，曰：「《春秋》無義戰，彼善於此則有之矣」，故學者因而得是說也。謂《春秋》無褒貶者，意在於矯漢儒，其說出於《竹書紀年》所書，載「鄭棄其師」、「齊人殲於遂」之類，皆孔子未修之前，故學者因而得是說也。雖其意各有所主，然亦不可以泥。泥一字褒貶之說，則是《春秋》二字，皆挾劍戟風霜，聖人之意不如是之勞頓也。泥於有貶無褒之說，則是《春秋》乃司空城旦之書，聖人之意不如是之慘刻也。泥於無褒貶之說，則是《春秋》

為瑣語小說，聖人又未嘗無故而作經也。〔註150〕

鄭氏將學者對「褒貶」問題的看法分作三種，以為有探「一字褒貶」「有褒無貶」「褒貶俱無」這三種。並認為這三種態度都可能造成學者理解《春秋》旨意的偏差，或是將孔子作《春秋》的態度視為「勞頓」、或是「慘刻」、或是「瑣碎」。因此鄭氏以為最正確理解「褒貶」的態度應是不可拘泥於上述的三種看法。鄭氏又說：

> 大抵《春秋》一經，書其善，則萬世之下指為善人；書其惡，則萬世之下指為惡人。茲所以為褒貶之書歟？故書事也。亦然書「始作兩觀」，始者，貶之也，言其舊無也；書「初獻六羽」，初者，褒之也，以其舊八佾也。聖人雖未嘗云：「是為可褒」，云：「是為可貶」。然而實錄其事，微婉其辭，而使二百四十二年君臣之善惡，不逃乎萬八千言之間，茲又所以為一字之褒貶者歟？如是而已。〔註151〕

這裡鄭氏又以為聖人作《春秋》，只是實錄其事、微婉其辭。但是後來的研究者自然可以從行為的善惡判斷褒貶。因此，「書其善，則萬世之下指為善人；書其惡，則萬世之下指為惡人」。如以一來，所謂的褒貶變成後來研究者研究《春秋》時所得到的結果，並非孔子預先抱有一種褒貶的標準來作《春秋》，孔子只是實錄其事。因此鄭氏才認為不該拘泥於上述的三種對「褒貶」的看法。對於鄭氏不可泥於「褒貶」的意見，顧棟高則說：

> 鄭氏之言極是。聖人之心正大平易，何嘗無褒貶，但不可於一字上求褒貶耳。孟子曾明言：「其事則齊桓、晉文，其文則史。」孔子曰：「其義則丘竊取之矣。」如以為無褒貶，則是有文事而無義也。如此，則但有魯之《春秋》足矣，孔子更何用作《春秋》乎？近日有厭支離之說，而竟將《春秋》之褒貶抹去者，矯枉過正，亦非聖人之意。有以為《春秋》為有筆無削者，是即無褒貶之說也。夫未修之《春秋》即不可見，而左氏之書具在。如襄公親送葬楚子，昭公昏於吳，豈有不遣大夫往會吳、楚之理？而終《春秋》吳、楚之葬不書，此削之以示義也。襄公葬楚子不書，而於二十九年春王正月公在楚見之；昭公昏於吳不書，而於哀十二年書孟子卒見之，此削之以示諱也。又如十二公之納幣逆夫人，魯史皆書，而《春秋》於僖公、襄公不書，此所謂合禮不書也。世子生生皆書，而《春秋》止書子同生，此所謂常事不書也。此皆顯然可見者。如以為有筆無削，則《春

〔註150〕 鄭樵：《六經奧論》（臺灣商務印書館影文淵閣四庫全書本，184 冊），頁 86。
〔註151〕 鄭樵：《六經奧論》（臺灣商務印書館影文淵閣四庫全書本，184 冊），頁 86。

—106—

秋》竟是一部抄胥，何足以爲經世大典乎？〔註152〕

顧氏在褒貶問題上，針對鄭樵提出的觀點一一檢視，認爲孔子作《春秋》必有褒貶，不過同意「一字褒貶」的表現方式。顧氏也不同意孔子只是有筆無削，以抄錄的方式作《春秋》。如果以爲孔子僅是抄錄，《春秋》也不會具有經世大典的資格。

爲了證明孔子並非有筆無削，顧氏發現《春秋》存在許多頭尾不詳備的記載，如：襄公二十九年「春王正月，公在楚」和哀十二年「孟子卒」。經由推敲，這些殘缺的資料的確隱晦地指出「襄公親送葬楚子」「昭公昏於吳」等不得體自貶身份的史實。這些事件都不存在於今本《春秋》，可見是孔子基於避諱、示義等理由削去。

值得注意的是，顧氏只承認孔子對《春秋》經文有筆削，但是不認爲經文筆削取取的痕跡之間存在任何微言大義，或是一字褒貶在其中。顧氏對褒貶問題的認識，其實基於詳盡豐富的史事記載。如此一來不得不使學者更加注意《左傳》。他說：

> 《春秋》有只一書以見義者，如子同生，肆大眚。……終《春秋》不得見。此聖人之特筆，不必屬辭比事而可知者也。有屢書再書不一書以見義者。如桓五年齊侯、鄭伯如紀，至莊四年齊侯葬紀伯姬，首尾凡十四年，著齊首滅國，而紀委曲圖存終不得免，敏紀之亡而傷齊之暴也。……自哀元年仲孫何忌帥師伐邾，至八年歸邾子益於邾，八年之中書邾、魯凡十一事，志三家死君忘父，定公骨未寒而殘虐邾國，辛至吳、齊交伐，而後乃悔禍而存亡國也。此須合數十年之通觀其積漸之時勢，眞如枯旱之望雨，聖人之意自曉然明白於字句之外，而豈以一字兩字、稱人稱爵爲褒貶哉？〔註153〕

又說：

> 《春秋》二百四十二年，時勢凡三大變。……孔子謂自諸侯出，陪臣執國命，實一部《春秋》之發凡起例。逐年有發端，逐代有結案，有起伏，有對照，非可執一事以求其褒貶也。〔註154〕

又說：

〔註152〕顧棟高：〈讀《春秋》偶筆〉《春秋大事表》（北京：中華書局，1993年），頁30～48。

〔註153〕顧棟高：〈讀《春秋》偶筆〉《春秋大事表》（北京：中華書局，1993年），頁30～48。

〔註154〕顧棟高：〈讀《春秋》偶筆〉《春秋大事表》（北京：中華書局，1993年），頁30～48。

夫子直書其事，而天下大勢起伏自見，褒貶即存乎其間矣。〔註155〕

又說：

看《春秋》眼光須極遠，近者十年、數十年，遠者通二百四十二年。
〔註156〕

又說：

《春秋》二百四十二年事，事勢數變，如高山大川，學者須高處立，
大處看，形勢曲折，高低起伏自見。若區區執一句，又求之一字、兩字，
如鑽入鼠穴，聖人之心不得出矣。〔註157〕

又說：

二百四十二年君卿大夫之賢奸善惡，千態萬狀，而欲執書名、書字、
書族、書爵、書人、書減、書入及日月時等十數字以概其功罪，爲聖人者
亦太苦矣。不知下筆時費幾許，搖頭苦吟，竄易數四而後甄酌定此一字，
作《春秋》不亦勞頓乎？如此，幾同俗吏之引例比律與鯫生之咬文嚼字，
聖人心事光明正大，絕不如此。……而聖人書法第據當日之時勢，初非設
定一義例，謂有褒貶於其間也。〔註158〕

又說：

看《春秋》須先破除一例字。〔註159〕

顧氏這些意見反覆提醒後來的學者：研究《春秋》應注意二百四十二年的史事發展，
局勢演變。用久遠的眼光，大的著眼點來觀察《春秋》中天下大勢的演變。如此自
可明白褒貶所在，聖人之意爲何。不要侷限在一句、一字之間，「如鑽入鼠穴」般研
討《春秋》。這即是顧氏對褒貶問題的看法，欲使學者從經文中一字一句間的參差出
入中解脫，轉而注意二百四十二年間的事勢變化。當然，這自然引導學者更多地注
意《左傳》，而非專以注經不重敘事的《公》、《穀》。

　　這種偏重《左傳》不重《公》、《穀》的研究途徑，自然招致嚴守今文經家的皮

〔註155〕顧棟高：〈讀《春秋》偶筆〉《春秋大事表》（北京：中華書局，1993年），頁30～
　　　　48。
〔註156〕顧棟高：〈讀《春秋》偶筆〉《春秋大事表》（北京：中華書局，1993年），頁30～
　　　　48。
〔註157〕顧棟高：〈讀《春秋》偶筆〉《春秋大事表》（北京：中華書局，1993年），頁30～
　　　　48。
〔註158〕顧棟高：〈讀《春秋》偶筆〉《春秋大事表》（北京：中華書局，1993年），頁30～
　　　　48。
〔註159〕顧棟高：〈讀《春秋》偶筆〉《春秋大事表》（北京：中華書局，1993年），頁30～
　　　　48。

錫瑞的反對。於是皮氏本著《公》、《穀》的立場，宣揚「一字褒貶」的正確性。並說：

> 以《春秋》爲一字褒貶，《公》、《穀》之古義也。以爲有貶無褒，孫復之新說也。以爲褒貶俱無者，後世習左氏之譸言也。鄭樵並三《傳》皆不信，故於三說皆不取。其不取後二說，是也；其不取前一說，非也。《春秋》一字之褒，一字之貶，兩漢諸儒及晉范寧皆明言之。左氏孤行，學者不信《公》、《穀》，於是《春秋》或日或不日，四時或具或不具，或國、或氏、或人、或名、或字、或子之類，人皆不得其解。聖人豈故爲是參差以貽後世疑惑乎？《春秋》文成數萬，其旨數千。非字字有褒貶，安得有數千之旨？若如杜預、孔穎達說，其不具者概爲闕文，則斷爛朝報之譏，誠不免矣。〔註160〕

皮氏認爲「一字褒貶」爲《公》、《穀》古義，不可違背。並批評在《左傳》流傳盛行後，造成學者不信《公》、《穀》，其結果即是不能理解《春秋》中涉及「一字褒貶」的各種義例，例如：「或日或不日，四時或具或不具，或國、或氏、或人、或名、或字、或子」等。不能理解這些義例的前提下，唯有依杜預、孔穎達的說法指爲闕文。皮氏對這種意見大表反對，但是他反對「闕文」的理由只是在質疑：「聖人豈故爲是參差以貽後世疑惑乎？」皮氏又說：

> 顧氏於《春秋》用功深，《大事表》一書，實出宋章沖、程公說之上，惟其《春秋》學，專主左氏，或於杜、孔之說，故以鄭氏爲是。其〈春秋闕文表〉，於一字褒貶之處，皆以爲偶闕。……顧氏之說非也，斷爛朝報之說起，而《春秋》廢，正由說《春秋》者闕文太多之故。南宋諸儒力反其說，如胡文定者，其穿鑿或出《公》、《穀》之外，誠未免求之過深。然文定之深文不可信，而《公》、《穀》之故說則可信。文定反斷爛朝報之說，顧氏以爲矯枉過正。顧氏反文定一字褒貶之說，以爲聖經爲斷闕不全，則仍是斷爛朝報之說矣。獨不爲矯枉過正乎？《春秋》經惟「夏五」、「伯于陽」，實是闕文，其餘後世以爲闕者，皆有說以處之，並非斷闕不全。如文定之說，由不失爲過崇聖經。如顧氏之說，已不免於蔑棄聖經矣。〔註161〕

皮氏又於文末附一段短注，他說：

〔註160〕皮錫瑞：〈論《春秋》一字褒貶不得指爲闕文〉《經學通論》（臺北市：臺灣商務印書館，1989年），頁75～77。
〔註161〕皮錫瑞：〈論《春秋》一字褒貶不得指爲闕文〉《經學通論》（臺北市：臺灣商務印書館，1989年），頁75～77。

黃澤曰：「曲經伸傳者，杜預輩是也；曲傳伸經者，胡文定諸公是也」。

〔註162〕

皮氏在此又一次地肯定《公》、《穀》故說可信，並指責顧氏以闕文來看待《春秋》中的義例，反而將《春秋》變成斷爛朝報，而無微言大義蘊藏其中。顧氏指責胡安國以一字褒貶說《春秋》，爲矯枉過正。這裡皮氏更指責顧氏以闕文說《春秋》，也同樣是種將《春秋》變作斷爛朝報的矯枉過正。而胡安國和顧氏的分別即在胡氏是「不失爲過崇聖經」，則顧氏則淪於「蔑棄聖經」。

筆者認爲值得注意的是，我們可以經由比較顧氏、皮氏的意見，察覺到《春秋》研究的兩大陣營，或是兩大傾向。而這兩者的對立和矛盾，其實非常明顯。其中的分別，姑且可以採用學者錢穆論晚清《春秋》學發展時所用的術語，這即是「左氏學與《公羊》學之不同點」。

一者在《春秋》的研讀上重視《左傳》，認爲《春秋》是史，因此應該以史學的角度來看待《春秋》。在此前提下，《春秋》中種種殘缺的文字往往被視爲因史料欠缺而造成的「闕文」。認爲研究《春秋》大義應以史事爲主，由史實所呈現的行爲善惡來判斷褒貶問題。從而在研究《春秋》的路徑上，反對拘泥於經文中一字一句間探求褒貶。換言之，即是反對「一字褒貶」的說法。另一派則是以《公》、《穀》研究爲主，在研究《春秋》的路徑上以義例爲主，以經文爲主。因此注重經文間參差不同的差異處，以爲即是孔子微言大義寄託處。他們認爲《春秋》是經，主在藉由義例表現大義，並非透過史事來表現大義。因此他們注意《春秋》經文中「或曰或不日，四時或具或不具，或國、或氏、或人、或名、或字、或子」等分別，以爲褒貶寄託其中。換言之，即是肯定「一字褒貶」的存在。認爲《春秋》中闕文甚少，其餘皆「有說以處之，並非斷闕不全」。

而這兩大陣營都各有堅持，對研讀《春秋》的路徑、重視典籍、觀點等都各自不同，並深信自己才是對於《春秋》的最佳詮釋。關於這兩大陣營的不同，似乎是一種價值上的歧異。可以說，在下列這些問題上採取何種看法，極可能偏重某個陣營。例如：《春秋》是經或史？研讀《春秋》應以義例爲主，或是以史事爲主？在典籍研究上應重視強調釋經的《公》、《穀》或是注意傳事的《左傳》等問題。

由上述的問題一一檢視，即可判斷葉氏在詮釋《春秋》上傾向何種陣營。反過來說，也能判斷此兩種陣營對葉氏「闕文」論的看法。正如上文所說，葉氏認爲《春秋》是經，主在傳達「一王大法」。並可由許多例子察覺到葉氏往往爲了維護經文的

〔註162〕 皮錫瑞：〈論《春秋》一字褒貶不得指爲闕文〉《經學通論》（臺北市：臺灣商務印書館，1989 年），頁 75～77。

正確性，而不惜反駁、扭曲《左傳》史事。最突出的例子即是在襄公七年「鄭伯髠頑如會，未見諸侯。丙戌，卒於鄵」的解釋中，三《傳》皆以爲鄭伯髠爲臣下所弒，葉氏偏說鄭伯「適卒」，偶然地過世。這可以反映葉氏基於「尊經」立場下對於史事檢擇的武斷臆測。因此，由於認爲《春秋》是經，因此重視種種以「不書」的方式表現的義例。在此觀點上，葉氏進一步宣告：「《春秋》無闕文」，他說：

> 《春秋》有闕文歟？曰：「然」。仲尼書而闕之歟？曰：「否，經成而後亡之也」。子曰：「吾猶及史之闕文也，有馬者，借人乘之，今亡矣夫」。史不及見其全文，而與之正，猶無馬不能借人，而與之乘也。是以君子慎乎闕疑。乃《春秋》則非史也，將別嫌疑，以爲萬世法則，何取於多聞哉？可及者及之，不可及者則去之而已。所以爲《春秋》者，不在是也。故《春秋》無闕文，而先儒之說，乃以爲信以傳信，疑以傳疑。納北燕伯於陽，謂之公子陽生，曰：「我知之而不革」，夫如是則《春秋》何以定天下善惡而示勸沮歟？吾是以知，凡《春秋》之闕文，非仲尼之闕疑，皆經成而後亡之者也。〔註163〕

又說：

> 《春秋》因人以見法，不求備於史，而著其人。故曰：「其事則齊桓、晉文，其文則史。」〔註164〕

這裡是葉氏對「闕文」問題最眞切的個人意見。葉氏承認在《春秋》中的確有闕文，但是這種「闕文」正如上文所述，來自於史料欠缺以及流傳過程中的散失。故說：「史不及見其全文，而與之正，猶無馬不能借人，而與之乘也。是以君子慎乎闕疑」。但是葉氏對《春秋》的眞正意見則在於強調《春秋》是經非史，旨在傳達微言大義，而不重在史事記載。

在葉氏看來，《春秋》的眞正價值在於爲萬世樹立別嫌明微的法則，因此不重在多聞，「不求備於史」。在此前提下，《春秋》是孔子精心著作的寶典，旨在述法，不在傳史。所有的殘缺不足的經文，其實都是以「不書」方式表現的義例，故「《春秋》無闕文」。

在葉氏針對《春秋》刻意樹立起如此的認知標準後，進一步葉氏批評三《傳》中不合標準的經義解釋。強調《春秋》是經，不取多聞，這點針對《左傳》。至於《公》、《穀》，則批評《穀梁傳》桓公五年「信以傳信，疑以傳疑」〔註165〕以及《公羊傳》

〔註163〕 葉夢得：《葉氏春秋傳》（臺灣商務印書館影文淵閣四庫全書本，149 冊），頁 36。
〔註164〕 葉夢得：《葉氏春秋傳》（臺灣商務印書館影文淵閣四庫全書本，149 冊），頁 48。
〔註165〕 《春秋穀梁傳注疏》（北京：北京大學出版社，十三經注疏標點本，1999 年），頁

昭公十二年「伯于陽」〔註166〕之事。在葉氏看來，如果真如《公》、《穀》所說「信以傳信，疑以傳疑」、「知之而不革」，這無異將《春秋》經文等同魯史，換言之即是杜預「經承赴告」之說。上文提到，葉氏在赴告問題上認為：「經者，約魯史而為者也。史者，承赴告而書者也」，並強調經文不等同魯史。孔子作《春秋》，其意義即在於根據魯史透過筆削褒貶來賦予大義。從而《春秋》經文的短闕處並非「闕文」，而是義例所在。這裡《公》、《穀》的說法無異混淆了孔子寄託微言大義的特別用心，因此遭到葉氏不點名的批評。

綜上所述，經由比較顧氏、皮氏兩家對「闕文」問題的意見後，我們可以察覺在《春秋》學研究上存在著的兩大陣營，或是兩大傾向。這其中的分別，可概括為「左氏學與《公羊》學」的不同。

一者在《春秋》的研讀上重視《左傳》，認為《春秋》是史，因此應以史學的角度來看待《春秋》。在此前提下，《春秋》中種種殘缺的文字往往被視為因史料欠缺造成的「闕文」。認為研究《春秋》大義應以史事為主，由史實所呈現的行為善惡來判斷褒貶問題，反對「一字褒貶」的說法。

另一派則是以《公》、《穀》研究為主，在研究《春秋》的路徑上以義例為主，以經文為重。因此注重經文間參差不同的差異處，以為即是孔子微言大義寄託處。他們認為《春秋》是經，主在藉由義例表現大義，並非透過史事來表現大義，肯定「一字褒貶」的存在。認為《春秋》中闕文甚少，其餘皆「有說以處之，並非斷闕不全」。

關於這兩大陣營的不同，在筆者看來似乎是一種價值上的歧異。進一步即可判斷葉氏在詮釋《春秋》上傾向何種陣營。反過來說，也能判斷此兩種陣營對葉氏「闕文」論的看法。在葉氏的《春秋》學研究中，葉氏認為《春秋》是經非史，旨在傳達「一王大法」。因此說：「《春秋》因人以見法，不求備於史，而著其人」。葉氏強調《春秋》並不重在「信以傳信，疑以傳疑」地載錄史實，而重在透過筆削褒貶等方式來傳達大義。

因此，《春秋》中種種「或國、或氏、或人、或名、或字、或子」等分別，並非「闕文」，而是義例所在。如「天王去『天』以示貶」、「桓無王」、「桓公四年、七年，皆闕二時」等例。從而葉氏認為，除了「史失之，而經不能益者；有經成亡之，而後世不敢益者」這兩種「闕文」外，就《春秋》為後世立一王大法的前提來說，「《春秋》無闕文」。

40。

〔註166〕 《春秋公羊傳注疏》（北京：北京大學出版社，十三經注疏標點本，1999 年），頁493。

第三節 稽合事、義的解經方式

葉氏「尊經」理念的先驅，亦即中唐的《春秋》學家啖助曾說：

> 三《傳》所記，本皆不謬。後人不曉，而以濫說附益其中，非純是本
> 說。故當擇而用之，亦披沙揀金，錯薪刈楚之義也。〔註167〕

啖氏以「擇而用之」的態度，去取三《傳》。在取此去彼之間，不免淪於師心自用，主觀臆測。宋代學者宋祁即對此大表不滿，他在《新唐書·啖助傳》中說：

> 左氏與孔子同時，以魯史附《春秋》作傳，而公羊高、穀梁赤皆出子
> 夏門人。三家言經，各有回舛，然猶悉本之聖人，其得與失蓋十五，義或
> 繆誤，先儒畏聖人，不敢輒改也。啖助在唐，名治《春秋》，摭訕三家，
> 不本所承，自用名學，憑私臆決，尊之曰：「孔子意也」，趙、陸從而唱之，
> 遂顯於時。嗚呼！孔子沒乃數千年，助所推著果其意乎？其未可必也。以
> 未可必而必之，則固；持一己之固而倡茲世，則誣。誣與固，君子所不取。
> 助果謂可乎？徒令後生穿鑿詭辨，詬前人，捨成說，而自為紛紛，助所階
> 已。〔註168〕

不僅宋祁如此說，學者晁公武亦謂：

> 大抵啖、趙以前學者，皆專門名家，苟有不通，寧言經誤，其失也固
> 陋；啖、趙以後，學者喜援經擊傳，其或未明，則憑私臆決，其失也穿鑿。
> 均之失聖人之旨，而穿鑿之害為甚。〔註169〕

宋氏、晁氏均對啖、趙學派的穿鑿臆測學風大表不滿。經現代學者沈玉成研究，兩家對於啖、趙學派的指責並非無的放矢。沈玉成就趙匡討論《春秋》經文中「次」字的說法時，指出啖、趙學派主觀臆測的特點。對於「次」字，趙匡說：

> 凡師駐曰：「次」，惡興師也。（陸淳注：言非奉王伯之命以討罪救
> 亂，則不當興之，惡其興師無名，故書次以譏之。）兵者，亂之大者。
> 次猶不可，況侵伐乎？……左氏云：「凡師一宿為舍，再宿為信，過信
> 為次」按經無「信」、「舍」之文，此例亦妄也。《公》、《穀》解次，悉
> 云：「有畏」，非也。夫子意在刺其無王命而興師，書之以懲亂耳，豈譏
> 其懦怯哉？若譏其懦怯，則當褒其勇者，《春秋》乃鼓亂之書也，決無

〔註167〕陸淳：〈啖子取捨三傳義例第六〉《春秋集傳纂例》（臺灣商務印書館影文淵閣四庫
　　　　全書本，146冊），頁386～388。

〔註168〕歐陽修、宋祁合撰，楊家駱主編：《新校本新唐書》（臺北市：鼎文書局，1976年），
　　　　頁5707。

〔註169〕晁公武：《郡齋讀書志》（臺北市：廣文書局，1967年），頁103。

是理。〔註170〕

關於趙匡的說法，沈玉成指責說：

> 不需要任何證據，單憑經文不見「舍」、信」，就可以判定《左傳》為
> 妄說；同樣不需要任何證據，又可以判定「次」是聖人譏其師出無名。信
> 從《公》、《穀》中主觀臆說的學者，總是用公羊、穀梁氏之學受之于子夏
> 來為自己狀膽，但啖、趙、陸上拒孔子已經一千多年，又憑著什麼特異功
> 能而直探聖人命筆時的用意？諸如此類的例子，書中觸目皆是，舉其一
> 端，足概其餘。〔註171〕

沈氏精闢地指出啖、趙學派解經時主觀臆測的缺失。在經學意見上亦步亦趨跟隨啖、趙的葉夢得，在解經時也同樣出現這種缺失。例如上文提到葉氏基於「尊經」立場非難《左傳》的記事，以及「憑私臆決」建構出的《春秋》大義。

但另外一方面，我們也看到葉氏的確試圖結合儒家經典中包含的義理、禮制，根據經典義涵來豐富自身《春秋》學的內容。換言之，即採用旁徵博引的方式，來使葉氏自身的看法更為信而有徵。例如葉氏在論「一見法焉」時所表現出來的豐碩經典研究成果。

不僅如此，葉氏並綜合有關《春秋》、三《傳》性質的認識，根據自己的研究經驗以歸納出探究《春秋》應該採行的方法論。如果說在三《傳》性質的問題上葉氏大部分因襲了啖、趙學派的說法，但在治經途徑上葉氏則是以稽合「事」、「義」的方式建立自身專有的方法論。

一、治經方法的提出

葉氏在《葉氏春秋傳・序》中，提出研究《春秋》應採行的方法論。值得注意的是，葉氏的說法是建立在對三《傳》性質的體認上。至於葉氏如何認識三《傳》的性質？主要是根據啖、趙學派的經學意見。啖、趙學派認為「《公》、《穀》守經，左氏通史」，葉氏據此提出研究《春秋》應該注意的方法論，他說：

> 左氏傳事不傳義，是以詳於史而事未必實，以不知經故也。《公羊》、
> 《穀梁》傳義不傳事，是以詳於經而義未必當，以不知史故也。……不得
> 於事，則考於義；不得於義，則考於事。事、義更相發明。〔註172〕

這裡可以看出葉氏以「事」、「義」的觀點來概括《左傳》和《公》、《穀》的性質，

〔註170〕陸淳：《春秋集傳纂例》（臺灣商務印書館影文淵閣四庫全書本，146 冊），頁 464。
〔註171〕沈玉成、劉寧：《春秋左傳學史稿》（江蘇省，江蘇古籍出版社，2000 年），頁 196。
〔註172〕葉夢得：《葉氏春秋傳》（臺灣商務印書館影文淵閣四庫全書本，149 冊），頁 3。

並認爲學者應把握三《傳》各自的性質以研究《春秋》。進而葉氏認爲「事」、「義」這兩者可以互相補充，學者應靈活掌握「事」、「義」以「更相發明」。葉氏又說：

> 《春秋》有可以事見者，求以事；事不可見而可以例見者，求以例。事與例，義在其中矣。有事與例俱不可見，而義獨可推者，求以義。義者，理之所在也。有事與例與義，俱不可見，而意可通者，求以意。意者，人情之所同也。莫易乎事，莫難乎意。〔註173〕

這裡是上述〈序文〉說法的再次延伸，基本的觀念還是在於掌握「事」、「義」兩方面。葉氏強調如果可以根據史事，即就根據史事來研究。如果可以根據經文歸納出的義例，即根據義例來分析。能靈活把握「事」、「義」這兩部分，即可理解《春秋》大義。如果這些作法仍有不足，葉氏補充說我們仍可根據事理以及合乎人情的推定，來推論《春秋》可能包含的微言大義。這即是葉氏所強調研究《春秋》應採行的研究途徑。

應該注意的是，葉氏提出的方法論不是只停留在理論建構上，在他的著作中可以發現葉氏即身體力行地貫徹了他的理論。

例如他處理僖公四年「許男新臣卒」以及宣公九年「晉侯卒於扈」兩條經例，他說：

> 僖四年春「公、齊侯、宋公、陳侯、衛侯、鄭伯、許男、曹伯侵蔡，遂伐楚。夏，許男新臣卒。楚屈完來盟於師。」以例推之，許男之卒師，猶未還，當書「卒於師」，而不言師。宣九年九月書「晉侯、宋公、衛侯、鄭伯、曹伯會于扈。晉荀林父帥師伐陳。辛酉，晉侯黑臀卒于扈。」以例推之，晉侯之卒尚在扈，則當書「卒於會」，而不言會。此事不可見，而又與例違。求其義，則褒貶無預焉。而左氏解許男乃爲卒於師，而晉侯不爲說，固不知經也。《穀梁》以許男爲內桓師。凡推齊侯每異于他諸侯者，《公羊》、《穀梁》之意，非《春秋》之旨也。桓師非湯武之兵，何內之有？《公羊》解晉侯以扈爲晉邑，諸侯卒其封內不地，此自《公羊》之誤。若爲其在會，則自當言會，不當言地。《穀梁》曰：「其地於外也，其日未踰境也。」則《穀梁》蓋不別卒於會，卒於外之辨，其陋與左氏言許男同矣。此皆不得其事與例，而強以義求之之過也。若以意推之，則許男雖從伐楚之師，而以疾先歸，卒於國中，安得不以常例書卒乎？不言先歸，但以卒見，可知其在國中也。晉侯雖會于扈，而中隔晉荀林父帥師伐陳，則會扈

〔註173〕葉夢得：《葉氏春秋考》（臺灣商務印書館影文淵閣四庫全書本，149冊），頁259。

之諸侯已散，晉侯以疾獨留而卒，則安得不以常例書地乎？不言其留，但以地見，可知其非會也。此亦孟子論詩所謂「以意逆志，是爲得之者」。學《春秋》而至是，然後能出傳註之外，而察千載之上，如在其目前也。〔註174〕

葉氏即根據上述所說的方法，試圖解決「許男新臣卒」、「晉侯卒於扈」兩條經例，來釐清事實的眞相爲何？亦即找出許男、晉侯實際過世的地點。在解經方法上，葉氏解經基本上以「尊經」爲前提，然後才考慮如何根據「事」、「義」兩方面來理解《春秋》。《左傳·僖公四年》曰：「許穆公卒於師，葬之以侯，禮也」〔註175〕，但在「晉侯卒於扈」下，《左傳》無說。葉氏認爲《左傳》的說法不能充分說明《春秋》記事體例。

除此之外，在葉氏看來，如果在軍旅之間過世，當書「卒於師」，不當書「許男新臣卒」。如果在盟會間過世，應書「卒於會」，不應書「晉侯黑臀卒于扈」。葉氏於是推論許男應該因爲生病而先歸許國，在國內去世，所以《春秋》才以常例書之。在晉侯的例子中，根據文義推敲，應是盟會解散，晉侯在扈地過世。有關上述的推論，葉氏認爲自己活用了「以意逆志」的方法，根據「事」、「義」來推求事實。應該補充的是，在此例子中，葉氏最堅實的例證即根據《春秋》歸納出的敘事體例，他說：

> 扈，晉地也。何以不言卒於會？會散矣。晉侯以疾留而卒也。卒於寢，正也。卒於外，非正也。卒，人道之終也。正不正，不可以不謹，故凡不卒於正寢者，必地焉。魯君卒于路寢、小寢、楚宮、臺下且志，況其國外乎？〔註176〕

葉氏根據魯君過世時，《春秋》的記載，歸納出在諸侯卒時的記事體例。因此才認爲「以例推之，許男之卒師，猶未還，當書『卒於師』」、「以例推之，晉侯之卒尙在扈，則當書『卒於會』」。但是《春秋》並不如此記載，可見「卒於師」、「卒於會」均非正確的解釋。在桓公元年「三月，公會鄭伯于垂」下，葉氏說：

> 公何以會鄭伯，求免於鄭也。葉子曰：「垂之會，三《傳》皆不著其說。吾何以知其爲求免於鄭歟？放弒其君，則殘之，周公之刑也。周衰，王政不行於天下，列國有弒其君者，非特天子不能討，方伯不能正，而有幸而求免焉？衛州籲弒桓公而立，未能和其民，厚問定君於石碏。石碏曰：『王

〔註174〕 葉夢得：《葉氏春秋考》（臺灣商務印書館影文淵閣四庫全書本，149 冊），頁 260。
〔註175〕 《春秋左傳正義》（北京：北京大學出版社，十三經注疏標點本，1999 年），頁 334。
〔註176〕 葉夢得：《葉氏春秋傳》（臺灣商務印書館影文淵閣四庫全書本，149 冊），頁 152。

觀爲可』，於是教之使朝陳，而請觀。曹負芻殺宣公之子而自立，諸侯與會
於戚，而執之。曹人請於晉曰：『若有罪，則君列諸會矣』亂臣賊子之所懼
者，天子與侯伯爾。天子而與之觀，諸侯而與之會，是既許之爲君矣。後
雖有欲討者，無所加兵焉，此周之末造也。宣公弒子赤，而會齊侯于平州，
左氏以爲定公位。齊人於是取濟西田以爲賂。左氏亦既言之，桓之會鄭，
非齊之與宣會歟？鄭伯以璧假許田，則濟西之會也。蓋自隱公初，齊、晉
猶未強，鄭莊公獨雄諸侯，及使宛來歸邴之後，隱遂舍宋而事鄭。伐宋入
許，無不與之同者。此桓之所畏也。是其首求於鄭者歟？鄭既得賂，然後
始固好，而爲越之盟，故稱及焉。及者，內爲志也。……《春秋》有屬辭
比事而可見者，吾故以負芻之討平州之役而知其然也。」〔註177〕

爲了理解桓公元年「公會鄭伯于垂」這條經例的內涵，葉氏認爲應採取「屬辭比事」
的方式來進行研究。其實仍是靈活運用「事」、「義」兩個層面來交互說明。葉氏認
爲，這條經文雖然三《傳》沒有說明，仍可參考當時的歷史局勢以及《春秋》經例
予以說明。簡單的說，葉氏援引同樣是以弒君的手段即位的宣公初年發生的史實，
來和桓公此事相比對。宣公以弒君手段即位，爲求得鄰近齊國的外交承認，以濟西
田作爲賄賂。因此，桓公也可能爲求得穩定政權，以許田交換當時強國鄭國的外交
認可。對照比較，即可釐清《春秋》此條的意涵。這仍是葉氏在「事」、「義」層面
上交互運用得出的研究成果。

　　綜上所述，葉氏所謂研究《春秋》應當採行的方法論，其實是來自他對三《傳》
性質的認識。葉氏以「事」、「義」的觀點來概括《左傳》和《公》、《穀》的性質，
從而認爲學者應把握三《傳》各自的性質，靈活掌握「事」、「義」來研究《春秋》。
葉氏不僅在理論上提出可供參考的研究方法，並在著作中身體力行地落實他所標舉
的研究方法，提出豐碩而又值得參考的研究成果。

二、「傳事不傳義」、「傳義不傳事」考辨

　　葉氏說：「左氏傳事不傳義，是以詳於史而事未必實，以不知經故也。《公羊》、
《穀梁》傳義不傳事，是以詳於經而義未必當，以不知史故也」。這是葉氏對三《傳》
性質的歸納，也是對三《傳》解經重點的批評。這個看法不是葉氏根據《春秋》研
究簡單概括出的表面印象，在葉氏的著作中其實不乏具體指涉的例證。例如在《葉
氏春秋考》中，他說：

―――――――――

〔註177〕葉夢得：《葉氏春秋傳》（臺灣商務印書館影文淵閣四庫全書本，149 冊），頁 28。

蔡平公盧卒，世子有之，子朱立。費無極取貨于隱太子之子東國，而逐朱，復立東國。左氏云然。經故書「蔡侯朱出奔楚」蔡君蓋有朱又有東國也。《穀梁》傳之，誤以朱為東，不知其為二人也。意東國而貶其名則曰：「『東』者，東國也。何為謂之『東』也？王父誘而殺焉，父執而用焉，奔而又奔之，曰『東』，惡之而貶之也。」《春秋》豈有二名去其一字以為貶者哉？此不知其事，而妄為之義者也。由是觀之……以《穀梁》為傳義而可信乎？則非其說而臆取之，有如東者。學者亦可以少警矣。〔註178〕

在昭公二十一年「蔡侯朱出奔楚」的例子中，《左傳》記事和《穀梁》不同。在葉氏看來，《春秋》並無「二名去其一字」作為貶斥的經例，因此《穀梁》的說法無異杜撰。故葉氏指責《穀梁》「以《穀梁》為傳義而可信乎？則非其說而臆取之，有如東者」。而此處《穀梁》的缺失，即在於對史事缺乏瞭解。這是葉氏批評《公羊》、《穀梁》「傳義不傳事，是以詳於經而義未必當，以不知史故也」。

至於葉氏對《左傳》的批評，則著眼於「左氏傳事不傳義，是以詳於史而事未必實，以不知經故也」這個觀點。這裡應該特別指出，所謂「左氏傳事不傳義」，不是認為《左傳》詳備的記事不足以輔助經義，史實記載中並無任何義理蘊含其中。在葉氏看來，「左氏傳事不傳義」有其特殊意涵，其實是指《左傳》在義例解釋上多有矛盾粗疏。因此只有詳備的記事可供解經方面的參考，在義例分析以及評論上多有不足。近代學者徐復觀曾分析《左傳》之傳《春秋》的數種形式，他說：

《左傳》之傳《春秋》，可分為四種形式。一是以補《春秋》者傳《春秋》。如隱元年傳「費伯帥師城郎。不書，非公命也。」……魯《春秋》有，而孔子所傳的《春秋》沒有，左氏採魯《春秋》以補其缺，蓋對孔子所以不採用之故，加以解釋。第二種是以書法的解釋傳《春秋》。……第三種，是以簡捷的判斷傳《春秋》。隱元年經「秋七月，天王使宰咺來歸惠公、仲子之賵」傳「預凶事，非禮也」……第四，是以「君子曰」的形式，發表自己的意見。……上面四種「傳《春秋》」的形式，除第一種為《公》、《穀》所無外，餘皆為三《傳》所通有。……左氏所用的四種傳經的形式，與《公》、《穀》所用的形式，皆可以概稱之為「以義傳經」。而左氏在四種以義傳經之外，更重要的是「以史傳經」。〔註179〕

徐復觀分析《左傳》的內容，就解經方式予以細分兩大類，一是「以義傳經」，一是「以史傳經」。「以義傳經」又可細分四項。但在葉氏看來，所謂「左氏傳事不傳義」，

〔註178〕葉夢得：《葉氏春秋考》（臺灣商務印書館影文淵閣四庫全書本，149冊），頁300。
〔註179〕徐復觀：《兩漢思想史‧卷三》（臺北市：台灣學生書局，1979年），頁270。

即指《左傳》僅「以史傳經」，而無法「以義傳經」。

葉氏認爲《春秋》是經非史，主在透過義例傳達微言大義。對葉氏來說，《左傳》中歸納出的義例以及說明，往往不能正確地說明經旨。所以他只認爲《左傳》在解經上僅提供後來學者史事的敘述，即所謂「以史傳經」。但對經義及義例的掌握上並無幫助。用徐氏的術語說，葉氏即認爲《左傳》「以義傳經」中的第二、三、四類均不可靠。在葉氏的研究中，《左傳》義例的缺失很多，例如在隱公時公子翬與公子豫之事，葉氏說：

> 言翬與公子豫，左氏同以爲請師，公不從而專行者也。而經見「翬伐鄭」，不見「豫盟翼」，書翬而不書豫，則何理乎？《春秋》者，別嫌明微，定天下邪正，將使亂臣賊子聞之而懼者也。今十室之邑同罪異罰，尚不足服其眾，謂《春秋》爲萬世法而爲之，其亦不足信矣。〔註180〕

葉氏所舉出的例子，涉及《左傳》隱公元年、四年兩條記載。《左傳·隱公元年》說：

> 鄭共叔之亂，公孫滑出奔衛。衛人爲之伐鄭，取廩延。鄭人以王師、虢師伐衛南鄙。請師於邾，邾子使私於公子豫。豫請往，公弗許，遂行，及邾人、鄭人盟於翼。不書，非公命也。〔註181〕

《左傳·隱公四年》又說：

> 秋，諸侯復伐鄭。宋公使來乞師，公辭之。羽父請以師會之，公弗許。固請而行。故書曰：「翬帥師」，疾之也。諸侯之師敗鄭徒兵，取其禾而還。〔註182〕

比對這兩條資料，可以發現同樣是違背魯君命令，但是在《春秋》經文中卻有「不書」以及「書曰『翬帥師』」兩種處理方式。這裡明顯是個經義解說上的矛盾，在葉氏看來《左傳》對此的解說不能符合《春秋》「別嫌明微，定天下邪正」的需要，從而招致葉氏「同罪異罰」的貶斥。

在文公十四年「齊人執單伯」下，葉氏說：

> 單伯以事使於齊者也。何以不稱行人？單伯之執，非以其事也。商人暴子叔姬，單伯因使而爲之請，曰：「既殺其子，安用其母」商人怒，遂執單伯，非伯討也，故以人執。葉子曰：「單伯，左氏以爲王大夫，而《公羊》、《穀梁》以爲魯大夫道淫子叔姬而見執。左氏固已失矣，二傳亦得之而未盡也。『戎伐凡伯以歸』不言執，《穀梁》謂以一人同一國，大天子之

〔註180〕　葉夢得：《葉氏春秋考》（臺灣商務印書館影文淵閣四庫全書本，149 冊），頁 295。
〔註181〕　《春秋左傳正義》（北京：北京大學出版社，十三經注疏標點本，1999 年），頁 63。
〔註182〕　《春秋左傳正義》（北京：北京大學出版社，十三經注疏標點本，1999 年），頁 87。

命。《春秋》施之於戎猶爾，豈中國執天子之使，而反與諸侯之辭一施之乎？王大夫適他國，初不書於《春秋》。『州公如曹』『劉夏逆王后于齊』，皆因過我而得見也。則單伯何以得獨書？經書『單伯至自齊』，且執王大夫，而魯書至，此尤理之必不然者。蓋左氏傳事不傳義也，《公羊》、《穀梁》雖以為魯大夫，然求其執而不得則意，其為道淫，不近人情愈甚，蓋二氏傳義不傳事也。」〔註183〕

在這段資料中，爭議的是凡伯的身份，以及凡伯被齊人捉拿的原因。凡伯曾在莊公元年的經文出現，《公羊傳》說：

單伯者何？吾大夫之命乎天子者也。〔註184〕

《穀梁傳》亦同此說，曰：

單伯者何？吾大夫之命乎天子者也。〔註185〕

但是杜預說：

單伯，天子卿也。〔註186〕

於是這裡出現身份的爭議。並且在文公十四年的經文中，《左傳》記事又和《公》、《穀》不同。《左傳》說：

襄仲使告于王，請以王寵求昭姬於齊，曰：「殺其子，焉用其母？請受而罪之。」冬，單伯如齊請子叔姬，齊人執之。又執子叔姬。〔註187〕

在《左傳》看來，單伯是以天子卿大夫的身份，介入齊國的政治紛爭中。在此之前，齊國發生公子商人弒君即位的政治慘變。被弒的國君公子舍即是子叔姬的孩子。魯國大夫襄仲於是朝見周天子，希望借助周王室的威嚴以求取子叔姬。理由即是「殺其子，焉用其母？請受而罪之」，單伯即是周天子的代表，來斡旋這件事。但是《公羊》、《穀梁》卻對此事有不同看法。《公羊傳》說：

單伯之罪何？道淫也。惡乎淫？淫乎子叔姬。然則曷為不言齊人執單伯及子叔姬？內辭也，使若異罪然。〔註188〕

《穀梁傳》說：

〔註183〕 葉夢得：《葉氏春秋傳》（臺灣商務印書館影文淵閣四庫全書本，149 冊），頁 140。
〔註184〕 《春秋公羊傳注疏》（北京：北京大學出版社，十三經注疏標點本，1999 年），頁 114。
〔註185〕 《春秋穀梁傳注疏》（北京：北京大學出版社，十三經注疏標點本，1999 年），頁 61。
〔註186〕 《春秋左傳正義》（北京：北京大學出版社，十三經注疏標點本，1999 年），頁 215。
〔註187〕 《春秋左傳正義》（北京：北京大學出版社，十三經注疏標點本，1999 年），頁 553。
〔註188〕 《春秋公羊傳注疏》（北京：北京大學出版社，十三經注疏標點本，1999 年），頁 309。

私罪也。單伯淫于齊，齊人執之。〔註189〕

在《公》、《穀》看來，單伯被捉拿卻因爲單伯和子叔姬通姦。面對這些疑點，葉氏認爲《左傳》和《公》、《穀》的說法都有問題，並以爲於原因出於「左氏傳事不傳義也，《公羊》、《穀梁》……蓋二氏傳義不傳事也。」

在單伯的身份問題上，葉氏的論點有兩個，第一，葉氏援引文公十五年「單伯至自齊」，認爲這是魯國記載魯大夫的文字。根據經文，一般王大夫不書「至」。第二，從隱公七年「戎伐凡伯以歸」的例子看，《穀梁傳》說：

> 凡伯者，何也？天子之大夫也。國而曰伐，此一人而曰伐，何也？大
> 天子之命也。戎者，衛也；戎衛者，爲其伐天子之使，貶而戎之也。楚丘，
> 衛之邑也。以歸，猶愈乎執也。〔註190〕

凡伯貴爲天子大夫。一但被捉拿，《春秋》不用「執」字而用「伐」字，「以一人同一國」，表示對於周天子的尊重。如果單伯眞如杜預所說爲天子的大夫，《春秋》不該用不符他身份的「執」字，書「齊人執單伯」。因此，葉氏根據經例認爲單伯是魯大夫，杜預的說法錯誤。

至於注解《左傳》的杜預爲何說錯？在葉氏看來即是因爲「左氏傳事不傳義，是以詳於史而事未必實，以不知經故也」。《公》、《穀》雖然認清單伯其實是魯國大夫，可是卻不明白單伯被捉拿的原因。葉氏以爲「道淫」之說，「不近人情愈甚」。在筆者看來這其實非常主觀武斷，但是葉氏卻以如此主觀臆測的說法，來證明他一向主張的觀點：「蓋二氏傳義不傳事也」。從文公十四年這條經例，可以發現葉氏對於《左傳》即《公》、《穀》的看法。

在宣公二年「晉趙盾弒其君夷皋」的例子中，葉氏更明白地說明他對三《傳》的看法，他說：

> 此弒者，趙穿也。曷以爲盾主弒？盾，正卿也。臣弒君，在官者殺無
> 赦。盾有憾於靈公，而出。聞靈公弒，未越境，非君命而自復，不討穿，
> 反與之並列於朝，君子以爲此同乎欲弒靈公者，特假手於穿爾。是以探其
> 惡而誅也。葉子曰：「左氏記盾事，載孔子之言稱盾能爲法受惡，爲良大
> 夫而許之，以越竟乃免。此非孔子之言也。弒君，天下之大惡也。有爲，
> 不爲爾，使與聞乎弒，雖在四海之外，無所逃，則安取於越竟？使不與聞，

〔註189〕《春秋穀梁傳注疏》（北京：北京大學出版社，十三經注疏標點本，1999 年），頁180。
〔註190〕《春秋穀梁傳注疏》（北京：北京大學出版社，十三經注疏標點本，1999 年），頁24。

雖在朝，如晏子，其誰敢責之？而況已出？《春秋》書盾，非以其實弒也。穀梁氏載董狐之言曰：「子爲正卿，入諫不聽，出亡不遠，反不討賊，則志同。志同則書重，非子而誰？」是蓋推盾之志而加之弒者也。左氏傳史不傳經，故雖得於三言，而莫知《春秋》之義，正在於志同則書重，乃略而不言，則盾爲實弒矣。安有實弒君而爲法受惡？是區區何足言者，猶得爲良大夫乎？親弒其君者，其惡易見；假手以弒其君者，其惡難察。使盾而得免，則亂臣賊子，皆將假諸人以肆其惡，甚乎親弒君者矣。故以趙盾一見法焉。」〔註191〕

在這條經文所涉及的史實中，殺害晉君的人其實是趙穿，但是《春秋》特別記載趙盾，這裡面其實寄託了深刻的意義。關於此事，《左傳》說：

> 乙丑，趙穿攻靈公於桃園。宣子未出山而復。大史書曰：「趙盾弒其君」，以示於朝。宣子曰：「不然。」對曰：「子爲正卿，亡不越竟，反不討賊，非子而誰？」宣子曰：「烏呼！『我之懷矣，自詒伊慼』，其我之謂矣。」孔子曰：「董狐，古之良史也，書法不隱。趙宣子，古之良大夫也，爲法受惡。惜也，越竟乃免。」〔註192〕

在葉氏看來，特地標舉「趙盾弒其君」，在於特地爲天下後世設立一道君臣大防。根據《左傳》，儘管眞正下手殺害君主的是趙穿，晉史董狐卻認爲趙盾身爲正卿，執政大夫，在事發時雖然逃亡，卻未出境。回到國都以後，卻又沒有誅殺兇手。這意味著趙盾其實默許弒君事實的發生，因此董狐刻意標舉趙盾，使其背負主要責任。葉氏進一步認爲眞正弒君的兇手容易發現，但是假手他人借刀殺人的奸臣不易察覺。《春秋》特別以趙盾作爲主要兇手，即在於譴責趙盾默許弒君事實發生的心意，並避免姑息後來的亂臣賊子假借他人弒殺君主的罪惡。值得注意的是，《左傳》和《穀梁傳》對於董狐的說法記載略有出入。《左傳》說：

> 子爲正卿，亡不越竟，反不討賊，非子而誰？〔註193〕

《穀梁傳》說：

> 子爲正卿，入諫不聽。出亡不遠，君弒，反不討賊，則志同。志同則書重，非子而誰？〔註194〕

〔註191〕 葉夢得：《葉氏春秋傳》（臺灣商務印書館影文淵閣四庫全書本，149 冊），頁 146。
〔註192〕 《春秋左傳正義》（北京：北京大學出版社，十三經注疏標點本，1999 年），頁 597。
〔註193〕 《春秋左傳正義》（北京：北京大學出版社，十三經注疏標點本，1999 年），頁 598。
〔註194〕 《春秋穀梁傳注疏》（北京：北京大學出版社，十三經注疏標點本，1999 年），頁 190。

這裡的不同，即於《左傳》略去了「志同則書重」這句話。葉氏認爲這是理解此條經義的關鍵文字，《春秋》即是依照這條原則，才不記載眞正下手的趙穿，而是記載當時職責更爲重大的晉國正卿趙盾，責備趙盾姑息兇手、默許弑君的心意，並警惕後世亂臣賊子不敢胡作非爲。《左傳》漏去的觀念，在葉氏看來即是「左氏傳史不傳經，故雖得於三言，而莫知《春秋》之義」的最好證據。因此，可以發現葉氏往往批評《左傳》在義例分析上的矛盾缺失，斷言「左氏傳事不傳義」，其原因即在於認爲《左傳》對於義例的解說不合經旨，或是不能充分解釋經文。

　　除了批評《左傳》解說不合經文，葉氏並連帶批評《左傳》中常常出現的「仲尼曰」、「君子曰」，以爲可能不合經義而不可盡信，他說：

> 左氏載「仲尼曰」、「君子曰」，兩者不同。君子即孔子，似是其弟子所記。或當時尊之者之傳，然未必皆實。或有所附會，不可盡信。如趙盾事，仲尼曰：「董狐，古之良史也，書法不隱。趙宣子，古之良大夫也，爲法受惡。惜也，越竟乃免。」此語《公羊》、《穀梁》不載，今謂董狐書法不隱，爲良史，可也。謂趙盾爲法受惡，方加以弑君，便進以良大夫，固已不倫，然猶云可也。至於越竟乃免，則於理爲大害。夫《春秋》論實弑、不實弑爾。實弑者，以法而正書弑。非實弑者，以義而加之弑。今以盾非實弑，責其不討賊而加之弑，則自不當論免、不免。縱越竟而反，不討賊，亦當加弑矣。若實弑者，在國亦誅，越竟亦誅，無所逃於天地之間，尚何以越竟爲限乎？此乃晉史盾之黨，爲盾辭，而假之孔子，左氏不能辨也。故其載董狐語，略而不全。《公羊》曰：「人弑爾君，復國不討賊，此非弑君如何？」《穀梁》曰：「反不討賊，則志同。志同則書重，非子而誰？」今「非子而誰」語三家略同，而左氏獨略去「人弑爾君」及「志同志（案：應作書字，葉氏誤）重」之言，直曰：「亡不越竟，反不討賊，非子而誰？」若此，即盾乃與聞乎弑者矣。安得更有爲法受惡之事乎？以是推之，凡左氏稱仲尼、君子之言，學者要當折之以經，參之以理，而後可信也。〔註195〕

葉氏這一大段分析，主在駁斥《左傳》針對趙盾事所記載的孔子言論。孔子說：「董狐，古之良史也，書法不隱。趙宣子，古之良大夫也，爲法受惡。惜也，越竟乃免。」葉氏認爲無論如何趙盾事絕無「越竟乃免」的可能。葉氏的觀點出自《禮記・檀弓》：「臣弑君，凡在官者殺無赦；子弑父，凡在宮者殺無赦。」〔註196〕認爲只要是弑君

〔註195〕　葉夢得：《葉氏春秋考》（臺灣商務印書館影文淵閣四庫全書本，149 冊），頁 295。
〔註196〕　《禮記正義》（北京：北京大學出版社，十三經注疏標點本，1999 年），頁 317。

的兇手，不管是真正下手的趙穿，或是默許的晉國正卿趙盾，都不可姑息，都得背負弒殺君主的責任。對趙盾來說，絕無可能因為事發時的確遠出國境，就能免除弒君的罪責。

葉氏並推測《左傳》這段記載，其實出自趙盾的黨羽附會，左氏不能明辨，從而妄自收錄在《左傳》中。因此，葉氏認為，面對《左傳》的「君子曰」、「仲尼曰」，學者應當要「折之以經，參之以理」，經過一番檢證後才能相信。

綜上所述，葉氏認為「左氏傳事不傳義，是以詳於史而事未必實，以不知經故也。《公羊》、《穀梁》傳義不傳事，是以詳於經而義未必當，以不知史故也」這個看法不是葉氏簡單概括的評語，在葉氏的著作中其實不乏具體的例證。

在葉氏看來，《左傳》在解經上「傳事不傳義」，這裡的「義」其實指涉對於《春秋》經文的解說以及義例的分析。葉氏強調《左傳》「傳事不傳義」，並非認為《左傳》中豐富記載的人物言行、讜言善訓、知謀功業等不足輔助經義，而是強調《左傳》在解釋經例時說法的矛盾和缺漏。換言之，即是強調《左傳》僅能「以史傳經」，但不足以「以義傳經」。

不僅《左傳》對《春秋》書法的解釋多有缺漏，其中的「君子曰」、「仲尼曰」亦「或有所附會，不可盡信」。至於《公》、《穀》，葉氏則強調「《公羊》、《穀梁》傳義不傳事」，認為《公》、《穀》旨在傳經，不重記事。甚至可以找到《公羊》、《穀梁》記事的錯誤，例如昭公二十一年「蔡侯朱出奔楚」、以及文公十四年「齊人執單伯」的例子。因此可說《公》、《穀》「以義傳經」，但不足以「以史傳經」。從而葉氏歸結出「左氏傳事不傳義」、「《公羊》、《穀梁》傳義不傳事」的觀點，說明《左傳》與《公》、《穀》各自的解經特質以及在解經時應該扮演的角色。也為後來研究者釐清三《傳》研究中應當注意的焦點所在。

三、葉氏對孫復、蘇轍解經路徑的駁斥

《四庫全書・總目提要》在論述宋代《春秋》學發展時，提到宋代存在一脈「不信三《傳》」的學風，《提要》說：

> 蓋不信三《傳》之說，創於啖助、趙匡（案韓愈《贈盧仝》詩有：「春秋三《傳》束高閣，獨抱遺經究終始」之句。仝與啖、趙同時，蓋亦宗二家之說者。以所作《春秋摘微》已佚，故今據現存之書，惟稱啖、趙。），其後析為三派：孫復《尊王發微》以下，棄傳而不駁傳者也；劉敞《春秋權衡》以下，駁三《傳》之義例者也；葉夢得《春秋讞》以下，駁三《傳》

之典故者也。〔註197〕

《提要》指出這種「不信三《傳》」的學風導源於中唐的啖、趙學派，並在宋代細分成三個派別。在筆者看來，有關孫復「棄傳而不駁傳者」評價並無問題。但是是否要將劉敞和葉夢得的研究路徑予以細分，其實是個見仁見智的問題。在現有的資料中可以發現，葉氏其實對劉敞非常推崇，在劉敞的《劉氏春秋傳》的序文中，曾提到葉氏對劉敞的評價，葉氏說：

> 慶曆間，歐陽文忠以文章擅天下，世莫敢抗衡。劉原父雖出其後，以通經傳學自許，文忠亦以是推之。作《五代史》、《新唐書》，凡例多問《春秋》於原父。又曰：「原父為《春秋》，知經而不廢傳，亦不盡泥傳。據義考例以折衷之，經傳更相發明。雖間有未然，而淵源已正。」今學者治經不明，而蘇、孫之學，近而易明，故皆信之。而劉以難入，或詆以為用意太過，出於穿鑿。彼蓋不知經，無怪其然也。〔註198〕

葉氏援引歐陽脩的意見，認為劉敞的《春秋》學成就在於「知經而不廢傳，亦不盡泥傳」。換言之，劉氏雖以「尊經」觀點為主，但是並不因此廢棄三《傳》，也不拘泥於三《傳》解釋。並藉由「經傳更相發明」來探究《春秋》的義理所在。

同時，劉氏在「尊經」這一觀點上，和葉氏的說法非常相近。劉敞說：

> 故《春秋》一也，魯人記之則為史，仲尼脩之則為經。經出於史，而史非經也。史可以為經，而經非史也。譬如攻石取玉，玉之產於石，必也，而石不可謂之玉；披沙取金，金之產於沙，必也，而沙不可謂之金。魯國之史，仲尼之筆，金之與玉也。金、玉必待揀擇追琢而後見，《春秋》亦待筆削改易而後成也。謂《春秋》之文，皆舊史所記，無用仲尼者，是謂金、玉不待揀擇追琢而得，非其類也。〔註199〕

劉敞強調「經出於史，而史非經也。史可以為經，而經非史也」，換言之，這說明《春秋》雖因魯史，但是並不等同於魯史；魯史是孔子著作《春秋》依據的史料，但是魯史不是孔子的《春秋》。關鍵在於孔子作《春秋》時所賦予其中的「筆削改易」微言大義。強調《春秋》是經非史，這同於葉氏「夫《春秋》者，史也。所以作《春秋》者，經也」的說法。〔註200〕

〔註197〕紀昀總纂：《四庫全書總目提要》（石家莊：河北人民出版社，2000年），頁727。
〔註198〕劉敞：《劉氏春秋傳》（臺灣商務印書館影文淵閣四庫全書本，147冊），頁364。
〔註199〕劉敞：《春秋權衡》（臺灣商務印書館影文淵閣四庫全書本，147冊），頁204。
〔註200〕在葉氏《春秋讞》的序文中，葉氏承認自承啖、趙兩人與劉敞的解經路線。葉氏對劉敞的推崇，其實也源自彼此解經路線的相近。葉氏說：「凡啖、趙論三家之失為《辨疑》，劉氏廣啖、趙之遺為《權衡》，合二書，正其差誤而補其疏略，目之曰《讞》。」

　　葉氏在推崇劉敞之餘，連帶地批評當時一般淺近學者，盲從「蘇、孫之學」。在
《劉氏春秋傳》的序文裡，序文作者提到：

　　　　石林所謂蘇、孫，蓋指子由、莘老也。〔註201〕

子由是蘇轍的字，莘老是孫覺的字。序文作者以爲葉氏批評的是蘇轍、孫覺兩家學
風。在筆者看來，這顯然是《劉氏春秋傳》序文作者的誤解。實際應該是指蘇轍與
孫復兩家。爲何不是孫覺而是孫復？在《四庫全書‧總目提要》的內容中，均以孫
復爲葉氏批評的對象。《提要》於《春秋權衡》下說：

　　　　葉夢得作《春秋傳》，於諸家義疏多所排斥，尤詆孫復《尊王發微》，
　　謂其不深於禮學，故其言多自抵牾，有甚害於經者。雖概以禮論當時之過，
　　而不能盡禮之制，尤爲膚淺。惟於敞則推其淵源之正，蓋敞邃於禮。故是
　　書進退諸說，往往依經立義，不似復之意爲斷制，此亦說貴徵實之一驗也。
　　〔註202〕

又於《春秋五禮例宗》下說：

　　　　孫復作《春秋尊王發微》，葉夢得譏其「不深於禮學，故其言多自抵
　　牾」。蓋《禮》與《春秋》本相表裏。〔註203〕

又於《葉氏春秋傳》下說：

　　　　夢得以孫復《春秋尊王發微》主於廢傳以從經，蘇轍《春秋集解》主
　　於從《左氏》而廢《公羊》、《穀梁》，皆不免有弊，故其書參考三《傳》
　　以求經。不得於事，則考於義，不得於義，則考於事，更相發明，頗爲精
　　核。〔註204〕

據此可知「蘇、孫之學」實指蘇轍、孫復兩家。對於「蘇、孫之學」，葉氏批評兩家
「近而易明」。事實上，筆者認爲葉氏對這兩家的批評根本上反映出葉氏對兩家解經
路徑的否定。在研究《春秋》的進路上葉氏不認同「蘇、孫之學」所採取的路線。
當然，其中涉及到彼此經學意見的歧異，對學術問題的看法不同。在葉氏看來，「蘇、
孫之學」其實代表兩種不同的《春秋》學研究路徑。對於孫復，葉氏說：

　　　　孫氏盡屏三家及禮學，一以經爲主。其爲尊經，則嚴矣。然經所不見

　　　　引文見《點校補正經義考》引陳振孫之語。朱彝尊：《點校補正經義考》（臺北市：
　　　　中央研究院中國文哲研究所籌備處，1997年），第五冊，頁866。
〔註201〕劉敞：《劉氏春秋傳》（臺灣商務印書館影文淵閣四庫全書本，147冊），頁364。
〔註202〕紀昀總纂：《四庫全書總目提要》（石家莊：河北人民出版社，2000年），頁694。
〔註203〕紀昀總纂：《四庫全書總目提要》（石家莊：河北人民出版社，2000年），頁702。
〔註204〕紀昀總纂：《四庫全書總目提要》（石家莊：河北人民出版社，2000年），頁704。

者，何自而明？而禮所不可，廢者，將遂亂也。〔註205〕

又說：

> 孫明復《春秋》專廢傳從經，然不盡達經例，又不深於禮學，故其言
> 多自牴牾，有甚害於經者，雖概以禮論當時之過，而不能盡禮之制，尤為
> 膚淺。〔註206〕

葉氏主要批評孫復「廢傳從經」以及「不深於禮學」兩點。

關於孫復「棄傳從經」的研究路徑，《提要》中屢加論述。在經部「春秋類」前
的序文中，《提要》說：

> 中唐以前，則左氏勝；啖助、趙匡以逮北宋，則《公羊》、《穀梁》勝。
> 孫復、劉敞之流，名為棄傳從經，所棄者特左氏事跡、《公羊》、《穀梁》
> 月日例耳。〔註207〕

據此可知《提要》以「棄傳從經」概括孫復、劉敞的研究途徑。《提要》又於《劉氏
春秋傳》下說：

> 蓋北宋以來，出新意解《春秋》者，自孫復與敞始。復沿啖、趙之餘
> 波，幾於盡廢三《傳》。敞則不盡從傳，亦不盡廢傳，故所訓釋，為遠勝
> 於復焉。〔註208〕

《提要》以為自孫復以新意說《春秋》，幾於盡廢三《傳》。《提要》又於《蘇氏春秋
集解》下說：

> 先是劉敞作《春秋意林》，多出新意。孫復作《春秋尊王發微》，更舍
> 傳以求經，古說於是漸廢。〔註209〕

這裡以為孫復「棄傳從經」，導致「古說於是漸廢」。宋儒歐陽脩則對孫復有以下的
評價，推崇孫氏「不惑傳注」，他說：

> 先生治《春秋》，不惑傳注，不為曲說以亂經。其言簡易，明於諸侯、
> 大夫功罪，以考時之盛衰，而推見王道之治亂。得於經之本義為多。〔註210〕

至於孫復本人則說：

> 噫！專主王弼、韓康伯之說而求於大《易》，吾未見其能盡於大《易》

〔註205〕葉夢得：《葉氏春秋考》（臺灣商務印書館影文淵閣四庫全書本，149 冊），頁 300。
〔註206〕《點校補正經義考》引葉夢得之語。朱彝尊：《點校補正經義考》（臺北市：中央研
　　　　究院中國文哲研究所籌備處，1997 年），第五冊，頁 776。
〔註207〕紀昀總纂：《四庫全書總目提要》（石家莊：河北人民出版社，2000 年），頁 679。
〔註208〕紀昀總纂：《四庫全書總目提要》（石家莊：河北人民出版社，2000 年），頁 695。
〔註209〕紀昀總纂：《四庫全書總目提要》（石家莊：河北人民出版社，2000 年），頁 698。
〔註210〕孫復：《春秋尊王發微》（臺灣商務印書館影文淵閣四庫全書本，147 冊），頁 126。

者也；專守左氏、《公羊》、《穀梁》、杜預、何休、范寧之説而求於《春秋》，
吾未見其能盡於《春秋》者也；專守毛萇、鄭康成之説而求於《詩》，吾
未見其能盡於《詩》者也；專守孔安國之説而求於《書》，吾未見其能盡
於《書》者也。彼數子之説，既不能盡於聖人之經，而可藏於太學行於天
下哉？又後之作疏者，無所發明，但委曲踵於舊之註説而已。〔註211〕

可見得孫復對過往傳注的屏斥〔註212〕。探究葉氏批評孫復的原因，則在於葉氏主張
三《傳》在《春秋》研究中不可廢棄，他説：

或曰：「三家既多牴牾，則所載之事，所釋之經，類不可據乎？」曰：
「不然，去孔子久，不幸不得親見。若不求之先儒，以考其從來，是妄人
也。近世言經之弊，類多屏傳注而私己見。使己之學誠可與三家等，其去
之千餘載，尚不若其近孔子傳之者多。然三家猶且牴牾，今固可無所傳而
自謂得之乎？」〔註213〕

儘管在葉氏《春秋》學中往往基於「尊經」的觀點駁詰三《傳》，但是葉氏仍堅持三
《傳》在研究時不可或缺的重要性。葉氏認爲「左氏傳事不傳義」、「《公羊》、《穀梁》
傳義不傳事」，若一味捨棄三《傳》，即不得其事與其義。如此一來，「經所不見者，
何自而明」？

至於批評孫復屏斥禮學，則源自葉氏解經重視以禮制解經的立場。在與友人書
中，葉氏即主張必以當時禮制作爲理解經文的途徑，他説：

經固不可易明，若專精致意，反覆研覈。察於先王之道者明，求於典
禮者詳，質於當時之事審，則吾先君子欲以遺天下後世者，亦豈能不原當
時之事，裁之典禮，而別更有先王之道哉？〔註214〕

因此，《提要》在《葉氏春秋傳》條下，認爲「夢得以孫復《春秋尊王發微》主於廢
傳以從經……皆不免有弊，故其書參考三《傳》以求經」，此一關於葉氏對孫復的評
價的確合乎實情。

葉氏反對蘇轍，則源自對「《春秋》是經非史」此一觀念的堅持。有關蘇轍的解

〔註211〕 孫復：〈寄范天章書二〉《孫明復小集》（臺灣商務印書館影文淵閣四庫全書本，1090
冊），頁 171～172。

〔註212〕 學者魏安行評論孫復的解經成就，則説：「平陽孫明復先生，奧學深識，屏置百家，
自得褒貶之意，立爲訓傳，名曰《尊王發微》。」魏氏亦以摒棄傳注來評論孫復。
引文見朱彝尊：《點校補正經義考》（臺北市：中央研究院中國文哲研究所籌備處，
1997 年），第五冊，頁 766。

〔註213〕 葉夢得：《葉氏春秋考》（臺灣商務印書館影文淵閣四庫全書本，149 冊），頁 300。

〔註214〕 葉夢得：〈又答王從一教授〉《石林居士建康集》（上海市：上海書局，叢書集成續
編本 102 冊，集部），頁 778～779。

經途徑，見《蘇氏春秋集解》中蘇氏自序，他說：

> 予少而治《春秋》，時人多師孫明復。謂孔子作《春秋》，略盡一時之事。不復信史，故盡棄三《傳》，無所復取。予以為左丘明，魯史也。孔子本所據，依以作《春秋》。故事必以丘明為本……至於孔子之所予奪，則丘明容不明盡。故當參以《公》、《穀》、啖、趙諸人。〔註215〕

《提要》對此書則說：

> 先是劉敞作《春秋意林》，多出新意，孫復作《春秋尊王發微》，更舍傳以求經，古說於是漸廢。後王安石詆《春秋》為斷爛朝報，廢之不列於學宮。轍以其時經傳並荒，乃作此書以矯之。其說以左氏為主，《左氏》之說不可通，乃取《公》、《穀》啖、趙諸家以足之。蓋以左氏有國史之可據，而《公》、《穀》以下則皆意測者也。〔註216〕

據此可知蘇轍的《春秋》學以《左傳》為主，間或採取《公》、《穀》啖、趙諸家。在蘇氏的觀點中，《左傳》是孔子作《春秋》的主要依據。因此，理解《春秋》必以《左傳》的史事為本。《提要》則進一步分析蘇氏的治經態度，認為蘇氏採取《左傳》來自於「《左氏》有國史之可據，而《公》、《穀》以下則皆意測者也」這個立場。

但在葉氏的觀點中，認為《春秋》是經非史，主在傳達微言大義。既然《春秋》是經，就不能以史學的觀點予以解釋。在赴告問題、闕文問題上，葉氏一貫秉持這個觀點。甚至當《春秋》經文與《左傳》記事出現分歧時，葉氏往往基於「尊經」的觀點攻擊《左傳》。並說：

> 吾是以於左氏所記事，每不敢盡以為證，必斷於經焉。〔註217〕

由此可知葉氏對《左傳》記事的懷疑態度。從這個角度而言，葉氏又指責蘇轍《春秋傳》中「遷經以成其說」，他說：

> 蘇子由專據左氏言經，左氏解經者無幾，其凡例既不盡經，所書亦多違悟，疑自出己意為之，非有所傳授，不若《公》、《穀》之合於經。故蘇氏但以傳之事釋經之文而已，傳事之誤者，不復敢議，則遷經以成其說，亦不盡立凡例於經義，皆以為求之過。〔註218〕

葉氏在這裡對蘇氏經學的批評，明顯地反映出個人的經學意見。蘇氏解經專重《左

〔註215〕蘇轍：《氏春秋集解》（臺灣商務印書館影文淵閣四庫全書本，148 冊），頁 2。

〔註216〕紀昀總纂：《四庫全書總目提要》（石家莊：河北人民出版社，2000 年），頁 698。

〔註217〕葉夢得：《葉氏春秋傳》（臺灣商務印書館影文淵閣四庫全書本，149 冊），頁 144。

〔註218〕《點校補正經義考》引葉夢得之語。朱彝尊：《點校補正經義考》（臺北市：中央研究院中國文哲研究所籌備處，1997 年），第五冊，頁 841。

傳》，但在葉氏看來，《左傳》凡例「既不盡經」，從而只能「傳事不傳義」〔註219〕。蘇氏重視《左傳》，其實反而忽略在解經上更和經文相近的《公》、《穀》。

除此之外，蘇氏解經更大的缺漏在於當《春秋》經文與《左傳》記事衝突時，蘇氏則「遷經以成其說」，這是以「尊經」前提檢擇《左傳》記事的葉氏所不能忍受的。〔註220〕同時，蘇氏解經不盡立凡例，這亦是重視義例辨析的葉氏所不能認同的。〔註221〕

因此，葉氏對蘇氏治經路徑的批評，其實反映出葉氏的「尊經」立場，以及對《左傳》記事的懷疑。甚至可以解釋成葉氏批評蘇氏，在於蘇氏觀點違背了「《春秋》是經非史」這個立場。

《提要》說：「夢得以孫復《春秋尊王發微》主於廢傳以從經，蘇轍《春秋集解》主於從《左氏》而廢《公羊》、《穀梁》，皆不免有弊，故其書參考三《傳》以求經。」《提要》的觀點強調葉氏《春秋》學中三《傳》不可盡廢的立場，但更為值得注意的是葉氏在「尊經」觀點下對《左傳》敘事的不信任感，以及強調「《春秋》是經非史」這個觀點。這些觀點更深一步地拉大葉氏和蘇氏解經路徑的岐異，不光是是否在解經時偏廢了某些經傳。

綜上所述，葉氏提到「蘇、孫之學，近而易明」，《劉氏春秋傳》的序文作者以為是蘇轍、孫覺。實際上應該依據《四庫全書・總目提要》的內容，認為是蘇轍、孫復兩家。而葉氏對兩家的批評其實反映出彼此治經路徑的分岐，以及經學意見的差異。

就研究進路而言，葉氏攻擊孫復「盡屏三家及禮學，一以經為主。」葉氏認為孫復「其為尊經，則嚴矣。然經所不見者，何自而明？而禮所不可，廢者，將逐亂也」，否定孫氏「棄傳從經」及摒除禮學的治經路線。

至於葉氏批評蘇轍，則在於蘇氏專主《左傳》的立場，違背了葉氏一貫主張的「《春秋》是經非史」這個觀點，以及葉氏基於「尊經」態度下對《左傳》記事的懷疑。因此《提要》所說：「夢得以孫復《春秋尊王發微》主於廢傳以從經，蘇轍《春秋集解》主於從《左氏》而廢《公羊》、《穀梁》，皆不免有弊，故其書參考三傳以求經。不得於事，則考於義，不得於義，則考於事，更相發明，頗為精核。」這個評

〔註219〕 對於葉氏針對《左傳》凡例的攻擊，可見上節【「傳事不傳義」、「傳義不傳事」考辨】中的討論。

〔註220〕 關於葉氏如何以「尊經」的態度來檢核《左傳》史事，甚至攻擊、扭曲《左傳》記事，可參見上文【「尊經」前提下的史事檢擇】一節。

〔註221〕 關於葉氏對於義例的重視，可參見下文【重視義例的辨析】一節。

價大體上是合乎實際的。

　　關於《春秋》一書的性質，其實是涉及《春秋》在性質上究竟屬於「經」，或是屬於「史」這一問題。就葉氏學說而言，《春秋》是經或是史不僅僅關係到孔子對於《春秋》的作法，也連帶地涉及經文中許多經例的判定、三《傳》的內容性質和解經方式，以及中唐的啖、趙學派對葉氏《春秋》學的影響。經過研究後，可以發現葉氏其實「亦步亦趨」地繼承了啖、趙學派的觀念。其中最主要的《春秋》學觀點在於以「尊經」觀點來確立「《春秋》是經非史」。

　　除此之外，在三《傳》性質以及解經問題上，葉氏提出：「左氏傳事不傳義，是以詳於史而事未必實，以不知經故也；《公羊》、《穀梁》傳義不傳事，是以詳於經而義未必當，以不知史故也」這個觀點。進一步地，根據對三《傳》性質的理解以歸結出稽合「事」、「義」的解經方式。強調「不得於事，則考於義；不得於義，則考於事。事、義更相發明」。

　　在三《傳》缺失的問題上，葉氏跟隨啖、趙，對日月例進行猛烈攻擊，他說：「日月，史不可以盡得，則《春秋》亦安得而盡書哉？必將以為例，有當見而史一失之，則凡為例者皆廢矣。故日月不可以為例」。同時，葉氏繼承趙匡觀點而懷疑《左傳》的作者問題。從作者年代、身份、《左傳》傳承紀錄等角度提出葉氏自身的懷疑與推論。在「尊經」觀念下，葉氏又對《左傳》記事頗表疑問，認為：「吾是以於左氏所記事，每不敢盡以為證，必斷於經焉。」這亦是葉氏對啖、趙學派「尊經」疑傳懷疑精神的繼承，並影響到葉氏對於禮學的看法，而主張對於典籍中的禮制加以考證。

　　葉氏對三《傳》的論述與批評，總括來說其實都圍繞著「《春秋》是經非史」這個觀點。隨著葉氏強調《春秋》是經，葉氏進一步地認為「《春秋》無闕文」。在「闕文」問題上，基本上存在著兩種看法，或是認知上兩大傾向。這其中的分別，可概括為「左氏學與《公羊》學」的不同。一者在《春秋》的研讀上重視《左傳》，認為《春秋》是史，因此應以史學的角度來看待《春秋》。在此前提下，《春秋》中種種殘缺的文字往往被視為因史料欠缺造成的「闕文」。研究《春秋》大義應以史事為主，由史實所呈現的行為善惡來判斷褒貶問題，反對「一字褒貶」的說法。另一派則是以《公》、《穀》研究為主，在研究《春秋》的路徑上以義例為主，以經文為重。因此注重經文間參差不同的差異處，以為即是孔子微言大義寄託處。他們認為《春秋》是經，主在藉由義例表現大義，並非透過史事來表現大義，肯定「一字褒貶」的存在。認為《春秋》中闕文甚少，其餘皆「有說以處之，並非斷闕不全」。

　　在葉氏《春秋》學中，葉氏認為《春秋》是經非史，旨在傳達「一王大法」。因此說：「《春秋》因人以見法，不求備於史，而著其人」。這意味著葉氏在「闕文」問

題上傾向將孔子視爲以「不書」的方式表現大義。從而葉氏強調《春秋》並不重在「信以傳信，疑以傳疑」地載錄史實，而重在透過筆削褒貶等方式來傳達大義。《春秋》中種種「或國、或氏、或人、或名、或字、或子」等分別，並非「闕文」，而是義例所在。如「天王去『天』以示貶」、「桓無王」、「桓公四年、七年，皆闕二時」等例。葉氏認爲，除了「史失之，而經不能益者；有經成亡之，而後世不敢益者」這兩種「闕文」外，就《春秋》爲後世立一王大法的前提下，「《春秋》無闕文」。

　　不僅強調「《春秋》無闕文」，葉氏在研究中又確立《春秋》經文重「義」輕「事」的傾向。這表現在《春秋》記載三個與弑君有關的例子。因此，研究《春秋》不可廢棄三《傳》，亦不可忽略《春秋》以義爲主，重在微言大義的特點。基於這些意見，從而葉氏對「蘇、孫之學」提出批評，試圖在治經途徑的問題上予以澄清。我們也能從葉氏觀點與「蘇、孫之學」的比較中，更清楚底掌握葉氏解經的重點所在。

第四章　葉氏《春秋傳》的解經特色

　　在葉氏《春秋傳》的序文中，葉氏說明孔子作《春秋》的宗旨。強調《春秋》旨在為後世樹立「一王大法」，並確定《春秋》一書是經非史。在葉氏另一本專著《春秋考》的序文中，葉氏則說明理解《春秋》的兩大關鍵，他說：

> 《春秋》立大法而遺萬世者也。不知聖人之道，孰與發其義？不見先
> 王之典籍，孰與定其制？〔註1〕

這裡再次強調《春秋》為後世立法的宗旨，並進一步說明理解「一王大法」的兩大關鍵：一是聖人透過筆削褒貶傳達的微言大義，另外即是先王典籍中記載的典禮制度。在葉氏看來，不知「聖人之道」，即無法發明《春秋》中的義例；不能稽考先王的典籍，即無法確定當時的禮制。換言之，能充分掌握《春秋》中的義例與禮制，即可理解孔子立法後世的用心所在。因此，在葉氏《春秋傳》中，葉氏花費許多篇幅從事義例的辨析與禮制的考證。這也是後來學者檢視葉氏《春秋》學時不可忽略的部分。在與友人書中，葉氏亦說：

> 經固不可易明，若專精致意，反覆研覆。察於先王之道者明，求於典
> 禮者詳，質於當時之事審，則吾先君子欲以遺天下後世者，亦豈能不原當
> 時之事，裁之典禮，而別更有先王之道哉？〔註2〕

這裡即強調應根據當時史事與典禮，來研究「先王之道」。如此一來即可理解《春秋》的深刻含意。可見在葉氏《春秋》學中禮制研究的重要性。現就「重視禮制的辯證」「重視義例的辨析」「博辨縱橫的注文風格」來分析葉氏解經的特色，並綜合上文來評價葉氏在解經方面的得失。

〔註 1〕　葉夢得：《葉氏春秋考》（臺灣商務印書館影文淵閣四庫全書本，149 冊），頁 249。
〔註 2〕　葉夢得：〈又答王從一教授〉《石林居士建康集》（上海市：上海書局，叢書集成續編
　　　　本，102 冊，集部），頁 778～779。

第一節　重視禮制的辯證

一、援用古代禮制解經

（一）葉氏的考禮觀念

　　在論述葉氏禮學研究之前，應注意到葉氏所秉持的考禮觀念。關於這點，在其著作中屢加出現。在《春秋考》序文中，葉氏首先論述博學、慎擇的重要性，他說：

> 　　嘗聞之夫子曰：「蓋有不知而作之者，我無是也。多聞擇其善者而從之，多見而識之，知之次也。」君子之學，必自聞見始。聞見以多爲貴，必慎乎其所擇。蓋雖孔子之聖，猶曰：「我非生而知之者，好古，敏以求之」者也。而頌其德者，亦以祖述堯舜，憲章文武爲首。故曰：「我欲觀夏道，杞不足徵也，吾得夏時焉。我欲觀商，宋不足徵也，吾得坤乾焉。」子所謂「好古敏以求之」者如此，則又曰：「述而不作，信而好古，竊比于我老彭。」至於論禮，或曰：「吾聞諸老聃」。吾以是知學者求之不可不博，而擇之不可不審也。〔註3〕

葉氏備舉孔子的意見，歸結出學者治學應有的態度，強調從事研究應「求之不可不博，而擇之不可不審」。葉氏又說：

> 　　去古既遠，聖人之道不明，先王之典籍，殘缺幾亡。《春秋》立大法而遺萬世者也。不知聖人之道，孰與發其義？不見先王之典籍，孰與定其制？當孔子時，夏、商之禮，已無可據。韓宣子適魯，始見周禮盡在魯地。他國蓋無有也。至於論爵之辨，孟子已不能得其詳，甚有至於諸侯惡其害己而去其籍，非特文獻之無傳也。故吾讀《周官》，至五等諸侯，封國之數，大國、次國、小國之軍制，與夫諸侯之邦交世相朝者，唂然皆知其出於僭亂者之所爲。而上下數千餘載之間，卒未有辨者，則居今之世，而求古之道，茲不亦甚難而不可忽歟？〔註4〕

《春秋》的宗旨在於「立大法而遺萬世」，從而葉氏在此提出理解《春秋》的兩大關鍵，一爲表達微言大義的《春秋》義例，一爲古代的典禮制度。因此強調不知「聖人之道」，即無法發明《春秋》中的義例；不能稽考先王的典籍，即無法確定當時的禮制。這意味著，如果不能辨析義例、考證禮制，即無法充分掌握《春秋》立法遺

〔註3〕　葉夢得：《葉氏春秋考》（臺灣商務印書館影文淵閣四庫全書本，149 冊），頁 248。
〔註4〕　葉夢得：《葉氏春秋考》（臺灣商務印書館影文淵閣四庫全書本，149 冊），頁 249。

世的精義所在。因此，葉氏解經即從此二者入手，重視禮制的辯證，義例的辨析即成爲葉氏解經的重要特色。

然而問題在於古代典籍保存困難，散失極多。加上諸侯爲了保護自身利益而刻意廢棄典籍〔註 5〕，混淆是非，這就造成現有典籍有關記載眞僞莫辨，記載不實。在葉氏眼中，其中有關封國、軍制，諸侯世相朝等記載，皆出自後來僭亂者所假造。而這些部分經過了千餘年都沒有人予以分辨考訂。葉氏說：

> 雖然，文武之道未墜於地，六經之所傳，百世之所記，猶在吾所謂「失者，非苟去之也，以其無當於義也，蓋有當之者焉」；吾所謂「非者，非臆排之也，以其無驗於事也，蓋有驗之者焉」。則亦在夫擇焉而已。乃復論次其求古而得之可信不疑者，考三十卷。吾豈好是多言也哉？經之不明也，久矣，而說者汩之。說者之無與正也，久矣，而昧于古者惑之。世果無知經者歟？吾不得見也，必將有與吾同者。〔註6〕

葉氏強調爲學應「求之不可不博，而擇之不可不審」，這裡則進一步地說明他別擇典籍的標準。他說：「以其無當於義也」、「以其無驗於事也」。這裡以「事」、「義」爲考擇典籍的標準，和他考訂三《傳》時強調的「不得於事，則考於義；不得於義，則考於事。事、義更相發明」的觀點相互一致。

因此，在葉氏的《春秋》學中，不僅以稽合「事」、「義」的觀點研究三《傳》，求其義理。在研究禮制時也應考察是否合乎「事」、「義」，以求別擇考證。葉氏並對當時研究成果大爲不滿，流露出「捨我其誰」的心情，感嘆聖人之經，久久不被人瞭解明白。於是需要葉氏投入其中的研究工作，對流傳的典禮制度予以考訂。

〔註 5〕　其典出自孟子。《孟子》曰：「北宮錡問曰：『周室班爵祿也，如之何？』孟子曰：『其詳不可得聞也，諸侯惡其害己也，而皆去其籍。然而軻也嘗聞其略也。天子一位，公一位，侯一位，伯一位，子、男同一位，凡五等也。君一位，卿一位，大夫一位，上士一位，中士一位，下士一位，凡六等。天子之制，地方千里，公侯皆方百里，伯七十裏，子、男五十裏，凡四等。不能五十裏，不達於天子，附於諸侯，曰附庸。天子之卿受地視侯，大夫受地視伯，元士受地視子、男。大國地方百里，君十卿祿，卿祿四大夫，大夫倍上士，上士倍中士，中士倍下士，下士與庶人在官者同祿，祿足以代其耕也。次國地方七十裏，君十卿祿，卿祿三大夫，大夫倍上士，上士倍中士，中士倍下士，下士與庶人在官者同祿，祿足以代其耕也。小國地方五十裏，君十卿祿，卿祿二大夫，大夫倍上士，上士倍中士，中士倍下士，下士與庶人在官者同祿，祿足以代其耕也。耕者之所獲，一夫百畝；百畝之糞，上農夫食九人，上次食八人，中食七人，中次食六人，下食五人。庶人在官者，其祿以是爲差。』葉氏引文與《孟子》小異。朱熹：《四書章句集注》（臺北市：大安出版社，1994 年），頁 441。

〔註 6〕　葉夢得：《葉氏春秋考》（臺灣商務印書館影文淵閣四庫全書本，149 冊），頁 249。

　　葉氏認為古代典籍流傳困難，加上「諸侯惡其害己，而去其籍」的不利因素，使得典籍中出現許多眞僞莫辨的部分，因此需要後來的研究者加以考訂。在葉氏看來，其中最嚴重的缺失在於封地和軍制的記載失實。葉氏說：

　　　　學《春秋》者，不可不先學禮。然先王之禮殘缺，雖周禮不免有變亂。
　　孟子言：「諸侯惡其害己，而去其籍」者，正不特司祿諸職亡而已。蓋又
　　有附益之，以便其私者。〈大司徒〉曰：「諸公之地封疆方五百里，諸侯四
　　百里，諸伯三百里，諸子二百里，諸男百里。」且自商以來，列爵惟五，
　　分土惟三。周反商政，未之有革也。烏覩所謂五者哉？〈王制〉曰：「天
　　子之田方千里，公侯百里，伯七十裏，子男五十裏，不能五十裏者，不達
　　于天子，附于諸侯曰附庸。」此與商制正合。〈典命〉諸侯之五儀，上公
　　九命，侯伯七命，子男五，以及國家宮室車旗衣服，皆視其命數以爲節，
　　則亦三而已。是故天子曰萬乘，諸侯曰千乘。天子曰兆民，諸侯曰萬民，
　　皆取其十之一。孟子亦以周公之封爲儉於百里，而子產謂「列國之地一
　　同」，然則百里而上，非諸侯之僭而附益之乎？先鄭釋〈王制〉，謂商土尚
　　狹，因夏爵爲三等，周公斥大九州之界，增爲五等，不知其何據？……是
　　封國之制不可據也。〔註7〕

葉氏強調由於「諸侯惡其害己，而去其籍」，所以古代典籍不免存在眞僞莫辨的部分。例如關於封地的記載，〈大司徒〉與〈王制〉記載就有不同。〈大司徒〉說：

　　　　諸公之地，封疆方五百里，其食者半；諸侯之地，封疆方四百里，其
　　食者參之一；諸伯之地，封疆方三百里，其食者參之一；諸子之地，封疆
　　方二百里，其食者四之一；諸男之地，封疆方百里，其食者四之一。〔註8〕

這裡以「諸公」、「諸侯」、「諸伯」、「諸子」、「諸男」五等劃分土地規模。〈王制〉則說：

　　　　天子之田方千里，公侯田方百里，伯七十里，子男五十里。不能五十
　　里者，不合於天子，附於諸侯曰附庸。〔註9〕

這裡以「公侯」、「伯」、「子男」三等劃分土地規模。可見〈大司徒〉與〈王制〉對封地的記載出現矛盾。在這個問題上，葉氏援引《尚書‧武成》「列爵惟五，分土惟三」〔註10〕以及〈典命〉「上公九命爲伯……皆以九爲節。侯伯七命……皆以七爲

〔註7〕　葉夢得：《葉氏春秋考》（臺灣商務印書館影文淵閣四庫全書本，149 冊），頁 266。
〔註8〕　《周禮注疏》（北京：北京大學出版社，十三經注疏標點本，1999 年），頁 254。
〔註9〕　《禮記正義》（北京：北京大學出版社，十三經注疏標點本，1999 年），頁 332。
〔註10〕《尚書正義》（北京：北京大學出版社，十三經注疏標點本，1999 年），頁 295。

節。子男五命……皆以五爲節」〔註11〕的資料，證明命數與封地皆是分做三等。因此和《尚書・武成》、〈典命〉相符合的〈王制〉說法，應爲可信。

〈王制〉說「公侯田方百里」，這又和《左傳・襄公二十五年》「列國一同〔註12〕」的說法一致。於是葉氏斷定有關諸侯封地百里以上的記載皆爲僭亂者所附益，目的可能在於合理化自己攻城掠地、擴張領土的野心。從而古代典籍中關於封地的記載不可盡信，必須加以考證。

關於軍制，葉氏說：

> 〈大司馬〉「凡制軍，王六軍，大國三軍，次國二軍，小國一軍，軍將皆命卿。」所謂大國、次國、小國者，宜以公與侯伯、子男爲辨也。夫爲軍所以征伐，諸侯既不得專征，必待賜鈇鉞爲牧，而後得征。則侯與伯而不爲牧者，且不得有軍，況子男哉？叔孫穆子曰：「天子作師，公帥之，以征不德。元侯作師，卿帥之，以承天子。諸侯有卿無軍，帥教衛以贊元侯。伯、子、男有大夫無卿，帥賦以從諸侯。」此言猶見先王之遺制，故魯作三軍、舍中軍見譏。而鄭氏乃妄引成國不過半天子之軍，與王命曲沃伯以一軍爲晉侯以實其言。不知此皆周之末造。蓋自晉文公爲三軍，又避天子六軍而爲三行。季氏復僭三軍，則其餘諸國可知。是亦增周禮以爲之文，則軍制不足據也。〔註13〕

葉氏論軍制，主要援引《國語・魯語》的記載，認爲：「天子作師，公帥之，以征不德。元侯作師，卿帥之，以承天子。諸侯有卿無軍，帥教衛以贊元侯。伯、子、男有大夫無卿，帥賦以從諸侯。」〔註14〕以爲〈魯語〉合乎古制。依照〈魯語〉的說法，唯有天子、元侯、公擁有軍隊。侯伯以下不應擁有軍隊。但是參照〈大司馬〉「凡制軍，王六軍，大國三軍，次國二軍，小國一軍，軍將皆命卿」〔註15〕的說法，公與侯伯、子男皆有軍隊。

關於〈魯語〉與〈大司馬〉說法的差異，葉氏認爲〈大司馬〉反映的是春秋時王室衰微、世道陵替時出現的制度。並且〈大司馬〉這條記載也是僭亂者爲了自身利益，混入現存《周禮》記載的內容中。由〈魯語〉與〈大司馬〉記載的差異看來，葉氏認爲古代典籍中軍制的記載亦不可盡信。於是葉氏感嘆《周禮》的內容不全，

〔註11〕《周禮注疏》（北京：北京大學出版社，十三經注疏標點本，1999 年），頁 544
〔註12〕《春秋左傳正義》（北京：北京大學出版社，十三經注疏標點本，1999 年），頁 1023。
〔註13〕葉夢得：《葉氏春秋考》（臺灣商務印書館影文淵閣四庫全書本，149 冊），頁 267。
〔註14〕《國語・魯語》（臺北市：漢京文化事業有限公司，1984 年），頁 188。
〔註15〕《周禮注疏》（北京：北京大學出版社，十三經注疏標點本，1999 年），頁 743。

他說：

　　夫禮制，孰大於封國與軍制，而變亂若此，《周禮》豈全經乎？〔註16〕

在葉氏看來，如果像封國與軍制這樣重要的制度都記載失實，記載周代禮制的《周禮》一書內容即殘缺不全，不可盡信，需要後來學者參考其他資料加以考訂，方能去僞存眞。

　　綜上所述，葉氏認爲學者治學應該「求之不可不博，而擇之不可不審」。這一信念亦體現在葉氏對禮制的研究中。葉氏並認爲由於古代典籍保存困難，以及「諸侯惡其害己，而去其籍」的不利因素，導致典籍記載中出現眞僞莫辨的情形。在葉氏的考證中，有關封國與軍制的記載內容，典籍中都出現了差異矛盾，不可盡信，並且保有僭亂者爲了自身利益所捏造的資料。因此，這些資料需要後來研究者加以考訂、辯證。

　　值得注意的是，葉氏認爲在考訂時應檢擇是否「以其無當於義也」、「以其無驗於事也」，亦即以「事」、「義」兩者作爲考擇典籍的標準。這點和他考訂三《傳》時所強調的「不得於事，則考於義；不得於義，則考於事。事、義更相發明」的觀點是相互一致的。因此，在葉氏的《春秋》學中，不僅以稽合「事」、「義」的觀點來研究三《傳》，探究義理。在研究禮制時也應考察是否合乎「事」、「義」，據此來加以考證，不可一味輕信典籍記載。此即爲葉氏之考禮觀念。

（二）批評三《傳》不學禮

　　葉氏除了強調考訂典籍中對古代禮制的記載，也認爲應該考證三《傳》內容中對禮制的說明。因此除了考辨三《傳》義例外，葉氏也指出三《傳》中關於禮制上說明的錯誤。例如在成公九年「夏，季孫行父如宋致女」下，他說：

　　致女不書，此何以書？爲二王後見正也。禮，女嫁，舅姑沒，三月以奠菜之禮見於禰廟，稱來婦，成其爲婦也。父母之家因使大夫致之，謂之致女。致之者何？亦所以成其爲婦者。葉子曰：「致女，舅姑沒之禮也。昏禮同牢之夕，婦已見於廟矣。質明，復以棗、栗、腶修，贊見於舅姑，所以成婦禮也。舅姑入室，婦盥，饋以特豚，以明婦順。厥明，舅姑以一獻之禮饗婦，授之室事，以申著代，而婦道成矣。乃舅姑沒，則未之有施也。故三月擇日，而祭於禰廟。三月者，天道之一變也。是以女未廟見而死，不遷于祖，不祔于皇姑，婿不杖、不菲、不以，歸葬於女氏之黨，示未成婦。則三月，父母從而致之者，其亦成其女於舅姑者歟？先儒乃概謂

〔註16〕葉夢得：《葉氏春秋考》（臺灣商務印書館影文淵閣四庫全書本，149 冊），頁 267。

舅姑存之禮以爲聘問，以篤昏姻之好。故左氏以「齊侯使弟年來聘」爲致
夫人文姜，是蓋不知有禰廟之祭。此左氏不學禮之罪也。」〔註17〕

葉氏「致女」是古代貴族婚禮中，公婆過世，女方父母派遣大夫陪同女方行廟見之
禮，代表出嫁的女方已經從閨女轉變成婦女，並正式成爲夫家的成員。葉氏強調，「致
女」這個禮節只存在在公婆過世時才發生。故說：「致女，舅姑沒之禮也」。在古代
婚禮的儀節中，在夫婦共牢合巹後，次日天明應行婦見舅姑之禮，如此才正式確定
女方已成爲夫家的一份子。但在公婆過世後，無法行婦見舅姑之禮。據《儀禮·士
昏禮》，則應行廟見之禮。《儀禮·士昏禮》說：

> 若舅姑既沒，則婦入三月，乃奠菜。席於廟奧，東面，右幾。席於北
> 方，南面。祝盥，婦盥於門外。婦執笲菜，祝帥婦以入。祝告，稱婦之姓，
> 曰：「某氏來婦，敢奠嘉菜于皇舅某子。」婦拜，扱地，坐奠菜于幾東席
> 上；還，又拜如初。婦降堂，取笲菜入，祝曰：「某氏來婦，敢告于皇姑
> 某氏。」奠菜于席，如初禮。婦出，祝闔牖戶。老醴婦于房中，南面，如
> 舅姑醴婦之禮。婿饗婦送者丈夫、婦人，如舅姑饗禮。〔註18〕

如不行廟見之禮，則《禮記·曾子問》曰：

> 孔子曰：「嫁女之家，三夜不息燭，思相離也。取婦之家，三日不舉
> 樂，思嗣親也。三月而廟見，稱來婦也。擇日而祭於禰，成婦之義也。」
> 曾子問曰：「女未廟見而死，則如之何？」孔子曰：「不遷於祖，不祔於皇
> 姑，婿不杖、不菲、不次，歸葬於女氏之黨，示未成婦也。」〔註19〕

如果未行廟見之禮而過世，孔子認爲女方葬前不遷柩到祖廟行朝廟禮，她的牌位也
不和祖姑的牌位放在一起，婿不爲她扙喪杖、穿喪鞋，也不住到喪次中去，並將她
的棺柩送回到娘家的塋地去安葬。可見廟見禮在婚禮中的重要性。在《左傳·桓公
三年》傳「齊仲年來聘，致夫人也」下，杜預針對「致女」說：

> 古者女出嫁，又使大夫隨加聘問，存謙敬，序殷勤也。在魯而出，則
> 曰致女；任他國而來，則總曰聘，故傳以致夫人釋之。〔註20〕

在葉氏看來，杜預的說法混淆了婚禮儀節中，舅姑存以及舅姑沒行廟見之禮兩種不
同作法。以爲「致女」是夫婦雙方彼此聘問敦厚友誼。葉氏認爲這種說法是不明白
婚禮中存在著舅姑沒行廟見之禮的儀節，從而葉氏批評「此左氏不學禮之罪」。

〔註17〕 葉夢得：《葉氏春秋傳》（臺灣商務印書館影文淵閣四庫全書本，149 冊），頁 168。
〔註18〕 《儀禮注疏》（北京：北京大學出版社，十三經注疏標點本，1999 年），頁 93。
〔註19〕 《禮記正義》（北京：北京大學出版社，十三經注疏標點本，1999 年），頁 584。
〔註20〕 《春秋左傳正義》（北京：北京大學出版社，十三經注疏標點本，1999 年），頁 160。

除了批評「左氏不學禮」以外。葉氏對《公》、《穀》中關於禮制的記載也有所指責。在成公八年「夏，宋公使公孫壽來納幣」下，他說：

> 公孫壽，宋大夫之三命者也。納幣不書，此何以書？以宋公使公孫壽為得禮也。昏禮無父，則母命之。無母，則己命之。公孫壽言使，無母之辭也。無父，則母命之，不以母命而己命之，則非正。故紀裂繻不言使，以母命之得禮一見正也。無母，則己命之。不以己命，而以諸父兄命之，則非正。故公孫壽言使，以己命之得禮一見正也。葉子曰：「昏禮不稱主人，然歟？非也。禮，國君求昏之辭曰：『請君之玉女與寡人共有宗廟之事』其父母納女之辭於天子，則曰：『備百姓』，國君則曰：『備酒漿』，大夫則曰：『備灑埽』，未嘗不親命之。不稱主人，於禮未之聞也。為是說者，特出於《公羊》。蓋以紀裂繻不言使而云爾。然『公子遂如齊逆女』，內之言如，則外之言使也。昏姻之道，一在我則得言如，在彼則不得言使，可乎？夫公羊氏，既以無母，則當稱諸父師友矣。宋公無母，又安得以辭而言使弟稱其兄？禮為支子之無父者，非宗子也。乃師友，則友，非禮之所見。安有合二姓之好，以奉宗廟社稷而受之於他人者？其亦何辭以見祖考？是皆不可行於《春秋》，則公羊氏不學禮之罪也。」〔註21〕

葉氏透過此條經文考證《公羊傳》提出的「婚禮不稱主人」的說法。在隱公二年「九月，紀履緰來逆女」下，《公羊傳》說：

> 紀履緰者何？紀大夫也。何以不稱使？婚禮不稱主人。然則曷稱？稱諸父兄師友。宋公使公孫壽來納幣，則其稱主人何？辭窮也。辭窮者何？無母也。然則紀有母乎？曰有。有則何以不稱母？母不通也。〔註22〕

關於這條傳文，何休說：

> 禮，有母，母當命諸父兄師友，稱父兄師友以行。宋公無母，莫使命之，辭窮，故自命之。自命之則不得不稱使。〔註23〕

此即為「婚禮不稱主人」的說法。依照此說，「婚禮不稱主人」，於是稱父兄師友來為自己主持婚禮的各種儀節，派遣大夫來迎接女方，如桓公三年「公子翬如齊逆女」，不稱「公使」、不稱主人。但在成公八年同樣是記載婚禮儀節的經文，卻說：「宋公使公孫壽來納幣」，此處稱「宋公」，稱主人。《公羊傳》認為這是「辭窮」，因宋公無母可託父兄師友，因此可以自己主持安排婚禮。

〔註21〕葉夢得：《葉氏春秋傳》（臺灣商務印書館影文淵閣四庫全書本，149冊），頁167。
〔註22〕《春秋公羊傳注疏》（北京：北京大學出版社，十三經注疏標點本，1999年），頁31。
〔註23〕《春秋公羊傳注疏》（北京：北京大學出版社，十三經注疏標點本，1999年），頁32。

　　但在葉氏看來，《公羊》此說違背典籍中相關記載。葉氏反駁《公羊》說法的理由有三個重點：第一，在《禮記》〈祭統〉、〈曲禮〉中的求婚之辭，皆稱主人。如《禮記·祭統》說：

　　　　既內自盡，又外求助，昏禮是也。故國君取夫人之辭曰：「請君之玉女與寡人共有敝邑，事宗廟社稷。」〔註24〕

而《禮記·曲禮》說：

　　　　納女於天子，曰備百姓；於國君，曰備酒漿；於大夫，曰備掃灑。〔註25〕

葉氏根據這兩條資料，認為求婚之辭，亦即婚禮儀節的一部份，皆稱主人，「未嘗不親命之」。所謂「婚禮不稱主人」的說法除《公羊》外，不見於典籍中。

　　第二，葉氏認為《公羊》對禮制解說不當。依照何休對《公羊傳》意的說明，「宋公無母，莫使命之，辭窮，故自命之」，但是葉氏認為即使在「無母」的情況下，亦該請託「父兄師友」來為自己主持婚禮，這裡葉氏意見和《公羊》傳意不同。故葉氏說：「既以無母，則當稱諸父師友矣」。如此一來，此條經文中母親過世的宋公不應以主人自居稱「使」，而當以「諸父師友」主持其事。

　　第三，葉氏認為婚姻的目的在於「合二姓之好，以奉宗廟社稷」。因此應是以嫡系血親主持其事，不該讓支子或師友參與其中。因此，葉氏認定《公羊》「婚禮不稱主人」的說法不合乎當時禮制。在由誰主持婚禮的問題上，葉氏認為應依照父、母、自己的順序。故說：「昏禮無父，則母命之。無母，則己命之」。對照《春秋》經文，亦可得到證明。成公八年「夏，宋公使公孫壽來納幣」，因宋公無父、無母，因此由自己命令大夫，自己主持婚禮。隱公二年「九月，紀裂繻來逆女」，因其紀侯母親仍在世，因此由紀侯母主持婚禮，不言「使」字。

　　因此，葉氏綜合了《禮記》〈祭統〉、〈曲禮〉中的求婚之辭，加上對於禮制本意的推論，反駁了《公羊》「婚禮不稱主人」的說法。認為在主持婚禮這個問題上，應依照父、母、自己的順序來主持。所以說：「昏禮無父，則母命之。無母，則己命之」。並批評《公羊》「婚禮不稱主人」說法的錯誤，來自於「公羊氏不學禮之罪也」。

　　除了反駁三《傳》記載的禮制外，葉氏也指出《穀梁傳》的某些說法上的錯誤來自於不能確切明白當時的典禮制度。他說：

　　　　同盟之禮，始于齊小白。蓋方圖霸，懼諸侯之未能皆聽己，亦將以假天子之令而申之，使相與共尊王室。故莊十六年「同盟於幽」，小白於是霸矣。至二十七年而再「同盟於幽」。歷十有二年，猶用天子巡守之節。

〔註24〕《禮記正義》（北京：北京大學出版社，十三經注疏標點本，1999年），頁1347。
〔註25〕《禮記正義》（北京：北京大學出版社，十三經注疏標點本，1999年），頁166。

吾是以知同盟之為用天子殷見之禮也。自是不復再舉，蓋霸業已成，天下諸侯皆尊信之，不必挾天子以為重。晉重耳溫之會，天王在焉而不盟。蓋欲以己盟之，則不可。欲使天子盟之，則諸侯知其出於重耳，未必肯聽，故但會而已。明年，而諸侯之大夫會王人盟于翟泉，以尋踐土之盟。翟泉在王城之內，而不言同盟，是時王室微，重耳不能率諸侯以朝王，而以其大夫請于王，而就為之。則亦與諸侯之自相盟者，何異？又三年而重耳卒。故終重耳之世，不為同盟。至文之新城，趙盾以大夫舉之，則與小白之志異矣。自是訖昭之平丘，凡十有三盟，皆不足言，但為僭而已。《公羊》、《穀梁》不知此為竊殷見之禮，或謂之同尊周，或謂之同外楚者，皆誤也。
〔註26〕

所謂「天子巡狩之節」，指天子每十二年巡守天下。葉氏說：

《周官》言六年五服一朝，又六年王乃時巡，諸侯各朝于方岳，周制也。唐虞分天下為五服，包王畿甸服在其間。畿內諸侯皆王之公卿大夫，朝夕與王左右者，其朝不以年。則實朝者，四服而已。侯服朝一年，綏服朝二年，要服朝三年，荒服朝四年，故五年而王巡守，則通五載之間，王之巡守者一，群後之朝者四，所謂群後四朝也。周分天下為九畿，亦曰九服。而王畿千里不在其間，以六年數五朝，則侯服歲一朝，甸服二歲一朝，男服三歲一朝，采服四歲一朝，衛服五歲一朝。然而周官大行人又有要服六歲一見之禮。九州之外，夷服、鎮服、蕃服世一見，不在歲朝之列。若是則六年當六朝，又六年王乃時巡，則巡守當在十二年。〔註27〕

這裡所說的天子巡守制度，和周代疆域劃分有關。周王畿以外的土地，自內而外，每五百里為一服，劃分為侯、甸、男、采、衛、蠻、夷、鎮、藩九服，其中蠻服，〈大行人〉名之為要服〔註28〕。自要服以內六服的諸侯，都當定期朝王：侯服一年一朝，甸服二年一朝，男服三年一朝，采服四年一朝，衛服五年一朝，要服六年一朝。〈大行人〉又說：

十有二歲王巡守，殷國。〔註29〕

意謂十二年王巡守天下，或在附近的諸侯國接見眾來朝的諸侯。此即所謂「天子巡狩之節」。葉氏由齊桓公莊公十六年、二十七年兩次同盟時間相差十二年的事實，而

〔註26〕 葉夢得：《葉氏春秋考》（臺灣商務印書館影文淵閣四庫全書本，149 冊），頁 277。
〔註27〕 葉夢得：《葉氏春秋考》（臺灣商務印書館影文淵閣四庫全書本，149 冊），頁 270。
〔註28〕 《周禮注疏》（北京：北京大學出版社，十三經注疏標點本，1999 年），頁 1004。
〔註29〕 《周禮注疏》（北京：北京大學出版社，十三經注疏標點本，1999 年），頁 1006。

推知齊桓公僭用「天子巡狩之節」。這反映葉氏對春秋當時禮制的敏銳感覺以及素養。葉氏並分析晉文公在擴展霸業時條件的限制，而終其世不能同盟。在確立齊桓公舉行同盟之禮的意涵後，葉氏進而批評《穀梁傳》解說上的錯誤。《穀梁傳》於莊公十六年「冬，十有二月，會齊侯、宋公、陳侯、衛侯、鄭伯、許男、曹伯、滑伯、滕子，同盟於幽」下說：

> 同者，有同也，同尊周也。〔註30〕

又於莊公二十七年「夏，六月，公會齊侯、宋公、陳侯、鄭伯，同盟于幽」下說：

> 同者，有同也，同尊周也，於是而後授之諸侯也。其授之諸侯何也？
> 齊侯得眾也。〔註31〕

又於文公十四年「六月，公會宋公、陳侯、衛侯、鄭伯、許伯、曹伯、晉趙盾。癸酉，同盟於新城」下說：

> 同者，有同也，同外楚也。〔註32〕

葉氏認為《穀梁傳》所謂「同尊周也」、「同外楚也」的說法都有錯誤，原因即在於《穀梁》不明白齊桓公舉行同盟，其實是竊取「天子巡狩之節」。因此對經文作出錯誤的解釋。

　　綜上所述，葉氏除了強調考證典籍中有關禮制的記載，並認為應該將三《傳》中涉及禮制的說法一併考訂。因此除了考辨三《傳》義例外，葉氏也指出三《傳》中禮制說法的錯誤。例如葉氏反駁《左傳》中關於「致女」的說法，認為「致女」為「舅姑沒之禮也」；反駁《公羊》「婚禮不稱主人」的說法，認為在主持婚禮這個問題上，應依照父、母、自己的順序來主持。所以說：「昏禮無父，則母命之。無母，則己命之」；指出《穀梁傳》對於同盟所說「同尊周也」、「同外楚也」說法的錯誤，認為《穀梁》「不知此為竊殷見之禮」。

　　面對三《傳》內容裡關於禮制的說法，葉氏並不一味盲從，而是在參考其他典籍的資料後，本著實事求是、去偽求真的研究精神，經過合理推論後得出一己的看法，進而抉摘三《傳》有關禮制說明的缺失。從而贏得《四庫全書·總目提要》反駁三《傳》典故的評價。《提要》說：

> 蓋不信三《傳》之說，創於啖助、趙匡（案韓愈《贈盧仝》詩有：「春秋三《傳》束高閣，獨抱遺經究終始」之句。仝與啖、趙同時，蓋亦宗二家之說者。以所作《春秋摘微》已佚，故今據現存之書，惟稱啖、趙。），

〔註30〕《春秋穀梁傳注疏》（北京：北京大學出版社，十三經注疏標點本，1999年），頁79。
〔註31〕《春秋穀梁傳注疏》（北京：北京大學出版社，十三經注疏標點本，1999年），頁93。
〔註32〕《春秋穀梁傳注疏》（北京：北京大學出版社，十三經注疏標點本，1999年），頁178。

　　其後析爲三派：孫復《尊王發微》以下，棄傳而不駁傳者也；劉敞《春秋
權衡》以下，駁三《傳》之義例者也；葉夢得《春秋讞》以下，駁三《傳》
之典故者也。〔註33〕

這即證明葉氏在禮制研究上所取得的豐碩成就。《提要》所云誠不誣也。

（三）援用古代禮制解經

　　葉氏在禮制考證上花費很大的功夫，目的不光是還原當時禮制的眞相或是研究
禮制的沿革，最主要也最爲重要的目的其實在於透過考辨禮制，來註解《春秋》。換
句話說，葉氏的禮學研究其實附屬於《春秋》學研究，考禮之目的在於注解《春秋》
經，爲理解聖人微言大義服務。所以說：

　　　　《春秋》立大法而遺萬世者也。不知聖人之道，孰與發其義？不見先
　　王之典籍，孰與定其制？〔註34〕

這裡強調不知「聖人之道」，即無法發明《春秋》中的義例；不能稽考先王的典籍，
即無法確定當時的禮制。因此考證典籍，援用古代禮制來注解《春秋》經，成爲葉
氏解經一項明顯的特點。例如在隱公十一年「春，滕侯、薛侯來朝」下，葉氏論「諸
侯不得相朝」以解釋經文，他說：

　　　　朝，諸侯見於天子之禮也。諸侯不得相朝，侯而更相朝，固僭矣。而
　　又旅見，亦天子之禮也。故累數之，以公爲僭之中又有僭焉者也。葉子曰：
　　「吾何以知諸侯之不得相朝歟？禮，莫大於君臣。辨君臣之分，莫嚴於朝。
　　故一歲而以時來見者四，六年而以服來朝者五。天子所以一天下也。朝、
　　覲、宗、遇、會同，皆朝之名。既命之曰朝，以其先者爲主也。朝之爲言，
　　天子當宁而立，諸公東面，諸侯西面。魯何取於諸侯之庭哉？乃諸侯有入
　　其國，假道而過焉者，謂之邦交，於是有兩君相見之好。是故諸侯有兩君
　　相見之好，無兩君相朝之禮。至春秋，而先王之制亡矣。有言諸侯間於天
　　子之事則相朝者；有言小國之免於大國，朝而獻功者；有言先王制諸侯五
　　年，四王一相朝者；有言明王之制，諸侯五歲而朝者。此周之末造也。大
　　抵彊弱更相事，而是以魯之往朝者，皆晉、楚、齊大國。而諸侯之來朝於
　　魯者，皆穀、鄧、滕、薛、杞、郳、邾、郜、曹、郳、郯、牟、葛小國。
　　非特諸侯然也，王臣亦有外交而僭者焉。其見於內，則祭公、祭伯來；其
　　見於外，則州公如曹，《春秋》一正之，外書曰朝，內書曰如。旅見則累

〔註33〕紀昀總纂：《四庫全書總目提要》（石家莊：河北人民出版社，2000年），頁727。
〔註34〕葉夢得：《葉氏春秋考》（臺灣商務印書館影文淵閣四庫全書本，149冊），頁249。

數，非其所則志地，攝而來則志名，各著其實而罪自見。至於王臣又絕其
朝而不書，嫌於貳君也。要、荒亦絕其朝，而不書嫌於驚遠也。而三家不
能辨，或曰：『諸侯即位，小國朝之』。或曰：『諸侯再相朝，以修王命』。
或曰：『考禮修德，所以尊天子。』此豈周制也哉！然則〈大行人〉之辭
曰：『諸侯之邦交，有世相朝』者，吾聞諸公、侯、伯、子、男，入有郊
勞，出有贈賄，見於廟中相與為賓之儀矣，未聞當寧而面於庭者。此諸侯
欲文過而益其籍之辭，非先王之言也。」〔註35〕

這是葉氏解釋禮制，進一步闡明《春秋》經文中所蘊含的褒貶所在。藉由分析禮制
上「諸侯不得相朝」的原因，來證明此條經文中「滕侯、薛侯來朝」的不合禮。如
此即可見得夫子褒貶所在。

首先，葉氏說明「朝，諸侯見於天子之禮也」，「朝禮」為周天子的特權。諸侯
相朝，無異於僭越而侵犯了天子之權，其不臣之心昭然可見。從此即可理解「諸侯
不得相朝」所涉及的禮制原則，即是上與下的等級地位、彼此相互關係，亦即維持
尊卑等級秩序的「君臣之分」。這個分際一旦逾越，自然帶來動亂與不安。從而葉氏
認為：「禮，莫大於君臣。辨君臣之分，莫嚴於朝」。

在確立嚴明君臣之分的重要性之後，葉氏引《禮記·曲禮》「天子當寧而立，諸
公東面、諸侯西面，曰朝」〔註36〕的觀念說明「朝」的意涵。並分析諸侯與諸侯間，
只有「兩君相見之好」的平等關係，沒有「兩君相朝之禮」的尊卑關係。至於所謂
「有言諸侯間於天子之事則相朝者」「有言小國之免於大國，朝而獻功者」「有言明
王之制，諸侯五歲而朝者」等說法，皆出於「周之末造」，意圖不軌的人所捏造，不
合「先王之制」。

考諸經傳，葉氏認為所謂的「諸侯相朝」，其實只是當時各國國力強弱不均引發
的現象。接著舉例說：「是以魯之往朝者，皆晉、楚、齊大國。而諸侯之來朝於魯者，
皆穀、鄧、滕、薛、杞、鄫、邾、郳、曹、郯、郊、牟、葛小國」。由「朝」禮的禮
制說明，到以實例舉證「諸侯相朝」的事實，不得不說這是葉氏「不得於事，則考
於義；不得於義，則考於事。事、義更相發明」之研究方法的靈活運用。

葉氏並指責三《傳》以及〈大行人〉的論「朝」禮的錯誤，以為這是「諸侯欲
文過而益其籍之辭，非先王之言也」，而三《傳》與〈大行人〉不能明確分辨。

從葉氏對「朝」禮的分析，可以發現葉氏從經典中的少數證據，試圖還原當時
應有的禮制，亦即所謂的「先王之制」。接著以此作為標準，評價經文中記載的不合

〔註35〕 葉夢得：《葉氏春秋傳》（臺灣商務印書館影文淵閣四庫全書本，149 冊），頁 26。
〔註36〕 《禮記正義》（北京：北京大學出版社，十三經注疏標點本，1999 年），頁 137。

禮的事件，認爲此即是孔子之褒貶所在。同時依照還原出來的「先王之制」，葉氏也發現經傳中許多記載不合制禮本意。於是葉氏本著經學家去僞存眞的精神，認眞地對這些錯誤提出指正。當然，這種對經典記載的指正是和葉氏強調的「諸侯惡其害己，而去其籍」的考禮觀念息息相關。從現代人的角度看來，葉氏論「朝」，以求嚴明「君臣之分」，其中的尊君訴求不言可喻。

除了論「諸侯不得相朝」外，在桓公八年「春正月己卯，烝」下，葉氏藉分析四時祭，來貶斥桓公用心誣枉，「雖祭而時，猶不敬焉」。他說：

> 烝，夏之冬祭也。宗廟四時之祭，春曰祠，夏曰禴，秋曰嘗，冬曰烝。建子烝，節矣。何以書？爲桓公也。桓棄父之命，篡兄之位，蓋無辭以見宗廟。既取郜鼎，納太廟矣。復以五月烝，踰冬而廢祠。八月嘗，先秋而廢禴。是豈以祭祀爲嚴哉？其意若曰：「吾釋其薄而用其厚，祖考其說乎！」君子是以爲誣，雖祭而時，猶不敬焉。曰：「求豐而已矣」。葉子曰：「『禴祠烝嘗，于公先王』，周人之詩也。周之先祖，所以事其先公、先王者，雖亦以是四名，不曰『吉蠲爲饎，是用孝享』者乎？祭，莫厚於烝、嘗；莫薄於祠、禴。先王因其時而並脩之，未之有擇也。豈必其厚者以爲孝哉？而桓公之祭，見烝而廢祠，見嘗而廢禴。曰：『吾惟享而已矣』豈其先祖所謂『吉蠲』者哉？故烝而又烝，君子察其重者而著焉。易曰：『東鄰殺牛，不如西鄰之禴祭，實受其福』，桓公無以受其福矣。」〔註37〕

關於宗廟四時祭的名稱，經學者錢玄的整理，約可分做兩大類。一類是：

> 《詩·小雅·天保》：「禴祠烝嘗，于公先王。」毛傳：「春曰祠，夏曰禴，秋曰嘗，冬曰烝。」孔穎達疏：「詩以便文，故不依先後。」〔註38〕
>
> 《大戴禮記·千乘》：「方春三月……享于皇祖皇考。」「方夏三月……享于皇祖皇考。」「方秋三月……嘗新于皇祖皇考。」「方冬三月……烝于皇祖皇考。」〔註39〕
>
> 《禮記·明堂位》：「夏礿、秋嘗、冬烝」〔註40〕
>
> 《周禮·春官·大宗伯》：「以祠春享先王，以禴夏享先王，以嘗秋享先王，以烝冬享先王。」〔註41〕

〔註37〕 葉夢得：《葉氏春秋傳》（臺灣商務印書館影文淵閣四庫全書本，149冊），頁40。

〔註38〕 《毛詩正義》（北京：北京大學出版社，十三經注疏標點本，1999年），頁585。

〔註39〕 清·王聘珍：《大戴禮記解詁·千乘》（北京市：中華書局，1998年12月4版），頁158～163。

〔註40〕 《禮記正義》（北京：北京大學出版社，十三經注疏標點本，1999年），頁941。

〔註41〕 《周禮注疏》（北京：北京大學出版社，十三經注疏標點本，1999年），頁460。

《爾雅‧釋天》：「春祭曰祠，夏祭曰礿，秋祭曰嘗，冬祭曰蒸。」
〔註42〕

另外一類是：

《國語‧魯語上》：「嘗、禘、蒸，享之所致君胙者有數矣。」〔註43〕

《禮記‧郊特牲》：「饗禘有樂，而食嘗無樂，陰陽之義也。……故春禘而秋嘗」〔註44〕

《禮記‧祭統》：「凡祭有四時：春祭曰礿，夏祭曰禘，秋祭曰嘗，冬祭曰烝。」〔註45〕

《禮記‧祭義》：「祭不欲數，數則煩，煩則不敬。祭不欲疏，疏則怠，怠則忘。是故君子合諸天道：春禘秋嘗。」〔註46〕

《禮記‧仲尼燕居》：「嘗禘之禮，所以仁昭穆也」、「明乎郊社之義、嘗禘之禮，治國其如指諸掌而已乎！」〔註47〕

《禮記‧中庸》：「郊社之禮，所以事上帝也；宗廟之禮，所以祀乎其先也。明乎郊社之禮、禘嘗之義，治國其如示諸掌乎！」〔註48〕

《禮記‧王制》：「天子、諸侯宗廟之祭：春曰礿，夏曰禘，秋曰嘗，冬曰烝。」〔註49〕

《左傳‧桓公五年》：「凡祀，啟蟄而郊，龍見而雩，始殺而嘗，閉蟄而烝。過則書。」〔註50〕

《左傳‧僖公三十三年》：「凡君薨，卒哭而祔，祔而作主，特祀於主，烝、嘗、禘於廟。」〔註51〕

由上述兩組文字進行比較，在四時祭的名稱上，秋嘗、冬蒸相同，然而春、夏兩季名稱不同。上述文字在分類上，最顯著的區別是，上一組無「禘」祭，下一組有「禘」祭。因此，錢氏斷定從這些資料來看，只能說明一點：周代四時祭中的春夏兩季，

〔註42〕《爾雅注疏》（北京市：北京大學，1999年12月1版），頁180。
〔註43〕《國語‧魯語上》（臺北市：漢京文化事業有限公司，1984年），頁172。
〔註44〕《禮記正義》（北京：北京大學出版社，十三經注疏標點本，1999年），頁774。
〔註45〕《禮記正義》（北京：北京大學出版社，十三經注疏標點本，1999年），頁1360。
〔註46〕《禮記正義》（北京：北京大學出版社，十三經注疏標點本，1999年），頁1310。
〔註47〕《禮記正義》（北京：北京大學出版社，十三經注疏標點本，1999年），頁1383。
〔註48〕《禮記正義》（北京：北京大學出版社，十三經注疏標點本，1999年），頁1439。
〔註49〕《禮記正義》（北京：北京大學出版社，十三經注疏標點本，1999年），頁385。
〔註50〕《春秋左傳正義》（北京：北京大學出版社，十三經注疏標點本，1999年），頁168。
〔註51〕《春秋左傳正義》（北京：北京大學出版社，十三經注疏標點本，1999年），頁479。

無統一名稱。〔註52〕葉氏分析時所採用的四時祭名稱，是第一組無「禘」祭名稱的說法。此亦見於《公羊・桓公八年》傳，傳曰：

> 烝者何？冬祭也。春曰祠，夏曰礿，秋曰嘗，冬曰烝。〔註53〕

至於四時祭各自命名的含義，則見於古代典籍，現略舉數條。關於「春祭曰祠」，許慎說：

> 祠，春祭曰祠。品物少，多文詞也。〔註54〕

關於「夏祭曰礿」（亦作礿），王弼說：

> 礿，祭之薄者也。〔註55〕

關於「秋祭曰嘗」，何休說：

> 秋穀成者非一，黍先熟，可得薦，故曰嘗。〔註56〕

關於「冬季曰烝」，何休說：

> 烝，眾也，氣盛貌。冬，萬物畢成，所薦者多，芬芳備具，故曰烝。
>
> 〔註57〕

因此，從四時祭命名之義，可以得知四時祭之祭品豐薄。關於這點，學者周何說：

> 蓋春夏百物未登，可薦者少，故獻享禮薄而禮敬，秋冬穀實登成，可
> 薦者多，故獻享禮隆而禮備。是則周初時享之制，本依四時物宜之所生熟
> 以為祭，及後行之有漸，禮有常秩，於是烝豐於嘗，祠薄於礿，各具成法。
>
> 〔註58〕

在桓公八年，經文說：「夏五月丁丑，烝」。桓公十四年，經文曰：「秋，八月壬申，禦廩災。乙亥，嘗」。根據這些經文，桓公五年在正月、五月舉行兩次烝禮。故葉氏認為桓公「復以五月烝，踰冬而廢祠」；桓公八年舉行嘗禮，葉氏認為是「先秋而廢礿」。在葉氏看來，桓公這些作法，捨棄了祭品微薄的祠、礿兩祭，而採取了祭品豐厚的烝、嘗兩祭，不啻意味著意圖以豐厚祭品來討好先王先公，以為：「吾釋其薄而用其厚，祖考其說乎！」因此葉氏認為，桓公的舉措只是一味取巧賣乖，用心誣枉，而失去舉行四時祭應有的敬意。這份敬意，葉氏認為可以用《詩經・小雅・天保》「吉蠲為饎，是用孝享」來說明。關於此詩，孔穎達說：

〔註52〕 錢玄：《三禮通論》（南京市：南京師範大學出版社，1996年），468。
〔註53〕 《春秋公羊傳注疏》（北京：北京大學出版社，十三經注疏標點本，1999年），頁90。
〔註54〕 許慎作，段玉裁注：《說文解字注》（臺北市：天工書局，1992年），頁5。
〔註55〕 《周易正義》（十三經注疏標點本，北京：北京大學出版社，1999年），頁252。
〔註56〕 《春秋公羊傳注疏》（北京：北京大學出版社，十三經注疏標點本，1999年），頁90。
〔註57〕 《春秋公羊傳注疏》（北京：北京大學出版社，十三經注疏標點本，1999年），頁90。
〔註58〕 周何：《春秋吉禮考辨》（嘉新水泥公司文化基金會研究論文，1970年），頁197。

毛以王既爲天安定民事已成，乃善絜爲酒食之饌，是用致孝敬之心而獻之。所獻者，將以爲禴、祠、烝、嘗之祭，往事其先王。由王齊敬絜誠，神歆降福先君之屍。嘏予主人曰：「予爾萬年之壽，無有疆畔境界。」言民神相悦，所以能受多福也。〔註59〕

強調祭者在祭祀時一片齋戒潔淨之誠心，不在祭物豐薄，如此才能「民神相悦」、「能受多福」。王弼在注釋「東鄰殺牛，不如西鄰之禴祭，實受其福」時亦說：

祭祀之盛，莫盛脩德。故沼沚之毛，蘋繁之菜，可羞於鬼神。故「黍稷非馨，明德惟馨」。是以東鄰殺牛，不如西鄰之禴祭，實受其福也。〔註60〕

這些觀點都強調祭祀不在祭物豐薄，而在於祭者潔淨的心意與德行。可見得桓公作法的不合道義。葉氏由禮制的考證，來論斷桓公行爲的不當。從葉氏對四時祭的分析中，可以看出葉氏能清楚認知四時祭物的豐薄，並比較經文推出桓公意圖以豐厚祭品來討好先王先公的用心。從而根據經傳大義貶斥桓公。

值得注意的是，葉氏在解說禮制時，注意到經文所採的時令問題。在桓公八年同條經文中，《穀梁傳》說：

烝，冬事也，春興之，志不時也。〔註61〕

《穀梁傳》知道「冬季曰烝」，但是以爲桓公拖到五年春正月才舉辦，因此譴責桓公祭祀不按照時令舉行。葉氏說：「建子烝，節矣。」可見兩者對時令的認識不同。關於這點，《穀梁傳》說法錯誤。葉氏說：

三家皆不了《春秋》用周正之義。故隨經爲說，三正迭用，無一不自相伐。桓八年「春正月己卯，烝」《穀梁》曰：「烝，冬事也。春興之，志不時也。」周之正月，乃夏之十一月，正爲得時矣。則《穀梁》解經，用夏時也。故「夏五月丁丑，烝」亦再見曰：「烝，冬事也。春、夏興之，黷祀也。」至十四年「秋八月，禦廩災。乙亥，嘗。」下書「齊侯祿父卒」，在冬十二月。《穀梁》之意，以嘗屬禦廩災之後，猶爲八月。不悟周之八月，爲夏之六月，亦以爲得時。故但以爲志不敬而已。然於「春正月，公狩于郎」明言「冬日狩」，而不識其失時。「正月，無冰」以爲時燠若此之類，則又疑其用周時。〔註62〕

這裡所涉及的，即是曆法上「三正」之說。簡單地說，《春秋》之四時，則不合於實

〔註59〕《毛詩正義》（北京：北京大學出版社，十三經注疏標點本，1999年），頁585。
〔註60〕《周易正義》（北京：北京大學出版社，十三經注疏標點本，1999年），頁252。
〔註61〕《春秋穀梁傳注疏》（北京：北京大學出版社，十三經注疏標點本，1999年），頁45。
〔註62〕葉夢得：《葉氏春秋考》（臺灣商務印書館影文淵閣四庫全書本，149冊），頁264。

際時令。相傳有「三正」，夏以建寅之月（今農曆正月）爲正，殷以建丑之月（今農曆十二月）爲正，周以建子之月（今農曆十一月）爲正，而仍以正月爲春，則殷、周之春皆今之冬〔註63〕。葉氏是能分辨三代曆法上的區別，因此指出《穀梁傳》在解說桓公八年「春正月己卯，烝」的說法錯誤，以爲「周之正月，乃夏之十一月，正爲得時矣」。不僅葉氏可以分辨「三正」之說，他在《左傳》中亦發現傳文和經文在時令上的不同。他說：

> 左氏記時，大抵先經一時。如隱書「冬，宋人取長葛」左氏以爲秋。桓書「夏，穀伯綏來朝，鄧侯吾離來朝」左氏以爲春。僖五年「春，晉侯殺申生」，左氏記於四年十二月。「十年正月，晉裏克弑卓及荀息」左氏記於九年十一月等。疑皆從舊史之文，則舊史之序時，亦皆本于夏正。蓋既以正歲爲歲始，則時有不得亂。時不得亂，則月亦不得易。但不知先王協時月正日，以重正朔之禁。而羲和以廢時亂日得罪者，如何施之爾？非特史書云然也。《詩》七月、六月、四月、十月之交，皆是夏正。至七月言周正，則一之日、二之日、三之日、四之日而已。然則《春秋》所以易之者，蓋編年以繫事，而正朔，王法之所謹，不得不本周正也。然言之不正，孔子亦知之。故顏淵問爲邦，子曰：「行夏之時」則《春秋》所書，爲不得已。杜預不知舊史之文，解左氏長葛爲秋取冬告，穀、朝爲春來夏朝，申生爲冬殺春告，卓、荀息爲冬殺春赴，皆附會之妄，非經之正。〔註64〕

葉氏運用對曆法的認識，指出「左氏記時，大抵先經一時」的事實，並旁論《豳風·七月》中曆法的問題，進而糾正杜預解經的錯誤。這些都是葉氏運用禮制的知識，所考證得來的結果。葉氏並以自身對禮制的研究，考辨經傳中提出的問題。在昭公十五年「二月癸酉，有事於武宮，籥入，叔弓卒，去樂卒事」下，他說：

> 叔弓卒，何以言？有事於武宮，籥入莅事而卒也。君在祭樂之中，大夫卒，不以告。莅事而卒，事之變也。大夫卒，廢繹不廢祭。以大夫爲重，而廢祭，則忘尊；以宗廟爲重，而不去樂，則忘恩。去樂卒事，變之正也。君子與焉。葉子曰：「吾何以知在祭樂之中，大夫卒，不以告歟？昔者衛有大史曰柳莊，寢疾。衛侯以爲社稷之臣，曰：『若革疾，雖當祭必告』則當祭大夫卒，不告。當祭而告者，以柳莊爲之也。」〔註65〕

關於此條經文，《穀梁傳》說：

〔註63〕 楊伯峻：《春秋左傳注》（高雄市：復文圖書出版社，1991年），頁6。

〔註64〕 葉夢得：《葉氏春秋考》（臺灣商務印書館影文淵閣四庫全書本，149冊），頁263。

〔註65〕 葉夢得：《葉氏春秋傳》（臺灣商務印書館影文淵閣四庫全書本，149冊），頁214。

君在祭樂之中，聞大夫之喪，則去樂卒事，禮也。君在祭樂之中，大
夫有變以聞，可乎？大夫，國體也。古之人重死，君命無所不通。〔註66〕

比較葉氏與《穀梁傳》的說法，這裡出現一個禮制作法的問題。即是國君在舉行祭
祀演奏音樂時，大夫發生了什麼變故，是否該通報國君？《穀梁傳》以爲「大夫，
國體也。古之人重死，君命無所不通。」基於對一國大夫的尊重，應該通報國君。
葉氏不同意這個意見，以爲應援引《禮記・檀弓》的意見。〈檀弓〉說：

衛有大史曰柳莊，寢疾。公曰：「若疾革，雖當祭必告。」公再拜稽
首，請於屍曰：「有臣柳莊也者，非寡人之臣，社稷之臣也，聞之死，請
往。」不釋服而往，遂以襚之。與之邑裘氏與縣潘氏，書而納諸棺，曰：
「世世萬子孫，無變也。」〔註67〕

葉氏根據〈檀弓〉，認爲「君在祭樂之中，大夫卒，不以告」是當時禮制所採取的一
般規格的作法。唯有在如同柳莊這樣的「社稷之臣」，才能破格採取「君在祭樂之中，
大夫卒」，「當祭而告」的作法。這是葉氏引用〈檀弓〉，對於「君在祭樂之中，大夫
有變以聞，可乎？」此一問題的回答。也糾正了《穀梁傳》對此問題的認識。

　　葉氏認爲應該引用相關的禮制來註解《春秋》，如此方能理解孔子的褒貶所在。
同時也對三《傳》與典籍中有關的禮制問題提出看法，或是糾正某些葉氏認爲錯誤
的說法。在注解中，其中最受葉氏重視的莫過於記載禮制的三《禮》。上面許多條意
見，皆是葉氏援引三《禮》來糾正或陳述意見。但是，葉氏也同時遇到《春秋》與
三《禮》記載不合的情況。爲了強化葉氏應以禮制注解《春秋》的主張，葉氏並沒
有迴避這個問題。例如，葉氏試著解釋「《春秋》何以獨書聘？」這個問題。他說：

存、頫、省、聘、問五者，君之事也。《春秋》何以獨書聘？吾考於
禮，天子之撫邦國者，一歲遍存，三歲遍頫，五歲遍省，而無聘、問。至
時聘以結諸侯之好，殷頫以除邦國之慝，間問以喻諸侯之志，則存、省不
與。蓋存、頫、省，常也。猶臣之有朝、覲、宗、遇也。聘、問，非常也。
猶臣之有會同也。聘與問，一事也。大曰聘、小曰問，則問亦聘矣。而殷
頫亦與常頫異，特見於除慝。二者時舉而用之。故典瑞有殷聘之王，無存
省之王。無存省之王，蓋非常則用王，常事則不用王。《春秋》之世，邦
國之慝，無歲無有。王之所不暇頫，亦非王之所得除也。則非常而見者，
惟聘而已。此聘之所以獨見也。〔註68〕

〔註66〕《春秋穀梁傳注疏》（北京：北京大學出版社，十三經注疏標點本，1999年），頁296。
〔註67〕《禮記正義》（北京：北京大學出版社，十三經注疏標點本，1999年），頁295。
〔註68〕葉夢得：《葉氏春秋傳》（臺灣商務印書館影文淵閣四庫全書本，149冊），頁21。

〈小行人〉說：「存、頫、省、聘、問，臣之禮也。」〔註69〕賈公彥疏曰：

　　　存、頫、省三者，天子使臣撫邦國之禮；聘、問，二者是諸侯使臣行

　　聘，時聘、殷頫，問天子之禮。〔註70〕

從賈氏的疏文，可知「存、頫、省」是在上的天子指派臣子撫慰邦國的禮節，「聘、問」是在下的諸侯派遣臣子問候天子的禮節。據此，「存、頫、省」和「聘、問」屬於不同層次的禮節。葉氏以為「存、頫、省、聘、問」五者皆是周天子之事，可見得葉氏在天子「存、頫、省」的禮節外，一併計入〈大行人〉「時聘以結諸侯之好，殷頫以除邦國之慝，間問以喻諸侯之志〔註71〕」中的「時聘」、「殷頫」、「間問」。

　　在周代，為了維持上下的和睦關係以及推行政令，天子應採行「存、頫、省、聘、問」五種禮節。若是當時周天子確實施行了這些禮節，實際派遣臣子撫慰諸侯，在典籍中應該會有紀錄，也就是說包括二百四十二年史事的《春秋》應當有些記載。但是葉氏在考察了《春秋》經文後，發現《春秋》只記載聘禮，而不涉及其他禮節。顯然《春秋》經文和《周禮》某些記載不能相符。葉氏認為，這可以用《春秋》「常事不書」〔註72〕的原則來說明。

　　依照「王之所以撫邦國諸侯者，歲遍存，三歲遍頫，五歲遍省」〔註73〕這條資料，「存、頫、省」其實是每年應行的一般禮節，所以屬於「常事不書」的範圍。因此，應該記載的是「聘、問」兩者。因為「聘」與「問」同屬一事，所以《春秋》只記載「聘」禮。

　　值得注意的是，在「時聘以結諸侯之好，殷頫以除邦國之慝，間問以喻諸侯之志」的記載中，有所謂的「殷頫」。於是葉氏刻意劃分「殷頫」與「常頫」的不同。「常頫」自然亦屬於「常事不書」的範圍之中，但是以除去諸侯國惡行的「殷頫」自然屬於非常事，應該予以紀錄。為了說明《春秋》不記載「殷頫」的原因，葉氏舉出了「《春秋》之世，邦國之慝，無歲無有。王之所不暇頫，亦非王之所得除也」的理由，進而順理成章地認定《春秋》只書「聘」。

　　在筆者看來，葉氏的推論其實存在著不少瑕疵。例如「殷頫」與「常頫」刻意的劃分，在典籍中並無任何記載。再者，經後人研究，「《周禮》一書，自然不是周初作成，也不是周的制度；可能是戰國時期各國制度的綜合體，經過條理編纂，成

〔註69〕《周禮注疏》（北京：北京大學出版社，十三經注疏標點本，1999年），頁1011。
〔註70〕《周禮注疏》（北京：北京大學出版社，十三經注疏標點本，1999年），頁1011。
〔註71〕《周禮注疏》（北京：北京大學出版社，十三經注疏標點本，1999年），頁994。
〔註72〕《春秋公羊傳注疏》（北京：北京大學出版社，十三經注疏標點本，1999年），頁91。
〔註73〕《周禮注疏》（北京：北京大學出版社，十三經注疏標點本，1999年），頁1005。

爲一書。大約是一有識之士，參考各國制度，著成一理想的政治制度之書」〔註74〕，從而《周禮》的內容是否可以作爲當時制度的佐證，這一點也有待考證。

　　不過，《周禮》中「存、頫、省、聘、問」的記載與《春秋》經文獨書「聘」的事實確有不合。葉氏設法解釋兩者之間的差異，反映出葉氏企圖運用三《禮》來解釋《春秋》，並落實葉氏以禮制解《春秋》經的立場。

　　綜上所述，由上述的例子可以發現葉氏運用禮制注解《春秋》，目的不光是還原當時禮制的眞相或是研究禮制的沿革，最主要也最爲重要的目的其實在於透過考辨禮制，以推求褒貶大義。例如論「諸侯不得相朝」，從而貶斥《春秋》經文中有關諸侯相朝的記載；論「四時祭」，因而貶斥桓公「雖祭而時，猶不敬焉」，斥責桓公用心誣枉等。在葉氏的禮學研究中，也出現議論精闢見解獨到的部分。像是在時令的問題上，能清楚掌握到「三正」的問題，並透過經傳記載的比較，得出「左氏記時，大抵先經一時」的結論。同時根據三《禮》的內容，具體地辨析三《傳》有關禮制說法的錯誤。例如引〈檀弓〉記載，糾正《穀梁傳》對「君在祭樂之中，大夫有變以聞，可乎？」此一問題的看法。

　　再者，從葉氏解釋「《春秋》何以獨書聘？」這個問題來看，不難發現葉氏企圖解決《春秋》經和禮制記載間存在的差異，並落實葉氏以禮制解《春秋》經的立場。從而可以斷定，葉氏的禮學研究其實仍附屬於《春秋》學，考禮之目的在於注解《春秋》經，並爲理解聖人褒貶大義服務。

二、採《春秋》經例考證禮制

　　在葉氏《春秋》學中，葉氏曾援引《春秋》經文考訂有關「名、字」方面的禮制。這涉及《禮記・曲禮》一段記載。〈曲禮〉說：

　　　　天子不言出，諸侯不生名。……諸侯失地，名；滅同姓，名。〔註75〕

關於「名、字」，這是葉氏解經非常重要的一個組成部分。這和他主張「《春秋》是經非史」以及「闕文」問題有關。葉氏認爲《春秋》是經非史，主在傳達「一王大法」。因此說：「《春秋》因人以見法，不求備於史，而著其人」。葉氏強調《春秋》並不重在「信以傳信，疑以傳疑」地載錄史實，而重在透過筆削褒貶等方式來傳達大義。因此，《春秋》中種種「或國、或氏、或人、或名、或字、或子」等分別，並非「闕文」，而是義例所在。「名、字」即是葉氏認爲《春秋》用來表現大義的方式。他說：

　　　　王之所以爲王者，以有禮也；禮之所以爲有禮者，以有名分也。王政

〔註74〕王靜芝：《經學通論》（臺北市：國立編譯館，1979年），頁350。
〔註75〕《禮記正義》（北京：北京大學出版社，十三經注疏標點本，1999年），頁150。

不作，而禮廢；禮廢，而天下之名分亂矣。舉先王之典而申之，示天下爲

復有王者，必《春秋》而後能正也。〔註76〕

此處強調名分是禮的主要構成因素。名分的紊亂，亦即反應禮制的崩解。因此，《春秋》的任務在於透過確立名分，來昭示先王的典制，以此來達成王政的建立。在《春秋》申明禮制的過程中，辨別「名、字」即是《春秋》學中重要的研究工作。因爲「名、字」同樣聯繫到夫子的微言大義。葉氏說：

古者，國君不名卿老、世婦；大夫不名世臣、姪、娣；士不名家相、

長妾。故君前而後臣名；父前而後子名；士二十而冠，尊其名而始乎字，

以見名之重。故《春秋》之法，常寄於字與名。不應字而字，所以爲褒也。……

不當名而名，所以爲貶也。〔註77〕

「國君不名卿老、世婦；大夫不名世臣、姪、娣；士不名家相、長妾」，出自〈曲禮〉〔註78〕，這是指國君不稱呼上卿與世婦的名字；大夫不稱呼世臣和姪、娣的名字；士不稱呼家相和長妾的名字。葉氏又引〈曲禮〉：「男子二十，冠而字。父前，子名；君前，臣名」〔註79〕，由這兩條資料，即可證明古人對於名、字的重視。從而葉氏認爲《春秋》表現大義的方式，往往寄託在名與字上。而這裡主要有「不應字而字」、「不當名而名」兩種情況。能對《春秋》經文中有關「名、字」的經例予以一一辨析，即可掌握孔子作經時所賦予的筆削褒貶，微言大義。這是葉氏對「名、字」的基本概念。

在葉氏研究經文中有關「名、字」的經例中，葉氏卻發現經文本身和〈曲禮〉記載不同。他說：

禮曰：「天子不言出，諸侯不生名。諸侯失地，名；滅同姓，名」此

非知禮者之言，嘗聞乎《春秋》而不究其說者也。〔註80〕

應該強調的是，從葉氏對與「名、字」有關的經例的研究中，葉氏釐清了《春秋》稱名、稱字的書法。在此基礎上，對〈曲禮〉的說法提出糾正。因此，以下即就這些與「名、字」有關的概念予以分析：

（一）駁「天子不言出」

關於「天子不言出」這一點，葉氏說：

〔註76〕葉夢得：《葉氏春秋傳》（臺灣商務印書館影文淵閣四庫全書本，149 冊），頁 9。

〔註77〕葉夢得：《葉氏春秋傳》（臺灣商務印書館影文淵閣四庫全書本，149 冊），頁 76。

〔註78〕《禮記正義》（北京：北京大學出版社，十三經注疏標點本，1999 年），頁 106。

〔註79〕《禮記正義》（北京：北京大學出版社，十三經注疏標點本，1999 年），頁 55。

〔註80〕葉夢得：《葉氏春秋考》（臺灣商務印書館影文淵閣四庫全書本，149 冊），頁 267。

　　　　天子不言出，非以「天王出居於鄭」歟？出之爲言，所以辨内外也。
　　天子以天下爲家，雖無往而非内。然自千里之畿言之，則凡至於諸侯之國
　　者，皆出也。故巡守言出，則曰：「天子將出，類乎上帝，宜乎社，造乎禰」。
　　征伐言出，則曰：「天子將出征，類乎上帝，宜乎社，造乎祖，禡於所征之
　　地」，天子何嘗不言出乎？雖出，而不害其言居。所以正襄王不得于母弟，
　　而失位者不在是也。則謂天子不言出者，非《春秋》之意也。〔註81〕

葉氏反駁〈曲禮〉「天子不言出」，認爲儘管天子以天下爲家，對天子而言，無所謂
「出」。但是從王畿與諸侯國之間漫長的距離，對天子而言仍該用到「出」這個稱呼。
最主要的證據在於《禮記·王制》，〈王制〉說：

　　　　天子將出，類乎上帝，宜乎社，造乎禰……天子將出征，類乎上帝，
　　宜乎社，造乎禰，禡於所征之地。〔註82〕

〈王制〉對於天子的出巡、征伐，用「出」這個稱呼。並且考之《春秋》經文，僖
公二十四年「天王出居於鄭」，經文用「出」。關於此條，葉氏說：

　　　　天子以畿内爲國，諸侯以封内爲國。諸侯不以其道，去其封内，故曰
　　出奔。天子不以其道，去其畿内，故曰出居。出之爲言，恥也。若曰：「雖
　　有其國，而不能守云爾」天子無外，雖去其國，不失天下，故謂之居焉。
　　凡諸侯與其國内曰居，國外曰在。諸侯以國爲家者也。天子内外皆曰居，
　　天子以天下爲家者也。〔註83〕

這裡解釋「出居」兩字之義。因天子「不以其道，去其畿内」，所以用「出」字，表
示對於天子的責備。但是「天子無外」〔註84〕，周天子仍保有天下，因此天下對周
天子而言，仍如同家一般，所以用「居」字表示「天子無外」。從〈王制〉與《春秋》
經文來看，〈曲禮〉所謂「天子不言出」，其實不合經傳本意。此是葉氏由《春秋》
經例與〈王制〉辨「天子不言出」。

（二）駁「諸侯不生名」

　　〈曲禮〉說：「天子不言出，諸侯不生名」。鄭玄對此注曰：

　　　　天子之言出，諸侯之生名，皆有大惡，君子所遠，出、名以絕之。〔註85〕

〔註81〕葉夢得：《葉氏春秋考》（臺灣商務印書館影文淵閣四庫全書本，149 冊），頁 268。
〔註82〕《禮記正義》（北京：北京大學出版社，十三經注疏標點本，1999 年），頁 368～371。
〔註83〕葉夢得：《葉氏春秋傳》（臺灣商務印書館影文淵閣四庫全書本，149 冊），頁 112。
〔註84〕《公羊傳》說：「王者無外」。《春秋公羊傳注疏》（北京：北京大學出版社，十三經
　　　　注疏標點本，1999 年），頁 248。
〔註85〕《禮記正義》（北京：北京大學出版社，十三經注疏標點本，1999 年），頁 150。

賈公彥疏曰：

> 「諸侯不生名」者，諸侯南面之尊，名者質賤之稱。諸侯相見，祇可稱爵，不可稱名。〔註86〕

從《春秋》經文一些例子來看，大多是諸侯死後稱名。如隱公三年「八月庚辰，宋公和卒」、桓公十年「春，王正月庚申，曹伯終生卒」、莊公十六年「邾婁子克卒」這些經文，都是死後稱呼諸侯之名。如此一來，似乎「諸侯不生名」可以成立。葉氏卻持異說，他說：

> 諸侯不生名，非以諸侯必赴而後見名歟？夫名者，諱之道也。古者生死皆不諱，至周而後諱。諱死，不諱生。然必待卒哭而後諱焉，不忍遽死其親也。猶曰：「廟中不諱，臨文不諱」。楚公子圍即位，使赴於鄭。鄭人問應為後之辭，伍舉曰：「共王之子圍為長」則諸侯即位之初，即以名告矣。故其死也，亦必以名赴，所以正其死者之君為誰也。諸侯何嘗不生名乎？《春秋》諸侯無生以名見者，在內則臣子之辭，在外者義不在名。故惟衛燬、楚虔，貶而後加之爾。〔註87〕

在葉氏看來，「諸侯不生名」這問題涉及好幾個層次。第一個是涉及死者「卒哭乃諱」的層次，第二是在《春秋》中一般是遵守「諸侯不生名」的原則，但是在《春秋》表示貶斥時，則透過稱呼諸侯名字來表示斥責。例如「衛燬、楚虔」。

在第一個層次，葉氏的意見主要根據孔穎達對〈曲禮〉「卒哭乃諱」的疏文。所謂「卒哭」，卒，終也，止也，止無時之哭也。古禮，父母之喪，自初死至於卒哭，朝夕之間，哀至則哭，其哭無定時。葬後行虞祭，《釋名‧釋喪制》云：「既葬，還祭於殯宮曰虞，謂虞樂安神使還此也。」〔註88〕虞祭有三次，首虞在入葬之日，再虞與首虞隔一天，三虞在再虞之明日。虞祭是安神之祭，使死者靈魂安息。三虞之後隔一日而行卒哭之祭，卒哭是停止朝夕哭。〔註89〕對於「卒哭乃諱」，孔氏說：

> 古人生不諱，故卒哭前，猶以生事之，則未諱。至卒哭後，服已受變，神靈遷廟，乃神事之，敬鬼神之名，故諱之。諱，避也。生不相避名，名以名質，故言之不諱。死則質藏，言之則感動孝子，故諱之也。〔註90〕

〔註86〕《禮記正義》（北京：北京大學出版社，十三經注疏標點本，1999年），頁150。

〔註87〕葉夢得：《葉氏春秋考》（臺灣商務印書館影文淵閣四庫全書本，149冊），頁268。

〔註88〕楊伯峻：《春秋左傳注》（高雄市：復文圖書出版社，1991年），頁6。

〔註89〕錢玄：《三禮通論》（南京市：南京師範大學出版社，1996年），605。

〔註90〕《禮記正義》（北京：北京大學出版社，十三經注疏標點本，1999年），頁87。

等到「卒哭」以後，於是避開生前的名字。於是連帶地有諡號。關於這點，葉氏說：

> 周人以諱事神，葬而卒哭，卒哭而後諱。故卒哭，宰夫執木鐸以命於宮中，曰舍故而諱新。此諡所以必加於將葬也。若未賜諡，則不諱矣。始死而復升屋，而號曰「皋！某復」以未諱則不嫌也。子蒲卒，哭者呼滅。滅，子蒲之名也。子皋曰：「若是野哉」，哭者改之，此非謂其不能諱，惡其亂復也。然則諸侯始死，而赴以名，是在未諱之前，猶以人道事之爾。〔註91〕

葉氏引〈檀弓〉的記載，〈檀弓〉說：

> 卒哭而諱，生事畢而鬼事始已。既卒哭，宰夫執木鐸以命於宮曰：「舍故而諱新。」〔註92〕

從這些資料來看，「卒哭」是一個關鍵時點。即是一個「生事」與「死事」劃分的時點。在「卒哭」以前，不諱生名，「猶以人道事之」；「卒哭」以後，改稱諡號，避諱生名。因此葉氏說：「諱死，不諱生」，一如孔穎達說：「生不相避名，名以名質，故言之不諱。死則質藏，言之則感動孝子，故諱之也」。照這些觀念來看，在卒哭以前，諸侯是可以「生名」的，所謂：「生不相避名」。再者，葉氏從《左傳》找出諸侯生名的實際例子。在《左傳・昭公元年》傳曰：

> 十一月己酉，公子圍至，入問王疾，縊而弒之，遂殺其二子幕及平夏。右尹子幹出奔晉，宮廄尹子晳出奔鄭。殺大宰伯州犁于郟。葬王於郟，謂之「郟敖」。使赴于鄭，伍舉問應爲後之辭焉，對曰：「寡大夫圍。」伍舉更之曰：「共王之子圍爲長。」〔註93〕

在公子圍以弒君手段即位後，派遣使者到鄭國發訃告。伍舉問使者關於繼承人的措辭，使者說：「寡大夫圍」，伍舉改正說：「共王之子圍爲長。」在此條傳文中，伍舉即稱呼新即位的君主的名字。據此，葉氏認爲即位之初赴告諸侯時，必稱諸侯名字。不僅即位，在死時也以君主名字赴告，以明確地通知他國即位的君主是誰，過世的君主是誰。這即是「諸侯不生名」問題所涉及的「卒哭乃諱」層次。

第二，在《春秋》的稱謂上，一般是遵守「諸侯不生名」的原則，以爵位稱呼。但在《春秋》表示貶斥的情況下，特別採用「諸侯生名」的方式來貶斥。例如「衛燬、楚虔」兩例。關於這兩條經例，等到討論「滅同姓，名」再進一步討論。以上是葉氏藉由論「卒哭乃諱」以及列舉《左傳》傳文來論「諸侯不生名」。

〔註91〕葉夢得：《葉氏春秋考》（臺灣商務印書館影文淵閣四庫全書本，149 冊），頁 289。
〔註92〕《禮記正義》（北京：北京大學出版社，十三經注疏標點本，1999 年），頁 308。
〔註93〕《春秋左傳正義》（北京：北京大學出版社，十三經注疏標點本，1999 年），頁 1169。

（三）駁「諸侯失地名」

關於「諸侯失地，名」這項說法，葉氏說：

> 諸侯失地名，非以出奔者皆名歟？夫出奔而名，非以其奔而罪之也。諸侯失位，必有迫逐，篡而奪之國者。則内亦一君也，外亦一君也。不名，何以別乎？凡奔而見經者，皆錄其赴告之辭，彼亦將使諸侯曉然，皆知君者之爲何人，出者之爲何君，而不得不以其名來告，史從而錄之。衛鄭出，而叔武攝。自不當爲君，故鄭不名，非以是爲美也。則失地名者，非《春秋》之義也。〔註94〕

葉氏分析「名、字」，認爲在「不應字而字」、「不當名而名」兩種情況中，《春秋》寄託了筆削褒貶在其中。但在諸侯「出奔而名」的情況中，葉氏認爲並不因爲貶斥諸侯出奔之罪，於是稱呼諸侯之名。換言之，「出奔而名」這種作法和褒貶無關。爲何要特地標舉失地諸侯之名呢？葉氏認爲這主要爲了區別。葉氏推測：所以造成諸侯失地出奔，往往因爲政爭，或在國内遭到某人篡奪政權。於是演變成内有一君，外有一君。如此一來，稱呼諸侯之名是爲了區別這種複雜狀況。從而明確地赴告其他諸侯國内外的君主爲誰。如果說認可「諸侯失地，名」這觀念，換言之，即是譴責諸侯失地。但在葉氏看來，有些經文的確在諸侯失地出奔的情況下，《春秋》並不稱呼名。

例如僖公二十五年「秋，楚人圍陳，納頓子於頓」下，葉氏說：

> 圍陳何以言納頓子？與其納也。納君未有不以師，何以言圍陳？頓，陳之鄰國。蓋有迫於陳而出奔者。圍陳，而使頓子得以歸，是亦所以爲納也。頓子何以不名？蓋未有君也。凡納君而名者，内有君也。納君而不名者，内未有君也。〔註95〕

關於此條經文，杜預注曰：

> 頓迫於陳，而出奔楚。故楚圍陳，以納頓子，不言遂，明一事也。〔註96〕

因爲頓子被鄰近的陳國所壓迫，因此失地出奔。楚國於是藉由派遣軍隊圍繞陳國都城的方式，來促成頓子回到頓國。在這條經文中，頓子失地出奔，並不稱呼頓子之名。葉氏解釋說，因「内未有君」，所以沒有稱呼諸侯之名的必要。在僖公二十八年「衛侯出奔楚」下，葉氏說：

> 衛侯何以不名？非二君也。楚敗，衛侯懼，而出奔。使其大夫元咺奉

〔註94〕葉夢得：《葉氏春秋考》（臺灣商務印書館影文淵閣四庫全書本，149 冊），頁 268。
〔註95〕葉夢得：《葉氏春秋傳》（臺灣商務印書館影文淵閣四庫全書本，149 冊），頁 114。
〔註96〕《春秋左傳正義》（北京：北京大學出版社，十三經注疏標點本，1999 年），頁 425。

母弟叔武受盟於晉，叔武不正其爲君，而攝焉。以内爲未君，故不名衛侯也。〔註97〕

僖公二十八年，晉、楚間爲爭奪中原的盟主地位，兩國間發生了一場極其慘烈的戰爭，此即爲城濮之戰，結果是「楚師敗績」。鄭伯因爲在這場戰爭中傾向楚國，等到楚國失敗後，隨即因爲害怕晉國而出奔到楚國尋求庇護。在這條經文中，《春秋》不稱呼鄭伯之名，儘管鄭伯此時失地出奔。根據這兩條材料，在葉氏看來，諸侯在淪於失地的處境時，並非一味稱呼諸侯的名字。原因在於是否出現必須稱呼諸侯之名的需要。即所謂：「内亦一君也，外亦一君也。不名，何以別乎？」

在襄公十四年，葉氏即根據這項原則，判斷某條經文的闕字。在襄公十四年「己未，衛侯衎出奔齊」下，他說：

衛侯衎，左氏、《穀梁》以爲衛侯，《公羊》以爲衛侯衎，當從《公羊》，闕文也。葉子曰：「衎之不名。或曰：『此《春秋》之義，而非闕也。孫林父、甯殖既逐衎而立剽，剽以公孫得位非正，故不以兩君之辭與之。』是不然。《春秋》諸侯以篡立而不得其正，與強臣援之而立者，非獨剽也。何嘗不以兩君之辭與之乎？「北燕伯款出奔齊」，以其多嬖寵而大夫之所逐也。「蔡侯朱出奔楚」，以東國謀篡而蔡人逐之也。則燕有君，與東國之竊其位，蓋有甚於剽者，而款與朱皆名。夫豈君燕大夫之所立而與東國篡乎？凡諸侯奔而名者，皆以別二君，所以辨其正不正者，不在是也。惟衛鄭奔不以名見，蓋叔武不取於爲君而攝之。曹負芻歸不以名見，蓋子臧不取於爲君而逃之，則内無君而不嫌爾。今剽有國十有三年，凡盟會征伐之事，《春秋》未嘗不書。以衛侯及甯喜殺之，正其名曰弒君。孰有如是而非君者？吾故知其爲闕文，而非義之所在也。」〔註98〕

這段注文涉及了幾個問題，葉氏 · 一辨之。第一是經文中是記載「衛侯衎」或是「衛侯」？第二，是否《春秋》在記載衛侯衛侯衎與衛侯剽時，不以「兩君之辭」記載？亦即是在經文記載上不將剽視作衛侯？第三，「衛侯衎」稱名有何意義？

在葉氏看來，經文記載應從《公羊》，書「衛侯衎」，這是《春秋》中一個闕文。此所以特別記載衛侯衎之名，在於爲了和在國内的衛侯剽區別。因此葉氏說：「凡諸侯奔而名者，皆以別二君。」再者，既然《春秋》書「衛侯衎」，其實是將在内的剽視作衛侯剽。以「兩君之辭」的方式來處理。支持葉氏這個意見的，見於昭公三年「北燕伯款出奔齊」與二十一年「蔡侯朱出奔楚」。

〔註97〕葉夢得：《葉氏春秋傳》（臺灣商務印書館影文淵閣四庫全書本，149 冊），頁 117。
〔註98〕葉夢得：《葉氏春秋傳》（臺灣商務印書館影文淵閣四庫全書本，149 冊），頁 187。

關於這兩條經文，《左傳》說：

> 燕簡公多嬖寵，欲去諸大夫而立其寵人。冬，燕大夫比以殺公之外嬖。
> 公懼，奔齊。書曰：「北燕伯款出奔齊」，罪之也。〔註99〕

又說：

> 蔡侯朱出奔楚。費無極取貨於東國，而謂蔡人曰：「朱不用命於楚，
> 君王將立東國。若不先從王欲，楚必圍蔡。」蔡人懼，出朱而立東國。朱
> 愬于楚，楚子將討蔡。無極曰：「平侯與楚有盟，故封。其子有二心，故
> 廢之。靈王殺隱太子，其子與君同惡，德君必甚。又使立之，不亦可乎？
> 且廢置在君，蔡無他矣。」〔註100〕

這兩條經例皆是諸侯出奔失地，稱諸侯之名。其目的即在於爲了和在內的諸侯做區別。葉氏並引襄公二十六年「衛甯喜弒其君剽」，證明衛剽在《春秋》中是被視作衛君來看待的。

綜合這些意見，葉氏援引《春秋》經例，否定了〈曲禮〉：「諸侯失地，名」這條記載，以爲不得《春秋》本意。認爲諸侯失地出奔時，是否稱呼諸侯之名，則在於是否要和在國內的國君進行區分。故說：「凡諸侯奔而名者，皆以別二君。」

葉氏除歸納經例，反駁〈曲禮〉說法外，並以「凡諸侯奔而名者，皆以別二君」這個觀念，進一步分析《春秋》中的褒貶大義。在僖公二十八年，即「衛侯出奔楚」之後，《春秋》書「五月癸丑，公會晉侯、齊侯、宋公、蔡侯、鄭伯、衛子、莒子盟於踐土」。關於此條經文，葉氏說：

> 衛子者何？叔武也。叔武既不正其爲君，曰衛侯。弟則既已攝其君矣。
> 曰衛侯，則叔武未之敢君也。故與之以未踰年君之辭，而繫之子，賢之也。
> 〔註101〕

衛侯既以出奔楚，實際參與踐土之會，其實是衛侯之弟叔武。關於此事，杜預說：

> 衛侯出奔，其弟叔武攝位受盟，非王命所加，從未成君之禮，故稱子，
> 而序鄭伯之下。〔註102〕

因爲叔武是攝位受盟，因此不依照一般的記事體例書寫爵位，而書「衛子」。在此之後，僖公二十八年《春秋》書「六月，衛侯鄭自楚復歸於衛」，葉氏說：

> 衛侯何以復名？成叔武爲君，以惡衛侯也。衛侯既命元咺奉叔武以受

〔註99〕 《春秋左傳正義》（北京：北京大學出版社，十三經注疏標點本，1999年），頁1189。
〔註100〕 《春秋左傳正義》（北京：北京大學出版社，十三經注疏標點本，1999年），頁1419。
〔註101〕 葉夢得：《葉氏春秋傳》（臺灣商務印書館影文淵閣四庫全書本，149冊），頁117。
〔註102〕 《春秋左傳正義》（北京：北京大學出版社，十三經注疏標點本，1999年），頁440。

> 盟。或訴元咺曰：「立叔武矣」，遂殺元咺之子。及其歸也，盟國人曰：「既
> 盟之後，行者無保其力，居者無懼其罪」衛侯先期入，叔武聞君至，喜而
> 走出。前驅公子歂犬、華仲射而殺之。故進叔武以爲君，而名衛侯。曰自
> 楚，楚有奉焉爾。何以言復歸？歸，順辭也。君而復其國，以其道則順也。
> 〔註103〕

衛侯之弟叔武其實不懷任何政治野心，只是希望幫助兄長守住衛國。《公羊傳》即持
此意曰：

> 《春秋》爲賢者諱。何賢乎叔武？讓國也。其讓國奈何？文公逐衛侯
> 而立叔武，叔武辭立而他人立，則恐衛侯之不得反也，故於是已立，然後
> 爲踐土之會，治反衛侯。衛侯得反，曰：「叔武篡我。」元咺爭之曰：「叔
> 武無罪。」終殺叔武，元咺走而出。〔註104〕

但是衛侯的部下仍然將叔武殺害，而錯殺賢人。在葉氏看來，《春秋》爲了表示對衛
侯的貶斥，因此特地「成叔武爲君」。於是變成「內亦一君也，外亦一君也」的狀況。
因此《春秋》特地稱呼衛侯之名，表示內外兩君，同時譴責此事。這即是葉氏運用
「凡諸侯奔而名者，皆以別二君」這原則，進一步發揮《春秋》蘊含的筆削大義。

　　綜上所述，葉氏歸納經文，反駁了〈曲禮〉「諸侯失地，名」的說法，認爲「凡
諸侯奔而名者，皆以別二君」。主要爲了區別內外兩君，並不在寄託褒貶。

（四）駁「滅同姓名」

　　關於「滅同姓，名」這項說法，葉氏說：

> 「諸侯滅同姓，名」。非以衛文公滅邢書名歟？諸侯之滅同姓，固罪
> 矣。然諸侯族姓之別，天下孰不知之？苟有滅焉，固不待貶絕而自見也。
> 衛燬之名，蓋以誘國子而殺之，非名無以重其滅之罪。故楚虔以誘殺蔡世
> 子，名；衛燬以誘滅邢，名，其罪一也。果以滅邢爲貶？楚滅夔、齊滅萊，
> 何爲而不名乎？則「滅同姓，名」，非《春秋》之義也。凡此者皆經之微，
> 漢初諸儒，但竊其文而不知其義，故妄意其或然而爲之辭。是故君子不可
> 以不知經也。〔註105〕

上文提到，葉氏認爲《春秋》藉著「名、字」寄託微言大義，在「不應字而字」、「不
當名而名」兩種情況中，往往藉由「名、字」表現筆削褒貶。不過，「名、字」的問

〔註103〕 葉夢得：《葉氏春秋傳》（臺灣商務印書館影文淵閣四庫全書本，149冊），頁118。
〔註104〕 《春秋公羊傳注疏》（北京：北京大學出版社，十三經注疏標點本，1999年），頁
　　　　261。
〔註105〕 葉夢得：《葉氏春秋考》（臺灣商務印書館影文淵閣四庫全書本，149冊），頁268。

題不可一概而論。在葉氏討論「諸侯失地，名」的問題時，葉氏認爲：「凡諸侯奔而名者，皆以別二君」，因此在此狀況下稱呼諸侯之名主要爲了區別，無關大義。但在「衛燬、楚虔」兩例中，並不依照《春秋》一般只記爵位的敘事體例，而稱呼諸侯之名。葉氏認爲這即是「不當名而名」，藉由稱呼「名」表示斥責。對於「衛侯燬滅邢」之事，《公羊傳》在僖公二十五年「春，王正月丙午，衛侯燬滅邢」下說：

> 衛侯燬，何以名？絕。曷爲絕之？滅同姓也。〔註106〕

《穀梁傳》則說：

> 燬之名何也？不正其伐本而滅同姓也。〔註107〕

《左傳》則說：

> 衛侯燬滅邢。同姓也，故名。〔註108〕

據此，可知三《傳》都認爲衛侯燬之所以稱名，在於衛侯燬滅去了同姓之國。因此採用稱名的方式表示貶斥。〈曲禮〉曰：「滅同姓，名」，可能是儒者根據這條經例予以條文化，並且收錄於《禮記》之中。然而葉氏不同意這種說法。葉氏認爲《春秋》稱呼衛侯燬之名，固然是爲了表示貶責。但是原因並不在於衛侯滅去了同姓的邢國，而是譴責衛侯採用了詐騙引誘的方式滅去邢國。《春秋》是爲了譴責這種誘殺的手段，才稱名來貶斥。在僖公二十五年「春，王正月丙午，衛侯燬滅邢」，葉氏說：

> 衛侯何以名，嫉誘滅也。衛侯將伐邢，其大夫禮至曰：「不得邢之守國，不可得也。請往其昆弟，仕於邢。」及衛伐邢，邢之守國子巡城，衛之仕於邢者，乃掖國子赴外而殺之，邢遂以亡。禮至銘其器曰：「餘掖殺國子，莫餘敢止」君子是以嫉衛侯也。葉子曰：「甚矣！君子之惡詐也。曰：『自古皆有死，民無信不立』民之所以能並生於天地之間而不相害者，以其信足恃也。使人而各懷其詐，雖匹夫且不可與共處，況有國與天下者乎？故楚子虔誘蔡侯般殺之，名，惡誘殺人之君也；衛侯燬從禮至之請，誘殺國子而滅邢，名，惡誘滅人之國也。夫滅國之罪亦大矣，而辭無所貶，以爲不待貶絕而自見也。乃其誘殺人之君，誘滅人之國，非有所示，其誰察焉？是以衛與狄異而其辭一施之。而三《傳》皆言貶滅同姓，記禮者從而爲之說。《春秋》之義，不加於事之所易見，而常致意於義之所難察。

〔註106〕 《春秋公羊傳注疏》（北京：北京大學出版社，十三經注疏標點本，1999 年），頁249。

〔註107〕 《春秋穀梁傳注疏》（北京：北京大學出版社，十三經注疏標點本，1999 年），頁144。

〔註108〕 《春秋左傳正義》（北京：北京大學出版社，十三經注疏標點本，1999 年），頁 426。

同姓所易言也，楚滅夔，齊滅萊，皆不名。滅國、滅同姓，一事也。既見滅，則罪已重矣，故不以輕者復參焉。誘殺人而滅國，與誘人而殺之，二事也。不正則終無以著其罪。三《傳》既已失之，為禮者又從而弗悟，吾然後知學之為難也。」〔註109〕

在昭公十一年「夏四月丁巳，楚子虔誘蔡侯般殺之于申」下，葉氏亦說：

> 誘者何？詐之也。楚子在申，召蔡靈侯，伏甲而饗，醉而執之。葉子曰：「蔡人殺陳佗，《春秋》以討賊之辭與之。般負弒君之罪十有三年，諸侯不能討而楚討焉。然不得與陳佗同辭，而楚子不免於名，何也？楚子且不可以討齊慶封，何可以討般而況於詐之乎？故衛侯燬以誘滅邢侯，名；楚子虔以誘殺蔡侯，名。然則何以不曰：『楚子虔誘執蔡侯般于申』？賤之也。可與齊慶封同辭，不可與滕嬰齊同辭。」〔註110〕

葉氏在此認為楚子虔同樣因為採取誘殺的手段殺害他國國君，因此《春秋》採用稱名的方式來貶責，亦即和衛侯燬同屬一例。在衛侯燬的例子中，葉氏首先引用《左傳》僖公二十四、二十五年的記載〔註111〕，說明衛侯燬的確採用了誘殺的方式誘殺邢國國子，進而造成邢國的滅亡。

再者，葉氏引用《論語‧顏淵》的觀念〔註112〕，強調「自古皆有死，民無信不立」。認為人們之所以可以合群共生於天地之間，而不互相迫害攻擊，即在於人與人之間保有一份可被依持的信賴感。如果採取誘騙的方式取得自身的利益，雖然是匹夫，亦難於在世間自處，何況是一國國君呢？因此《春秋》特別譴責採取誘殺方式殺害他國國君的君主，以稱名的方式來表示貶責。

最後，葉氏反駁三《傳》「滅同姓，名」的說法，以為不合乎《春秋》經例。在僖公二十六年「秋，楚人滅夔，以夔子歸」、襄公六年「十有二月，齊侯滅萊」的經文中，楚、齊同是滅去同姓之國，《春秋》卻不依「滅同姓，名」的原則稱呼楚子、

〔註109〕 葉夢得：《葉氏春秋傳》（臺灣商務印書館影文淵閣四庫全書本，149 冊），頁 113。

〔註110〕 葉夢得：《葉氏春秋傳》（臺灣商務印書館影文淵閣四庫全書本，149 冊），頁 210。

〔註111〕 《左傳‧僖公二十四年》傳曰：「衛人將伐邢，禮至曰：『不得其守，國不可得也。我請昆弟仕焉。』乃往，得仕。」《左傳‧僖公二十五年》傳曰：「二十五年，春，衛人伐邢，二禮從國子巡城，掖以赴外，殺之。正月丙午，衛侯燬滅邢。同姓也，故名。禮至為銘曰：『餘掖殺國子，莫餘敢止。』」引文見《春秋左傳正義》（北京：北京大學出版社，十三經注疏標點本，1999 年），頁 424、426。

〔註112〕 《論語‧顏淵》曰：「子貢問政。子曰：『足食，足兵，民信之矣。』子貢曰：『必不得已而去，於斯三者何先？』曰：『去兵。』子貢曰：『必不得已而去，於斯二者何先？』曰：『去食。自古皆有死，民無信不立。』」引文見朱熹：《四書章句集注》（臺北市：大安出版社，1994 年），頁 186。

齊侯之名。可見得「滅同姓，名」這條原則不能成立，亦即葉氏根據經例予以駁斥，連帶指責三《傳》和記禮者不明「嫉誘滅也」之義。

葉氏對「滅同姓，名」的反駁，在於發掘出《春秋》中不合此說法的兩條經文。此說可能源自更早的劉敞。劉敞說：

> 二十五年，衛侯燬滅邢。左氏曰：「同姓也，故名」，非也。晉滅虢，
> 又滅虞。齊滅紀，楚滅夔，皆同姓也，何以不名邪？〔註113〕

不過進一步來說，筆者發現葉氏的說法也有缺失。葉氏援引經文反駁「滅同姓，名」的說法，以爲《春秋》斥責衛侯燬在於「嫉誘滅也」，否定以誘殺的手段來殺害他國國君。但是在昭公十六年，卻有一條經文違背了葉氏所立的義例。在昭公十六年「十有六年春，齊侯伐徐，楚子誘戎蠻子殺之」下，他說：

> 楚子、戎蠻子何以不名？兩鈞之之辭也。以楚子爲可，外則誘殺，不
> 足誅；以戎蠻子爲可，外則死不以正，不足治。所以兩不名之也。〔註114〕

《春秋》同樣是記載誘殺，但此條經文卻和「衛侯燬滅邢」、「楚子虔誘蔡侯般殺之于申」體例不同，並不稱楚子之名。葉氏雖然解釋說：「兩鈞之之辭也」，以爲這兩者都不能被認可。但是在筆者看來，同樣屬於誘殺，《春秋》卻無一定記事體例，從而此條經文卻不合葉氏自訂的「衛侯何以名，嫉誘滅也」這個說法。葉氏所論仍有不足。

綜上所述，對於「衛侯燬滅邢」這條經文，三《傳》皆以爲衛侯之所以稱名，在於滅去同姓的邢國。這個解釋也爲後來記禮者所接受，而形成〈曲禮〉「滅同姓，名」的說法。但葉氏根據《春秋》經例，以爲「楚滅夔，齊滅萊，皆不名」，從而駁斥了「滅同姓，名」的說法。但是葉氏認爲衛侯燬之所以稱名，在於「嫉誘滅也」。亦即《春秋》透過稱名，斥責衛侯採取誘殺的方式殺害他國國子，進而造成邢國滅亡。但是在筆者看來，「嫉誘滅」的說法並不能解釋所有經文，葉氏這個觀點仍有不足。

葉氏認爲《春秋》是經非史，主在傳達「一王大法」。因此說：「《春秋》因人以見法，不求備於史，而著其人」。強調《春秋》並不重在如實地載錄史事，而重在透過筆削褒貶等方式來傳達大義。因此，「或名、或字」即是葉氏認爲《春秋》用來表現大義的方式。從葉氏對於「名、字」的重視，進而分析《春秋》中有關「名、字」的義例。在此過程中，葉氏發現〈曲禮〉中有關「名、字」的說法並不合乎《春秋》經例。因此葉氏即根據典籍記載以及《春秋》經文，對〈曲禮〉所說：「天子不言出，

〔註113〕 劉敞：《春秋權衡》（臺灣商務印書館影文淵閣四庫全書本，147 冊），頁 212。
〔註114〕 葉夢得：《葉氏春秋傳》（臺灣商務印書館影文淵閣四庫全書本，149 冊），頁 214。

諸侯不生名。……諸侯失地，名；滅同姓，名」此一說法予以駁斥。從而糾正了〈曲禮〉和三《傳》一些關於「名、字」的錯誤意見。

第二節 重視義例的辨析

一、重視義例的辨析

葉氏說：「《春秋》立大法而遺萬世者也。不知聖人之道，孰與發其義？不見先王之典籍，孰與定其制？」這裡強調《春秋》的宗旨即在為後世立法，並進一步說明理解「一王大法」的兩大關鍵：一是聖人透過筆削褒貶傳達的微言大義，另外即是先王典籍中記載的典禮制度。在葉氏看來，不知「聖人之道」，即無法發明《春秋》中的義例；不能稽考先王的典籍，即無法確定當時的禮制。換言之，能充分掌握《春秋》中的義例與禮制，即可理解孔子立法後世的用心所在。因此，葉氏解經即從此二者入手，重視禮制辯證與義例辨析。這兩者即成為葉氏解經的重要特色。

葉氏辨析義例，主要由兩方面入手。一是駁斥三《傳》對於義例的說法，一是經由參考前人的說法，稽考經文，從而提出自身對義例的看法。例如三《傳》對於「衛侯燬滅邢」這條經文，認為衛侯之所以稱名，在於滅了同姓的邢國。此即為一條義例。葉氏援引經文，駁斥了三《傳》的說法，認為「衛侯何以名，嫉誘滅也」。此亦即根據經文以及對經傳大義的研究，所提出的對此條經文、義例的說法。在葉氏《春秋》學中，考辨義例的例子隨手可見。下麵即舉出數例來作說明。

（一）辨諸侯卒經文稱名與否之例

在隱公三年「八月庚辰，宋公和卒」下，葉氏說：

> 卒者以赴為辭，赴則書，不赴則不書。赴以名則書以名，赴不以名則不書以名。卒而不赴，赴而不以名，以為不恭，其君外之失也。葉子曰：「諸侯死而赴以名，禮歟？曰：『然』。同盟則赴以名，不同盟則不赴以名，禮歟？曰：『否』。此左氏之誤也。古者無諱，至周而後諱。然必葬而後諱之者，生事終，鬼事始也。未葬而諱，是不懷也。子蒲卒，哭者呼滅。子皋曰：「若是野哉！」呼之非也。赴之，禮也。《春秋》有同盟而不名者，宿男卒之類是也。有未同盟而名者，蔡侯考父卒之類是也。豈皆別於盟乎？《春秋》雖以名正，然終有不得而名者，《春秋》不能益也，從史而已。然則禮，君赴於他國之辭曰：「寡君不祿」而不名，何也？非禮也，記禮

者之失也。」〔註115〕

葉氏在此，考辨兩條《左傳》提出的凡例。《左傳・隱公七年》傳曰：

> 凡諸侯同盟，於是稱名，故薨則赴以名，告終、稱嗣也，以繼好息民，
> 謂之禮經。〔註116〕

《左傳・僖公二十三年》傳曰：

> 凡諸侯同盟，死則赴以名，禮也。赴以名，則亦書之，不然則否，辟
> 不敏也。〔註117〕

這條凡例說明凡是同盟的諸侯，死後就在訃告上寫上名字，這是合乎禮的。如果是未同盟之國，若其國君卒，在訃告上記載名字，則策書上亦書名字。至於「不然則否」一句，杜注以為「同盟而不以名告」〔註118〕。若依杜注，則同盟而赴不以名，則不在策書上書名。

　　對於杜預對「不然則否」一句的解釋，學者楊伯峻則持不同意見，將杜注訂正為：

> （不然則否）亦謂未同盟之國，若其赴不以名，則不書名。杞成公娶
> 魯女，魯必知其名，而其卒不書名者，以其赴不以名耳。杜注謂此句指「同
> 盟而不以名告」者，誤。《春秋》於同盟諸侯之卒皆書名，沈欽韓《補注》
> 謂「若已同盟，雖不赴名，策書固以悉之，書其名者無不審也」者是也。
>
> 〔註119〕

楊氏以為若同盟，儘管赴告時不以名，《春秋》仍書名。未同盟之國則要根據赴告之詞是否書名。但在葉氏看來，這兩條《左傳》所列舉的凡例有誤。在稱名與否的問題上，葉氏認為和周代禮制中避諱觀念有關。葉氏說：

> 諸侯不生名，非以諸侯必赴而後見名歟？夫名者，諱之道也。古者生
> 死皆不諱，至周而後諱。諱死，不諱生。然必待卒哭而後諱焉，不忍遽死
> 其親也。猶曰：「廟中不諱，臨文不諱」。楚公子圍即位，使赴於鄭。鄭人
> 問應為後之辭，伍舉曰：「共王之子圍為長」則諸侯即位之初，即以名告矣。
> 故其死也，亦必以名赴，所以正其死者之君為誰也。諸侯何嘗不生名乎？
> 《春秋》諸侯無生以名見者，在內則臣子之辭，在外者義不在名。〔註120〕

〔註115〕 葉夢得：《葉氏春秋傳》（臺灣商務印書館影文淵閣四庫全書本，149 冊），頁 15。
〔註116〕 《春秋左傳正義》（北京：北京大學出版社，十三經注疏標點本，1999 年），頁 106。
〔註117〕 《春秋左傳正義》（北京：北京大學出版社，十三經注疏標點本，1999 年），頁 408。
〔註118〕 《春秋左傳正義》（北京：北京大學出版社，十三經注疏標點本，1999 年），頁 408。
〔註119〕 楊伯峻：《春秋左傳注》（高雄市：復文圖書出版社，1991 年），頁 404。
〔註120〕 葉夢得：《葉氏春秋傳》（臺灣商務印書館影文淵閣四庫全書本，149 冊），頁 268。

因此，在稱名問題上，「必待卒哭而後諱」。這即意謂在死後赴告諸侯時，仍應以生者看待而以諸侯之名赴告。再者，葉氏認爲《春秋》是否書名，全依赴告之辭。不像《左傳》所說的分成同盟與未同盟，以及同盟皆書以名（此用楊伯峻說）。

葉氏的理由在於《春秋》的經文中「有同盟而不名者，宿男卒之類是也。有未同盟而名者，蔡侯考父卒之類是也」。隱公八年，《春秋》經書「宿男卒」。杜注曰：

> 元年，宋、魯大夫盟于宿，宿與盟也。〔註121〕

宿與魯同盟，但是並非同盟諸侯之卒皆書名，楊伯峻對杜注訂正的說法有誤。在隱公八年「蔡侯考父卒」下，杜注曰：

> 襄六年傳曰：「杞桓公卒，始赴以名，同盟故也。」諸侯同盟稱名者，非唯見在位二君也。嘗與其父同盟，則亦以名赴其子，亦所以繼好也。蔡未與隱盟，蓋《春秋》前，與惠公盟，故赴以名。〔註122〕

蔡未與魯隱公結盟。杜注云：「蔡未與隱盟，蓋《春秋》前，與惠公盟，故赴以名」，在葉氏看來不過揣測之辭，應將「蔡侯考父卒」列爲未同盟但書以名之例。

葉氏根據「宿男卒」、「蔡侯考父卒」兩例，認爲在諸侯卒是否書名，並不依照《左傳》的凡例，分做同盟與未同盟。凡同盟皆書以名，未同盟則依照赴告之辭。在葉氏看來，不論同盟與未同盟，在諸侯卒時是否書名，全依赴告之辭。故說：「卒者以赴爲辭，赴則書，不赴則不書。赴以名則書以名，赴不以名則不書以名。」並根據此意，糾正《禮記·雜記》：「君訃於他國之君，曰：『寡君不祿，敢告於執事』」〔註123〕的說法，以爲稱爲「不祿」，是記禮者的缺失。

總結來說，葉氏對於諸侯死後是否稱名的問題，第一是主張應參考周人關於死後避諱的禮制，必須等到卒哭祭舉行後然後避諱。這即意謂在死後赴告諸侯時，仍應以生者看待而以諸侯之名赴告。第二，不論同盟與未同盟，在諸侯卒時是否書名，全依赴告之辭。故葉氏說：「卒者以赴爲辭，赴則書，不赴則不書。赴以名則書以名，赴不以名則不書以名。」並根據這個觀念，糾正了《禮記·雜說》的說法。第三，葉氏援引「宿男卒」、「蔡侯考父卒」兩條經文，對於《左傳》的提出的凡例予以糾正。可見葉氏一方面糾正三《傳》義例，一方面稽考經文、前人說法，試圖提出一個更爲合乎情理，更合乎「事」、「義」的義例解釋。

（二）駁日月例

在日月例的問題上，中唐的啖助有一段透闢精彩的意見，他說：

〔註121〕《春秋左傳正義》（北京：北京大學出版社，十三經注疏標點本，1999年），頁108。
〔註122〕《春秋左傳正義》（北京：北京大學出版社，十三經注疏標點本，1999年），頁108。
〔註123〕《禮記正義》（北京：北京大學出版社，十三經注疏標點本，1999年），頁1157。

　　《公》、《穀》多以日月爲例，或以書日爲美，或以爲惡。夫美惡在于
事迹，見其文足以知其襃貶。日月之例，復何爲哉？假如書曰春正月叛逆，
與言甲子之日叛逆，又何差異乎？故知皆穿鑿妄説也。假如用之，則椿駁
至甚，無一事得通，明非《春秋》之意，審矣。左氏唯卿卒以日月爲例，
亦自相乖戾。〔註124〕

葉氏繼承啖、趙學派的看法，對日月例提出猛烈攻擊，他説：

　　記史者以事繫日，以日繫月，然歟？曰：「然」。《春秋》以日月爲例
歟？曰：「否」。繫事以日月，史之常也。有不可以盡得，則有時而闕焉。
《春秋》者，約魯史而爲之者也。日月，史不可以盡得，則《春秋》亦安
得而盡書哉？必將以爲例，有當見而史一失之，則凡爲例者皆廢矣。故日
月不可以爲例。爲是説者，《公羊》、《穀梁》之過也。然則何以有日或不
日，有月或不月，此史之闕，而《春秋》不能益也。以爲非義之所在，則
從史而已。間有待之以見義，而適得者。「癸酉，大雨震電」、「庚辰，大
雨雪」，見時之失也；「癸亥，公之喪至自乾侯」、「戊辰，公即位」，見即
位之節也。而不可爲常，亦有經成而後亡之者，「夏五」之類是也。〔註125〕

針對《公羊》隱公三年傳「葬者曷爲或日或不日？不及時而日，渴葬也；不及時而
不日，慢葬也。過時而日，隱之也；過時而不日，謂之不能葬也。當時而不日，正
也。當時而日，危不得葬也。」〔註126〕這段以日月解經的説法，葉氏則説：

　　傳爲此六例，專在日月也。使二百四十二年之間，以事繫日，無有一
闕者，則此例盡行，或可矣。若當日而或闕其日，經既不敢輒增，則所以
爲例者，豈不盡廢哉？日月爲例，《公羊》、《穀梁》之説也。以經考之，
蓋無有盡契者。故復以變例爲之説。夫襃貶取舍，以義裁之則無常，或可
變也。日月者，有常而不可易。日月而可變，則復安所用例乎？故渴葬與
慢葬，均於不得禮也。渴葬則不及時而日，慢葬則不及時而不日，過時均
於不得葬也。或隱之而日，或不隱之而日，此何理也？吾嘗以是偏求之，
未有不如是兩可而得以移易者，然後知所以爲經者，不在是也。〔註127〕

葉氏認爲以日月記事是史書常例，並沒有微言大義寄託其中。因此不可依照《公》、

〔註124〕陸淳：〈日月爲例義第三十五〉《春秋集傳纂例》（臺灣商務印書館影文淵閣四庫全
　　　　書本，146 冊），頁 508～5513。

〔註125〕葉夢得：《葉氏春秋傳》（臺灣商務印書館影文淵閣四庫全書本，149 冊），頁 6。

〔註126〕《春秋公羊傳注疏》（北京：北京大學出版社，十三經注疏標點本，1999 年），頁
　　　　39。

〔註127〕葉夢得：《春秋三傳讞》（臺灣商務印書館影文淵閣四庫全書本，149 冊），頁 653。

《穀》的說法，從「有日或不日」、「有月或不月」等經文記載上比附義例。葉氏並提出，日月記事常常受限於史料的詳備與否，因此《春秋》不可以之爲例，以避免出現「必將以爲例，有當見而史一失之，則凡爲例者皆廢矣」的危險。

　　葉氏又批評《公羊》、《穀梁》以日月記事，皆出臆測。《穀梁》在解說隱公元年「公子益師卒」時，　眼於日月例，認爲經文旨在貶斥益師。故說：「大夫日卒，正也；不日卒，惡也」〔註128〕關於這一說法，葉氏批評說：

> 益師之惡，于三《傳》皆無見，《穀梁》何由知之？蓋見內大夫多日卒，故直推以爲例爾，以此見《公羊》、《穀梁》以日月爲例，皆未嘗見事實，特以經文妄意之。審此爲信，則公子牙蓋將篡君者，季孫意如親逐昭公者，而牙書「七月癸巳卒」，意如書「六月丙申卒」，謂之無惡，可乎？〔註129〕

這裡批判《公羊》、《穀梁》妄自以日月例附會經文。從《左傳》有關日月例的記載，葉氏在批判之餘，並據以推定《左傳》晚於《公羊》、《穀梁》。關於《左傳》「公不與小斂，故不書日」〔註130〕的傳文，葉氏說：

> 日月爲例，《公羊》、《穀梁》之失也，而傳（筆者按指《左傳》）亦一見於此。然文書「甲申，公孫敖卒於齊」，宣書「辛巳，仲遂卒于垂」，成書「壬申，公孫嬰齊卒于貍脤」，皆在境外，公固不得與小斂，而皆書日。則公子益師之不書日，豈以不與小斂哉？吾嘗疑左氏出於戰國之際，或在《公羊》、《穀梁》後。今以此考之，是蓋亦聞日月爲例之說，故入《春秋》之初，欲竊而用之，後見其不可通，則止而不暇刪也。〔註131〕

這裡藉由兩條有關公孫敖、仲遂卒時書日的經文，駁斥《左傳》「公不與小斂，故不書日」此一說法的錯誤。連帶地葉氏推論《左傳》此條不書日的記載，抄襲《公羊》、《穀梁》有關日月例的說法。當然，葉氏此處的意見只能說是懷疑，不過確切指出三《傳》關於日月例的說法不能成立，充滿矛盾。

　　綜上所述，葉氏承襲啖、趙學派的觀點，對三《傳》日月例提出猛烈的攻擊。不僅指出日月記事爲史書一般通例，更在三《傳》的傳文中，找出日月例彼此矛盾衝突的部分。在《春秋》義例的領域裡，汰除掉三《傳》一些荒謬、矛盾的內容。

〔註128〕《春秋穀梁傳注疏》（北京：北京大學出版社，十三經注疏標點本，1999 年），頁 8。
〔註129〕葉夢得：《春秋三傳讞》（臺灣商務印書館影文淵閣四庫全書本，149 冊），頁 746。
〔註130〕《春秋左傳正義》（北京：北京大學出版社，十三經注疏標點本，1999 年），頁 63。
〔註131〕葉夢得：《春秋三傳讞》（臺灣商務印書館影文淵閣四庫全書本，149 冊），頁 500。

（三）辨戰敗例

葉氏在《春秋》的性質問題上，認為《春秋》是經，旨在透過微言表達大義。因此注重透過經文歸納得出的義例。經文中可以被列舉的義例種類眾多，戰敗例即是其中之一。這條義例，涉及到有關記載「戰」或「敗」的經文。在《公羊》、《穀梁》中，又有所謂「偏戰」、「疑戰」的說法。「偏戰」的說法出自《公羊傳》。在桓公十年「冬，十有二月丙午，齊侯、衛侯、鄭伯來戰于郎」經文下，《公羊傳》曰：

> 郎者何？吾近邑也。吾近邑則其言來戰于郎何？近也。惡乎近？近乎圍也。此偏戰也，何以不言師敗績？內不言戰，言戰乃敗矣。〔註132〕

在桓公十二年「十有二月，及鄭師伐宋。丁未，戰于宋。」經文下，《公羊傳》曰：

> 戰不言伐，此其言伐何？辟嫌也。惡乎嫌？嫌與鄭人戰也。此偏戰也，何以不言師敗績？內不言戰，言戰乃敗矣！〔註133〕

關於「偏戰」，何休注曰：

> 偏，一面也。結日定地，各居一面，鳴鼓而戰，不相詐。〔註134〕

「疑戰」的說法出自《穀梁傳》，在莊公十年「春王正月，公敗齊師于長勺」經文下，《穀梁傳》曰：

> 不日，疑戰也。疑戰而曰敗，勝內也。〔註135〕

在同年「公敗宋師于乘丘」經文下，《穀梁傳》曰：

> 不日，疑戰也。疑戰而曰敗，勝內也。〔註136〕

關於「疑戰」，范寧注曰：

> 疑戰者，言不克日而戰，以詐相襲。〔註137〕

至於《左傳》又有「凡師，敵未陳曰敗某師，皆陳曰戰」〔註138〕這個說法。這是三《傳》對戰敗例大致的內容。在葉氏看來，戰敗例的用意在於以「內」、「外」來區

〔註132〕《春秋公羊傳注疏》（北京：北京大學出版社，十三經注疏標點本，1999 年），頁95。

〔註133〕《春秋公羊傳注疏》（北京：北京大學出版社，十三經注疏標點本，1999 年），頁101。

〔註134〕《春秋公羊傳注疏》（北京：北京大學出版社，十三經注疏標點本，1999 年），頁96。

〔註135〕《春秋穀梁傳注疏》（北京：北京大學出版社，十三經注疏標點本，1999 年），頁74。

〔註136〕《春秋穀梁傳注疏》（北京：北京大學出版社，十三經注疏標點本，1999 年），頁75。

〔註137〕《春秋穀梁傳注疏》（北京：北京大學出版社，十三經注疏標點本，1999 年），頁75。

〔註138〕《春秋左傳正義》（北京：北京大學出版社，十三經注疏標點本，1999 年），頁243。

別，不在「偏戰」、「疑戰」。在隱公十年「六月壬戌，公敗宋師于菅」下，葉氏說：

> 前未有言戰者，此何以言敗宋師？内辭也。《春秋》内魯而外諸侯。
> 内敗於外，皆不言「我師敗績」，直曰「戰」，不以内受敗於外也；内勝外，
> 皆不言「及某師戰」，直曰「敗某師」，不以外見敗於内也。此菅之師也，
> 何以言公？非菅之師也。菅還，以爲不得志，而公自將也。葉子曰：「《春
> 秋》有偏戰，有疑戰。偏戰，結日而戰也；疑戰，詐戰也。爲左氏之説者，
> 曰「皆陳曰戰」，謂偏戰也。「未陳曰敗某師」，謂疑戰也，而《穀梁》亦
> 云。非也。凡魯與外書敗者七，未有一言敗績者，豈魯皆詐戰乎？凡外諸
> 侯書戰者，十有四，未有一言敗我師者，豈諸侯皆偏戰乎？吾是以知《春
> 秋》之義，在内外，不在偏戰、疑戰也。」〔註139〕

葉氏分析三《傳》關於戰敗例的說法，認爲經文不以「偏戰」、「疑戰」來界定戰敗
例的涵義。照三《傳》的說法，凡是經文書「戰」，均指内敗於外，屬於「偏戰」，
結日而戰，用《左傳》傳例即是「皆陳曰戰」；凡是經文書「敗某師」，均指内勝於
外，屬於「疑戰」、詐戰，用《左傳》傳例即是「敵未陳曰敗某師」。在葉氏看來，
魯國與外國發生戰爭，經文中書「敗」字有七次，依三《傳》義例來說，豈不是魯
國均採用「疑戰」、詐戰等不光明的手法贏得戰爭？經文中書「戰」十四次，這是否
說明諸侯對魯國均採用結日而戰，「皆陳曰戰」，「偏戰」等手法獲取勝利？葉氏從情
理上來推斷，反駁了三《傳》關於戰敗例的說法，指出戰敗例的用意在於以「内」、
「外」來區別，不在所謂「偏戰」、「疑戰」。這是葉氏對三《傳》戰敗例的辨析。

（四）辨歸入例

　　從葉氏對於歸入例的辨析，可以明顯看出葉氏對於義例辨析的重視。葉氏說：

> 歸，順辭也，亦易辭也。入，逆辭也，亦難辭也。夫順則易，逆則難，
> 其理固相因。然亦有順而難者，内有敵也。亦有逆而易者，内有主也。順、
> 逆，理也。難、易，事也。《春秋》雖各據其實書，又有非其實而特書以
> 見義者。〔註140〕

「歸，順辭也，亦易辭也。入，逆辭也，亦難辭也」，這是葉氏經過研究思考，對於
歸入例所提出的看法。並成爲葉氏對《春秋》經文的標準解釋。例如在桓公十一年
「突歸於鄭」下，葉氏說：

> 歸，易辭也。突，鄭莊公之庶子，自宋入而取國，挈乎祭仲而易也。

〔註139〕 葉夢得：《葉氏春秋傳》（臺灣商務印書館影文淵閣四庫全書本，149 冊），頁 24。
〔註140〕 葉夢得：《葉氏春秋考》（臺灣商務印書館影文淵閣四庫全書本，149 冊），頁 281。

不繫鄭，不與其得鄭也。凡諸侯及大夫去國，歸以其道而順者曰歸。雖非
其道而無難之者，亦曰歸。歸，順辭也，亦易辭也。歸非其道而逆者曰入，
雖以道而有難之者亦曰入。入，逆辭也，亦難辭也。〔註141〕

據此，可知劃分「歸」、「入」兩字用語的標準是難易順逆。如果順而易，《春秋》即
用「歸」字。如果逆而難，《春秋》即用「入」字。這是葉氏對於歸入例的最後看法。
但在葉氏得出結論之前，葉氏卻經過漫長的義例考辨過程。

首先，他明確指出「歸」、「入」兩字的使用，其實和《春秋》義例使用有關。
在昭公十三年楚公子比與哀公六年齊公子陽生兩條經文中，「歸」、「入」二字有其特
殊涵義。葉氏說：

楚公子比入而靈王縊於乾谿，以弒其君虔書之。此宜以逆而書入者
也。然比非實弒者，以比入而靈王縊，因加之弒，謂之逆則不可也。故書
「楚公子比自晉歸于楚」，而不言入。《公羊》曰：「此弒君者，其言歸何？
歸無惡於弒立也。歸無惡於弒立者何？靈王爲無道，公子棄疾脅比而立之
也。」此特書歸以見義者也。齊公子陽生長而宜立，陳乞迎而立之。此宜
以順而書歸者也。然荼，父命之而已，以詐奪之謂之順，則不可也。故書
「齊陽生入於齊」，而不言歸。《穀梁》曰：「陽生正荼不正，不正則其曰
君何也？荼雖不正，已受命矣。入者，內弗受也。荼不正，何用弗受？以
其受命，可以言弗受也。」此特書入而見義者也。言《春秋》者能知此，
然後不以辭害意矣。〔註142〕

葉氏認爲在楚公子比與齊公子陽生兩例中，「歸」、「入」兩字的使用和一般用法不同，
這意味著《春秋》經文在記載史實上採取特殊的用法，以隱諱曲折地說明事實。葉
氏稱這種作法爲：「非其實而特書以見義者」。亦即認爲這是一種和常例不同，特別
的記載方式，目的在於隱微地表露大義。在昭公十三年「夏，四月，楚公子比自晉
歸于楚，弒其君虔於乾谿」下，《公羊傳》曰：

此弒其君，其言歸何？歸無惡於弒立也。歸無惡於弒立者何？靈王爲
無道，作乾谿之臺，三年不成，楚公子棄疾脅比而立之。然後令於乾谿之
役曰：「比已立矣，後歸者不得復其田裏。」眾罷而去之，靈王經而死。
楚公子棄疾弒公子比，比已立矣，其稱公子何？其意不當也。其意不當，
則曷爲加弒焉爾？比之義宜乎效死不立。大夫相殺稱人，此其稱名氏以弒

〔註141〕葉夢得：《葉氏春秋傳》（臺灣商務印書館影文淵閣四庫全書本，149 冊），頁 43。
〔註142〕葉夢得：《葉氏春秋考》（臺灣商務印書館影文淵閣四庫全書本，149 冊），頁 281。

何？言將自是爲君也。〔註143〕

在楚公子比弒君的事件中，《春秋》雖然以公子比爲主謀，可是實際策劃弒君的元兇，其實是公子棄疾。公子棄疾利用了公子比的名號，從而造成楚靈王的死亡。葉氏認爲，如果確實是公子比弒君，在經文中應該書「自晉入于楚」，用「入」字表示「逆辭也，亦難辭也」。但是眞正的兇手是公子棄疾，所以用「歸」字，隱微地表達事實所在。這即是葉氏所說：「非其實而特書以見義者」。

齊公子陽生則是完全相反的例子。在哀公六年「齊陽生入於齊。齊陳乞弒其君茶」下，《穀梁傳》曰：

> 陽生入而弒其君，以陳乞主之，何也？不以陽生君茶也。其不以陽生君茶，何也？陽生正，茶不正。不正則其曰君，何也？茶雖不正，已受命矣！入者，内弗受也。茶不正，何用弗受？以其受命，可以言弗受也。陽生其以國氏，何也？取國於茶也。〔註144〕

茶是齊景公的幼子，爲景公寵妾所生。陳乞謀立公子陽生，等到公子陽生回國即位，即派人殺掉茶。在這則例子中，本來陽生年長應該即位，但是年幼的茶卻得到齊景公的遺命可以繼位爲君。如果從陽生年長宜立的角度來看，《春秋》應書「齊陽生歸於齊」，用「歸」字，表示順而易。可是陽生勾結權臣陳乞，弒殺了齊景公任命的茶。於是《春秋》書「入」字表示貶斥。這同是一種「非其實而特書以見義者」的手法。

葉氏分析上述這兩個例子，認爲如果能明確釐清「歸」、「入」兩字在經文中的意涵，即可掌握《春秋》義例中「歸」、「入」兩字的使用，進而闡明大義。

值得特別提出的是，《公》、《穀》對於「歸」、「入」二字的解說和葉氏不同。在楚公子比的例子中，《公羊傳》說：「歸無惡於弒立也」。在齊公子陽生的例子中，《穀梁傳》說：「入者，内弗受也」。事實上，《公》、《穀》以及《左傳》，對歸入例的說法非常複雜。葉氏說：

> 歸復歸，入復入，三家爲例各不同，最爲牴牾。左氏曰：「凡去其國，國逆而立之曰入。復其位曰復歸。諸侯納之曰歸，以惡曰復入。」《公羊》曰：「復歸者，出惡歸無惡。復入者，出無惡入有惡。入者，出入惡。歸者，出入無惡。」《穀梁》曰：「歸易辭也。」又曰：「入者，内弗受也。」又曰：「復者，復中國也。歸者，歸其所也。」又曰：「歸爲善，自某歸次

〔註143〕《春秋公羊傳注疏》（北京：北京大學出版社，十三經注疏標點本，1999 年），頁497。

〔註144〕《春秋穀梁傳注疏》（北京：北京大學出版社，十三經注疏標點本，1999 年），頁342。

之。」又曰：「大夫出奔，反以好日歸，惡日入。」〔註145〕

這是葉氏從三《傳》中摘取的有關歸入例的說明。從這裡可以看出《春秋》用語的複雜。這包括了「歸」、「入」、「復歸」、「復入」。三《傳》於是針對這些用語一一解釋。但在葉氏看來，三《傳》義例說明皆有錯誤。葉氏說：

> 今于經蔡季，蔡人召之於陳，此國逆也，而不書入。衛侯朔入於衛，此復其位也，而不書復歸。趙鞅歸於晉，未嘗為諸侯所納也，而書歸。則左氏例不可行矣。〔註146〕

這裡葉氏反駁《左傳·成功十八年》：「凡去其國，國逆而立之，曰『入』；復其位，曰『復歸』；諸侯納之，曰『歸』；以惡曰『復入』」〔註147〕的凡例。從桓公十七年「蔡季自陳歸于蔡」、莊公六年「衛侯朔入於衛」、定公十三年「晉趙鞅歸於晉」三條經文，反駁《左傳》的凡例。葉氏又說：

> 衛侯歸而殺叔武，不可謂歸無惡，而書復歸。欒盈不能防閑其母出奔，不可謂出無惡，而書復入。許叔乘鄭亂而復入，出入俱不見有惡，而書入。衛侯衍見逐於國人，歸而與弒剽，出入皆有惡而書歸。則《公羊》之例不可行矣。〔註148〕

這裡葉氏反駁《公羊·桓公十五年》：「復歸者，出惡，歸無惡；復入者，出無惡，入有惡。入者，出入惡。歸者，出入無惡。」〔註149〕的凡例。從僖公二十八年「衛侯鄭自楚復歸於衛」、襄公二十三年「晉欒盈復入於晉、入于曲沃」、桓公十五年「許叔入于許」、襄公二十六年「衛侯衍復歸於衛」〔註150〕四條經文中，反駁《公羊傳》的凡例。葉氏又說：

> 惟《穀梁》不為定辭，然謂：「復者，復中國也。歸者，歸其所也。」夫豈有歸而不復其中國者乎？謂「歸為善，自某歸次之。」突之歸鄭，安得為善？而蔡季自陳，何以見不如突？則《穀梁》之例亦不可行矣。〔註151〕

這裡葉氏反駁《穀梁·僖公二十八年》：「復者，復中國也。歸者，歸其所也」與《穀梁·成公十六年》「歸為善，自某歸次之。」兩條凡例。從桓公十一年「突歸於鄭」、

〔註145〕 葉夢得：《葉氏春秋考》（臺灣商務印書館影文淵閣四庫全書本，149 冊），頁 282。
〔註146〕 葉夢得：《葉氏春秋考》（臺灣商務印書館影文淵閣四庫全書本，149 冊），頁 282。
〔註147〕 《春秋左傳正義》（北京：北京大學出版社，十三經注疏標點本，1999 年），頁 807。
〔註148〕 葉夢得：《葉氏春秋考》（臺灣商務印書館影文淵閣四庫全書本，149 冊），頁 282。
〔註149〕 《春秋公羊傳注疏》（北京：北京大學出版社，十三經注疏標點本，1999 年），頁 105。
〔註150〕 關於衛侯衍歸衛之事，見襄公二十六年經文「衛侯衍復歸於衛」。《春秋》書「復歸」，葉氏以為《春秋》用「歸」字，或是葉氏偶誤。
〔註151〕 葉夢得：《葉氏春秋考》（臺灣商務印書館影文淵閣四庫全書本，149 冊），頁 282。

桓公十七年「蔡季自陳歸于蔡」兩條經文中，反駁《穀梁傳》的凡例。從這些複雜的義例考辨中，葉氏對於三《傳》歸入例的說明，一併駁斥。葉氏又說：

> 大抵歸、入不可以一辭定，而復不復，又君臣不可同辭。而三家一之，此所以不免終自相戾。近世諸儒，雖知其非而不能了，惟劉原甫參取三家，各別歸、入爲二義，以逆順難易爲辨，而析君臣之位，有可復、不可復，最爲近經，吾故取之。〔註152〕

葉氏指出，關於歸入例的討論，必須區分君臣。認爲《春秋》對君臣的用語不同。其說見桓公十五年「鄭世子忽復歸於鄭」傳文，葉氏說：

> 何以言復歸？凡諸侯出奔，言復歸。諸侯，世國者也。雖失位，而不可絕。歸則復矣。大夫出奔，言歸。大夫，不世官者也。去位，則絕矣。故諸侯無歸，大夫無復歸。諸侯而言歸者，與其復而奪之也，「衛侯鄭歸於衛」是也。大夫而言復歸者，有挾而復不正其歸也，「衛元咺自晉復歸於衛」是也。〔註153〕

這是葉氏區分君臣後，對於歸入例提出的看法。葉氏又指責三《傳》不明此義，同時對三《傳》提出凡例予以辨析。在葉氏對歸入例的研究中，葉氏認爲唯有在他之前的劉敞的意見最接近經文本意。事實上葉氏對劉敞極爲推崇，在葉氏另一本著作《避暑錄話》中。他說：

> 慶曆後歐陽文忠以文章擅天下，世莫敢抗衡。劉原父雖出其後，以博學通經自許，文忠亦以是推之。作《五代史》、《新唐書》，凡例多問《春秋》于原甫。及書梁入閣事之類，原甫即爲剖析，辭辨風生。文忠論《春秋》，多取平易，而原甫每深言經旨。〔註154〕

在葉氏與友人談論「桓無王」這條經例時，葉氏曾勸人讀劉敞的著作，他說：

> 所論威公（按：應指桓公）無王一事，自三家失其傳，其說皆謬悠，無當後之學者。欲求於絕學之後，而自信其臆決，固未易輕措辭也。惟深於經旨者，以類考之，或庶幾焉。早歲聞先達道劉仲原父之言，似差近而不盡，不知曾見之否？〔註155〕

從「自信其臆決，固未易輕措辭也」一語來推敲，此封書信應作於葉氏《春秋》方

〔註152〕葉夢得：《葉氏春秋考》（臺灣商務印書館影文淵閣四庫全書本，149 冊），頁 282。
〔註153〕葉夢得：《葉氏春秋傳》（臺灣商務印書館影文淵閣四庫全書本，149 冊），頁 46。
〔註154〕葉夢得：《避暑錄話》，百部叢書集成本，（臺北市：藝文印書館，1965 年），卷上，頁 17。
〔註155〕葉夢得：〈答王從一教授書〉《石林居士建康集》（上海市：上海書店，叢書集成續編本，102 冊，集部），頁 777～778。

面著作完成之前。從這些資料，不難看出葉氏對劉敞經學的推崇。因此，在葉氏《春秋》學裡面，也可以看到葉氏對劉敞說法的因襲、繼承。例如對「桓無王」此一義例的說法。並且劉氏論歸入例，亦為葉氏所採納。劉敞說：

> 「突歸於鄭」者，見突之挈乎祭仲者也。歸者，順辭也，有易辭焉。
>
> 非所順而書歸，易也。入者，逆辭也，有難辭焉。非所逆而書入，難也。
>
> 突之易，見祭仲之挈也，交惡之。〔註156〕

劉氏以難易順逆來論歸入例，在葉氏看來合乎經意而為其所採納。

綜上所述，從葉氏對歸入例的說明上，可以看出葉氏對《春秋》經文義例的確從事深刻的分析與辯證過程。方法在於排比經文，一一檢核三《傳》所提出的義例。在辯證過程中，葉氏發現三《傳》義例皆有所缺失。因此，在葉氏反覆考辨，檢核三《傳》義例、《春秋》經文，以及參考劉敞說法後，在歸入例的問題上，葉氏認為：「歸，順辭也，亦易辭也。入，逆辭也，亦難辭也。」以順逆難易作為「歸」、「入」兩字的區分。

再者，從葉氏辨析歸入例的過程中，可以發現葉氏主要由兩方面入手。一是駁斥三《傳》對於義例的說法，一是經由參考前人的說法，稽考經文，從而提出自身對義例的看法。這即是葉氏考辨義例的重點所在。

最後應該指出，《四庫全書・總目提要》曾評價葉氏《春秋》學為「駁三《傳》之典故」，認為：

> 蓋不信三《傳》之說，創於啖助、趙匡，其後析為三派：孫復《尊王發微》以下，棄傳而不駁傳者也；劉敞《春秋權衡》以下，駁三《傳》之義例者也；葉夢得《春秋讞》以下，駁三《傳》之典故者也。〔註157〕

應該補充的是，從葉氏對於《左傳》凡例的駁斥，以及歸入例的辨析，葉氏不光是駁斥三《傳》之典故，同時也對三《傳》之義例予以辨析。《提要》所說，可以視作對葉氏《春秋》學的大概陳述。葉氏實際所論，應包括義例、禮制典故兩者。

二、重視《春秋》文理的分別

所謂《春秋》文理的分別，指的是經文中的某些字詞分別與某些字句表現方式。葉氏認為這些字句上的細微差別是研讀《春秋》的學者必須重視的事。因為這種分別往往牽涉到義例褒貶。很顯然地，葉氏重視文理的分別源自於他對「闕文」問題的看法。

〔註156〕 劉敞：《劉氏春秋傳》（臺灣商務印書館影文淵閣四庫全書本，147 冊），頁 378。
〔註157〕 紀昀總纂：《四庫全書總目提要》（石家莊：河北人民出版社，2000 年），頁 727。

　　上文曾援引皮錫瑞、顧棟高的意見，在「闕文」問題上進行討論。經由比較顧氏、皮氏的意見，我們可以察覺到《春秋》研究的兩大陣營，或是兩大傾向。其中的分別在於一者在《春秋》的研讀上重視《左傳》，認為《春秋》是史，因此應該以史學的角度來看待《春秋》。在此前提下，《春秋》中種種殘缺的文字往往被視為因史料欠缺而造成的「闕文」。認為研究《春秋》大義應以史事為主，由史實所呈現的行為善惡來判斷褒貶問題。從而在研究《春秋》的路徑上，反對拘泥於經文中一字一句間探求褒貶。換言之，即是反對「一字褒貶」的說法。

　　另一派則是以《公》、《穀》研究為主，在研究《春秋》的路徑上以義例為主，以經文為主。因此注重經文間參差不同的差異處，以為這即是孔子微言大義寄託處。他們認為《春秋》是經，主在藉由義例表現大義，並非透過史事來表現大義。因此他們注意《春秋》經文中「或日或不日，四時或具或不具，或國、或氏、或人、或名、或字、或子」等分別，以為褒貶寄託其中。換言之，即是肯定「一字褒貶」的存在。認為《春秋》中闕文甚少，其餘皆「有說以處之，並非斷闕不全」。

　　　　我們曾提到，葉氏認為《春秋》是經，主要透過義例傳達「一王大法」。因此重視種種以「不書」的方式表現的義例。在此觀點上，葉氏進一步宣告：「《春秋》無闕文」。這即意味著葉氏的《春秋》學重視義例，承認一字褒貶，同時認為經文的差異處即是《春秋》義例所在。在這個觀點上，葉氏進而注重《春秋》經文上字句的表現，據此抒發大義。

　　我們可以比較葉氏對兩條經文的看法。在僖公九年「冬，晉裏克殺其君之子奚齊」下，葉氏說：

　　　　裏克，晉大夫之三命者也。奚齊，未踰年，未成君也。故言「其君之子」，未成君則不可以弑名，故稱殺焉。葉子曰：「弑君，天下之大惡也。可以未踰年而薄其罪歟？曰：『《春秋》以名定罪，若其義則亦各視其情而已矣。齊商人之弑舍，晉裏克之弑奚齊，皆未踰年之君也。商人之弑，己也取而代之；裏克之弑，以文公也，蓋以納文公焉。故於奚齊，則不成其為君；於舍，則成其為君。不成其為君者，《春秋》之法也，常也。成其為君者，《春秋》之義也，變也。法不可以變而亂名實，義不可以常而廢善惡。此政之所以行，而教之所以立也。』」〔註158〕

在文公十四年「齊公子商人弑其君舍」下，他說：

　　　　舍，未踰年之君也。何以稱「弑其君」？惡商人也。成之為君，則可

〔註158〕葉夢得：《葉氏春秋傳》（臺灣商務印書館影文淵閣四庫全書本，149冊），頁101。

名以弒：不成之爲君，則不可名以弒。商人取捨而代之者也，君子以爲異
乎裏克之殺奚齊。故成舍之爲君者，所以正商人之弒也。〔註159〕

在這兩條同是記載弒殺未踰年君主事件的經文，《春秋》用字不同。一用「弒」，一
用「殺」。在葉氏看來，經文中用字的不同即代表不同的意涵，因此葉氏認爲應該根
據用字不同來區別兩條經文。在葉氏看來，《春秋》用「殺」字，表示「不成之爲君」，
弒殺的兇手和國君之間不存在君臣關係。用「弒」字，表示「成之爲君」，兇手和國
君之間即存在君臣關係。

爲何可以這樣區別呢？在葉氏看來因爲「商人之弒，己也取而代之；裏克之弒，
以文公也，蓋以納文公焉。」一者爲己，故「成之爲君」，用「弒」字，即「齊公子
商人弒其君舍」此條經文；一者爲人，爲了幫助晉文公，故「不成之爲君」，用「殺」
字，即「晉裏克殺其君之子奚齊」此條經文。《春秋》即透過用字的精微分別，區分
這兩件同是弒殺未踰年君主的事件，而賦予晉裏克與齊公子商人不同的罪責。這是
葉氏從「弒」、「殺」二字的不同，區分這兩條經文。

葉氏又比較僖公五年兩條經文，發現《春秋》在字句使用的特殊習慣，並認爲
這裡蘊含了微言大義在其中。在僖公五年，《春秋》書「公及齊侯、宋公、陳侯、衛
侯、鄭伯、許男、曹伯會王世子於首止」。繼書「秋八月，諸侯盟於首止」。這裡出
現「諸侯」用語一次，以及「首止」地名兩次。對於兩次出現的地名，葉氏稱爲「再
地」，以爲其中蘊含了微言大義，他說：

間無中事而復舉諸侯，尊王世子，不敢與盟也。盟者所以結信，不敢
以所不信加之於尊者也。諸侯不序，一事而再見者，前目而後凡也。再地
首止，善之也。惠王欲立子帶而廢世子，小白欲置之，則無以尊王室，欲
爭之則無以奪惠后。故率諸侯盟世子而會焉。諸侯相與奉鄭，而世子之位
定矣。天子在而名世子，世子舍父而從諸侯，以道則不正也。世子定而王
室安，以小白之義則正也。君子蓋以是善焉。葉子曰：《春秋》辭繁而不
殺者，正也。書之重，辭之複，其中必有美焉。樂道人之善，而惡人之不
善，天下之情一也。樂之，故每以爲不足。一言不已，至於再，再言不已，
至於三。君子猶以爲未也。惡之，則唯恐絕之不速、拒之不嚴，一言之已，
過矣。而肯至於再乎？故《春秋》會盟而再目地，惟四而已。首止也，葵
丘也，宋也，平丘也。以爲會盟非諸侯之所得爲，吾既概以爲罪而一正之
矣。後世有繼世不以道，而亂世嫡，定之如首止者。守國不以禮，而慢王

〔註159〕葉夢得：《葉氏春秋傳》（臺灣商務印書館影文淵閣四庫全書本，149冊），頁139。

政，率之如葵丘者。強弱相陵而窮兵不已，和之如宋者。荒服闖入而滅人
之國，正之如平丘者，不少假之，則天下終無與立也。故待天下之變，而
有出於不得已者。各於其事一見法焉，《春秋》之義也。」〔註160〕

對於經文中「再地」的表現方式，葉氏認爲這是《春秋》表示肯定與讚美的記載方
式。因此認爲：「《春秋》辭繁而不殺者，正也。書之重，辭之複，其中必有美焉。」
《春秋》即是透過重複書寫的文理字句，表示褒揚。

此條葉氏對《春秋》經文文理的歸納，出於何休解詁與《公羊》傳文。在《公
羊傳・僖公四年》「喜服楚」傳文下，何休注曰：

孔子曰：「書之重，辭之複，嗚呼！不可不察，其中必有美者焉。」〔註161〕

《公羊傳》於僖公二十二年傳文中說：

《春秋》辭繁而不殺者，正也。〔註162〕

在葉氏看來，「辭繁而不殺」這種形式源自於人類自然的情感表現方式，因爲內心眞
摯地喜歡談論他人的善行，所以說了一句，再說一句，以致於說了三句以上。這種
情感表現方式反映在《春秋》記事體例上，即是在書重辭複的文理字句中表現褒揚
讚美。葉氏根據這個觀點探究經文，認爲在《春秋》經文中有關會盟的經文中，有
四次出現「再地」的文句形式，而這四次都蘊含了《春秋》的肯定與褒揚。

在僖公五年的經文中，齊桓公率領諸侯與王世子會見，目的爲了安定周王室。
在當時，周惠王之後寵愛世子鄭的同母弟王子帶，勸惠王廢鄭立子帶爲太子。惠王
欲採取這種作法，於是齊桓公遂聯合諸侯幹預此事，以圖王室的安定。在葉氏看來，
《春秋》即藉「再地」的表現方式，表現對此事的讚揚。

在僖公九年「九月戊辰，諸侯盟於葵丘」下，葉氏說：

諸侯不序，一事而再見也。再地葵丘，善之也。首止之會，既已正父
子而尊王室矣。故於是合諸侯，而授王政焉。初命曰：「誅不孝，無易樹
子，無以妾爲妻。」再命曰：「尊賢育材，以彰有德。」三命曰：「敬老慈
幼，無忘賓旅。」四命曰：「士無世官，官事無攝，取士必得，無專殺大
夫。」五命曰：「無曲防，無遏糴，無有封而不告。」曰：「凡我同盟之人，
既盟之後，言歸於好。」諸侯於是束牲載書，而不歃血，鹹諭乎小白之志，

〔註160〕葉夢得：《葉氏春秋傳》（臺灣商務印書館影文淵閣四庫全書本，149 冊），頁 95。
〔註161〕《春秋公羊傳注疏》（北京：北京大學出版社，十三經注疏標點本，1999 年），頁
　　　　212。
〔註162〕《春秋公羊傳注疏》（北京：北京大學出版社，十三經注疏標點本，1999 年），頁
　　　　246。

君子蓋以是善之也。葉子曰：「惠王崩而襄王始立，天子在喪，可以王臣而會諸侯歟？襄王之立，非惠王之意，而惠后猶在。首止之盟雖已定，而諸侯不能保其無如鄭伯之逃盟者，則襄王固未知得終安其位也。此霸主之所當憂，則請於王而與之盟。王亦出內臣而臨之，有不得已者。是以無易樹子，猶載之初命。如是而僅終喪，猶有子帶之難。則齊侯之慮，君子不得不與也。」〔註163〕

葉氏從齊桓公尊奉王室的觀點，肯定葵丘之盟。認為齊桓公這次會盟，在於發揮確立嫡長子繼承的功能，從而再次確定周襄王即位的合法性。因此《春秋》藉「再地」的方式表示褒揚。

在襄公二十七年「秋七月辛巳，豹及諸侯之大夫盟于宋」下，葉氏說：

此前會宋諸侯之大夫也。始宋向戌善於晉趙武，又善於楚屈建。欲弭諸侯之兵以為名，乃如晉告武，又如楚告建，遂如齊、如秦，皆許之。告於小國亦從。故即宋為會而盟焉。諸侯不在，而曰「諸侯之大夫」，受命於其君也。於是中國不出，夷狄不入，而天下之兵熄，則向戌之為也。豹不氏，一事而再見者，卒名之也。再地宋，善之也。〔註164〕

這是宋國大夫向戌，聯合各國大夫而從事的外交會盟，目的在於平息諸國的紛爭，以及調停晉、楚兩大軍事強權的衝突與矛盾。因這次弭兵之會，而諸夏得一相當時期之和平〔註165〕。因此，葉氏認為《春秋》藉由「再地」的方式表示肯定。

在昭公十三年「八月甲戌，同盟于平丘」下，葉氏說：

何以再地平丘？善之也。自申之會，楚子主中國，晉不復合諸侯者八年。楚遂滅陳與蔡，肆行於天下，諸侯莫敢與之爭。蓋晉政已衰矣。雖齊之彊，猶且附楚。及昭公立而為是會，因以服齊，返陳蔡之君，劉子在焉，蓋請於王而為之也。於是齊聽命，而陳吳、蔡廬皆得復其國。興滅國，繼絕世，而楚知中國之有霸，君子是以善之也。〔註166〕

葉氏認為平丘之盟，是晉國請於王命結合齊國的勢力，從而遏阻了楚國侵略中國的野心，並促成陳、蔡兩國的復立。從「興滅國，繼絕世」以及遏阻楚國擴張野心的

〔註163〕 葉夢得：《葉氏春秋傳》（臺灣商務印書館影文淵閣四庫全書本，149冊），頁101。

〔註164〕 葉夢得：《葉氏春秋傳》（臺灣商務印書館影文淵閣四庫全書本，149冊），頁198。

〔註165〕 據學者錢穆統計，宋自襄十二年至定十五年，凡六十五年。魯自襄二十五年至定七年，凡四十五年。衛自襄二十三年至定七年，凡四十七年。曹自襄十七年至定十二年，凡五十九年。鄭自襄二十六年至定六年，凡四十三年。均不被兵。引文見錢穆：《國史大綱》（臺北市：台灣印書館，1995年），頁64。

〔註166〕 葉夢得：《葉氏春秋傳》（臺灣商務印書館影文淵閣四庫全書本，149冊），頁213。

立場，《春秋》藉由「再地」的方式表示褒揚。

　　葉氏認爲：「《春秋》辭繁而不殺者，正也。書之重，辭之複，其中必有美焉。」在書重辭複的文理字句中，《春秋》寄託了肯定與褒揚。最能呈現這個特色的，在於《春秋》經文中對於同一地名的再次記載。葉氏認爲這種獨特的「再地」記事方式，說明瞭《春秋》對事件的肯定。從「諸侯盟於首止」、「諸侯盟於葵丘」、「豹及諸侯之大夫盟于宋」、「同盟于平丘」四條被《春秋》肯定的經文都採取「再地」的形式，即可證明《春秋》藉由「再地」的文理字句表示褒揚。

　　在成公八年「秋七月，天子使召伯來賜公命」下，葉氏說：

　　　　賜公命，《穀梁》作錫，左氏、《公羊》作賜，當從二傳。賜命，如命
　　也。禮，子男五命，服毳冕。侯伯七命，服鷩冕。上公九命，服袞冕。有
　　加焉，則賜。固有服過其爵者矣，而非有德者莫之與也。臨諸侯曰「天王」；
　　君天下曰「天子」。錫命，常也。賜命，非常也。成公即位，其德未有聞，
　　而王賜之濫矣。故以君天下之辭言之。曰：「是天所以彰有德者，吾雖有
　　天下，繼天而爲之子，不得而私爾。」〔註167〕

關於同條經文，《公羊傳》曰：

　　　　其稱天子何？「元年春王正月」，正也，其餘皆通矣。〔註168〕

至於《穀梁傳》，則曰：

　　　　禮有受命，無來錫命，錫命非正也。曰「天子」，何也？曰：「見一稱
　　也。」〔註169〕

從《公》、《穀》的傳文來看，「天子」、「天王」的稱號是通用的，並無義例可言。但在葉氏看來，《春秋》經文在字句上只要有差異，就要分別看待。於是葉氏將「天子」、「天王」分別看待，認爲：「臨諸侯曰『天王』；君天下曰『天子』」。其說可能出自劉敞。劉敞說：

　　　　曷爲或言錫命、或言賜命？錫命，爵也。上公九命，諸侯七命，子男
　　五命。若有加焉，則賜。曷爲不稱天王？譏。何譏爾？王者之制也，無其
　　德，不敢服其服。故雖天子，不以私假人。有臨諸侯之言焉，有臨天下之
　　言焉。〔註170〕

〔註167〕 葉夢得：《葉氏春秋傳》（臺灣商務印書館影文淵閣四庫全書本，149 冊），頁 166。
〔註168〕 《春秋公羊傳注疏》（北京：北京大學出版社，十三經注疏標點本，1999 年），頁 386。
〔註169〕 《春秋穀梁傳注疏》（北京：北京大學出版社，十三經注疏標點本，1999 年），頁 223。
〔註170〕 劉敞：《劉氏春秋傳》（臺灣商務印書館影文淵閣四庫全書本，147 冊），頁 438。

劉氏區分「臨諸侯」、「臨天下」，這點爲葉氏所繼承。從字義上看來，「臨諸侯」與「君天下」在概念上非常接近，從而「天子」、「天王」這兩詞實在無法確切分別。葉氏繼承劉敞，拘泥於字句差異所下的定義，並不足以區別兩者，反而不如依照《公》、《穀》舊說，在解釋上來得平易。

不過，就這條經文的意涵來說，主要在於批評周天子在賜命的作法上流於濫賞。爲了從經文上找到褒貶的依據，於是將「天子」、「天王」在意義上分開。從《春秋》經文的文理上落實對於周天子浮濫賞賜的批評。當然，這種企圖從經文字句上的差異來進行解釋，亦即是「一字褒貶」觀念的反映。

綜上所述，葉氏認爲《春秋》是經，主要透過義例傳達「一王大法」。因此重視種種以「不書」的方式表現的義例。在此觀點上，葉氏進一步宣告：「《春秋》無闕文」。這意味著葉氏重視從《春秋》經文中歸納得出的義例，承認一字褒貶，同時認爲經文的差異處即是義例所在。在這個觀點上，葉氏進而注重《春秋》經文上字句的表現，據此抒發大義。因此在葉氏《春秋傳》中，有許多條對經文的解釋即從字句文理的分析著眼。例如在僖公九年「冬，晉里克殺其君之子奚齊」、文公十四年「齊公子商人弒其君舍」兩條經文中，葉氏即透過比較「弒」、「殺」兩字的不同，區分兩者罪行的輕重。認爲一者爲己，故「成之爲君」，用「弒」字，即「齊公子商人弒其君舍」經文；一者爲人，爲了幫助晉文公，故「不成之爲君」，用「殺」字，即「晉里克殺其君之子奚齊」經文。

再者，葉氏分析字句，認爲經文中「再地」的表現方式是《春秋》對事件的肯定與讚美。故說：「《春秋》辭繁而不殺者，正也。書之重，辭之複，其中必有美焉。」從「諸侯盟於首止」、「諸侯盟於葵丘」、「豹及諸侯之大夫盟于宋」、「同盟于平丘」四條被《春秋》褒揚肯定的經文都採取「再地」的形式，即可證明《春秋》藉由書重辭複的文理字句，表現大義。因爲葉氏重視分析文理字句，因此，在《公》、《穀》看來實爲通稱的「天子」、「天王」，在葉氏亦分成兩者。這觀點可能源自劉敞，目的在於透過分析字句，落實對周天子的批評，這也即是《春秋》「一字褒貶」的再次反映。

三、以義例爲主的《春秋》斷獄之法

所謂《春秋》斷獄，是指漢代斷獄的一種方法和制度。在漢代，經學全面地影響整個社會時代，從而滲入法律層面並對其產生深刻、廣泛的影響〔註171〕。具體地

〔註171〕 關於經學在漢代的盛行的情況，可見皮錫瑞《經學歷史‧經學極盛時代》，他說：「漢崇經術，時能見之施行。武帝罷黜百家，表彰六經，孔教以定於一尊矣。然武帝、宣帝皆好刑名，不專重儒。蓋寬饒謂以法律爲《詩》、《書》，不盡用經術也。元、

表現在將《春秋》等儒家經典的精神和記載作爲判案、量刑的依據。史稱《春秋》決獄或經義決獄、引經決獄〔註172〕。

最早運用《春秋》決獄，將經學引入法律之中的，當推漢代的《公羊》大師董仲舒〔註173〕。在《太平禦覽》卷640引用了《董仲舒春秋決獄》以下的案例：

> 甲父乙與丙爭言相鬥，丙以佩刀刺乙，甲即以杖擊丙，誤傷乙，甲當何論？或曰毆父也，當梟首。
>
> 論曰：臣愚以父子至親也，聞其鬥，莫不有怵悵之心，扶杖而救之，非所以欲詬父也。《春秋》之義，許止父病，進藥於其父而卒，君子原心，赦而不誅。甲非律所謂毆父，不當坐。〔註174〕

董氏所引《春秋》大義，見於《公羊傳》昭公十九年〔註175〕。在《公羊傳》看來，許世子因爲不懂嘗藥的重要性，進藥而害死了國君，所以《春秋》加了「弑」字，表示罪責。但是因爲許世子是無心之過，《春秋》書「葬許悼公」，表示赦免了許世子之罪，（依《公羊》例「《春秋》君弑，賊不討，不書葬」〔註176〕）。董氏從這條經例引伸出「君子原心，赦而不誅」的觀念，即成爲《春秋》決獄的基本原則。所謂「原心定罪」，即在於判案時以犯罪者的主觀動機和目的來考量。只要動機正確，即使造成了嚴重的後果，也不予追究。反過來說，只有要犯罪的動機與目的，即使未曾實施犯

成以後，刑名漸廢，上無異教，下無異學。皇帝詔書，群臣奏議，莫不援引經義，以爲據依。國有大疑，輒引《春秋》爲斷。一時循吏多能推明經意，移易風化，號爲經術飾吏事。」據此可知漢代經學遍行的盛況。引文見皮錫瑞：《經學歷史》（臺北市：藝文印書館，2000年），頁101。

〔註172〕 詳細情形，可見《二十二史箚記・漢時以經義斷事》。趙翼，王樹民：《二十二史箚記校證》（北京市：中華書局，2001年），頁43。

〔註173〕 《漢書・董仲舒傳》曰：「仲舒在家，朝廷如有大獄，使使者及廷尉張湯就其家而問之，其對皆有明法」《後漢書・應劭傳》曰：「膠西相董仲舒老病致仕，朝廷每有政議，數遣廷尉張湯親至陋巷，問其得失。於是作《春秋決獄》二百三十二事，動以經對，言之詳矣。」引文見班固：《漢書》（臺北市：成偉出版社，1976年），頁2525。范曄：《後漢書》（北京市：中華書局，2001年），頁1612。

〔註174〕 李昉：《太平禦覽》（臺灣商務印書館影文淵閣四庫全書本，898冊），頁781。

〔註175〕 《公羊傳》曰：「賊未討，何以書葬？不成於弑也。曷爲不成於弑？止進藥而藥殺也。止進藥而藥殺，則曷爲加弑焉爾？譏子道之不盡也。其譏子道之不盡奈何？曰：『樂正子春之視疾也。復加一飯則脫然愈，復損一飯則脫然愈；復加一衣則脫然愈，復損一衣則脫然愈。止進藥而藥殺，是以君子加弑焉爾。』曰：『許世子止弑其君買』，是君子之聽止也；『葬許悼公』，是君子之赦止也。赦止者，免止之罪辭也」引文見《春秋公羊傳注疏》（北京：北京大學出版社，十三經注疏標點本，1999年），頁509。

〔註176〕 《春秋公羊傳注疏》（北京：北京大學出版社，十三經注疏標點本，1999年），頁65。

罪，也該追究責任。在《春秋繁露・精華》中董氏即簡要地論述決獄原則，他說：

> 《春秋》之聽獄也，必本其事而原其志。志邪者不待成，首惡者罪特
> 重，本直者其論輕。〔註177〕

總括來說，《春秋》決獄即是在漢代經學盛行的風氣下，《春秋》大義在現實生活法律層面的具體落實，從而經學逐步法律化、條文化。魏晉以後，隨著經學的政治作用日趨減弱和法律制度的不斷完備，經學對法律的影響儘管仍然存在，直接以儒家經義定罪、量刑的現象雖然仍有發生，但已不如兩漢時期那樣明顯和普遍了。尤其到了唐代，隨著唐律的推出，儒家經義、儒家道德基本上實現了法律化、法典化，引經斷獄既無必要，也就逐漸歸於消歇了〔註178〕。

　　不過在葉氏《春秋》學中，曾援用「《春秋》斷獄」這一觀念予以發揮。值得注意的是，漢代以《春秋》決獄，將《春秋》大義導入現實生活的法律層面，並將經學予以法律化、條文化。至於葉氏則以經學家嚴正的身份扮演法官，對《春秋》中記載的史事予以批評定罪，運用《春秋》大義嚴肅地對當時史實、人物加以審判，並認為《春秋》藉由義例的運用表示對人事善惡的看法。換句話說，葉氏論「《春秋》決獄」，其實仍是義例辨析成果的一個有意義的延伸。

　　在僖公三十年「秋，衛殺其大夫元咺及公子瑕」下，葉氏說：

> 公子瑕，衛大夫之三命者也。元咺訟君，而專立公子瑕，以叔武也。衛侯將復，使賂其大夫曰：「苟能納我，吾以爾為卿大夫」於是殺元咺及瑕，而衛侯入。元咺之死，罪累上也，故以國殺。瑕，逾年之君也。其曰「公子瑕」何？瑕，元咺之所立，不與瑕之得成君，則是猶公子也。元咺立之，則何以及公子瑕？瑕不當受也。為曹子臧、吳延州來，則免矣。葉子曰：「《春秋》正名以定罪，可謂審矣。衛之事，當議罪者四人焉。晉侯也，衛侯也，元咺也，公子瑕也。晉侯以霸主逐人之兄，而立其弟，使骨肉更相殘。衛侯始入則殺叔武，再入則殺公子瑕，暴戾而賊其親。元咺以臣訟君，君入則己出，己入則君出。立公子瑕。衛侯在，不命於天子而受國於元咺。與霸主則失諸侯，與諸侯則失霸主，與君則失臣，與臣則失君。而《春秋》未嘗容心焉。執衛侯不以為伯討，而晉侯之罪定矣。復國特加之名，而衛侯之罪定矣。自晉歸以復書，而元咺之罪定矣。立踰年不稱君，而公子瑕之罪定矣。四者不相為乘除，而君臣之義，方伯、諸侯之職，無

〔註177〕 蘇輿：《春秋繁露義證》（北京市：中華書局，2002年），頁92。
〔註178〕 張濤：《經學與漢代社會》（石家莊：河北人民出版社，2001年），頁203。

　　　不各得其正。此君子斷獄之道也。」〔註179〕

這條經文，涉及了許多事件。衛侯鄭在晉軍打敗楚軍之後，害怕晉文公前來報復，就逃到楚國避難〔註180〕。在避難期間，衛侯鄭命大夫元咺奉衛侯鄭之弟叔武守國，叔武並參加了晉文公主持的踐土之盟〔註181〕。衛侯鄭後來自楚國返回衛國〔註182〕，疑心叔武自立為君，於是殺掉叔武。元咺對此大表不滿，不得已出奔晉國〔註183〕，在晉文公面前為叔武訴冤。晉文公於是讓衛侯鄭與元咺對質，結果衛侯敗訴。晉文公將衛侯與訴訟狀一起送給周天子，由其作出最後的裁決〔註184〕。元咺在晉文公的支持下勝訴，於是回到國內〔註185〕。因為衛侯鄭被囚禁在京師，於是元咺立公子瑕為國君。晉文公暗中命醫衍用毒酒毒死衛侯鄭，衛國大夫甯俞向醫衍行賄，醫衍將毒酒稀釋，衛侯鄭飲酒後不死，魯僖公遂請求周天子，讓衛侯鄭向周王室與晉文公奉上精美的玉器。周天子同意，於是在秋季釋放衛侯鄭〔註186〕。等到衛侯鄭回到衛國，向衛國的大夫行賄，於是殺掉元咺和公子瑕。《春秋》從而書「秋，衛殺其大夫元咺及公子瑕」。

　　在這些複雜的事件中，葉氏認為有四個角色應當定罪。這包括「晉侯也，衛侯也，元咺也，公子瑕也」四個人。這四個人都沒有在盡到自己應該承擔的責任，共同參與造成衛國一連串悲劇的發生。其中晉文公的罪責在於「以霸主逐人之兄，而立其弟，使骨肉更相殘」，以霸主身份驅逐衛侯鄭，扶立衛侯弟叔武，促成日後衛侯鄭殺掉弟弟叔武的悲劇。葉氏此說承自《公羊》，其說曰：

　　　衛侯之罪何？殺叔武也。何以不書？為叔武諱也。《春秋》為賢者諱。

〔註179〕 葉夢得：《葉氏春秋傳》（臺灣商務印書館影文淵閣四庫全書本，149 冊），頁 121。

〔註180〕 《春秋》於僖公二十八年書「衛侯出奔楚」。葉夢得：《葉氏春秋傳》（臺灣商務印書館影文淵閣四庫全書本，149 冊），頁 117。

〔註181〕 《春秋》於僖公二十八年書「五月癸丑，公會晉侯、齊侯、宋公、蔡侯、鄭伯、衛子、莒子盟於踐土」。其中的衛子其實是叔武。說見葉夢得：《葉氏春秋傳》（臺灣商務印書館影文淵閣四庫全書本，149 冊），頁 117。

〔註182〕 《春秋》於僖公二十八年書「六月，衛侯鄭自楚復歸於衛」，葉夢得：《葉氏春秋傳》（臺灣商務印書館影文淵閣四庫全書本，149 冊），頁 118。

〔註183〕 《春秋》於僖公二十八年書「衛元咺出奔晉」。葉夢得：《葉氏春秋傳》（臺灣商務印書館影文淵閣四庫全書本，149 冊），頁 118。

〔註184〕 《春秋》於僖公二十八年書「晉人執衛侯，歸之於京師」葉夢得：《葉氏春秋傳》（臺灣商務印書館影文淵閣四庫全書本，149 冊），頁 119。

〔註185〕 《春秋》於僖公二十八年書「衛元咺自晉復歸於衛」葉夢得：《葉氏春秋傳》（臺灣商務印書館影文淵閣四庫全書本，149 冊），頁 120。

〔註186〕 《左傳》曰：「晉侯使醫衍酖衛侯。甯俞貨醫，使薄其酖，不死。公為之請，納玉於王與晉侯，皆十㲄，王許之。秋，乃釋衛侯。」《春秋左傳正義》（北京：北京大學出版社，十三經注疏標點本，1999 年），頁 462。

> 何賢乎叔武？讓國也。其讓國奈何？文公逐衛侯而立叔武，叔武辭立而他人立，則恐衛侯之不得反也，故於是巳立，然後爲踐土之會，治反衛侯。衛侯得反，曰：「叔武篡我。」元咺爭之曰：「叔武無罪。」終殺叔武，元咺走而出。此晉侯也，其稱人何？貶。曷爲貶？衛之禍，文公爲之也。文公爲之奈何？文公逐衛侯而立叔武，使人兄弟相疑，放乎殺母弟者，文公爲之也。〔註187〕

衛侯鄭之罪則在於「始入則殺叔武，再入則殺公子瑕，暴戾而賊其親」。衛侯鄭爲了鞏固自身權力，不顧血緣情份殺掉權力道路的競爭者。先是殺掉弟弟叔武，後來殺掉公子瑕。故說：「暴戾而賊其親」。元咺之罪則在於「以臣訟君，君入則己出，己入則君出」。葉氏說：

> 古者君臣無獄，元咺訟衛侯，晉侯宥元咺，而刖衛大夫鍼莊子，殺士榮。歸衛侯於京師。〔註188〕

君臣間沒有訴訟糾紛。元咺以臣訟君，違背了君臣之間應有的分際。元咺並且攀附霸主，藉霸主的威勢制裁衛侯鄭。並以臣子身份擅立公子瑕。公子瑕之罪在於「衛侯在，不命於天子而受國於元咺」。公子瑕在衛侯仍存的情況下，沒得到周天子的任命，貿然地接受元咺的擁立，結果被衛侯鄭所殺。

在葉氏看來，這四個人都沒有盡到在自身角色上應盡的責任，從而應該招致《春秋》的貶斥定罪。應該強調說明的是，葉氏在此充當法官，嚴正地對四人的罪行予以審判。認爲《春秋》透過義例的運用，明確地責備上述四個角色。因此，《春秋》於僖公二十八年書「晉人執衛侯，歸之於京師」，捉拿衛侯不書「晉伯」而書「晉人」，以爲非「伯討」。所謂「伯討」，見《公羊・僖公四年》傳：

> 執者曷爲或稱侯？或稱人？稱侯而執者，伯討也。稱人而執者，非伯討也。〔註189〕

這是一條關於「伯討」、「人討」的義例。以爲晉文公書「晉人」，非「伯討」，指責晉文公並沒有盡到身爲方伯應盡的責任，在諸侯有罪時，以方伯的身份予以討伐。書「晉人」表示晉文公爲自身利益而捉拿衛侯鄭。《春秋》藉由書「晉人」，確定晉侯的罪行。

〔註187〕 《春秋公羊傳注疏》（北京：北京大學出版社，十三經注疏標點本，1999 年），頁261。

〔註188〕 葉夢得：《葉氏春秋傳》（臺灣商務印書館影文淵閣四庫全書本，149 冊），頁 120。

〔註189〕 《春秋公羊傳注疏》（北京：北京大學出版社，十三經注疏標點本，1999 年），頁214。

關於衛侯之罪，見《春秋》於僖公二十八年書「六月，衛侯鄭自楚復歸於衛」。葉氏說：

> 衛侯何以復名？成叔武爲君，以惡衛侯也。衛侯既命元咺奉叔武以受盟。或訴元咺曰：「立叔武矣」，遂殺元咺之子。及其歸也，盟國人曰：「既盟之後，行者無保其力，居者無懼其罪」衛侯先期入，叔武聞君至，喜而走出。前驅公子歂犬、華仲射而殺之。故進叔武以爲君，而名衛侯。〔註190〕

在葉氏對於諸侯名稱的討論中，葉氏確定「凡諸侯奔而名者，皆以別二君」，又說：「內亦一君也，外亦一君也。不名，何以別乎？」換言之，如果諸侯出奔，在國內沒有競爭者，《春秋》依慣例並不書名。這是葉氏對《春秋》經文中關於諸侯稱名例的看法。但是關於「六月，衛侯鄭自楚復歸於衛」這條經文，衛侯鄭因爲疑心錯殺了弟弟叔武，葉氏認爲《春秋》透過「成叔武爲君」，對衛侯鄭稱名，以違背「凡諸侯奔而名者，皆以別二君」這條義例，表示對衛侯鄭的貶斥。因此，即從《春秋》對衛侯稱名，即可確定衛侯之罪。

至於元咺之罪，見《春秋》於僖公二十八年書「衛元咺自晉復歸於衛」。這裡涉及到歸入例的運用，其說可參考上面的論述。對於歸入例，葉氏說：

> 大夫出奔，言歸。大夫，不世官者也。去位，則絕矣。故諸侯無歸，大夫無復歸。諸侯而言歸者，與其復而奪之也，「衛侯鄭歸於衛」是也。大夫而言復歸者，有挾而復不正其歸也，「衛元咺自晉復歸於衛」是也。〔註191〕

又說：

> 元咺何以言復歸？大夫出奔，而位已絕，則不可以復歸者也。歸而君復之，則可；自求復而歸，則不可。大夫之復歸，惡也。元咺訟衛侯而勝，以文公之命歸，而立公子瑕，求復而歸者也。何以曰歸？歸，易辭也。有晉以爲奉，則其歸爲易也。〔註192〕

葉氏認爲大夫不可稱「復歸」，《春秋》用「復歸」，即表示對元咺的批判定罪。至於公子瑕之罪，《春秋》於僖公三十年書「秋，衛殺其大夫元咺及公子瑕」，以爲公子瑕「立踰年不稱君」，違背了諸侯一般稱名的慣例。其例見《公羊·莊公三十二年》曰：

〔註190〕葉夢得：《葉氏春秋傳》（臺灣商務印書館影文淵閣四庫全書本，149冊），頁118。
〔註191〕葉夢得：《葉氏春秋傳》（臺灣商務印書館影文淵閣四庫全書本，149冊），頁46。
〔註192〕葉夢得：《葉氏春秋傳》（臺灣商務印書館影文淵閣四庫全書本，149冊），頁120。

君存稱世子，君薨稱子某，既葬稱子，踰年稱公。〔註193〕

公子瑕接受元咺擁立在僖公二十八年，至僖公三十年，即位已逾年，應依此例稱公。但是《春秋》仍書「公子瑕」，表示對其罪行的確定。葉氏從這些經文的比較中，認爲《春秋》透過義例的運用來貶斥這四個人。如此一來，葉氏認爲「君臣之義，方伯、諸侯之職，無不各得其正」。《春秋》透過義例運用，昭示君臣間應有的分際，方伯、諸侯應有的責任。這即是葉氏所論的「君子斷獄之道」，亦即是「《春秋》決獄」。

綜上所述，漢代以《春秋》決獄，將《春秋》大義導入現實生活的法律層面，並將經學予以法律化、條文化。至於葉氏則以經學家嚴正的身份扮演法官，對《春秋》中記載的史事予以審判。認爲《春秋》藉由義例的運用表示對人事善惡的看法。換句話說，葉氏論「《春秋》決獄」，其實仍是義例辨析成果的一個有意義的延伸。

對於衛侯鄭殺叔武、元咺、公子瑕等眾多事件，葉氏說：「執衛侯不以爲伯討，而晉侯之罪定矣。復國特加之名，而衛侯之罪定矣。自晉歸以復書，而元咺之罪定矣。立踰年不稱君，而公子瑕之罪定矣。」這裡即涉及到《公羊·僖公四年》所說的「伯討」、「人討」之義例，諸侯出奔時的稱名例〔註194〕，歸入例，以及《公羊·莊公三十二年》所說的「逾年稱公」例。葉氏認爲《春秋》即透過這些義例的運用，即可確定「晉侯也，衛侯也，元咺也，公子瑕也」四個人的罪責。

值得注意的是，在分析人事善惡的問題上，葉氏仍然參考三《傳》傳文說明人物事件的來龍去脈。藉助三《傳》來說明人物善惡，事件始末。但在確定人物是否眞正有罪的問題上，葉氏仍歸結到《春秋》經文本身，仍是透過《春秋》經文歸結出的義例來確定，而不是根據三《傳》傳文，《左傳》史事記載。簡單地說，所謂「《春秋》決獄」，就葉氏觀點來說即是以義例決獄，以義例審判人事。

葉氏之所以仍回到《春秋》經文，以義例來判定人物罪惡，這和葉氏「尊經」的觀點有關，認爲「《春秋》是經非史」，旨在透過筆削褒貶等方式來傳達大義。亦即是《春秋》以義例來傳達「一王大法」。因此，葉氏重視對義例的辨析，強調掌握義例來推求夫子的微言大義。從而在論「《春秋》決獄」，亦回到這個基本的立場，認爲以義例決獄，以義例來對人物事件定罪。此是葉氏以義例的角度論「《春秋》決獄」。

〔註193〕 《春秋公羊傳注疏》（北京：北京大學出版社，十三經注疏標點本，1999 年），頁188。

〔註194〕 即葉氏所說：「凡諸侯奔而名者，皆以別二君。」又說：「內亦一君也，外亦一君也。不名，何以別乎？」其說見上文葉氏對於【駁「諸侯失地名」】的討論。

第三節　葉氏解經方式的得失

　　從葉氏《春秋傳》一書的內容加以考察，不難發現葉氏解經注重禮制的考證與經文義例的辨析。這兩者構成了葉氏解經非常鮮明的特色。葉氏說：「《春秋》立大法而遺萬世者也。不知聖人之道，孰與發其義？不見先王之典籍，孰與定其制？」強調從典籍考證、義例辨析這兩個層面，理解孔子作《春秋》為後世遺留的「一王大法」。

　　從葉氏解經的研究成果來看，在禮制辯證、義例分析兩方面都取得相當豐碩的成果，並糾正了過往典籍中一些錯誤說法。即就上文所提到的例子來說，葉氏在禮制考證上，從廟見之禮來析論經文的「致女」問題；從典籍資料反駁《公羊傳》「婚禮不稱主人」的說法；以「天子巡狩之節」分析齊桓公盟會性質，駁斥《穀梁傳》「同尊周也」、「同外楚也」說法的錯誤。

　　葉氏又援引禮制考證以說明《春秋》經文，並分析經文中存在的禮制問題。例如論「諸侯不得相朝」，從而貶斥《春秋》經文中有關諸侯相朝的記載；論「四時祭」的內涵，因而貶斥桓公「雖祭而時，猶不敬焉」，斥責桓公用心誣枉。或者是在時令的問題上，清楚掌握到曆法中「三正」的問題，並透過經傳記載的比較，得出「左氏記時，大抵先經一時」的寶貴結論。並引〈檀弓〉的記載，糾正《穀梁傳》對「君在祭樂之中，大夫有變以聞，可乎？」此一問題的看法。這些都是難得可觀的研究成果。

　　葉氏不僅善於援用禮制說明《春秋》經文，在葉氏考證「名字」的過程中，葉氏參考經文以及相關記載，掌握到《春秋》命名的書法慣例。對〈曲禮〉所說：「天子不言出，諸侯不生名。……諸侯失地，名；滅同姓，名」此一說法予以駁斥。從而糾正了〈曲禮〉和三《傳》一些關於「名、字」的錯誤意見。

　　在義例辨析上，葉氏排比經文，一一檢核三《傳》所提出的義例，以駁斥《左傳》關於諸侯卒經文是否書名等凡例，並對歸入例提出自身的看法。這些研究成果，來自葉氏深厚的學養以及廣博的知識。在許多問題上，活用了稽核「事」、「義」的研究方式，在三《傳》以及諸多典籍的基礎上，取得了有別於前人成說的觀點，對經傳缺失予以抉摘。應該強調的是，葉氏之所以能考辨經傳的諸多缺失，其實來自於葉氏自啖、趙學派承襲得來的尊經疑傳的懷疑精神。這種懷疑精神幫助葉氏不受限於過往成說，前人意見，而重新以懷疑的角度來考核經傳。

　　葉氏認為《春秋》的宗旨在於為後世樹立「一王大法」，於是以《春秋》經文為本位，企圖透過經文義例的辨析，禮制的說明來發揮微言大義。在這個前提下，葉

氏的懷疑精神可說是具有一定的限度。對於《春秋》經文，葉氏不僅尊崇相信，甚至刻意迴護，這可以從葉氏對《左傳》記事的攻擊看出〔註195〕。但除了《春秋》經文外，葉氏幾乎無所不疑，包括了既有的典禮制度以及三《傳》傳義。因爲懷疑，所以強調考證、辨析。可以說葉氏的《春秋》學在考核典籍上所取得的成就，實際導源於對於啖、趙學派「尊經」疑傳懷疑精神的沿襲。

然而，這種尊經疑傳的懷疑精神雖然幫助葉氏擺脫前人成說，大膽質疑經傳記載。相反地也使得葉氏解經流於粗疏武斷、臆測附會。在筆者看來，在某些問題時，葉氏並沒有遵守「多聞闕疑」、「君子於其所不知，蓋闕如也」的嚴謹精神，而大膽地提出新說。這種新說卻因缺乏經典證據而使人難以盡信。這其實削弱了葉氏論證的嚴謹與可靠性，因而貶低葉氏在《春秋》學方面論述的成就。在禮制考證上，就有幾條論證過程疏略，立論大膽的例子。

再者，葉氏強調以義例解經，注重《春秋》經文中文理的分別。一方面援用義例，強調《春秋》經文在批判人事上「別嫌明微」、「正名定份」。但另一方面，企圖包括《春秋》二百四十二年經文來分析義例，使得葉氏有關義例的說法流於瑣碎和附會。前面曾提到，啖、趙解經流於「自用名學，憑私臆決」的流弊，在葉氏身上亦有類似的缺點。

以下即就上文提及的葉氏解經的優缺點予以舉證說明。

一、大膽懷疑、不拘成見

葉氏承襲了啖、趙學派中「尊經」疑傳的懷疑精神，因此能夠大膽地懷疑經傳中既有的記載，突破前人成說。葉氏眼光犀利地指出經傳記載中不合情理的地方，提供後人進一步思考的空間。在下列的例子中，明顯地呈現出葉氏基於懷疑精神，挑戰過往說法所得出的研究成果。在僖公四年「春王正月，公會齊侯、宋公、陳侯、衛侯、鄭伯、許男、曹伯侵蔡，蔡潰」下，葉氏說：

> 齊侯將有事於楚，故觀兵於蔡，先楚而侵之。蔡人知楚不足恃，而齊爲可畏，是以不與蔡侯而潰。楚於是乎始服，蓋善之也。葉子曰：「左氏記侵蔡，以爲蔡姬之故。夫小白之霸，攘荊蠻而抗中國，莫大於此舉。苟以一婦人之怨，而勤七國之君，夫誰肯聽之哉？蔡人雖畏齊，亦不遽潰矣。此事之必不然者也。昔者湯征諸侯，葛伯仇餉，湯始征之。孟子曰：『湯一征自葛始，天下信之。』小白一侵蔡，而蔡潰。雖楚之強，不敢不聽，

天下之不難服如此。惜乎小白之不能爲湯也！」〔註196〕

關於齊桓公侵蔡的原因，《左傳》說：

> 齊侯與蔡姬乘舟於囿，蕩公。公懼，變色；禁之，不可。公怒，歸之，
> 未絕之也。蔡人嫁之。〔註197〕

《左傳》以爲齊桓公因爲自己和蔡姬的細微糾紛，所以號召了七國軍隊攻打蔡國。在葉氏看來，其中的記載情節不合情理。葉氏引用《孟子》的典故〔註198〕，認爲齊桓公可以號召七國軍隊，侵蔡而造成蔡國人民潰逃，必另有一番義正辭嚴的聲明與理由，例如湯伐葛，以弔民伐罪爲號召。光是齊桓公和婦人之間枝微末節的糾紛，在葉氏看來是不夠資格發動七國的軍隊，並促成蔡國聞風而潰。此段《左傳》記事，不合常情。至於實際可能的原因，葉氏並沒解釋。

值得注意的是，葉氏論證《左傳》此段記載的缺失時，並無明確的典籍證明。在推論中提到的《孟子》典故，充其量只能算是旁證，並無確切、足夠的證據，否定齊桓公侵蔡事件發生的原因。葉氏只是以情理推斷，基於「尊經」疑傳的懷疑精神，大膽懷疑典籍舊說。

不僅此事，葉氏又辨孔子相夾穀之事。在定公十年「夏，公會齊侯于夾穀。公至自夾穀……齊人來歸鄆、讙、龜陰田」下，葉氏說：

> 三田皆齊之所侵，既與我，故會而復歸之。何以書？善公之有以得齊
> 也。葉子曰：「三田之歸，左氏、《穀梁》皆謂孔子相夾穀之會，退萊兵而
> 齊人以謝過，非也。夾穀之事，匹夫之勇，智者所不爲，而謂孔子爲之乎？
> 始齊以國夏帥師伐我，我報而侵之者再，自是遂不復交兵。及陽虎叛而奔
> 齊，請師以伐，曰：『三加，必取之。』齊侯以鮑國之言而止，遂執陽虎。
> 是時晉政已衰，平公不能主諸侯，故公德齊叛晉，而與之平。則齊、魯固

〔註196〕葉夢得：《葉氏春秋傳》（臺灣商務印書館影文淵閣四庫全書本，149 冊），頁 92。

〔註197〕《春秋左傳正義》（北京：北京大學出版社，十三經注疏標點本，1999 年），頁 327。

〔註198〕《孟子》曰：「齊人伐燕，取之。諸侯將謀救燕。宣王曰：『諸侯多謀伐寡人者，何以待之？』孟子對曰：『臣聞七十里爲政於天下者，湯是也。未聞以千里畏人者也。《書》曰：「湯一征，自葛始。」天下信之。「東面而征，西夷怨；南面而征，北狄怨。曰：『奚爲後我？』」民望之，若大旱之望雲霓也。歸市者不止，耕者不變。誅其君而弔其民，若時雨降。民大悅。《書》曰：「徯我後，後來其蘇。」今燕虐其民，王往而征之，民以爲將拯己於水火之中也，簞食壺漿以迎王師。若殺其父兄，係累其子弟，毀其宗廟，遷其重器，如之何其可也？天下固畏齊之強也，今又倍地而不行仁政，是動天下之兵也。王速出令，反其旄倪，止其重器；謀於燕眾，置君而後去之，則猶可及止也。』」引文見朱熹：《四書章句集注》（臺北市：大安出版社，1994 年），頁 308。

相與為好矣。是以夾穀會而不盟，使齊果有意於得魯，則方陽虎之奔，因之可以乘其間，何舍是不為，而反僥倖一旦之勝乎？孔子在齊十餘年，景公欲以尼谿田封之，晏子止焉。齊大夫蓋有欲害孔子者，則齊之君臣固不足以知孔子。使其知之，必不肯以裔夷之俘行其詐。使其不知，則何畏乎一言而為之退乎？《公羊》曰：『孔子行乎季孫，三月不違，齊人為是來歸之。』吾以此言為猶近。孔子之用於魯，蓋未嘗得盡行其志也。使孔子而得盡行其志，其為魯者，必有道矣，何必危其身以要人之所不可必？其曰：『歷階而上，不盡一等，而視歸乎齊侯。』與夫『優施手足異門而出』者，皆戰國刺客假之以藉口，如言曹沫者。曹沫之事，尚不足信，而況於孔子？二氏不能辨，蓋欲尊孔子而反卑之也。」〔註199〕

這是葉氏辨「孔子相夾穀之會」，以為《左傳》、《穀梁》的記載出於戰國刺客捏造的傳說。在葉氏看來，鄆、讙、龜陰三地田地歸還的原因，其實得自當時國際情勢的大環境來考量。絕不是出自區區一場會談中，孔子隨機應變的外交作為所促成。

　　三田歸還的原因，其實和齊國刻意拉攏魯國的外交政策有關。從定公九年齊國處理陽虎的作法，即可以發現齊國有意和魯國親近，而不是利用機會傾覆魯國〔註200〕。如果齊國真的有意侵犯魯國，定公九年陽虎叛亂，「請師以伐魯」，其實是個絕佳的機會，不該輕易放過。就齊國而言，不用等到定公十年夾穀之會，藉助萊兵來圖一時的僥倖。

　　再者，葉氏質疑《左傳》、《穀梁》記載的情節不合理，以為近於《公羊》莊公十三年記載的曹沫之事。關於曹沫之事，《公羊傳》說：

　　　　莊公將會乎桓，曹子進曰：「君之意何如？」莊公曰：「寡人之生，則不若死矣！」曹子曰：「然則君請當其君，臣請當其臣。」莊公曰：「諾。」於是會乎桓。莊公升壇，曹子手劍而從之。管子進曰：「君何求乎？」曹

〔註199〕葉夢得：《葉氏春秋傳》（臺灣商務印書館影文淵閣四庫全書本，149冊），頁231。
〔註200〕《左傳》曰：「六月，伐陽關。陽虎使焚萊門。師驚，犯之而出奔齊，請師以伐魯，曰：『三加，必取之。』齊侯將許之。鮑文子諫曰：『臣嘗為隸於施氏矣，魯未可取也。上下猶和，眾庶猶睦，能事大國，而無天菑，若之何取之？陽虎欲勤齊師也，齊師罷，大臣必多死亡，己於是乎奮其詐謀。夫陽虎有寵於季氏，而將殺季孫以不利魯國，而求容焉。親富不親仁，君焉用之？君富於季氏，而大於魯國，茲陽虎所欲傾覆也。魯免其疾，而君又收之，無乃害乎？』齊侯執陽虎，將東之。陽虎願東，乃囚諸西鄙。盡借邑人之車，鍥其軸，麻約而歸之。載蔥靈，寢於其中而逃。追而得之，囚於齊。又以蔥靈逃，奔宋，遂奔晉，適趙氏。仲尼曰：『趙氏其世有亂乎！』」引文見《春秋左傳正義》（北京：北京大學出版社，十三經注疏標點本，1999年），頁1581。

子曰：「城壞壓竟，君不圖與？」管子曰：「然則君將何求？」曹子曰：「願請汶陽之田。」管子顧曰：「君許諾。」桓公曰：「諾。」曹子請盟，桓公下與之盟。已盟，曹子摽劍而去之。要盟可犯，而桓公不欺；曹子可讎，而桓公不怨。桓公之信著乎天下，自柯之盟始焉。〔註201〕

至於夾穀之會，《左傳》說：

夏，公會齊侯于祝其，實夾穀。孔丘相，犁彌言於齊侯曰：「孔丘知禮而無勇，若使萊人以兵劫魯侯，必得志焉。」齊侯從之。孔丘以公退，曰：「士兵之！兩君合好，而裔夷之俘以兵亂之，非齊君所以命諸侯也。裔不謀夏，夷不亂華，俘不幹盟，兵不偪好，於神為不祥，於德為愆義，於人為失禮，君必不然。」齊侯聞之，遽辟之。〔註202〕

《穀梁傳》則說：

頰穀之會，孔子相焉。兩君就壇，兩相相揖，齊人鼓譟而起，欲以執魯君。孔子歷階而上，不盡一等，而視歸乎齊侯，曰：「兩君合好，夷狄之民，何為來為？」命司馬止之。齊侯逡巡而謝曰：「寡人之過也。」退而屬其二三大夫曰：「夫人率其君與之行古人之道，二三子獨率我而入夷狄之俗，何為？」罷會。齊人使優施舞於魯君之幕下。孔子曰：「笑君者罪當死。」使司馬行法焉，首足異門而出。齊人來歸鄆、讙、龜陰之田者，蓋為此也。因是以見雖有文事，必有武備。孔子於頰穀之會見之矣。〔註203〕

將上述材料互相比較，孔子相夾穀之會等作為，在言談之間折服齊侯，和曹沫事在情節上的確相近。至於曹沫之事可信與否，學者楊伯峻參考前人說法，以為出自戰國時人所捏造，他說：

葉適《習學記言序目》卷十曰：「是時東遷未百年，人才雖陋，未至便為刺客。」盧文弨《鐘山劄記》謂曹沫劫桓公事出於戰國之人所撰造，但以耳目所見，施之上世，而不知其有不合，誠哉是言也。〔註204〕

在葉氏看來，有關夾穀之會的記載和曹沫之事情節相近，因此亦是出於戰國刺客之假託。三田的歸還，和齊、魯兩國互相友好的外交政策有關。葉氏之所以能夠考辨此事，辨析《左傳》、《穀梁》的說法，不能不說這點出自葉氏承自啖、趙兩人「尊

〔註201〕　《春秋公羊傳注疏》（北京：北京大學出版社，十三經注疏標點本，1999 年），頁150。

〔註202〕　《春秋左傳正義》（北京：北京大學出版社，十三經注疏標點本，1999 年），頁 1587。

〔註203〕　《春秋穀梁傳注疏》（北京：北京大學出版社，十三經注疏標點本，1999 年），頁327。

〔註204〕　楊伯峻：《春秋左傳注》（高雄市：復文圖書出版社，1991 年），頁 194。

經」疑傳的懷疑精神。

綜上所述，從葉氏對齊桓公侵蔡之事，以及孔子相夾穀之會的考證，不難看出葉氏承繼了啖、趙學派「尊經」疑傳的懷疑精神。對既有的成見大膽懷疑，而務求在典籍記載中尋求合情合理的說法。這部分的考證，也為後來學者對於典籍真偽提供再次思考的線索與參考。

二、旁徵博引、考證精詳

在治學方法上，葉氏強調博學、慎擇的重要性，他說：

> 嘗聞之夫子曰：「蓋有不知而作之者，我無是也。多聞擇其善者而從之，多見而識之，知之次也。」君子之學，必自聞見始。聞見以多為貴，必慎乎其所擇。蓋雖孔子之聖，猶曰：「我非生而知之者，好古，敏以求之」者也。……吾以是知學者求之不可不博，而擇之不可不審也。〔註205〕

葉氏強調多聞慎擇，因此在解釋經文以及考證禮制上，往往援引許多說法。從經傳諸多相關記載中，考辨真偽。其中不乏考證精詳的意見。在宣公八年「冬十月己丑，葬我小君敬嬴。雨，不克葬」下，葉氏即考證一條《穀梁傳》提出的禮制，並得到信而有徵的研究成果。他說：

> 雨，不克葬，止而待之，至於克葬，禮也。克之為言，致力而後勝之者也。不克葬，非弗葬也。欲致力而不得也。葉子曰：「諸侯之葬為雨止，禮歟？禮也。古者庶人縣窆，不封不樹，不為雨止。漆車載蓑笠，蓋士之禮。然言縣窆，則有隧窆者矣。言不封不樹，則有封、樹者矣。言不為雨止，豈固有為雨止者乎？禮之降殺，未有虛加之者，亦各稱其情而已。天子七月而葬，所以待同軌。諸侯五月而葬，所以待同盟。大夫三月而葬，所以待同位。非特以是為節，蓋禮有略而可得為者，有詳而不可得為者。可為而不為，則緩，緩則不恪；不可為而為，則亟，亟則不懷。自大夫而上，其禮以次加詳，則有不可以遽為者。葬不為雨止，特為士庶人言之爾。諸侯旅見天子，雨霑服失容，雖入門猶廢，而況送死之大乎？或者乃以為通上下之辭，穀梁氏之失也。」〔註206〕

關於此條經文，《穀梁傳》提出一條禮制說明，認為：

> 葬既有日，不為雨止，禮也。雨不克葬，喪不以制也。〔註207〕

〔註205〕 葉夢得：《葉氏春秋考》（臺灣商務印書館影文淵閣四庫全書本，149 冊），頁 248。
〔註206〕 葉夢得：《葉氏春秋傳》（臺灣商務印書館影文淵閣四庫全書本，149 冊），頁 151。
〔註207〕 《春秋穀梁傳注疏》（北京：北京大學出版社，十三經注疏標點本，1999 年），頁

《穀梁》認為在敬嬴下葬時，就不能因為下雨而中止安葬，這是禮制所規定的。經文記載「雨，不克葬」，表明葬禮沒有按照規定的禮制來進行。但在葉氏看來，因為下雨而「不克葬」，這作法是合乎禮制的。

在葉氏這段注文中，援引許多相關的說法來考證《穀梁》提出的禮制。方法是結合諸多相關的禮制，推導出禮制中應有的規定。在推論的過程中，可以看出葉氏旁徵博引的論述風格。葉氏首先舉出〈王制〉的記載〔註208〕，提到葬庶人是用懸棺而下的方法，葬禮不因下雨而停止，葬後不封土起墳，也不種樹。從這段記載可以推論，置入棺木的方式有懸窆，相對地就有隧窆。有「不封不樹」的作法，相對地自然有「封、樹」的作法。強調庶人下葬「不為雨止」，那麼即意謂著「為雨而止」這種因雨停止的作法，亦是禮制要求的一部份。

再者，確定「為雨而止」這點的確是禮制中一個儀節後，問題即在於什麼人適用這個儀節？葉氏於是從《左傳‧隱公元年》：「天子七月而葬，同軌畢至；諸侯五月，同盟至；大夫三月，同位至」〔註209〕這段資料，推論出當時禮制制訂的原則，認為：「禮之降殺，未有虛加之者，亦各稱其情而已。」說明禮制本身會針對階級地位的差異而有不同程度繁複的規定。「為雨而止」即是葬禮中一個劃分等級的儀節規定。於是葉氏推論，如果依照〈王制〉，「葬不為雨止」是庶人適用的規定，相對地來說，「葬為雨止」即是士庶人以上的階級所適用。換言之，此條經文中的小君敬嬴，即因諸侯夫人的身份，在下葬時應該奉行「為雨而止」的儀節。況且葉氏又引《禮記‧曾子問》的記載，以為雨水沾服，即屬儀容不整。儘管進入宮門，也不可面見天子〔註210〕。從此記載旁證諸侯下葬不該「不為雨止」。

經過這番推論，葉氏綜合了相關的禮制，反駁了《穀梁傳》的說法。並參考諸多禮制，推論出在諸侯下葬時應該實行的禮制儀節。因而葉氏廣博地援用〈王制〉、《左傳》、〈曾子問〉等相關記載，詳細分析，終於糾正《穀梁傳》說法的缺失，並得到信而有徵的研究成果。

196。

〔註208〕〈王制〉曰：「庶人縣封，葬不為雨止，不封不樹」引文見《禮記正義》（北京：北京大學出版社，十三經注疏標點本，1999年），頁379。

〔註209〕《春秋左傳正義》，頁57。有關天子七月而葬的記載，亦見〈王制〉。〈王制〉曰：「天子七日而殯，七月而葬。諸侯五日而殯，五月而葬。大夫、士、庶人，三日而殯，三月而葬。」引文見《禮記正義》（北京：北京大學出版社，十三經注疏標點本，1999年），頁379。

〔註210〕〈曾子問〉曰：「曾子問曰：『諸侯旅見天子，入門，不得終禮，廢者幾？』孔子曰：『四。』請問之。曰：『大廟火，日食，後之喪，雨霑服失容，則廢。』」引文見《禮記正義》（北京：北京大學出版社，十三經注疏標點本，1999年），頁591。

三、別嫌明微、正名定罪

孟子曾對《春秋》一書的性質，提出具體的說明，他說：「其事則齊桓、晉文，其文則史。孔子曰：『其義則丘竊取之矣』」。由此指出孔子正是藉由《春秋》，來表明他內心對於理想政治、倫理綱紀的各種看法，因此才說：「其義則丘竊取之矣」。這導致後來經學家透過分析義例等方式來探究《春秋》中的微言大義。在《春秋》學研究中，葉氏即持此種看法，認為應該透過義例的辨析，闡明孔子為天下後世樹立的「一王大法」。因此，義例的辨析構成葉氏解經時極為重要的層面，目的在於透過義例來發揮筆削褒貶，並批評人事。值得注意的是，葉氏運用義例來臧否人物往往帶有法官的意味，意圖透過一字褒貶來正名定罪。

例如在葉氏論僖公三十年「秋，衛殺其大夫元咺及公子瑕」這條經文時，葉氏即援引「伯討」、「人討」例，諸侯出奔時的稱名例，歸入例，以及「即位逾年稱公」例等義例，分辨晉侯、衛侯、元咺、公子瑕四個人的罪責。強調以義例斷罪。在葉氏看來，即是「君子斷獄之道」，亦即《春秋》決獄。甚至可以說，所謂「《春秋》決獄」，即是以義例決獄，以義例審判人事。在此前提下，葉氏透過義例辨析所建立的《春秋》學裡，「別嫌明微」其實是一個非常重要的觀念。在葉氏看來，若能對人物事件的來龍去脈細加分辨，透過經文精微的用字來褒貶批評，即可發揮「正名定罪」的功效，並在予奪揚抑之間為後世樹立可供依循的標準。所以葉氏解經往往凸顯出《春秋》經文別嫌明微的特性，同時對此表示不少精闢的意見。

下列的例子，即是葉氏透過《春秋》經文義例精細的分析，來評判涉入其中人物的罪行，以達成「別嫌明微」、「正名定罪」的功效。在襄公二十六年「春王二月辛卯，衛甯喜弒其君剽」下，葉氏說：

> 稱名氏以弒者，大夫弒君之辭也。甯喜，衛大夫之三命者也。喜甯（按：應作甯喜），殖之子。殖既從孫林父，逐獻公而立剽。及疾，復召喜命之，使謀納獻公。故喜先攻孫氏，而殺剽，是以為喜之弒也。葉子曰：「《春秋》以正治不正，不以不正治正。剽之與衎，不兩立也。以衎之歸為正，則剽之死不得為正矣。何以加喜之罪而名之弒哉？此剽與衎之說，非喜與剽之說也。夫所謂君臣者，一日北面而事之，皆君也。方孫林父之逐衎，殖以為不然，則去而違之可矣。既與之立，則剽者，殖之君也。喜者，受命於殖者也。孰有北面事之十有三年，而不以為君者乎？為衎，則可以殺剽。為喜，則不可以殺剽。此喜與衎之說也。是以書剽有三道，以衛言之，既已與諸侯盟會矣，不可以不謂之君。以甯喜言之，殖已立而君之矣，喜受命而殺之，不可以不成其為君。以衎言之，則公孫剽而已矣。別嫌明微，

非《春秋》不能辨，是故不以其正者，害其不正也。」〔註211〕

甯喜是衛國的執政大夫，甯直之子。在襄公十四年，孫林父、甯直逐衛獻公，立公子剽。甯直去世前，為當年之事所悔，囑咐甯喜為自己改過。甯喜遂在右宰穀的幫助下，趁孫林父在戚地，攻打孫氏，並消滅孫氏。衛殤公失去了孫氏的保護，隨後也被殺〔註212〕。在這起事件中，涉及到甯喜為了衛侯衎而殺害衛侯剽此一行為是否正確。如果衛侯衎具備即位的合法性，幫助衛侯衎殺掉衛侯剽的甯喜是否無罪？如果衛侯剽不具即位的合法性，《春秋》經文為何書「其君剽」？

在葉氏的注文中，細密地分析《春秋》經文書「弒」字、書「君」字，根據經文用字別嫌明微地區別釐清上述的問題，並對甯喜的罪行予以裁定。因此，葉氏《春秋》學往往透過對《春秋》經文縝密的辨析，來完備自身的理論與說法。

至於衛侯剽是否具備即位的合法性，葉氏認為《春秋》經文書「君」字，即可以認定衛侯剽具備即位的合法性。葉氏又說：

> 今剽有國十有三年，凡盟會征伐之事，《春秋》未嘗不書，以衛侯及
> 甯喜殺之，正其名曰「弒君」，孰有如是而非君者？〔註213〕

葉氏即據經文和史事記載，斷定衛侯剽具備即位的合法性。《春秋》對衛侯衎亦書「衛侯」〔註214〕，同樣也承認衛侯衎的合法性。問題在於幫助衛侯衎，殺掉衛侯剽的甯喜是否無罪？

在葉氏看來，在這場衛君權位爭奪戰中，君臣之義是絕不該被泯滅忽視的，這是《春秋》書「弒」字的最大原因，也是為後世樹立的倫常標準。對於衛侯衎來說，衛侯剽是競爭的對手，彼此之間不存在君臣關係。如果衛侯衎殺掉衛侯剽，這是無可厚非的。但是甯喜不同，甯喜以臣子身份服務衛侯剽十三年，其間的君臣關係是無可否定的。因此甯喜介入衛侯間權位的爭奪，即使是出於父命，仍是違背了君臣之義而弒殺了君主。《春秋》書「弒」字表示對甯喜的譴責。葉氏即根據此條經文書「弒」字，裁定了甯喜為了衛侯衎弒殺君主的罪行。從而透過義例來「正名定罪」。

〔註211〕 葉夢得：《葉氏春秋傳》（臺灣商務印書館影文淵閣四庫全書本，149 冊），頁 195。

〔註212〕《左傳》曰：「孫文子在戚，孫嘉聘於齊，孫襄居守。二月庚寅，甯喜、右宰穀伐孫氏，不克，伯國傷。甯子出舍於郊。伯國死，孫氏夜哭。國人召甯子，甯子復攻孫氏，克之。辛卯，殺子叔及太子角。書曰『甯喜弒其君剽』，言罪之在甯氏也。」引文見《春秋左傳正義》（北京：北京大學出版社，十三經注疏標點本，1999 年），頁 1033。

〔註213〕 葉夢得：《葉氏春秋傳》（臺灣商務印書館影文淵閣四庫全書本，149 冊），頁 187。

〔註214〕 襄公十四年，《春秋》書「己未，衛侯衎出奔齊」。葉夢得：《葉氏春秋傳》（臺灣商務印書館影文淵閣四庫全書本，149 冊），頁 187。

　　在葉氏的注文分析中，《春秋》經文用字極微精細，因而能精準的裁量事理。特別在有關弒君例的經文中，葉氏往往刻意突顯出《春秋》經文別嫌明微的特性，強調可以透過經文對人事進行精準的判定。這是葉氏解經極力呈現和著墨的部分，亦是葉氏運用義例解經意見精闢的部分。關於宣公四年「鄭公子歸生弒其君夷」這條經文，葉氏即透過《春秋》義例精準地裁量人物事件的是非，他說：

　　　　《春秋》用法，常施於所疑，而不施於所不疑。於所不疑，則舉重；
　　　　於所疑，則舉輕以見重。宋之弒，無可免之道，而歸生嘗拒宋。或疑於可
　　　　免，故治歸生，則宋自見，非以歸生薄宋也。〔註215〕

在昭公十三年「楚公子比自晉歸于楚，弒其君虔於乾谿」經文下，葉氏說：

　　　　《春秋》之義，常加於人之所疑，而不加於人之所不疑。棄疾之罪，
　　　　固無得而逃矣。比之非其謀，則世或疑其可免焉。使比知己之不可立，效
　　　　死而不聽，則靈王固未遽死矣。今告之謀，而聽立之為王，而從。雖曰脅
　　　　之，終不以己之私易靈王之死，則靈王之死，非比為之乎？治棄疾，則比
　　　　免。治比，則棄疾不免。君子於是以比主弒也。〔註216〕

在葉氏看來，《春秋》通過這些經文，對於處於疑似之間的罪惡進行細密的分辨，並譴責那些在事發當時以及事後沒有盡到應有本分的臣子，從而為後世人臣樹立一個可供警惕的典範。這亦是葉氏透過義例的辨析，從弒君例而對人事「正名定罪」。

　　因此，由於葉氏解經，強調發揮《春秋》經文別嫌明微的特性，透過義例對人事進行批評審判，在予奪揚抑之間為後世樹立了可供依循的標準典範。學者真德秀推崇葉氏的經學成就，認為：

　　　　《春秋讞》、《考》、《傳》三書，石林先生葉公之所作也。自熙寧用事
　　　　之臣倡為「新經」之說，既天下學士大夫以談《春秋》為諱有年矣。是書
　　　　作於絕學之餘，所以闢邪說，黜異端，章明天理，遏止人欲，其有補於世
　　　　教為不淺也。〔註217〕

真氏肯定葉氏以義例解經，能達成別嫌明微、正名定罪的作用，從而可以「闢邪說，黜異端，章明天理，遏止人欲」，對世教人心有所補益。

〔註215〕　葉夢得：《葉氏春秋傳》（臺灣商務印書館影文淵閣四庫全書本，149 冊），頁 149。
〔註216〕　葉夢得：《葉氏春秋傳》（臺灣商務印書館影文淵閣四庫全書本，149 冊），頁 212。
〔註217〕　朱彝尊：《點校補正經義考》（臺北市：中央研究院中國文哲研究所籌備處，1997
　　　　　年），第五冊，頁 865。

四、主觀武斷、憑私臆決

　　上文提到葉氏承襲啖、趙學派「尊經」疑傳的懷疑精神。這種懷疑精神幫助葉氏突破過往成說，前人意見，而重新以懷疑的角度來考核經傳，大膽質疑、挑戰經傳記載，並經由考證得出許多值得重視的意見。例如葉氏辯孔子相夾穀之會的記載，辨齊桓公爲一婦人發動七國軍隊侵蔡等問題。

　　然而，這種懷疑精神也使得葉氏在解經時流於粗疏武斷、臆測附會。在筆著看來，在某些問題時，葉氏並沒有遵守「多聞闕疑」、「君子於其所不知，蓋闕如也」的嚴謹精神，而大膽地提出新說。而這種新說卻因缺乏經典證據而使人難以盡信。如此一來便削弱了葉氏論證的嚴謹與可靠性，因而貶低葉氏在《春秋》學方面論述的成就。

　　例如在隱公七年「叔姬歸于紀」下，葉氏說：

> 伯姬歸於紀矣。叔姬何以復言歸？歸紀季也。內女嫁爲夫人，則書。不爲夫人，則不書。叔姬，非夫人也。何以得書？將以起紀季之以酅入於齊也。酅，紀季之邑也。紀季以酅入於齊，非以存酅，以存紀也。言歸紀季，則不得書。言歸於紀，則得書。君子憫紀之亡，而欲存之。紀季不得以侯書，故假叔姬以夫人之辭，成紀季以爲侯，而後紀可見者，《春秋》之義也。葉子曰：「叔姬歸於紀，左氏、《公羊》皆無傳，而說者以爲伯姬之媵，而待年者也。禮，諸侯一娶九女，蓋以廣繼嗣之道，而絕妬忌之行。爲之媵者，必與之俱行。詩曰：『韓侯娶妻，諸娣從之。』待年於室，於禮未之聞也。且媵，小事不書。宋共姬之媵，有爲言之也。使叔姬以紀故而錄，自當正名曰媵，亦安得以夫人之辭，同書曰歸？於《穀梁》獨以爲逆之道微，故不言逆。媵固不得言逆，以爲大夫妻乎？則不當書歸。以爲紀侯妻乎？則既有伯姬矣。吾不知其說，則曰紀季爲妻者，義當然也。」

〔註218〕

在隱公二年，《春秋》書「伯姬歸于紀」，此叔姬即伯姬之妹。在古代，諸侯娶女嫁女，例以姪娣媵〔註219〕。問題在於隱公二年伯姬即嫁給紀侯，爲何要到七年叔姬才嫁給紀侯？若照何休的說法，其所以當時未隨伯姬同行者，以其時年尚幼稚，故六

〔註218〕 葉夢得：《葉氏春秋傳》（臺灣商務印書館影文淵閣四庫全書本，149 冊），頁 20。

〔註219〕 《公羊・莊公十九年》曰：「媵者何？諸侯娶一國，則貳國往媵之，以姪娣從。姪者何？兄之子也。娣者何？弟也。諸侯壹聘九女，諸侯不再娶。」何休注曰：「必以姪娣從之者，欲使一人有子，二人喜也。所以防嫉妬，令重繼嗣也。因以備尊尊親親也。」《春秋公羊傳注疏》（北京：北京大學出版社，十三經注疏標點本，1999年），頁 158。

年之後始行〔註220〕。但是照葉氏看來，這種說法不足爲信。理由在於「待年於室，於禮未之聞也」，所以葉氏認爲叔姬不是嫁給紀侯，而是嫁給紀侯之弟紀季。以爲叔姬嫁給紀季，「義當然也」。

應該說明的是，儘管葉氏認爲「待年於室，於禮未之聞也」，但是在沒有證據的情況下，嚴格說來只能對此經文存疑，以等待更多的資料來解答問題。葉氏卻不擱置這問題，反而大膽地提出自己認爲可能的意見，以爲「義當然也」。這只能說是一種臆測，以及一種武斷。對照現代學者楊伯峻的說法，葉氏的武斷臆測顯然可見。楊氏說：

> 媵妾卑賤，嫁往夫家而竟書於經者，或以叔姬爲紀侯所重之故，或以叔姬有賢德之故。惟萬斯大《學春秋隨筆》本唐陸淳之意，謂叔姬所歸，不爲紀侯，而爲紀侯之弟紀季。但此皆猜測之辭，傳既無文，闕疑可也。
> 〔註221〕

對於此條經文應該如楊氏般闕疑，而不該在沒任何證據下貿然作判斷。葉氏之所以大膽立說，不能不說出於對啖、趙學派「尊經」疑傳的懷疑精神的繼承。宋祈曾批評啖、趙學派「摭訕三家，不本所承，自用名學，憑私臆決」〔註222〕，葉氏解經在某方面的確有此類似的缺失，因而削弱了葉氏《春秋》學觀點的可靠性。

五、拘泥義例、支離瑣碎

葉氏解經，以義例辨析與禮制說明爲主。應該指出的是，拘泥《春秋》義例的結果，反而使得葉氏解經顯得支離瑣碎。這其實關係到一個極爲關鍵的問題：《春秋》經文中是否具備統一而完備的敘事體例？亦即是《春秋》中是否有義例存在這問題？及是否應以義例來理解《春秋》呢？

在這個關鍵問題上，葉氏認爲《春秋》是經非史，旨在傳達「一王大法」。因此說：「《春秋》因人以見法，不求備於史，而著其人」。強調《春秋》並不重在「信以傳信，疑以傳疑」地載錄史實，而重在透過筆削褒貶等方式來傳達大義。《春秋》中種種「或國、或氏、或人、或名、或字、或子」等分別，並非「闕文」，而是義例所在。如「天王去『天』以示貶」、「桓無王」、「桓公四年、七年，皆闕二時」等例皆

〔註220〕何休曰：「叔姬者，伯姬之媵也。至是乃歸者，待年父母國也。婦人八歲備數，十五從嫡，二十承事君子。」《春秋公羊傳注疏》（北京：北京大學出版社，十三經注疏標點本，1999 年），頁 54。

〔註221〕楊伯峻：《春秋左傳注》（高雄市：復文圖書出版社，1991 年），頁 52。

〔註222〕歐陽修、宋祁合撰，楊家駱主編：《新校本新唐書》（臺北市：鼎文書局，1976 年），頁 5707。

然。

　　換句話說，葉氏承認有義例，而且應該以義例作爲探尋《春秋》大義的主要方式。然而經文中，的確在某些方面記事體例非常混亂，並不齊一。爲了綜合這些經文，往往使得葉氏解經流於支離與瑣碎。特別關於《春秋》經文中天子、諸侯在喪時的記名方式。

　　關於《春秋》種種複雜的名氏與字，葉氏認爲這往往和義例相關，並說：

　　　　故《春秋》之法，常寄於字與名。不應字而字，所以爲褒也。……不
　　　　當名而名，所以爲貶也。〔註223〕

這裡可見葉氏對經文中名、字的重視。葉氏探究《春秋》中在喪時的記事方式，主要爲糾正《公羊傳》的說法。《公羊·莊公三十二年》曰：

　　　　君存稱世子，君薨稱子某，既葬稱子，踰年稱公。〔註224〕

在葉氏看來，情況要來得繁瑣複雜的多。他說：

　　　　諸侯在喪之稱，吾既言之矣。一年不可以二君，故未踰年之君，未葬，
　　　　皆不以爵見。內稱子，其子般、子野卒。外稱子，宋襄公以宋子會於葵丘；
　　　　陳懷公以陳子會於召陵是也。未踰年，雖既葬，內亦稱子不名。子赤卒，
　　　　稱子卒，外亦稱子；衛成公以衛子會盟於洮是也。曠年不可以無君，故踰
　　　　年之君，既葬，稱爵；鄭屬公以鄭伯會武父是也。雖未葬，亦稱爵；衛惠
　　　　公以衛侯會諸侯及魯戰，宋共公以宋公會諸侯伐鄭是也。未踰年而有事於
　　　　諸侯，不周乎喪而用吉禮，則稱爵以見貶；齊頃公以齊侯使國佐來聘，鄭
　　　　悼公以鄭伯伐許，邾隱公以邾子盟於拔是也。未踰年，見迫逐，不周乎喪
　　　　而出奔，則奪其子以見貶；鄭忽出奔衛是也。踰年，見迫逐，不周乎喪而
　　　　出奔，則奪其爵以見貶；曹羈出奔陳，莒展輿出奔吳是也。聘伐盟會，雖
　　　　有貳事，猶云可也。故如其意書爵，以著其實而已。三年之喪，人子所以
　　　　盡其愛於其父母者也。去而之他，彼受於其父者，且不得有。何有於哭泣
　　　　之哀、祭祀之思乎？故子而不能子，則奪其子；君而不能君，則奪其爵。
　　　　《春秋》之義也。〔註225〕

光是在這段注文中，談到諸侯在喪時稱名的方式，葉氏即從經文中整理出七種複雜的情況。爲了方便討論，這裡可以列作下表：

〔註223〕葉夢得：《葉氏春秋傳》（臺灣商務印書館影文淵閣四庫全書本，149 冊），頁 77。
〔註224〕《春秋公羊傳注疏》（北京：北京大學出版社，十三經注疏標點本，1999 年），頁
　　　　188。
〔註225〕葉夢得：《葉氏春秋傳》（臺灣商務印書館影文淵閣四庫全書本，149 冊），頁 43。

《春秋》諸侯在喪時稱名方式			
	即位逾年有無	先君葬禮有無	稱名方式	舉　　例
1	未　逾　年	未　　葬	不以爵見。內稱子，外稱子。	宋襄公以宋子會於葵丘。陳懷公以陳子會於召陵。
2	未　逾　年	既　　葬	不以爵見。內稱子，外稱子。	子赤卒，稱子卒。衛成公以衛子會盟於洮。
3	逾年之君	既　　葬	稱　　爵	鄭厲公以鄭伯會武父。
4	逾年之君	未　　葬	稱　　爵	衛惠公以衛侯會諸侯及魯戰。宋共公以宋公會諸侯伐鄭。
5	未逾年而有事於諸侯，不周乎喪而用吉禮。		稱爵以見貶	齊頃公以齊侯使國佐來聘，鄭悼公以鄭伯伐許，邾隱公以邾子盟於拔。
6	未逾年，見迫逐，不周乎喪而出奔		奪其子以見貶	鄭忽出奔衛。
7	逾年之君，見迫逐，不周乎喪而出奔		奪其爵以見貶	曹羈出奔陳，莒展輿出奔吳。

這裡可以區份七類。其中前四類，可以用逾年、不逾年，未葬、既葬來區別。後三類應視爲特殊情況的處理方式。

葉氏除了整理經文，又論天子在喪時的稱名方式，他說：

> 原《公羊》之義，蓋以逾年稱公者，民臣之稱。封內三年稱子者，孝子之自稱也。則頃王即位已逾年，此正曠年不可無君者，安得不稱天王乎？至敬王在景王之喪，逾年而狄泉書天王，則以爲著有天子。蓋求其說不得，故意之，而終不免相戾也。以吾考之，天子三年曰餘小子，諸侯曰子，此自稱之辭也。所謂三年不忍當者，《春秋》與禮之所同也。故天子崩，有所謂小子王者矣。天子即位逾年，稱王。諸侯即位逾年，稱公。此民臣稱之辭也。所謂「不可曠年無君」者，豈獨即位逾年哉？康王始即位於柩前，群臣告之曰：「禦王冊命」曰：「王再拜，興。」則雖未即位，逾年亦稱王矣。蓋既爲之天子，而不稱王；諸侯而不稱公，則無稱也，所謂「不可一日無君」者也。乃《春秋》所書，則以逾年，未逾年；葬，未葬爲辨爾。年者，君之節也。葬者，臣子之終事也。二者必兼盡，而後可以爲君。故以年爲辨者，雖已葬，未逾年，不得稱君。子赤卒不稱公是也。以葬爲辨者，雖逾年，未葬，亦不得稱君，頃王求金不稱天王是也。以頃王不得稱王。則桓王未逾年，未葬，其不稱天王，固宜矣。然則敬王得稱天王，其以逾年而又葬乎？何以知之？鄭莊公以五月卒，七月葬。厲公明年盟于武父，稱鄭伯。齊僖公十二月卒，明年四月葬。襄公五月會于艾，稱齊侯。

則敬王之稱王，亦固宜矣。此《春秋》盡君親之道者也。〔註226〕

這裡論天子在喪時稱名的方式。在推論中，引子赤、鄭厲公、齊襄公等例子，應該認爲天子與諸侯在喪時稱名的方式可以一體適用。其實也可列表於下：

《春秋》天子在喪時稱名方式			
即位逾年有無	先君葬禮有無	稱名方式	舉　例
1	未踰年	未　葬	不得稱君	隱公三年書「武氏子來求賻」，桓王不書天王。
2	未踰年	已　葬	不得稱君	子赤卒不稱公。
3	踰年之君	既　葬	稱　爵	昭公二十三年，敬王書「天王居於狄泉」。
4	踰年之君	未　葬	不得稱君	文公九年，頃王求金不稱天王。

這裡可以分成四類，同樣是用逾年、不逾年，未葬、既葬來區別。

但是一經表列，可以明顯看出一個矛盾。比較諸侯、天子在喪時稱名的方式，第四類是完全不一致的。在「《春秋》諸侯在喪時稱名方式」表中，逾年之君，未葬，稱爵，例如衛惠公、宋共公。但在「《春秋》天子在喪時稱名方式」表中，逾年之君，未葬，不得稱君，例如頃王求金不書天王。這種天子、諸侯稱名方式的矛盾，葉氏並沒有解釋。但是葉氏重視《春秋》經文所書的名、字，以爲與義例密切相關。因此刻意分析比較經文，將諸侯在喪時稱名方式劃爲七類，將天子在喪時稱名方式劃爲四類，整體看來顯得支離瑣碎。

不僅如此，葉氏一味以義例解經，有時過於求深。例如在昭公二十七年「秋，晉士鞅、宋樂祁犁、衛北宮喜、曹人、邾人、滕人會于扈」下，葉氏說：

此謀納公也。鄆陵之盟，合三國而後不果。今晉復合諸侯之大夫，而士鞅取賄於季氏，脅宋、衛，亦無成。然辭無所貶，以公不能於季氏，則未可責諸侯大夫之不能復公也。葉子曰：「黃父之會，大夫不貶，所以正天子，而有天下者也。扈之會，大夫不貶，所以正諸侯而有一國者也。」〔註227〕

在昭公二十五年，魯昭公無法忍受季氏的專權，於是希望發動軍隊消滅季氏，最後失敗。不得已只好出奔。這年諸侯大夫的會面，一方面商量守衛周王朝，一方面策劃使魯昭公回到魯國復位〔註228〕。但是士鞅早已接受季氏的賄賂，因此威脅宋、衛

〔註226〕葉夢得：《葉氏春秋傳》（臺灣商務印書館影文淵閣四庫全書本，149冊），頁133。
〔註227〕葉夢得：《葉氏春秋傳》（臺灣商務印書館影文淵閣四庫全書本，149冊），頁222。
〔註228〕《左傳》曰：「秋，會于扈，令戍周，且謀納公也。」《春秋左傳正義》（北京：北

大夫，所以沒有完成促使昭公復位的計畫〔註229〕。

但在葉氏看來，這條經文對諸侯大夫，並無任何貶斥。這種「不貶」，其實仍有意義。因爲昭公不能妥善處理季氏的專權，因此連帶地不能責備諸侯不能完成促使昭公復位的任務。故葉氏說：「扈之會，大夫不貶，所以正諸侯而有一國者也。」然而問題在於，如果《春秋》經文中沒有採用一字褒貶形式的經文，都能挖掘出「不貶」但又寓有暗諷意味的意義存在，是否每條看不出貶意的經文，都有貶斥意味在其中？或是看不出貶意，應無問題的經文中，仍還是有貶，有不貶？若是有貶、有不貶，那麼判斷的標準何在？

其實在筆者看來，這些都是葉氏鍛鍊深文，過於求深。在晉、宋衛三國大夫圖謀昭公復位這件事上，葉氏認爲應該批判。但是葉氏的經學立場在於透過《春秋》經文，以義例批判人事，而不藉助傳文來批評。如果擺開葉氏的觀點來看，直錄《左傳》記事，即可譴責三國大夫。但是葉氏拘於義例，又一味求深，因此才發明出「扈之會，大夫不貶，所以正諸侯而有一國者也」這種說法，反而使得自身的經學解釋變得糾葛不清，多岐亡羊。

綜上所述，葉氏解經以義例辨析與禮制說明爲主。應該指出的是，拘泥《春秋》義例的結果，反而使得葉氏解經顯得支離瑣碎。特別關於《春秋》經文中天子、諸侯在喪時的記名方式。葉氏刻意分析經文，將諸侯在喪時稱名方式劃爲七類，將天子在喪時稱名方式劃爲四類，整體看來顯得支離瑣碎。這其中還包括一個天子、諸侯已逾年，未葬，是否稱君、稱爵的矛盾，葉氏並沒有解釋。

葉氏在論諸侯大夫圖謀昭公復位之事時，又自經文中挖掘出「不貶」，所以貶昭公的批評方式，其實是在經文解釋上過於求深，拘泥義例的結果。不知如此一來，反而使得自身的經學解釋變得矛盾橫生、岐路亡羊。這是葉氏解經流於支離瑣碎、拘泥義例所造成之不可避免的缺失。

京大學出版社，十三經注疏標點本，1999 年），頁 1486。

〔註229〕 《左傳》曰：「宋、衛皆利納公，固請之。范獻子取貨于季孫，謂司城子梁與北宮貞子曰：『季孫未知其罪，而君伐之。請囚、請亡，於是乎不獲，君又弗克，而自出也。夫豈無備而能出君乎？季氏之復，天救之也。休公徒之怒，而啓叔孫氏之心。不然，豈其伐人而說甲執冰以遊？叔孫氏懼禍之濫，而自同於季氏，天之道也。魯君守齊，三年而無成。季氏甚得其民，淮夷與之，有十年之備，有齊、楚之援，有天之贊，有民之助，有堅守之心，有列國之權，而弗敢宣也，事君如在國。故鞅以爲難。二子皆圖國者也，而欲納魯君，鞅之願也，請從二子以圍魯。無成，死之。』二子懼，皆辭。乃辭小國，而以難復。」引文見《春秋左傳正義》（北京：北京大學出版社，十三經注疏標點本，1999 年），頁 1486。

第五章　葉氏《春秋》學思想

第一節　經權問題的檢討

　　《公羊傳》於桓公十一年「九月，宋人執鄭祭仲」經文下，提到關於「權」的理論，認爲：

> 　權者反於經，然後有善者也。權之所設，舍死亡無所設。行權有道，
> 自貶損以行權，不害人以行權。殺人以自生，亡人以自存，君子不爲也。

〔註1〕

這個說法一經提出，經權問題隨即成爲《春秋》學中一個重要的組成核心，並吸引長久以來學者的注意與討論。最早可以溯源自《論語》、《孟子》，就開始對這問題進行了初步的討論。就經權問題而言，問題本身非常複雜，涉及面十分廣泛。這關係到「經」與「權」的概念，以及兩者之間的關係。進一步即影響到《春秋》經文中對人事的褒貶評價，以及實際生活中的出處進退問題。

　　至於《公羊傳》對於「權」字所下的定義：「權者反於經，然後有善者也」，其中的「反」字也出現兩種意義完全不同的解釋。一是作「反歸於經」，一是作「反背於經」。前者是把「權」字理解爲權衡，「權」是返回常道，亦即是返回「經」，可以說權只是經。一是將「權」理解爲權變，權是背反常道、常禮，權不是經而且反背於經。雖然違反經，但是卻合於善。對此「反」字的解釋不同，對經權問題即有不同的解釋和作法，對於「經」與「權」之間的關係也有不同的界定。因此，釐清這個「反」字的義蘊，亦成爲經權問題的討論焦點所在〔註2〕。

〔註1〕《春秋公羊傳注疏》（北京：北京大學出版社，十三經注疏標點本，1999年），頁98。
〔註2〕現代學者李新霖，從《公羊傳》有關「反」字的意義與句法予以統計分析，認爲：「無

在葉氏《春秋考》中，前三卷是〈統論〉，廣泛地討論了許多《春秋》學重要題目，以補足《葉氏春秋傳》中限於體例隱而未發的種種問題。經權問題即是葉氏在〈統論〉中，一個以大量篇幅深入討論的重要問題。葉氏對《公羊傳》有關「權」的觀點提出反駁，認為「權」是「以亂濟亂」。但是在實際的《葉氏春秋傳》注文中，卻可發現葉氏部分地吸收《公羊傳》對於經權問題的觀點，並以此進行對人事的褒貶與評價。於是在葉氏《春秋》學中，經權問題的討論實際上存在理論與解說的相互矛盾，這點待下文予以剖析。

一、經權理論的缺失

（一）「通權」說即是「以亂濟亂」

《公羊傳》有關「權」的看法，藉由批評桓公十一年「九月，宋人執鄭祭仲」這條經文時提出。並認為：

> 祭仲者何？鄭相也。何以不名？賢也。何賢乎祭仲？以為知權也。其為知權奈何？古者鄭國處於留。先鄭伯有善於鄶公者，通乎夫人，以取其國而遷鄭焉，而野留。莊公死已葬，祭仲將往省於留，塗出於宋，宋人執之，謂之曰：「為我出忽而立突。」祭仲不從其言，則君必死、國必亡；從其言，則君可以生易死，國可以存易亡。少遼緩之，則突可故出，而忽可故反，是不可得則病，然後有鄭國。古人之有權者，祭仲之權是也。權者何？權者反於經，然後有善者也。權之所設，舍死亡無所設。行權有道，自貶損以行權，不害人以行權。殺人以自生，亡人以自存，君子不為也。
>
> 〔註3〕

關於此條記事，《左傳》說：

> 初，祭封人仲足有寵於莊公，莊公使為卿。為公娶鄧曼，生昭公。故祭仲立之。宋雍氏女於鄭莊公，曰雍姞，生厲公。雍氏宗，有寵於宋莊公，故誘祭仲而執之，曰：「不立突，將死。」亦執厲公而求賂焉。祭仲與宋

論『反』接虛詞再接實詞，或『反』接實詞而虛詞而實詞，皆有『返』意。」以為「反」字作「反歸、返回」，而不作「反背、相反、違反」。學者林義正不同意此說，從觀念分析的角度，認為「反」字應作「反背」解。就筆者看來，這兩種說法都有依據，各有淵源。不過就《論語》、《孟子》等資料來分析，經與權實為不同觀念。從而「反」字應作「反背、相反」來解。進一步討論可見李新霖：《春秋公羊傳要義》（臺北市：文津出版社，1989 年），頁 198。林義正：〈春秋公羊傳思想中的經權問題〉《文史哲學報》，1980 年 12 月 38 期，頁 313～333。

〔註3〕 《春秋公羊傳注疏》（北京：北京大學出版社，十三經注疏標點本，1999 年），頁 96。

人盟，以屬公歸而立之。秋，九月丁亥，昭公奔衛。己亥，屬公立。〔註4〕

據此可知，鄭祭仲於國喪未久，塗出於宋。宋人因與鄭莊公夫人雍姞有故，遂執祭仲，威脅他驅逐太子忽，而立雍姞子突。《公羊傳》認爲，當是時祭仲如果不聽從宋人的意見，國君必定死亡，國家必定滅亡。聽從宋人的意見，國君可以變死爲生，國家可以變亡爲存。稍微拖延一下，那麼突可以依舊逐出，而忽可以依舊回來。因此，不以廢嫡立庶、專廢置君的罪名責備祭仲。鄭國在祭仲的權宜處置下依然獲得保存。於是，《公羊傳》肯定祭仲的權道，認爲可以祭仲作爲施行權道的典範。

但是，就《左傳》記事來看，祭仲之所以逐公子忽，立公子突，其實爲了顧及個人生死，並且違背君臣之義而專廢置君。《穀梁傳》即根據君臣名分對祭仲提出嚴厲的批評，認爲：

> 祭仲易其事，權在祭仲也。死君難，臣道也，今立惡而黜正，惡祭仲也。〔註5〕

范寧在《穀梁傳·序》則說：

> 《公羊》以祭仲廢君爲行權……以廢君爲行權，是神器可得而闚也。〔註6〕

《公羊傳》桓公十一年疏則引《長義》曰：

> 若令臣子得行，則閉君臣之道，啓簒弑之路。〔註7〕

這些都對祭仲行權之事，從君臣之義的角度提出攻擊。因此連帶使人懷疑《公羊傳》有關「權」的理論。這包括「經」與「權」之間的關係，是否可以准許臣子於國家危亡之際通權達變，以扶弱救傾而專廢置君？這些疑問是經權問題中所涉及的重要部分，葉氏則認爲君臣之義不可動搖，認爲允許行權的作法是「以亂濟亂」。他說：

> 《春秋》立天下之常道，以垂萬世者也。或者以爲亦有從權者焉，非也。今天下之所以能立者，爲其有君君、臣臣、父父、子子、兄兄、弟弟、夫夫、婦婦，而行之以禮樂政刑，持之以綱紀文章者也。湯武非不仁也，孔子曰：「武盡美矣，未盡善也。韶盡美矣，又盡善也。」終不以桀紂而易天下之君臣也。衛輒受命於靈公，而有其國者也。孔子曰：「必也正名乎。名不正則言不順，言不順則事不成。」終不以輒而亂天下之父子也。何者？權者，有時而行；而常者，萬世不可改者也。雖大聖人，豈以一時之宜，而廢萬世之正乎？《春秋》之時，三綱亡，五常絕，凡天下之所以

〔註4〕《春秋左傳正義》（北京：北京大學出版社，十三經注疏標點本，1999年），頁196。
〔註5〕《春秋穀梁傳注疏》（北京：北京大學出版社，十三經注疏標點本，1999年），頁49。
〔註6〕《春秋穀梁傳注疏》（北京：北京大學出版社，十三經注疏標點本，1999年），頁9。
〔註7〕《春秋公羊傳注疏》（北京：北京大學出版社，十三經注疏標點本，1999年），頁98。

立者，無一而不壞矣。上無道揆，下無法守。明王不作，既無與出而治之者。孔子方將以空言，撥其亂而反其正，舉其所謂常而不可改者，揭而示之天下。使昭然如日月之不可掩其明；屹然如山嶽之不可易其位。幾何而不正乎？若是而通其權，是以亂濟亂也。……此其說蓋起《公羊》，以祭仲出鄭忽爲知權，而《春秋》賢之者也。故謂：「權者反於經，而後有善。」學者雖知其失而斥之，然終不能不以吾聖人言之近似者而惑之也。〔註8〕

這是葉氏對經權問題最基本的看法。葉氏認爲，《春秋》主要在爲後世立「一王大法」，確立常道以垂教世人。目的在於維持國家社會所需要的倫常綱紀，並促使整個國家社會的各階層，包括君君、臣臣、父父、子子、兄兄、弟弟、夫夫、婦婦，各盡其分而不相紊亂。因此，《春秋》不認同反經從權，而旨在確立常道。

再者，葉氏引用《論語・八佾》〔註9〕與《論語・子路》〔註10〕的說法，證明君臣、父子的倫常關係是不可動搖的。在這個前提下，葉氏界定經權關係爲「權者，有時而行；而常者，萬世不可改者也。」並認爲如果允許從權，即是「以一時之宜，而廢萬世之正」，這只會造成倫常綱紀的動搖，從而動搖君臣、父子間應該刻意維持的倫理關係。換言之，若是允許反經從權，即是「以亂濟亂」。

最後，葉氏再次強調，在《春秋》當時，在倫常道德上陷於「三綱亡，五常絕」的困境。在社會風俗上，「上無道揆，下無法守。」因此，孔子爲求撥亂反正，於是「舉其所謂常而不可改者，揭而示之天下。」藉由樹立常道來挽回世道人心，而不談從權。對比五代倫常敗壞，綱紀蕩然〔註11〕，葉氏刻意強調孔子樹立常道的用心，

〔註8〕 葉夢得：《葉氏春秋考》（臺灣商務印書館影文淵閣四庫全書本，149 冊），頁256。

〔註9〕 《論語・八佾》曰：「子謂〈韶〉：『盡美矣，又盡善也。』謂〈武〉：『盡美矣，未盡善也』。」朱熹：《四書章句集注》（臺北市：大安出版社，1994 年），頁91。

〔註10〕 《論語・子路》曰：「子路曰：『衛君待子而爲政，子將奚先？』子曰：『必也正名乎！』子路曰：『有是哉，子之迂也！奚其正？』子曰：『野哉，由也！君子於其所不知，蓋闕如也。名不正，則言不順；言不順，則事不成；事不成，則禮樂不興；禮樂不興，則刑罰不中；刑罰不中，則民無所措手足。故君子名之必可言也，言之必可行也。君子於其言，無所苟而已矣！』」朱熹：《四書章句集注》（臺北市：大安出版社，1994 年），頁 196。

〔註11〕 錢穆對當時社會狀況，有以下一番描述，他說：「張全義媚事朱溫，妻妾子女爲其所亂，不以爲愧。及唐滅梁，又賄賂唐莊宗、劉后、伶人、宦官等，以保祿位。然時稱名臣元老，以其猶能以救時拯物爲念也。楊凝式贈全義詩曰『洛陽風景實堪哀，昔日曾爲瓦子堆。不是我公重葺理，至今猶是一堆灰。』馮道事五朝八姓十一君，當時均尊爲長者。死年七十三，談者美之，謂與孔子同壽，亦道能周旋有所存濟也。其對耶律德光曰：『此時百姓，佛出救不得，惟皇帝救得。』論者謂道一言免中國人於夷滅。世運至此，何以更以節義廉恥責當時人物！其他如鄭韜光事十一君，壽七十。馬胤孫號爲『三不開』，一不開口議論，二不開印行事，三不開門延士大夫。」

反映出一定的時代色彩。

綜上所述，葉氏從維護倫理綱常的角度出發，認爲《春秋》旨在樹立垂法後世的常道，並不認可反經從權。況且，在葉氏看來，允許通權達變，往往會造成人倫關係的動搖，因此認爲通權達變是「以亂濟亂」的作法。這是葉氏對「權」的看法。在經權問題上，葉氏更注重伸張永恆不易，垂教後世的「經」，而否定用「權」。

（二）權只是經

葉氏本著維持人倫綱常的立場，反對用「權」。但是，早在《論語》、《孟子》的內容中，已開始對於「權」的討論。不禁令人懷疑，是否聖人肯定通權達變。在葉氏看來，這不足以作爲肯定用「權」的理由。他說：

> 其說蓋起《公羊》，以祭仲出鄭忽爲知權，而《春秋》賢之者也。故謂：「權者反於經，而後有善」學者雖知其失而斥之，然終不能不以吾聖人言之近似者而惑之也。夫「可與適道，未可與立。可與立，未可與權。」孔子固言之矣。此豈舍常而用權者哉？孟子曰：「子莫執中，執中爲近之。執中無權，猶執一也。所惡執一者，爲其賊道也，舉一而廢百也。」夫道固有常、變。惟明道者，雖守其常，而變自存乎其間。此君子之所謂權者也。世之知常而不知變，知變而不知常者，皆分乎道，而各蔽於一偏，則孟子所謂執一而賊道者是也。惡覩夫權而議之哉？〔註12〕

這是《論語》、《孟子》中和經權問題最相近的資料，也對「權」作了初步的討論。在《論語・子罕》中，孔子提到了「權」字。學者錢穆，解此章的「權」字說：

> 稱物之錘名權。權然後知輕重。《孟子》曰：「男女授受不親，禮也。嫂溺援之以手者，權也。」《論語》曰：「立於禮」，然處非常變局，則待權其事之輕重，而後始得道義之正。但非義精仁熟者，亦不能權。藉口適時達變，自謂能權，而近於小人之無忌憚，故必能立乃始能權。〔註13〕

錢氏強調「必能立乃始能權」，確爲本章之善解。在葉氏看來，孔子此章提到權字，取其「權衡輕重」的用意。但孔子並不如同《公羊傳》，以「反經合道」來界定「權」。因此，葉氏強調《論語》此章，儘管提到權，卻不教人捨棄常道。

至於葉氏對《孟子・盡心》此章的解釋，則對經權問題提出另一個重要的看法。在筆著看來，這裡很近似程頤「經只是權」的說法。在「經」與「權」的關係上，

據此可知當時的世道人心。錢穆：《國史大綱》（臺北市：台灣印書館，1995 年），頁 519。

〔註12〕葉夢得：《葉氏春秋考》（臺灣商務印書館影文淵閣四庫全書本，149 冊），頁 257。

〔註13〕錢穆：《論語新解》（臺北市：蘭臺網路出版商務股份有限公司，2000 年），頁 279。

出現兩種說法：一是以為「經只是權」，一是以為「經」與「權」不同。前者以程頤為主，他說：

> 漢儒以反經合道為權，故有權變、權術之論，皆非也。權只是經也。
> 自漢以下，無人識權字。〔註14〕

又說：

> 古今多錯用權字，纔說權，便是變詐或權術，不知權只是經所不及者。
> 權量輕重，使之合義。纔合義，便是經也。〔註15〕

程頤之所以不取漢儒之說，因為若以「反經合道」界定「權」，則易淪於權變、權術。因此程氏強調「權」只是經所不及者。但是既然合乎義，即非反經。故「權」只是「經」。

然而，果如程頤所云「權只是經」，孔、孟言「經」即可，何必言「權」？於是朱子復就程頤的說法，提出經權非一的看法。他說：

> 經自經，權自權。但經有不可行處，而至於用權，此權所以合經也，如湯、武事，伊、周事，嫂溺則援事。常如風和日暖，固好；變如迅雷烈風。若無迅雷烈風，則都旱了，不可以為常。〔註16〕

> 權自是權，經自是經。但非漢儒所謂權變、權術之說。聖人之權，雖異於經，其權亦是事體到那時，合恁地做，方好。〔註17〕

> 權與經豈容無辨！但是伊川見漢儒只管言反經是權，恐後世無忌憚者皆得借權以自飾，因有此論耳。然經畢竟是常，權畢竟是變。〔註18〕

> 經與權，須還他中央有箇界分。如程先生說，則無界分矣。程先生「權即經」之說，其意蓋恐人離了經，然一滾來滾去，則經與權都鶻突沒理會了。〔註19〕

> 經者，道之常也；權者，道之變也。道是箇統體，貫乎經與權。如程先生之說，則鶻突了。所謂經，眾人與學者皆能循之；至於權，則非聖賢不能行也。〔註20〕

> 若平看，反經亦未為不是。且如君臣兄弟，是天地之常經，不可易者。

〔註14〕 朱熹：《四書章句集注》（臺北市：大安出版社，1994年），頁157。
〔註15〕 程頤、程顥：《二程集》（北京市：中華書局，2004年），頁234。
〔註16〕 宋・黎靖德編：《朱子語類》（北京市：中華書局，1999年6月4版），頁987。
〔註17〕 宋・黎靖德編：《朱子語類》（北京市：中華書局，1999年6月4版），頁987。
〔註18〕 宋・黎靖德編：《朱子語類》（北京市：中華書局，1999年6月4版），頁989。
〔註19〕 宋・黎靖德編：《朱子語類》（北京市：中華書局，1999年6月4版），頁988。
〔註20〕 宋・黎靖德編：《朱子語類》（北京市：中華書局，1999年6月4版），頁989。

> 湯武之誅桀紂，卻是以臣弒君；周公之誅管蔡，卻是以弟殺兄，豈不是反
> 經！但時節到這裏，道理當恁地做，雖然反經，卻自合道理。但反經而不
> 合道理，則不可。若合道理，亦何害於經乎！〔註21〕

總結朱子對「經」「權」觀念的界定：「經」是常道，故說：「經者，道之常也。」「權」
是權變，故說：「權者，道之變也」。在經與權之上，又有一更高的存在——道。道
是一個統體，在概念上貫穿「經」與「權」。換句話說，「經」與「權」都同具道的
一面，不過一為常道，一為權變。

　　在朱子的分析上，「經」與「權」在概念上應該劃分，而不該依照程頤的說法，
將「權」與「經」等同起來，不作分別，故朱子說：「權自是權，經自是經」。同時，
朱子認為不能一味否定「反經」的概念、作法。如果反經，卻合乎道理，這仍是正
確的。不難看出，朱子將「經」與「權」觀念二分，同時亦認同《公羊傳》提出的
「權者，反於經，然後有善者也」這個說法。對照《孟子·離婁》：「男女授受不親，
禮也。嫂溺援之以手者，權也。」〔註22〕朱子將「經」「權」二分，的確比程頤的
說法更有文字上的依據。

　　比較程頤和朱子的說法，「經」與「權」在概念上出現兩種情況，一種是程頤提
出的「權只是經」，一種是朱子主張的「經」、「權」二分。在葉氏對經權問題的解釋
中，葉氏似乎較為傾向程頤的說法。葉氏強調所謂的「權」，即是能「明道」。而「道」
則包含常與變兩部分。在葉氏看來，能清楚明白「道」的意涵，即能持守常道。世
間的變故意外，即包含在常道之中。換言之，能持守常道，即能面對變故意外，如
此即是「權」。若用經權的觀念來比擬葉氏的觀點，從葉氏強調持守常道的立場，即
是強調「守經」。葉氏又說：「守其常，而變自存乎其間」，可以說「守經」即能應變，
即能「權」。據此，不難看出葉氏觀點和《公羊傳》所謂「反經合善」說法之間的差
異。

　　葉氏又認為，孟子所謂「執一而賊道者」，其實是指責世間「知常而不知變」、「知
變而不知常」這兩種人。認為這兩種人都各執一偏，而不能對道抱有整體性的理解
認識。換言之，即不能「明道」，而「皆分乎道，而各蔽於一偏。」如此則不足以守
常應變，即不能「權」。經葉氏對《孟子》此章的疏理，葉氏突出持守常道的重要性，
在解釋論說中刻意避去「權」字。在葉氏看來，「權」即是能清楚明白道的意涵，從
而能持守常道，進而應變。所謂「執一而賊道者」，即是指責「知常而不知變」、「知
變而不知常」這兩種人，因為各執一偏而不能明道。

〔註21〕宋·黎靖德編：《朱子語類》（北京市：中華書局，1999 年 6 月 4 版），頁 990。
〔註22〕朱熹：《四書章句集注》（臺北市：大安出版社，1994 年），頁 397。

值得注意的是，葉氏可以強調「守其常，而變自存乎其間」，若用經權概念來比擬，即是「守經」，就能應變，即能「通權」。如此一來，「通權」無異於「守經」，在觀念上和程頤的「權只是經」非常相近。

綜上所述，葉氏強調通權是「以亂濟亂」，基於維護倫理綱常的立場對用「權」一事予以駁斥。但早在《論語》、《孟子》的內容中，即開始對於「權」的討論。不禁令人懷疑，是否聖人肯定通權達變。於是葉氏即對典籍中關於「權」的資料予以分析。在筆者看來，在「經」、「權」關係的問題上，葉氏主張的觀點很近似於程頤「權只是經」的說法。

特別在葉氏對《孟子》「執中無權，猶執一也」章的疏理，葉氏突出持守常道的重要性。在葉氏看來，「權」即是能清楚明白道的意涵，因而持守常道，進而應變。換言之，即是「守經」就能應變，即能「通權」。如此一來，「通權」無異於「守經」，在觀念上和程頤的「權只是經」說法非常相近。這即是葉氏在經權問題上所提出的「權只是經」觀點。

（三）《春秋》無權道

葉氏除了在理論上駁斥通權達變，並從《春秋》經文對人事的褒貶評價中發現，《春秋》對在下臣子臨機制宜、通權達變的作法，並不予以優容，不少假借。換言之，葉氏認為《春秋》並不肯定臣下通權達變的作法。葉氏說：

> 若是而通其權，是以亂濟亂也。故曰：「《春秋》無權道」。〔註23〕

葉氏又在《春秋》經文中，研討出《春秋》對臣下用權的駁斥。他說：

> 《春秋》朝聘盟會，非無善也。以為諸侯不得擅相見，則未有異文而與之以禮者也。戰伐圍取非無功也，以為諸侯不得擅相討，則未有異文而與之以義者也。以類而求，凡王法之所不得為者，其辭未嘗不一施之焉。乃若華元不終於戰，而與楚平，不可謂不賢，而人其變命者，不能免也。趙盾不終於納捷菑而還，不可謂不正，而人其專君者，不能恕也。裹克志於立嫡，而奚齊之死，不得逃於弒。趙鞅力於去惡，而晉陽之入，不得別於叛。若是之類，雖欲秋毫假之，無自而通焉。〔註24〕

葉氏提出四條有關臣下用權之事，儘管在結果上都有值得肯定的地方，《春秋》卻不因此肯定權道，皆在經文中藉由義例表示貶斥。以下即一一討論葉氏所提到的經文。

在宣公十五年「夏五月宋人及楚人平」下，葉氏說：

〔註23〕葉夢得：《葉氏春秋考》（臺灣商務印書館影文淵閣四庫全書本，149 冊），頁 256。

〔註24〕葉夢得：《葉氏春秋考》（臺灣商務印書館影文淵閣四庫全書本，149 冊），頁 257。

外平不書，此何以書？宋故也。此圍者，楚子也。不勝將去，使子反乘堙而闚宋城。宋華元亦乘堙而出。見之，各告以其情。楚子怒，子反曰：「以區區之宋，猶有不欺人之臣，可以楚而無乎？」楚子於是引師而去。君子以是爲近王者之師也。是子反、華元也。何以書人？不與大夫得專平也。何以宋人及楚人？華元始告之曰：「憊矣，易子而食，析骸而爨。」子反曰：「嘻！吾聞之圍者，柑馬而秣之，使肥者應客，是何子之情也？」乃告之曰：「吾軍亦有七日之糧爾，盡此不勝，將去而歸。」是宋有以先得楚者也。〔註25〕

在宣公十五年，楚國的軍隊包圍了宋國都城。楚國和宋國各自派遣了自身的大夫視察敵情。結果楚國子反和宋國華元，在攻城的土山上偶然會面。宋國華元，本著一片誠心，說明瞭自身悽慘不堪的景況。楚國子反，則以惻隱之心，也交代自身軍隊的困難。《公羊傳》則描述了一段極具理想性的談話，故說：

於是使司馬子反乘堙而闚宋城，宋華元亦乘堙而出見之。司馬子反曰：「子之國何如？」華元曰：「憊矣。」曰：「何如？」曰：「易子而食之，析骸而炊之。」司馬子反曰：「嘻！甚矣憊！雖然，吾聞之也：圍者柑馬而秣之，使肥者應客，是何子之情也？」華元曰：「吾聞之：君子見人之厄則矜之，小人見人之厄則幸之。吾見子之君子也，是以告情於子也。」司馬子反曰：「諾，勉之矣！吾軍亦有七日之糧爾，盡此不勝，將去而歸爾。」揖而去之，反于莊王。〔註26〕

在子反、華元未獲君命、通權應變的外交作法下，楚、宋兩國免除了這場戰爭。但是《春秋》並未因此而對子反、華元的作法有所肯定，而仍書「宋人」、「楚人」。在葉氏看來，這是《春秋》對於臣子專擅行爲的貶斥。儘管在結果上，葉氏以爲楚國軍隊的離去，近似於「王者之師」。

在文公十四年「晉人納捷菑於邾，弗克納」下，他說：

納捷菑，則何以言「弗克納」？善之也。此趙盾之師也，善之則何以言晉人？不與大夫得專廢置君也。古者立嫡以長，不以賢。立子以長，不以貴。邾文公卒，無嫡。捷菑、貜且皆庶子也。貜且長，邾人立貜且。晉以捷菑已出，而往納焉。邾人曰：「子以其指，則捷菑四，貜且六。雖然，貜且也長。」趙盾引師而去之，君子是以與其弗克納也。故言弗。弗者，可納而不納也。然趙盾不納捷菑，可。專廢置邾君，不可。《春秋》不以

〔註25〕 葉夢得：《葉氏春秋傳》（臺灣商務印書館影文淵閣四庫全書本，149 冊），頁 156。
〔註26〕 《春秋公羊傳注疏》（北京：北京大學出版社，十三經注疏標點本，1999 年），頁 356。

所可，廢不可。此趙盾所以不免於人也。〔註27〕

晉國大夫趙盾，率領軍隊幫助邾國貜且回國復位。《公羊傳》特別強調晉國軍隊聲勢的浩大。《公羊傳》說：

> 其言弗克納何？大其弗克納也。何大乎其弗克納？晉郤缺帥師〔註28〕，
> 革車八百乘，以納接菑於邾婁，力沛若有餘而納之。〔註29〕

但是趙盾基於對當時宗法繼承制度的尊重，放棄擁立晉國夫人生下的庶子貜且，而率領軍隊離開。所以《春秋》藉由書「弗克納」，表示對趙盾的肯定。但是，對於趙盾以臣子身份介入他國君位傳承的糾紛中，《春秋》書「趙人」表示貶斥。這意味著，對於趙盾通權達變放棄擁立貜且，《春秋》給予褒揚。但是對趙盾專擅廢置邾君的作法，《春秋》書人，表示對臣子用權的駁斥。

在僖公九年「冬，晉裏克殺其君之子奚齊」下，葉氏說：

> 《春秋》以名定罪，若其義，則亦各視其情而已矣。齊商人之弒舍，
> 晉裏克之弒奚齊，皆未踰年之君也。商人之弒，以己也取而代之。裏克之
> 弒，以文公也。蓋以納文公焉。故於奚齊，則不成其爲君。於舍則成其爲
> 君。〔註30〕

晉國裏克爲了擁立晉文公，殺掉了奚齊。其事可參見《穀梁傳》。《穀梁傳》說：

> 裏克弒二君與一大夫，其以累上之辭言之，何也？其殺之不以其罪
> 也。其殺之不以其罪，奈何？裏克所爲弒者，爲重耳也。夷吾曰：「是又
> 將殺我乎？」故殺之，不以其罪也。其爲重耳弒，奈何？晉獻公伐虢，得
> 麗姬，獻公私之。有二子，長曰奚齊，稚曰卓子。麗姬欲爲亂，故謂君曰：
> 「吾夜者夢夫人趨而來，曰：『吾苦畏。』胡不使大夫將衛士而衛塚乎？」
> 公曰：「孰可使？」曰：「臣莫尊於世子，則世子可。」故君謂世子曰：「麗
> 姬夢夫人趨而來曰：『吾苦畏』，女其將衛士而往衛塚乎？」世子曰：「敬
> 諾。」築宮。宮成，麗姬又曰：「吾夜者夢夫人趨而來，曰：『吾苦飢。』
> 世子之宮已成，則何爲不使祠也？」故獻公謂世子曰：「其祠。」世子祠。
> 已祠，致福於君。君田而不在，麗姬以酖爲酒，藥脯以毒。獻公田來，麗
> 姬曰：「世子已祠。故致福於君。」君將食，麗姬跪曰：「食自外來者，不

〔註27〕 葉夢得：《葉氏春秋傳》（臺灣商務印書館影文淵閣四庫全書本，149 冊），頁 138。
〔註28〕 關於此次帥軍的晉國大夫是誰，三《傳》說法不同。《左傳》以爲趙盾，《公羊傳》
　　　　以爲郤缺，《穀梁傳》以爲郤克。據楊伯峻考證，應以趙盾爲是。見楊伯峻：《春秋
　　　　左傳注》（高雄市：復文圖書出版社，1991 年），頁 604。
〔註29〕 《春秋公羊傳注疏》（北京：北京大學出版社，十三經注疏標點本，1999 年），頁 306。
〔註30〕 葉夢得：《葉氏春秋傳》（臺灣商務印書館影文淵閣四庫全書本，149 冊），頁 101。

可不試也。」覆酒於地而地賁，以脯與犬，犬死。麗姬下堂而啼呼曰：「天
乎！天乎！國子之國也，子何遲於爲君？」君喟然歎曰：「吾與女未有過
切，是何與我之深也！」使人謂世子曰：「爾其圖之。」世子之傅裏克謂
世子曰：「入自明。入自明，則可以生；不入自明，則不可以生。」世子
曰：「吾君已老矣，已昏矣。吾若此而入自明，則麗姬必死。麗姬死，則
吾君不安。所以使吾君不安者，吾不若自死。吾寧自殺以安吾君。」以重
耳爲寄矣，刎脰而死。故里克所爲弒者，爲重耳也。夷吾曰：「是又將殺
我也。」〔註31〕

晉裏克雖然爲了擁立晉文公重耳，殺掉奚齊與卓子。但是《春秋》仍不肯定裏克的
作法，書「殺其君之子奚齊」，表示對裏克的貶斥。在定公十三年「秋，晉趙鞅入於
晉陽以叛」下，葉氏說：

　　晉陽，趙鞅之邑也。荀寅、士吉射謀作亂，鞅據其邑以逐君側之惡人
　　焉。此家邑也，何以言入？逆辭也，以其入之道爲逆也。何以謂之叛？以
　　地要君，非君命而擅興師，則是叛者也。〔註32〕

關於此條經文所涉之事，《公羊傳》說：

　　此叛也，其言歸何？以地正國也。其以地正國奈何？晉趙鞅取晉陽之
　　甲以逐荀寅與士吉射。荀寅與士吉射者，曷爲者也？君側之惡人也。此逐
　　君側之惡人，曷爲以叛言之？無君命也。〔註33〕

在定公十三年，荀寅、士吉射圖謀作亂。趙鞅以晉陽之兵平息晉國的內亂，因此說：
「以地正國」。但是，由於趙鞅舉兵平亂並沒有得到晉君的同意，身爲臣子擅自從權
發兵，這是《春秋》所以斥責的，故書「叛」字表示貶抑。

　　綜上所述，葉氏舉出四條有關臣下用權的經文，發現儘管在結果上都有值得予
以肯定，《春秋》卻不因此肯定權道，皆在經文中藉由義例表示貶斥。例如在宣公十
五年「夏五月宋人及楚人平」中，藉書「人」表示對子反、華元專擅的貶斥；在文
公十四年「晉人納捷菑於邾，弗克納」下，藉書「人」斥責趙盾以臣子身份專廢置
君；在僖公九年「冬，晉裏克殺其君之子奚齊」下，書「殺其君之子奚齊」，表示對
裏克的貶斥；在定公十三年「秋，晉趙鞅入於晉陽以叛」下，藉書「叛」指責趙鞅
未獲軍命擅自發兵。

　　通過對這些經文的考察，葉氏認爲《春秋》對臣子通權達變的行爲並無任何褒

〔註31〕《春秋穀梁傳注疏》（北京：北京大學出版社，十三經注疏標點本，1999 年），頁 126。
〔註32〕葉夢得：《葉氏春秋傳》（臺灣商務印書館影文淵閣四庫全書本，149 冊），頁 234。
〔註33〕《春秋公羊傳注疏》（北京：北京大學出版社，十三經注疏標點本，1999 年），頁 581。

揚。儘管在結果上，值得予以肯定。因此，葉氏認爲在經權問題上，從《春秋》經文的褒貶與奪而言，「《春秋》無權道」。

（四）禮之正變屬於定制而非權

在經權問題上，葉氏從維護倫理綱常的角度出發，認爲允許通權是「以亂濟亂」。並且認爲「權」即是能「明道」，從而能持守常道，進而應變。換言之，「守經」即能應變、「通權」。在這個立場上，葉氏凸顯持守常道的重要性。從葉氏重視「守常」的觀點延伸，進而辨析「禮之變」、「禮之正」均非權變、權衡，而是屬於常道的一部份。可以說，這部分的討論是葉氏「權只是經」觀點在禮制上一個重要發展。葉氏說：

> 或曰：「《春秋》無權道」，則然矣。若有所謂出乎「禮之變」與「禮之正」，未嘗不該焉，庸非權乎？曰：「非也。《公羊》固云『權也，反經而後有善。』是舍常而從變，分而爲兩之言也。聖人之權，則異乎是。所以著乎禮者，固有定制矣。而有出於禮之不及備者焉，爲其不可廢也。……所以著乎法者，固有定數矣。而有出於法之所不及該者焉，爲其不可已也，而以情通之。則大夫卒于祭所，既不可用樂，又不可廢祭，姑去樂而存祭。叔弓卒，而去樂卒事是也。非權也，亦所以爲法也。諸侯以時朝王于方嶽，正也。有不及時而不至於方嶽者，不可以非其地而不朝也。則朝于王所者有之，僖公是也。非權也，亦所以爲尊王也。諸侯繼世，踰年而即位，正也。有不及年，喪至而得立者，不可以過時而不即位也。則既殯五日，而即位者有之矣，定公是也。非權也，亦所以爲定位也。若是者，其何廢于常乎？……知此而後知《春秋》之不用權矣。」〔註34〕

在《春秋》當時，存在許多不合禮制一般規定的作法。這些作法被稱爲「禮之變」，於是有人疑問是否這些作法可以算是權變、權衡？

葉氏認爲，不論「禮之變」、「禮之正」，都是禮制定制的一部份。首先，葉氏指責《公羊傳》對於「權」的說法，認爲「反經合善」的說法，無異於將「經」與「權」二分，故說：「分而爲兩之言也」。並且《公羊傳》強調「反經合善」，無異於「舍常而從變」。

再者，葉氏強調「聖人之權，則異乎是」，強調聖人所說的權道，並不是如同《公羊傳》將「經」、「權」二分，並且「舍常而從變」。這即意味著，聖人之權其實不將「經」、「權」二分，同時包含「常」與「變」。從而葉氏強調，「權」即是「明道」，

〔註34〕葉夢得：《葉氏春秋考》（臺灣商務印書館影文淵閣四庫全書本，149 冊），頁 257。

「守經」即能應變、「通權」。可以說，葉氏用不同字眼再次詮釋程頤「權只是經」的觀點。

最後，葉氏從「權只是經」這個觀點來看禮制，認爲「禮之變」、「禮之正」等，都是禮制規定的一部份。在作法上，或許會採取變通的作法，如昭公十五年「籥入，叔弓卒，去樂卒事」，或是僖公二十八年「公朝于王所」，或是定公元年「夏，六月癸亥，公之喪至自乾侯。戊辰，公即位」等。這些雖然屬於「禮之變」，但是仍是定制一部份，因此葉氏極力撇清這些作法「非權也」。於是葉氏肯定《春秋》不用權道。

綜上所述，對於《春秋》出現的一些變通作法，在葉氏看來，不論是「禮之變」、「禮之正」，皆屬於禮制中定制的一部份，因此不屬於用權。在葉氏看來，「守經」即能應變、「通權」，並主張不能將「經」、「權」兩觀念二分。在經權問題上，葉氏這些說法凸顯持守常道的重要性，並反駁《公羊傳》所謂「權者反於經，然後有善者也」這個說法。

二、理論與解說的矛盾

在經權問題上，葉氏基於維護綱常倫理的立場，反對通權達變，以爲通權即是「以亂濟亂」。並歸納經文，發現儘管在結果上都值得給予肯定，《春秋》卻不因此肯定權道，皆在經文中藉由義例表示貶斥。並說：「《春秋》無權道」。但是，深入考察葉氏《春秋傳》的內容，仍可發現葉氏吸收了《公羊傳》的說法，仍允許給予在下臣子通權應變的空間，給予某種程度的授權。這種觀念，特別反映在有關「大夫無遂事」的問題上。因此，在葉氏部分的經文解釋中，其實和葉氏在《春秋考》中對於經權問題表示的看法相互衝突。

換句話說，在葉氏《春秋傳》的注文中，葉氏仍對臣子通權制宜的作法表示肯定。由此在經權問題上，葉氏的觀點出現理論與解說的矛盾。這點待以下詳細分析。

（一）論「大夫無遂事」

葉氏對於「大夫無遂事」的觀點，主要承襲自《公羊傳》的觀點，爲了釐清葉氏在此問題上的觀點和創見，有必要先對《公羊傳》的說法進行整理。對於「大夫無遂事」的看法，首先出現在桓公八年「祭公來，遂逆王后于紀」經文下。關於此條經文，《公羊傳》說：

> 遂者何？生事也。大夫無遂事，此其言遂何？成使乎我也。〔註35〕

何休注曰：

〔註35〕《春秋公羊傳注疏》（北京：北京大學出版社，十三經注疏標點本，1999 年），頁 93。

生猶造也，專事之辭。〔註36〕

因此，「遂事」即專事之辭，意指大夫的專斷行為。凡是大夫廢棄君命，而獨斷專行，《公羊傳》皆以為違反君命而予以貶斥，故強調「大夫無遂事」。不僅在此年傳文中強調大夫不得專斷，在僖公三十年「公子遂如京師，遂如晉」下，《公羊傳》說：

大夫無遂事，此其言遂何？公不得為政爾。〔註37〕

在襄公二年「冬，仲孫蔑會晉荀罃、齊崔杼、宋華元、衛孫林父、曹人、邾婁人、滕人、薛人、小邾婁人于戚，遂城虎牢」下，《公羊傳》說：

大夫無遂事，此其言遂何？歸惡乎大夫也。〔註38〕

在襄公十二年「季孫宿帥師救台，遂入運」下，《公羊傳》說：

大夫無遂事，此其言遂何？公不得為政爾。〔註39〕

在這些經文中，都指出公子遂、季孫宿與仲孫蔑等大夫之專斷，或者是涉及平時的朝聘，或者是涉及戰爭時的攻伐。無論是何種情況，皆是不服從君主命令，橫生事端。《公羊傳》認為《春秋》藉由書「遂」字，表示貶斥。突顯出大夫無專斷自主的權力，故說「大夫無遂事」。但是某種情況下，《公羊傳》認為大夫可以專斷自行，通權達變。在莊公十九年「秋，公子結媵陳人之婦於鄄，遂及齊侯、宋公盟」下，《公羊傳》說：

媵者何？諸侯娶一國，則貳國往媵之，以姪娣從。姪者何？兄之子也。娣者何？弟也。諸侯壹聘九女，諸侯不再娶。媵不書，此何以書？為其有遂事書。大夫無遂事，此其言遂何？聘禮，大夫受命不受辭，出竟有可以安社稷、利國家者，則專之可也。〔註40〕

公子結護送隨同衛女嫁到陳國去的魯女到達鄄邑，於是矯君命而與齊、宋兩國訂盟。為何公子結要擅自行事，何休說：

公子結出竟，遭齊、宋欲深謀伐魯，故專矯君命而與之盟。除國家之難，全百姓之命，故善而詳錄之。〔註41〕

公子結之「遂」事，本屬於獨斷專行，違背君命。但是《春秋》不予貶斥，在《公羊傳》看來，如果大夫出境，可以「安社稷、利國家」者，則大夫可以具有專斷之權。進一步說，對照《公羊傳》有關「權」的說法：「權者反於經，然後有善者也」。

〔註36〕《春秋公羊傳注疏》（北京：北京大學出版社，十三經注疏標點本，1999年），頁93。
〔註37〕《春秋公羊傳注疏》（北京：北京大學出版社，十三經注疏標點本，1999年），頁264。
〔註38〕《春秋公羊傳注疏》（北京：北京大學出版社，十三經注疏標點本，1999年），頁415。
〔註39〕《春秋公羊傳注疏》（北京：北京大學出版社，十三經注疏標點本，1999年），頁435。
〔註40〕《春秋公羊傳注疏》（北京：北京大學出版社，十三經注疏標點本，1999年），頁158。
〔註41〕《春秋公羊傳注疏》（北京：北京大學出版社，十三經注疏標點本，1999年），頁159。

強調必須在行為結果上合乎「善」，才能在行為方式上採取權變的手段。換言之，就大夫的權責而言，《公羊傳》認為「大夫無遂事」，但在出境可以「安社稷、利國家」等合乎「善」的前提下，大夫具有通權達變，專擅獨斷的權力。這是《公羊傳》對「大夫無遂事」的看法，以及出於「反經合善」前提下對大夫自專的部分授權。

對照葉氏對於相關經文的看法，葉氏仍承認可在一定前提下給予大夫授權，在莊公十九年「秋，公子結媵陳人之婦於鄄，遂及齊侯、宋公盟」下，他說：

> 吾何以知結之遂為善歟？《春秋》言遂二，有君遂、有臣遂。君者，命之所從出，無所往而不可遂。故諸侯而言遂，繼事之辭也。大夫受命於君，有不可得而遂，故大夫之言遂，生事之辭也。大夫言生事，則有可得而遂者，有不可得而遂者。在國中，則不可遂，所謂「大夫無遂事」也。在國外，則可遂，所謂「大夫出疆，有可以安社稷、利國家，則專之者也」。而《春秋》之辭一施之，以為各於其事觀焉，則審矣。「季孫宿帥師救台，遂入鄆」台在國內，鄆在國外，可以救台而遂入鄆乎？盟者，所以謀不協也，而非大夫之事。然大夫與國同體，君不在焉，而事有不可者，不為之所，則亦不忠而已矣。吾是以知君子之與結也。〔註42〕

在這段注文中，葉氏將遂事分成「君遂」與「臣遂」兩種。並指出在這兩種狀況下，《春秋》經文中的「遂」字會有不同的涵義。在「君遂」的狀況，由於國君是發號司令的領導者，《春秋》經文用「遂」，即是「繼事之辭」〔註43〕，表示緊接著發生下一件事的說法。

至於大夫言「遂」，則是「生事之辭」。這定義和《公羊傳》桓公八年傳文相同。但是葉氏又將大夫「遂」事所涉及的範圍分成兩部分，認為在國內則不可遂，此即為「大夫無遂事」，因上有國君發號司令。但在國外，則可以實行「遂」事，此即為「大夫出疆，有可以安社稷、利國家，則專之者」。不難看出，葉氏在「大大無遂事」的問題上，吸收了《公羊傳》的意見，並將《公羊傳》的意見進一步地融通、調和。據此即可以判斷《春秋》經文中有關大夫「遂」事的記載。例如襄公十二年「季孫宿帥師救台，遂入鄆」這條經文，可以由臺地、鄆地的地理位置，判斷季孫宿入鄆的越權專斷行為。

葉氏並再次強調授權給大夫的必要性，認為大夫與國同體，在國君不能介入的

〔註42〕葉夢得：《葉氏春秋傳》（臺灣商務印書館影文淵閣四庫全書本，149冊），頁68。
〔註43〕「繼事之辭」出自《穀梁傳》，見《穀梁傳》桓公八年傳文「遂，繼事之辭也」。引文見《春秋穀梁傳注疏》（北京：北京大學出版社，十三經注疏標點本，1999年），頁47。

前提下，如果不能阻止危害國家利益的事件發生，則是不忠於國家和自身職責。因此，給予大夫部分的授權，允許大夫通權達變是必要的。對照葉氏面對經權問題，強調通權是「以亂濟亂」，並說「《春秋》無權道」，葉氏對大夫之「遂」事的解釋，無異出現了理論與解說的矛盾。

這種矛盾，並非解釋上偶然發生的例外狀況。在閔公二年「冬，齊高子來盟」下，葉氏再次肯定大夫出疆，可以根據狀況通權制宜。他說：

> 高子，齊大夫高傒也。子，男子之美稱也。何以不言名？褒之也。閔公弒，慶父奔，季子與僖公方適邾，齊侯使高子以南陽之甲至魯。未知其窺之歟？平之歟？齊侯之命高子，將曰：「可則盟，不可則不」卒與季子立僖公，盟國人而定其位，則高子之爲也。《春秋》之義，大夫出疆，有可遂者則遂焉。高子，遂之善者也。君子於是褒焉，不言使，制在高子也。前定之盟曰來盟，楚以屈完來盟齊，完能服罪以尊王，故得名氏。齊以高傒來盟魯，傒能立君以定國，故得稱子。是以春秋之辭一施之也。〔註44〕

這裡再次重複《公羊傳》「大夫受命不受辭，出竟有可以安社稷、利國家者，則專之可也」的觀點，認爲「大夫出疆，有可遂者則遂焉」。關於此條經文，《春秋》不言「使」字，表示高子的行爲未獲得齊侯的授命，而是一己專權的作法。因爲幫助魯僖公即位，穩定政局，因此《春秋》表示褒揚。在僖公四年「楚屈完來盟於師，盟於召陵」下，葉氏說：

> 屈完，楚大夫之三命者也。凡吳、楚之大夫，皆言人。屈完何以不言人，進之也。諸侯次於陘，楚使屈完來觀於師，未知其窺之歟？服之歟？楚子之命屈完，將曰：「可則盟，否則不盟。」齊侯陳諸侯之師，與屈完乘而觀曰：「與不穀同好，如何？」屈完曰：「君惠徼福於敝邑社稷，辱收寡君，寡君之願也。」則屈完之爲已。《春秋》之義，大夫出疆，有可遂者則遂焉。屈完，遂之善者也。君子於是進焉，不言使，制在屈完也。盟于師，楚志也。盟於召陵，齊志也。盟而後退師，其成在楚。退師而與盟，其成在齊，故再見盟焉，以齊爲善也。〔註45〕

此條經文不書「使」字，表示此次會盟，出自楚國大夫屈完的專擅自決。因爲屈完促成楚國、齊國的會盟，免於戰爭的發生。《春秋》對此事表示褒揚。葉氏認爲，對於吳、楚兩國大夫，《春秋》一般書「人」。但爲了表示對屈完的肯定，於是屈完可稱名氏。

〔註44〕葉夢得：《葉氏春秋傳》（臺灣商務印書館影文淵閣四庫全書本，149冊），頁88。
〔註45〕葉夢得：《葉氏春秋傳》（臺灣商務印書館影文淵閣四庫全書本，149冊），頁93。

　　葉氏並強調，如果大夫出疆，可以實行有利國家社稷的作爲，則可以有專擅通權的空間。因此，在僖公四年「楚屈完來盟於師，盟於召陵」經文中，屈完被稱爲「遂之善者」，在閔公二年「冬，齊高子來盟」經文下，高子被稱爲「遂之善者」，這無異於對大夫在可以「安社稷、利國家」的前提下，實行通權達變作爲的肯定，並允許給予大夫專擅自決的空間。

　　綜上所述，在經權問題上，葉氏認爲通權是「以亂濟亂」，並說「《春秋》無權道」。然而，在莊公十九年「秋，公子結媵陳人之婦於鄄，遂及齊侯、宋公盟」、閔公二年「冬，齊高子來盟」、僖公四年「楚屈完來盟於師，盟於召陵」經文下，葉氏承襲自《公羊傳》的觀點，認爲：「大夫出疆，有可以安社稷、利國家，則專之者也」，強調應該給予臣子某種程度的授權，允許臣子用權的權力。將這些注文和「《春秋》無權道」之類的說法相互比較，無疑可以發現葉氏在經權問題上出現理論與解說的矛盾。

　　此外，葉氏吸收《公羊傳》的說法，對「大夫無遂事」之類的說法予以進一步補充。首先，葉氏將「遂」事分成「君遂」與「臣遂」，並分析兩者在經文用字不同的涵義。如果是「君遂」，「遂」字表示「繼事之辭」。如果是「臣遂」，「遂」字表示「生事之辭」。至於大夫的遂事，在葉氏看來應該分成國內與國外兩種。在國內，由於上有國君，因此「大夫無遂事」。但在國外，則「《春秋》之義，大夫出疆，有可遂者則遂焉。」這種說法其實進一步地將《公羊傳》的說法予以融通細分，在理論上建構上更爲細密。最重要的是在經權問題上賦予大夫具有通權達變，專責處斷的權力。

（二）臣子遂事的限制

　　在經權問題上，《公羊傳》除了以「反經合善」來界定「經」，也對實行「權」的狀況提出了限制。《公羊傳》說：「權之所設，舍死亡無所設。行權有道，自貶損以行權，不害人以行權。」意指權的行使，除死生大事外，不得隨意行之。結合該年經文「九月，宋人執鄭祭仲」，可以斷定《公羊傳》所謂的「死亡」，並非個人一己的生死，而是指君國存亡大事而言。

　　至於「行權有道，自貶損以行權」，即是指行權所引起的後果與責任要歸之於己，如祭仲出忽立突要承受逐君的惡名。「不害人以行權」，即是指行權時不能傷害他人的生命。最後，《公羊傳》提出「殺人以自生，亡人以自存，君子不爲也」，這是爲權道所設下的最基本的原則，在任何情況下都不能違背此一原則。

　　從《公羊傳》這些觀點來看，所謂的「權」，並非毫無限制，即使有一定情況許

可才能實行。漢代的《公羊》大師董仲舒，即對用「權」的限制有一番透闢的見解。董氏說：

> 夫權雖反經，亦必在可以然之域，不在可以然之域，故雖死亡，終弗為也。〔註46〕

又說：

> 故諸侯在不可以然之域者，謂之大德，大德無踰閑者，謂正經；諸侯在可以然之域者，謂之小德，小德出入可也。權，譎也，尚歸之以奉鉅經耳。〔註47〕

應該注意的是，「權」的觀念並非無所不為，而是有一定限度的。故董氏用「可以然」來比擬用「權」時應該具備的限制。

在葉氏《春秋傳》的注文中，葉氏認為「大夫出疆，有可以安社稷、利國家，則專之者也」、「《春秋》之義，大夫出疆，有可遂者則遂焉」強調大夫出疆若能從事有利國家社稷的作為，則大夫可以有通權自專的權力。進一步說，經由分析仍可以發現這種權力並非無所限制。特別在於這種對臣下的授權絕不能動搖君臣之間應有的分際，混亂君臣間應有的名分。

在比較下列幾則經文的解釋，不難看出葉氏對於臣子遂事的限制。在文公十四年「晉人納捷菑於邾，弗克納」下，他說：

> 納捷菑，則何以言「弗克納」？善之也。此趙盾之師也，善之則何以言晉人？不與大夫得專廢置君也。古者立嫡以長，不以賢。立子以長，不以貴。邾文公卒，無嫡。捷菑、貜且皆庶子也。貜且長，邾人立貜且。晉以捷菑已出，而往納焉。邾人曰：「子以其指，則捷菑四，貜且六。雖然，貜且也長。」趙盾引師而去之，君子是以與其弗克納也。故言弗。弗者，可納而不納也。然趙盾不納捷菑，可。專廢置邾君，不可。《春秋》不以所可，廢不可。此趙盾所以不免於人也。〔註48〕

在葉氏看來，這裡說明《春秋》不贊同趙盾以臣子身份專廢置君，儘管趙盾事實上放棄擁立晉女所生的貜且，依從當時採行的宗法繼承制度。但為何在《春秋》經文中趙盾稱「人」？即在於《春秋》不認同大夫出境，以臣子身份具有專廢置君的權力。

在襄公十九年「秋七月辛卯，齊侯環卒。晉士匄帥師侵齊，至穀，聞齊侯卒乃

〔註46〕蘇輿：《春秋繁露義證》（北京市：中華書局，2002年），頁79。
〔註47〕蘇輿：《春秋繁露義證》（北京市：中華書局，2002年），頁80。
〔註48〕葉夢得：《葉氏春秋傳》（臺灣商務印書館影文淵閣四庫全書本，149冊），頁138。

還」下，葉氏說：

> 師未有言還者，此何以言還？善士匄之不伐喪也。葉子曰：「趙盾納
> 捷菑於邾，以邾人之辭，弗克納而還。《春秋》雖善趙盾，而不言還。趙
> 盾不免於稱人。士匄亦受命侵齊，何以得與其還，而以名氏見？不伐喪，
> 將之事也。納君，非將之事也。趙盾不得以師而專廢置君，士匄不得以伐
> 喪而致爲師之道，此士匄所以異乎趙盾也。」〔註49〕

在這裡葉氏對兩條同是大夫專擅自決的經文進行比較，更可以清楚看出葉氏不許大
夫以臣子專擅置君的立場。在此條經文中，士匄率領軍隊攻伐齊國，到了穀邑，聽
說齊侯過世，於是還師。《公羊傳》說：

> 還者何？善辭也。何善爾？大其不伐喪也。此受命乎君而伐齊，則何
> 大乎其不伐喪？大夫以君命出，進退在大夫。〔註50〕

因爲褒揚士匄聞喪而還的作法，《春秋》特書士匄的名氏。但是，同是專擅自決的趙
盾，《春秋》卻書「人」。在葉氏看來，即是「不伐喪，將之事也。納君，非將之事
也。」士匄專擅自決的舉動，仍在大夫「有可遂者則遂焉」的界限內，因此獲得肯
定。趙盾以臣子身份介入邾國國君的繼承問題，即是紊亂君臣應有的分際，從而遭
到貶斥。在桓公十一年「九月，宋人執鄭祭仲」下，葉氏說：

> 鄭忽立，宋莊公欲私其出突，執仲，使廢忽而立突，不得爲伯討也，
> 故以人執。爲人臣而專廢置君，祭仲何以不貶？言突歸於鄭，則仲之惡，
> 不待貶絕而自見也。〔註51〕

在《公羊傳》論述經權理論時，對祭仲出忽立突的作法大爲肯定。以爲「古人之有
權者，祭仲之權是也」、「何賢乎祭仲？以爲知權也。」然而在葉氏看來，其實是大
逆不道，其惡行明顯到「不待貶絕而自見也」。爲何葉氏對祭仲如此貶斥，即在於祭
仲以臣子身份專廢置君，顛倒綱常。

對照葉氏對於經權問題的看法，他說：「權者，有時而行；而常者，萬世不可改
者也。雖大聖人，豈以一時之宜，而廢萬世之正乎？」「若是而通其權，是以亂濟亂
也。」不難看出葉氏維護倫理綱常，持守常道的用心。於是葉氏雖然在大夫遂事的
問題上，認爲「大夫出疆，有可以安社稷、利國家，則專之者也」，應該給予大夫某
部分的授權。但是，這種權力絕不可混亂綱常，動搖君臣應有的分際。從葉氏對趙
盾、祭仲的貶斥，可看出葉氏對於臣子遂事所設下的底線。

〔註49〕葉夢得：《葉氏春秋傳》（臺灣商務印書館影文淵閣四庫全書本，149冊），頁190。
〔註50〕《春秋公羊傳注疏》（北京：北京大學出版社，十三經注疏標點本，1999年），頁446。
〔註51〕葉夢得：《葉氏春秋傳》（臺灣商務印書館影文淵閣四庫全書本，149冊），頁42。

　　大抵說來，葉氏對於用「權」，仍是多所顧慮。在定公十三年「晉趙鞅歸於晉」下的注文中，葉氏即流露出對於通權說所懷有的矛盾複雜心情，他說：

> 荀寅、士吉射奔，則鞅釋兵而復其位矣。此叛者也，何以言歸？順辭也，以其歸之道爲順也。葉子曰：「《春秋》之責臣子，可謂嚴矣。昔者太甲立，而不明，伊尹放諸桐三年，復之。孟子曰：『有伊尹之志則可，無伊尹之志則篡。』鬻拳諫，楚子弗從，臨之以兵，懼而從之。鬻拳曰：『吾懼君以兵，罪莫大焉。』遂自刖。君子以爲愛君。人臣之事君，有不幸不得道其常，如伊尹、鬻拳者，雖其志不失爲愛君，然要不可爲天下法。是故鞅之事，雖逐寅、吉射，而晉少安，不得爲不忠。然據邑而有其地，專兵而有其權，亦不得爲晉之道。君子將與之，則亂臣賊子必有假之以劫其君。不與之，則惡人在君側，而大臣不能正，國終無與爲者也。是以治其始，則正之以名而書叛。原其終，則察之以情而書歸。使逆、順兩得其道而不相廢，則莅經事者不失其宜，遭變事者不失其權矣。故以鞅一見法焉。」

〔註52〕

葉氏引《孟子‧盡心》與鬻拳的典故〔註53〕，和此年趙鞅歸於晉事件一併討論。在此條經文之前，《春秋》書「秋，晉趙鞅入於晉陽以叛」下，葉氏說：

> 晉陽，趙鞅之邑也。荀寅、士吉射謀作亂，鞅據其邑以逐君側之惡人焉。此家邑也，何以言入？逆辭也，以其入之道爲逆也。何以謂之叛？以地要君，非君命而擅興師，則是叛者也。〔註54〕

葉氏列舉伊尹、鬻拳兩位以臣子身份侵犯君主威嚴，最後引導君主歸於善道的例子，強調他們的作法雖然不失爲愛君，但是以臣逼君的作法並不足以作爲後世天下的典範。於是在經權問題上，葉氏必須考慮贊同用權或否定用權，會給後世造成何種典

〔註52〕 葉夢得：《葉氏春秋傳》（臺灣商務印書館影文淵閣四庫全書本，149 冊），頁 234。

〔註53〕 《孟子》曰：「公孫丑曰：『伊尹曰：「予不狎於不順。」放太甲於桐，民大悅；太甲賢，又反之，民大悅。賢者之爲人臣也，其君不賢，則固可放與？』孟子曰：『有伊尹之志，則可；無伊尹之志，則篡也。』」引文見朱熹：《四書章句集注》（臺北市：大安出版社，1994 年），頁 502。鬻拳的典故出自莊公十九年《左傳》傳文，傳曰：「十九年，春，楚子禦之，大敗於津。還，鬻拳弗納，遂伐黃。敗黃師於踖陵。還，及湫，有疾。夏，六月庚申，卒。鬻拳葬諸夕室。亦自殺也，而葬於絰皇。初，鬻拳強諫楚子。楚子弗從。臨之以兵，懼而從之。鬻拳曰：『吾懼君以兵，罪莫大焉。』遂自刖也。楚人以爲大閽，謂之大伯。使其後掌之。君子曰：『鬻拳可謂愛君矣！諫以自納於刑，刑猶不忘納君於善。』」引文見《春秋左傳正義》（北京：北京大學出版社，十三經注疏標點本，1999 年），頁 261。

〔註54〕 葉夢得：《葉氏春秋傳》（臺灣商務印書館影文淵閣四庫全書本，149 冊），頁 234。

範？是否授人以柄？

在趙鞅的例子中，荀寅、士吉射圖謀作亂。趙鞅以晉陽之兵平息晉國的內亂，因此《公羊傳》稱爲：「以地正國」〔註55〕。但是，由於趙鞅舉兵平亂並沒有得到晉君的同意，身爲臣子擅自從權發兵，這是《春秋》所以斥責的，故書「叛」字表示貶抑。葉氏認爲，如果不貶斥趙鞅專擅兵權，而肯定其通權達變，臨事制宜。無疑給後世亂臣賊子興兵作亂的藉口，反而遺留更大的禍患。這是葉氏對於通權說的顧慮。

相反地說來，如果不肯定趙鞅通權發兵，「以地正國」。難道可以坐視君測的惡人胡作非爲，危害君主嗎？在《春秋》中，經文對於趙鞅先書「叛」，後書「歸」，表示對趙鞅「以地正國」的肯定。但是在葉氏對於趙鞅事的反覆議論中，不難看出葉氏一方面顧慮贊同用權會給後世亂臣賊子不良的錯誤示範，故以爲通權是「以亂濟亂」，一方面又故顧慮全然禁止用權，會掣肘臣子從事有利國家社稷的作爲。這種顧慮一直是葉氏在思索經文問題時不得不面對的矛盾。

綜上所述，葉氏在經權問題上，主要接受《公羊傳》的觀點，並提出更爲深入細密的看法。在理論建構層面，葉氏基於維護倫理綱常的立場，斥責通權說是「以亂濟亂」，以爲縱容臣子用權，可能造成君臣分際的紊亂。並根據《春秋》中幾條對臣子用權表示否定的經文，認爲「《春秋》無權道」。

面對《論語》、《孟子》有關「權」的討論，葉氏一一分析這些資料的涵義，認爲「權」即是能「明道」，「雖守其常，而變自存乎其間。」從而能持守常道，進而應變。換言之，即是「守經」就能應變，即能「通權」。如此一來，「通權」無異於「守經」，在觀念上和程頤的「權只是經」說法非常相近。同時也對《公羊傳》「權者反於經，然後有善」的說法予以駁斥。

葉氏並認爲「禮之變」、「禮之正」均非權變、權衡，而是屬於常道的一部份。從而在理論上否定用權的重要性。但在實際經文的解說中，卻可以發現葉氏仍贊同給予臣下某種程度的授權，認爲在一定情況下在下的臣子具有專擅通權的權力。這表現在對於大夫遂事的解釋上。

關於經文中「遂」字的解釋，葉氏分成「君遂」與「臣遂」兩種。如果是「君遂」，「遂」字表示「繼事之辭」。如果是「臣遂」，「遂」字表示「生事之辭」。至於大夫的遂事，在葉氏看來應該細分成國內與國外兩種。在國內，由於上有國君，因此「大夫無遂事」。但在國外，則「《春秋》之義，大夫出疆，有可遂者則遂焉。」

〔註55〕《春秋公羊傳注疏》（北京：北京大學出版社，十三經注疏標點本，1999年），頁581。

這種說法其實進一步地將《公羊傳》的說法予以融通細分，在理論上建構上更爲細密。但是比照先前葉氏對經權問題的看法，無疑可以看出葉氏在大夫遂事的解釋上出現理論與解說的矛盾。

值得特別說明的是，臣子遂事並非沒有任何限制。在葉氏看來，「大夫出疆，有可以安社稷、利國家，則專之者也」，應該給予大夫某部分的授權。然而這種權力卻絕不可混亂綱常，動搖君臣應有的分際。從葉氏對趙盾、祭仲的貶斥中，不難看出葉氏對於臣子遂事所設下的底線。

大抵葉氏在經權問題上顧慮很多，著眼點也頗爲複雜。從葉氏對趙軼事的反覆議論中，不難看出一方面顧慮贊同用權會給後世亂臣賊子不良的錯誤示範，以爲通權是「以亂濟亂」，一方面又故顧慮全然禁止用權，會掣肘臣子從事有利國家社稷的作爲。這種兩難的顧慮造成葉氏在經權問題上，理論與實際經文解釋上，出現矛盾紛雜的現象，而沒有一致性的答案與結論。

第二節　諱例理論的反省

班固在《漢書·藝文志》中曾就《春秋》流傳的情況，表示：

> 有所褒諱貶損，不可書見，口授弟子，弟子退而異言。丘明恐弟子各安其意，以失其眞，故論本事而作傳，明夫子不以空言說經也。《春秋》所貶損大人當世君臣，有威權勢力，其事實皆形於傳，是以隱其書而不宣，所以免時難也。及末世口說流行，故有《公羊》、《穀梁》、鄒、夾之傳。
> 四家之中，《公羊》、《穀梁》立於學官，鄒氏無師，夾氏未有書。〔註56〕

班固提到《左傳》成書的原因，並提到當時有關《春秋》的四家傳本。值得注意的是，班固提到爲了免於時難，因此《春秋》經文中採用了許多隱諱的筆法，來表現對當時「大人當世君臣」的「貶損」，以寄託微言大義。

事實上，這種隱諱的筆法，在三《傳》中屢加討論，而以許多種形式出現。或爲內諱，或爲內大惡諱，或爲尊者諱，或爲親者諱，或爲賢者諱，或爲中國諱等。就三《傳》中對於諱例的討論，以下略舉數條。在《左傳》僖公元年傳文中，傳曰：

> 元年，春，不稱即位，公出故也。公出復入，不書，諱之也。諱國惡，禮也。〔註57〕

杜預注曰：

〔註56〕班固：《漢書》（臺北市：成偉出版社，1976年），頁1715。
〔註57〕《春秋左傳正義》（北京：北京大學出版社，十三經注疏標點本，1999年），頁320。

掩惡揚善，義存君親，故通有諱例。皆當時臣子率意而隱，故無深淺
常準，聖賢從之以通人理，有時而聽之可也。〔註58〕

在《公羊》閔公元年，傳曰：

《春秋》爲尊者諱，爲親者諱，爲賢者諱。〔註59〕

在隱公十年，傳曰：

《春秋》錄內而略外。於外大惡書，小惡不書；於內大惡諱，小惡書。

〔註60〕

何休注曰：

於內大惡諱，於外大惡書者，明王者起當先自正，內無大惡，然後乃
可治諸夏大惡。因見臣子之義，當先爲君父諱大惡也。內小惡書，外小惡
不書者，內有小惡，適可治諸夏大惡，未可治諸夏小惡。明當先自正然後
正人。小惡不諱者，罪薄恥輕。〔註61〕

在《穀梁》成公九年，傳曰：

爲尊者諱恥，爲賢者諱過，爲親者諱疾。〔註62〕

楊士勛疏曰：

釋曰：《春秋》諱有四事，一曰爲尊者諱恥，二曰爲魯諱敗，三曰爲
賢者諱過，四曰爲同姓諱疾。〔註63〕

從這些資料來看，三《傳》對諱例皆有說明，發揮詳略多有出入。據學者奚敏芳的
研究，總括三《傳》所諱，可分五類，計有：

爲魯諱，爲魯君諱，爲天王諱，爲賢者諱，爲中國諱。〔註64〕

在三《傳》諱例的筆法上，又包括八種，計有諱例、隱例、內辭例、不言例、緩辭
例、不與例、不以例、不書例共八種〔註65〕。可見諱例之形式與理論的複雜。在葉
氏對《春秋》的研究中，也對避諱理論予以研究。在《春秋考》的〈統論〉中，可
以發現葉氏針對《公羊傳》提到的諱例予以分析。分析諱例成立的原因，以及應有

〔註58〕《春秋左傳正義》（北京：北京大學出版社，十三經注疏標點本，1999年），頁320。
〔註59〕《春秋公羊傳注疏》（北京：北京大學出版社，十三經注疏標點本，1999年），頁192。
〔註60〕《春秋公羊傳注疏》（北京：北京大學出版社，十三經注疏標點本，1999年），頁63。
〔註61〕《春秋公羊傳注疏》（北京：北京大學出版社，十三經注疏標點本，1999年），頁63。
〔註62〕《春秋穀梁傳注疏》（北京：北京大學出版社，十三經注疏標點本，1999年），頁226。
〔註63〕《春秋穀梁傳注疏》（北京：北京大學出版社，十三經注疏標點本，1999年），頁226。
〔註64〕奚敏芳：〈春秋三傳諱例異同研究〉《孔孟學報》，一九八九年九月第五十八期，頁
199～251。
〔註65〕奚敏芳：〈春秋三傳諱例異同研究〉《孔孟學報》，一九八九年九月第五十八期，頁
199～251。

的限制。以下即對葉氏在避諱問題上的說法予以分析。

一、辨「《春秋》爲尊者諱，爲親者諱，爲賢者諱」

葉氏對於諱例的討論，主要集中在《公羊》提出的「《春秋》爲尊者諱，爲親者諱，爲賢者諱」、「《春秋》錄內而略外，於外大惡書，小惡不書，於內大惡諱，小惡書」這兩條。

就前一條諱例來說，在葉氏看來，《春秋》爲尊者諱，而不爲親者、賢者諱。他說：

> 《春秋》諱國惡歟？曰：「然」。「爲尊者諱，爲親者諱，爲賢者諱」歟？曰：「不然」。《春秋》公天下，信後世之書也。所以公天下信後世者，爲其善惡不敢秋毫加損益於其間也。今尊者有罪，諱而遷其辭曰：「是吾尊也。」親者有罪，諱而遷其辭曰：「是吾親也。」賢者有罪，諱而遷其辭曰：「是吾賢也。」二百四十二年之間，凡魯君，曰：孰非吾尊且親？而列國之中，亦何時而無賢？《春秋》將遷其辭之不暇，其所以爲公且信者，將安施乎？〔註66〕

葉氏對《公羊》「爲尊者諱，爲親者諱，爲賢者諱」諱例的駁斥，只要著眼在技術上實務方面的考量。正如葉氏所質疑，《春秋》二百四十二年的歷史中，尊者、親者、賢者何其多？如果眞要謹守《公羊》諱例，實際遇到的狀況即可能是隨時隨地遇到尊者、親者、賢者。那麼一來，「《春秋》將遷其辭之不暇」，如何可能在經文中信實地記載史實，並透過史事批評來進行筆削褒貶呢？這是葉氏對《公羊》諱例從實務技術層次上提出的質疑。

但是，葉氏不是因此否定諱例存在。基於對於君父的感情，《春秋》採取爲尊者諱。於是他申明爲尊者諱的理由，他說：

> 然而吾，魯臣也。其所爲，魯史也。昔者楊子爲我，拔一毛而利天下不爲也。孟子以爲無君。墨子兼愛，摩頂放踵，利天下爲之，孟子以爲無父。君與父，吾之所獨，非夫人而可同也。知爲己而不知物，則吾之君，亦人之君，謂之吾君，可乎？知爲人而不知己，則吾之父，亦人之父，謂之吾父，可乎？古之爲臣與子者，喪其君與父，斬衰三年；雖母猶厭而爲朞。是君與父，天下所不得同者也。墨者夷之，葬其親厚，謂愛無差等，施由親始。孟子以爲賤其親，曰：「天之生物也，使之一本，而夷子二本。」

〔註66〕葉夢得：《葉氏春秋考》（臺灣商務印書館影文淵閣四庫全書本，149 冊），頁253。

今《春秋》書魯事，未嘗與列國等。列國不書即位，魯書即位。列國不卒
葬夫人，魯卒葬夫人。列國不卒大夫，魯卒大夫。列國女嫁爲夫人，不書
歸。魯內女嫁爲夫人，書歸。列國戰書敗績，魯不書敗績。（案：莊公九
年戰於乾時，未嘗不書敗績，此失考之。）列國公與微者會，皆書爵。魯
與微者會，非內志不書公。如是之類，曰「內辭」焉，雖周不得同。則夫
國有惡，如他國焉，而直書之，《春秋》亦有二本乎？〔註67〕

在葉氏看來，爲尊者諱的原因在於對於自身君父的特殊感情。這種對君父的感情是
不能和別人相攤，獨一無二的。對葉氏來說，其理論根據即在於《孟子》〔註68〕。
透過孟子對楊朱、墨子思想的批評，葉氏論證《春秋》對於魯國君父特殊而又不可
取代的感情。

　　因此在經文書法上，對於魯國事件《春秋》即採取特殊而又和他國不同的書法。
這樣的例子很多，包括了：「列國不書即位，魯書即位。列國不卒葬夫人，魯卒葬夫
人。列國不卒大夫，魯卒大夫。列國女嫁爲夫人，不書歸。魯內女嫁爲夫人，書歸。
列國戰書敗績，魯不書敗績。列國公與微者會，皆書爵。魯與微者會，非內志不書
公」等書法。

　　葉氏認爲這些例子證明瞭《春秋》對魯國事件採取不同他國的筆法。理由即在
於出自對於自身君父的特殊感情。不僅上述這些例子可資證明，葉氏還廣泛地蒐羅
典籍記載，證明《春秋》爲尊者諱的理由，他說：

　　　　莊子曰：「蹍市人之足，則辭以放鶩，兄則以嫗，大親則已矣。」以

〔註67〕葉夢得：《葉氏春秋考》（臺灣商務印書館影文淵閣四庫全書本，149 冊），頁 253。
〔註68〕葉氏此處引用《孟子》許多典故。〈盡心〉曰：「楊子取『爲我』，拔一毛而利天下，
　　　　不爲也。墨子『兼愛』，摩頂放踵利天下，爲之。」〈滕文公〉曰：「楊朱、墨翟之言
　　　　盈天下。天下之言，不歸楊則歸墨。楊氏爲我，是無君也。墨氏兼愛，是無父也。
　　　　無父無君，是禽獸也。」又曰：「墨者夷之，因徐辟而求見孟子。孟子曰：『吾固願
　　　　見，今吾尚病，病癒，我且往見。』夷子不來。他日又求見孟子。孟子曰：『吾今則
　　　　可以見矣。不直則道不見，我且直之。吾聞夷子墨者，墨之治喪也，以薄爲其道也。
　　　　夷子思以易天下，豈以爲非是而不貴？然而夷子葬其親厚，則是以所賤事親也。』
　　　　徐子以告夷子。夷子曰：『儒者之道，古之人「若保赤子」，此言何謂也？之則以爲
　　　　愛無差等，施由親始。』徐子以告孟子。孟子曰：『夫夷子信以爲人之親其兄之子爲
　　　　若親其鄰之赤子乎？彼有取爾也。赤子匍匐將入井，非赤子之罪也。且天之生物也，
　　　　使之一本，而夷子二本故也。蓋上世嘗有不葬其親者，其親死則舉而委之於壑。他
　　　　日過之，狐狸食之，蠅蚋姑嘬之。其顙有泚，睨而不視。夫泚也，非爲人泚，中心
　　　　達於面目。蓋歸反虆梩而掩之，掩之誠是也。則孝子仁人之掩其親，亦必有道矣。』
　　　　徐子以告夷子。夷子憮然爲間曰：『命之矣。』」引文見朱熹：《四書章句集注》（臺
　　　　北市：大安出版社，1994 年），頁 500、379、365。

其出於情者異也。孟子曰:「越人彎弓而射之,則己談笑而道之;其兄彎弓而射之,則己垂涕泣而道之。」爲其責於恩者殊也。葉公語孔子曰:「吾黨有直躬者,其父攘羊,而子證之。」子曰:「吾黨之直者異於是,父爲子隱,子爲父隱。」故陳司敗嘗問於孔子曰:「昭公知禮乎?」子曰:「知禮。」陳司敗曰:「吾聞君子不黨,君子亦黨乎?君娶於吳爲同姓,謂之吳孟子,君而知禮,孰不知禮?」子曰:「丘也幸,苟有過,人必知之。」故《記》言「《魯春秋》去夫人之姓曰『吳』,其死曰:『孟子卒』」由是言之,《春秋》之義,蓋亦可見矣。以爲吾之父,非人之父也。則有美焉,有惡焉。稱其美不稱其惡,所以別乎人之子。吾之君,非人君也。則有美焉,有惡焉。亦稱其美,不稱其惡,所以別乎人之臣也。〔註69〕

葉氏引《莊子》〔註70〕、《孟子》〔註71〕、《論語》〔註72〕、《禮記》〔註73〕等典故,反覆論證對於君父的特殊感情,從而確立爲尊者諱的合理性。

葉氏並在《春秋傳》的解釋中,直接提出一則孔子奉行「爲尊者諱」,而遭人指責、「爲法受過」的例子。在哀公十二年「夏五月甲辰,孟子卒」下,他說:

孟子者何?昭公之夫人也?何以不曰夫人?昭公取於吳,諱取同姓也。古者取妻不取同姓,買妾不知其姓,則卜之。所以別男女也。諱取同姓,則何以謂之孟子?疑辭也,若宋女然。何以不言薨?疑其爲夫人,則不可以言薨也。葉子曰:「吾何以知孟子之爲宋姓歟?記曰:『《魯春秋》去夫人之姓曰吳,其死曰孟子卒。』孟子云者,魯人之辭也。宋、魯,婚姻之國,故因之以爲稱。《春秋》從而不革,史也。其書吳,則義之云爾,孔子所以爲法受過焉。是以陳司敗嘗問於孔子曰:『昭公知禮乎?』子曰:『知禮。』陳司敗曰:『君取於吳爲同姓,謂之吳孟子。君而知禮,孰不知禮?』子曰:『丘也幸,苟有過,人必知之。』」〔註74〕

陳司敗問禮之事,出於《論語・述而》之中。對於此事,朱子說:

〔註69〕葉夢得:《葉氏春秋考》(臺灣商務印書館影文淵閣四庫全書本,149冊),頁254。

〔註70〕語出〈庚桑楚〉。見錢穆:《莊子纂箋》(臺北市:東大圖書股份有限公司,1993年),頁192。

〔註71〕語出《孟子・告子》,見朱熹:《四書章句集注》(臺北市:大安出版社,1994年),頁476。

〔註72〕語出《論語》〈子路〉、〈述而〉,見朱熹:《四書章句集注》(臺北市:大安出版社,1994年),頁202、134。

〔註73〕語出《禮記・坊記》,見《禮記正義》(北京:北京大學出版社,十三經注疏標點本,1999年),頁1418。

〔註74〕葉夢得:《葉氏春秋傳》(臺灣商務印書館影文淵閣四庫全書本,149冊),頁242。

　　　　孔子不可自謂諱君之惡，又不可以娶同姓爲知禮，故受以爲過而不
　　辭。〔註75〕

因此，關於此條經文書「孟子卒」，即是孔子出自「爲尊者諱」而書。從而證明在避
諱理論中「爲尊者諱」成立的合理性。

　　綜上所述，葉氏著眼於技術上實務方面的考量，質疑《公羊傳》提出的「《春秋》
爲尊者諱，爲親者諱，爲賢者諱」這條諱例。認爲《春秋》二百四十二年的歷史中，
尊者、親者、賢者眾多，難以一一避諱。果眞從事避諱，即無法在經文中信實地記
載史實，並透過史事批評來進行筆削褒貶。

　　再者，葉氏援引眾多典籍中的記載，認爲《春秋》出於對於自身君父的特殊感
情，因而對於魯國事件採取特殊而又與他國不同的方式記載。在《春秋》之中，哀
公十二年經書「夏五月甲辰，孟子卒」，即因「諱取同姓」，而特書「孟子卒」。此即
是孔子「爲尊者諱」的顯證，從而證明《春秋》爲尊者諱的合理性。

二、論「小惡書」

　　《公羊傳》根據《春秋》經文，針對避諱的書法提出：「於內大惡諱，小惡書。」
葉氏對於「小惡書」這條諱例，認爲：

　　　　故其小惡雖愆於禮義，而未絕于王法，則著其實而使自見。如夫人如
　　齊、「九月用郊」之類是也。〔註76〕

又說：

　　　　小惡不書，則遂沒而不見乎？亦各於義而已矣。夫人孰無過？雖湯，
　　不貴無過，而貴於改過不吝。顏子不貴無過，而貴於不貳過。所謂小惡者，
　　謂其不干於法，不害於教，沒之不爲縱失有罪者也。縱有罪，於義爲輕。
　　內其君，於義爲重，則沒之可也。魯之小過，沒而不書者，吾不得而知矣。
　　乃子般弒，而季友出奔。內無與主而致季友，不敢保其身，則莊公（筆者
　　按：應爲閔公）之爲也。始即位，既不能強而自立以修其國政，又不能弱
　　而朝霸主，以幸苟容。至於欲討而後見之，則文公之爲也。故季友出奔，
　　文公如晉，皆沒而不書。然季友歸，而魯復存，則季友之功不可不錄，故
　　復見季子來歸。晉爲霸主，受公朝而以大夫爲盟，則晉侯之罪不可不正，
　　故復見及處父盟。見季子歸，則知其嘗出，而不書者全其美也。見處父盟，

〔註75〕朱熹：《四書章句集注》（臺灣商務印書館影文淵閣四庫全書本，149冊），頁134。
〔註76〕葉夢得：《葉氏春秋考》（臺灣商務印書館影文淵閣四庫全書本，149冊），頁254。

則知公嘗朝，而不書者殺其恥也。此《春秋》之微也。〔註77〕

嚴格說來，葉氏對「小惡書」這條諱例的意見，主要承襲何休的意見。何休說：

小惡不諱者，罪薄恥輕。〔註78〕

在葉氏看來，因爲小惡不過於違背王法，在意義上顯得較爲無足輕重，因此《春秋》不諱。換句話說，對於小惡「沒之不爲縱失有罪」，在意義上小惡較爲無足輕重，因此《春秋》不諱小惡，而直書之。

三、從「內大惡諱」論諱例呈現史事的方式

事實上，在諱例理論的討論中，以葉氏對於「內大惡諱」的分析較爲具有理論意義，問題也較爲複雜。對於「內大惡諱」這條諱例，葉氏說：

乃《春秋》將以公天下，則有不得而私。將以信後世，則有不得而誣。……其大惡，王法所誅絶，不可通於天下，則微其辭而徐見之。桓無王，定無正月之類是也。雖隱其跡，而使人徐察焉，終不沒其實。蓋不敢廢其爲公也，不敢棄其爲信也。是以隱弑不書，而不得葬。與列國之君弑而不葬者同，謂之非弑，可乎？滅國不書，而滅項不見公，與列國之滅國而書者同，謂之無滅，可乎？故曰：「丘也幸，苟有過，人必知之。」夫不畏其有黨，而能爲法受其過。則其爲公天下信後世者，孔子固自有以處之矣。此其所以爲《春秋》者也。〔註79〕

這是葉氏對「內大惡諱」的分析。值得注意的是，葉氏認爲《春秋》的宗旨在於爲後世樹立「一王大法」，因此，必能符合「公天下」、「信後世」等要求。因此，在經文記載上應該「有不得而私」、「有不得而誣」。

因此，對於大惡，表面上似乎隱諱，但是仍能透過義例、書法，使後來讀者從隱諱的記載中窺探到事實眞相。故葉氏說：「雖隱其跡，而使人徐察焉，終不沒其實。」這裡葉氏舉出兩個例子，來證明《春秋》諱例呈現史事的方式。一個是隱公不書葬，一個是僖公滅項之事。在隱公十一年「冬，十有一月壬辰，公薨」下，葉氏說：

公薨何以不地？故也。故則何以書薨？以內大惡，則不可言。以臣子之心，則不忍言也。何以不言葬？《春秋》之法，君弑賊不討，則不書葬，責臣子也。以爲所以事君親者，人得以任其責。故君弑，在官者皆得討之，不必其國也。父弑，在宮者皆得討之，不必其子也。州籲弑桓公，衛人能

〔註77〕 葉夢得：《葉氏春秋考》（臺灣商務印書館影文淵閣四庫全書本，149 冊），頁 255。

〔註78〕 《春秋公羊傳注疏》（北京：北京大學出版社，十三經注疏標點本，1999 年），頁 63。

〔註79〕 葉夢得：《葉氏春秋考》（臺灣商務印書館影文淵閣四庫全書本，149 冊），頁 254。

討之，故桓公得葬。無知弒襄公，齊人能討之，故襄公得葬。葬者，臣子
之終事。君弒，賊在，偃然南面而事之，曰：「吾所以事其君親者爲巳」
終可乎？此《春秋》所以不得葬也。〔註80〕

隱公爲桓公所弒殺，但是《春秋》書「公薨」，表面上好像是指隱公病死。然而，葉氏指出這條記載沒有書寫死去的地點，例如莊公十二年經書「公薨于路寢」。又不書葬，因此這裡事實的記載不眞，而是臣子奉行避諱原則，將桓公的惡行予以隱諱。然而，如果熟悉《春秋》記事的義例、書法，從「不書葬」這點，即能看出隱公的死因，而知道發生弒君的惡行。這是葉氏舉出經文避諱，但可由義例發現史事的第一個例子。在僖公十七年「夏，滅項」下，葉氏說：

項，國也。孰滅之？公滅也。公方在淮，則何以能滅項？使大夫滅也。
內不言滅，此何以言滅？諸侯方與公責淮夷，病人於外。而公復使大夫滅
人於內，以公爲病矣。何以不言大夫？非大夫之罪也。〔註81〕

關於此事，《左傳》說：

師滅項。淮之會，公有諸侯之事，未歸，而取項。齊人以爲討，而止
公。〔註82〕

在這條記載中，不書「公」，表示隱諱。但是在記事上，和記載別國滅他人之國的書法相同，如僖公二十五年「衛侯燬滅邢」。因此，雖然經文隱諱了僖公，也不能否定發生滅國的史事。

從這兩個例子，葉氏證明了儘管經文對於大惡有所避諱，即所謂「內大惡諱」。但是，仍可透過義例、書法，從經文隱諱的文字中發現史事的眞相。這即是葉氏從「內大惡諱」諱例的討論中，說明在諱例中《春秋》呈現史事的方式，故葉氏說：「雖隱其跡，而使人徐察焉，終不沒其實。」

葉氏並根據這個原則，駁斥三《傳》對於「天王狩於河陽」的說法。在僖公二十八年「天王狩于河陽」下，葉氏說：

狩者何？天子適諸侯曰巡狩，諸侯見天子曰述職。巡狩者，巡所守也。
何以書？前以王之自往，則不書。今以晉侯召王而往，則書。蓋王以巡狩
爲之名也。葉子曰：「吾何以知晉侯召王，而王以狩爲之名歟？《春秋》
有諱而爲之辭者矣，未有諱而變其實者也。天王敗績於茅戎，可以自敗見
義，不可以非敗而言敗也。天王出居於鄭，可以自出見義，不可以非出而

〔註80〕葉夢得：《葉氏春秋傳》（臺灣商務印書館影文淵閣四庫全書本，149 冊），頁 27。
〔註81〕葉夢得：《葉氏春秋傳》（臺灣商務印書館影文淵閣四庫全書本，149 冊），頁 107。
〔註82〕《春秋左傳正義》（北京：北京大學出版社，十三經注疏標點本，1999 年），頁 389。

言出也。使晉侯實召王而往，《春秋》虛假之狩，是加王以無實之名，而免晉以當正之罪。孰有如是而可爲《春秋》乎？此自左氏失之，而《公羊》、《穀梁》復謂「再致天子」，故通文公以「全天子之行」，則又非矣。使天子而可致，雖書而何諱？使不可致，一致固已罪矣，何再致而反通之乎？天子之行不可以晉侯而苟全，此《春秋》垂萬世之義也。」〔註83〕

關於此條經文，《左傳》說：

是會也，晉侯召王，以諸侯見，且使王狩。仲尼曰：「以臣召君，不可以訓。故書曰『天王狩于河陽』，言非其地也，且明德也。」〔註84〕

《公羊傳》則曰：

狩不書，此何以書？不與再致天子也。魯子曰：「溫近而踐土遠也。」

〔註85〕

《穀梁傳》則曰：

全天王之行也，爲若將守而遇諸侯之朝也，爲天王諱也。水北爲陽，山南爲陽。溫，河陽也。〔註86〕

葉氏糾正三《傳》對於此條經文的解釋，主要根據他對於諱例的認識。在葉氏的分析中，「天王狩於河陽」這件事，一是在當時，天王以巡狩爲名，到河陽和晉文公會面。《春秋》如實記下天子這次以巡狩爲名的行動。一是周天子到河陽和晉文公會面。《春秋》爲了避談「以臣召君」的事實，基於避諱而捏造出巡狩的名號，來掩飾這次周天子不名譽的行動。葉氏認爲是前者，但《左傳》以爲是後者。

進一步說，前者，《春秋》只是如實記下當時發生的事實；後者，在葉氏看來即是基於避諱，捏造一個名號而扭曲掩蓋這次事件。葉氏認爲「天王狩於河陽」這條經文，應該是當時天子以巡狩爲名，並非《春秋》爲了避諱，而捏造出來的。在葉氏看來，《春秋》種種諱例的使用，儘管用微婉的字詞來遮掩事件，但是並沒有扭曲事件，否定事件存在。同時，可以藉由義例以及前後經文，來推敲出事實爲何。如隱公死，書「公薨」，但不書葬，不地。這即可判斷事件眞相爲何。

對於隱公被弒的事件，《春秋》基於避諱書「公薨」，但是仍可透過義例、書法等依據來判斷。如果「天王狩於河陽」，是《春秋》基於避諱，而將周天子屈尊就卑，晉文公以臣召君的行爲予以粉飾。後來人如何可以透過經文來理解事實？這和上述

〔註83〕葉夢得：《葉氏春秋傳》（臺灣商務印書館影文淵閣四庫全書本，149冊），頁118。
〔註84〕《春秋左傳正義》（北京：北京大學出版社，十三經注疏標點本，1999年），頁457。
〔註85〕《春秋公羊傳注疏》（北京：北京大學出版社，十三經注疏標點本，1999年），頁260。
〔註86〕《春秋穀梁傳注疏》（北京：北京大學出版社，十三經注疏標點本，1999年），頁149。

列舉的「雖隱其跡，而使人徐察焉，終不沒其實」諱例理論不合。

在葉氏看來，《春秋》若是捏造「巡狩」來解釋周天子的行動，一方面扭曲事件，一方面免除了晉文公以臣召君的惡行，留下一個錯誤的示範。如果捏造「巡狩」來粉飾此事，這和《春秋》其他經文不合。例如《春秋》中其他有關天王的經文，如成公元年「王師敗績于茅戎」，因爲作戰失敗，可以書敗。但是不可沒發生此事，而憑空捏造失敗。僖公二十四年「天王出居於鄭」，因爲實際上出奔到了鄭國，故可書「出居」，但是不能憑空假造事件。因此，經文書「狩」，應是當時確有此名，或確有其事。

再者，因爲用「巡狩」粉飾了事實，反而姑息了晉文公以下犯上的過錯，故說：「使晉侯實召王而往，《春秋》虛假之狩，是加王以無實之名，而免晉以當正之罪。」如此一來，《春秋》如何爲後世樹立可供依循的典範、原則？

因此，葉氏根據對於諱例理論的認識，質疑三《傳》對於「天王狩於河陽」此條經文的解釋。以爲基於避諱，而憑空捏造「巡狩」之名，只是姑息晉文公的過錯，同時扭曲事件。同時，不合乎《春秋》一般諱例運用的原則。

此外，就理論溯源來說，葉氏對於「內大惡諱」的意見，其實可能出自對於啖助、趙匡諱例理論的因襲。對於諱例理論，啖助說：

> 《公羊》云：「《春秋》爲賢者諱，爲尊者諱。」《穀梁》云：「爲尊者諱恥，爲親者諱疾，爲賢者諱過。」舊說隱，諱也。乃隱其惡耳。若隱其惡，何名爲直筆乎？蓋諱，避之也。避其名而遜其辭，以示尊敬也。猶魯諱具敖，以鄉名山，非謂隱諱，言魯無此山也。但諱爲避，則近《春秋》之義也。今言他人之遇屯否罪戾死喪恥辱，則正言之。至於所尊所敬，則婉順言之，此蓋是人情常理。《春秋》避諱之道亦爾。公、夫人見殺，及魯師敗不書，不可斥言也。公則以不地見，殺夫人則以齊人以屍歸見，師敗則書戰而已，舉例而見意，凡惡事必須書者，則避辭言之，猶公、夫人奔，則曰遜。殺大夫曰刺之類是也。〔註87〕

在這段意見之中，啖氏主要在於辨析《春秋》中的避諱，並非掩蓋、否定事實，而是選擇微婉的字詞以表示敬意。事實上，《春秋》對於應該避諱的事件，都有一定成例，亦即所謂書法、義例。後來讀者不難根據義例來掌握這些《春秋》避諱的經文。例如在公、夫人被殺的例子中，如隱公即不書地，可見死於非命。夫人被殺，則見於僖公元年「秋，七月戊辰，夫人姜氏薨於夷，齊人以歸」。對於此事，《公羊傳》說：

〔註87〕陸淳：〈諱義例第三十四〉《春秋集傳纂例》（臺灣商務印書館影文淵閣四庫全書本，146 冊），頁 507～508。

夷者何？齊地也。齊地，則其言齊人以歸何？夫人薨于夷，則齊人以歸。夫人薨于夷，則齊人曷爲以歸？桓公召而縊殺之。〔註88〕

何休則對此事說：

先言薨，後言以歸，而不言喪者，起桓公召夫人于邾妻，歸殺之於夷。因爲内諱恥，使若夫人自薨於夷，然後齊人以歸者也。主書者，從内不絕錄，因見桓公行霸王，誅不阿親親，疾夫人淫泆二叔，殺二嗣子，而殺之。

〔註89〕

從經文來看，書「夫人姜氏薨於夷」，好像是夫人在夷地病死〔註90〕。但是《公羊》認爲，「夷」屬於齊地，而經書「齊人以歸」，即代表其中發生了變故。據何休意見，即是避諱夫人被齊桓公所殺。再者，魯國軍隊作戰失敗，經文不書「敗」，而隱諱地書「戰」。從這些例子，儘管《春秋》採用了隱諱的用詞，後來人不難透過義例以及經文記載推知當時實情，所謂「舉例而見意」。

至於趙匡，對於諱例理論則說：

凡君之過惡，以諱爲示譏，見其避諱，亦足以知其不當爲也。爲尊者諱，不書王師戰（下注：但言敗績於某而已），不言天王奔及出（下注：但言居而已）。凡伯，不言執，即不書魯君弒（下注：但書公薨）。君敗臣師則曰克（下注：鄭伯克段于鄢是也）。魯君殺大夫則曰刺（下注：刺公子偃之類）。公與王人盟，則不言公（下注：及蘇子盟于女栗之類是也）。但存其禮而已。爲親者諱，謂魯與二國伉敵，而有屈辱之時，則避其辭不書魯師敗（下注：但書戰而已）。入邾則先言公伐邾，下但言入邾（下注：義見哀七年），但遜其辭而不隱其實。……内惡如弒君等，但隱避其文，以示臣禮。然而不地、不葬，以見事實。至於諸惡無不書者，何言大惡不書乎？〔註91〕

趙氏同樣強調所謂的避諱，其實不是掩蓋事實，而是微婉其辭。但是若能熟悉書法、義例，不難由這些字詞，來發現事實眞相。因此，趙氏對於諱例的看法，和啖氏強調「舉例而見意」的觀點如出一轍。

〔註88〕 《春秋公羊傳注疏》（北京：北京大學出版社，十三經注疏標點本，1999年），頁202。
〔註89〕 《春秋公羊傳注疏》（北京：北京大學出版社，十三經注疏標點本，1999年），頁202。
〔註90〕 《穀梁》曰：「夫人薨，不地，地，故也。」以爲夫人薨，書地，即表示發生了變故。解說和《公羊》小異。引文見《春秋穀梁傳注疏》（北京：北京大學出版社，十三經注疏標點本，1999年），頁106。
〔註91〕 陸淳：〈諱義例第三十四〉《春秋集傳纂例》（臺灣商務印書館影文淵閣四庫全書本，146冊），頁507～508。

　　綜上所述，葉氏認為《春秋》的宗旨在於為後世樹立「一王大法」，因此，在經文記載上應該符合「公天下」、「信後世」等要求。對於大惡，表面上似乎隱諱，但是仍能透過義例、書法，使後來讀者從隱諱的記載中窺探到事實眞相。這是葉氏從「內大惡諱」諱例的討論中，凸顯出《春秋》經文在諱例中呈現史事的方式。

　　進一步說，葉氏觀點可能出自啖助、趙匡。啖、趙兩人在諱例理論中，皆強調「舉例而見意」。認為經文儘管出於「為尊者諱」、「為親者諱」等理由，對於某些事件採取避諱的字詞。但是，如果熟悉《春秋》中的書法、義例，不難察覺到當時記載的事實。例如魯國國君被殺，不書地，不書葬，即可知道其中發生變故。因此，啖、趙的主張，和葉氏對於諱例所說：「雖隱其跡，而使人徐察焉，終不沒其實」此一觀點，兩者之間其實非常相近。可以推斷葉氏可能在諱例理論上因襲啖、趙兩人的意見。

第六章　結　論

　　《提要》說：「說經家之有門戶，自《春秋》三《傳》始。」自漢代以來，三《傳》在解經時所扮演的角色，一直是《春秋》學中複雜而又重要的問題。若再進一步思考，可以延伸出下列這些問題：包括三《傳》各自的性質與內容爲何？三《傳》的解經缺失爲何？《春秋》經本身與三《傳》又有何種關係？以及我們應該採取何種方式來研讀《春秋》？這些問題吸引許多學者不斷投入研究，建立了悠久漫長的《春秋》學發展史。

　　儘管不斷有第一流的學者參與研究、著書立說，仍無法對上述這些問題提出眾人共同認可的意見。對於整個《春秋》學發展的狀況，葉氏說：

> 古之君子，不難於攻人之失，而難於正己之是非。蓋得、失相與爲偶者也，是、非相與爲反者也。必有得也，乃可知其失。必有是也，乃可斥其非。而世之言經者，或未有得而遽言其失，莫知是而遽詆其非。好惡予奪，惟己之私。終無以相勝，徒紛然多門，以亂學者之聽，而經愈不明。

〔註92〕

爲了掃除瀰漫在《春秋》經本身許多錯誤的意見，葉氏綜合前人學說與一己研究，針對《春秋》經進行解釋，作《葉氏春秋傳》一書。透過傳文詮釋，闡明孔子作《春秋》的用心所在，並透過分析義例來發揮經中的微言大義。連帶地試圖解決《春秋》學裡長期糾葛不清的種種問題。

　　在《春秋》的著述宗旨上，葉氏肯定《春秋》是「即魯史而爲之經」，目的在於「爲天下與後世而作」。葉氏強調《春秋》的宗旨在於「代天子以行法」，進而「代天立法」，其具體作法即是依照「天之大數」，而在史事記載上予以斷限，故說：「斷

〔註92〕葉夢得：《葉氏春秋考》（臺灣商務印書館影文淵閣四庫全書本，149 冊），頁 248。

自隱公，爲十有二公，以當月之數」。這是葉氏以「法天之大數」來詮釋《春秋》。然而在當時，學者陳振孫即表示：「然其取何休之說，以十二公爲法天之大數，則未可曉也。」表明不能理解「明敏絕人」「辨訂考究，無不精詳」的葉氏何以在解經時採取如此奇特怪異的說法。

經過筆者研究，以「天數」比附《春秋》十二公的說法，其實承自漢代學者董仲舒、何休兩人附會穿鑿的解經思維，其方式在於運用比附類比的思維來羅列事實，藉此爲自身理論尋找證明。董、何二人透過此種思維建立「天人感應」的《公羊》哲學，葉氏則提出「《春秋》蓋天事，非止天子之事也」此一觀點，將孔子披上「代天立法」的神聖外衣。建立《春秋》「代天行法」的神聖性。在這個觀點下，賦予周天子承繼天道以行賞罰的重大責任。一但周天子違背了他應該承擔的任務，《春秋》即藉由「天王去『天』以示貶」的方式表示貶斥。其理論背後的用心固藉由「天」的至高無上地位，來限制天子權力的無限擴大，導正天子崇道向善，合乎正道。

除了詮釋《春秋》的著作宗旨，葉氏更論及許多《春秋》學的重要問題。在《春秋》一書的性質問題上，涉及了《春秋》究竟屬於「經」，或是屬於「史」這個問題。就葉氏學說而言，《春秋》是經或是史不僅僅關係到孔子著作《春秋》的方式，也連帶地涉及經文中許多經例的判定、三《傳》的內容性質和解經方式，以及中唐的啖、趙學派對葉氏《春秋》學的影響。經過研究後，可以發現葉氏其實「亦步亦趨」地繼承了啖、趙學派的觀念。其中最主要的《春秋》學觀點在於以「尊經」觀點來確立「《春秋》是經非史」的主題。

在三《傳》性質及其解經問題上，葉氏提出：「左氏傳事不傳義，是以詳於史而事未必實，以不知經故也；《公羊》、《穀梁》傳義不傳事，是以詳於經而義未必當，以不知史故也」這個觀點。進一步地，他根據對三《傳》性質的理解以歸結出稽合「事」、「義」的解經方式，強調「不得於事，則考於義；不得於義，則考於事。事、義更相發明」的方法論問題。

在三《傳》缺失的問題上，葉氏跟隨啖、趙，對日月例進行猛烈攻擊，他說：「日月，史不可以盡得，則《春秋》亦安得而盡書哉？必將以爲例，有當見而史一失之，則凡爲例者皆廢矣。故日月不可以爲例」。同時，葉氏繼承趙匡觀點而懷疑《左傳》的作者問題，從作者年代、身份、《左傳》傳承紀錄等角度提出自身的懷疑與推論。在「尊經」觀念下，葉氏又對《左傳》記事頗表疑問，認爲：「吾是以於左氏所記事，每不敢盡以爲證，必斷於經焉。」

由於葉氏強調《春秋》是經，因此進一步地認爲「《春秋》無闕文」。在「闕文」問題上，基本上存在著兩種看法，或是認知上出現兩大傾向。這其中的分別，可概

括爲「左氏學與《公羊》學」的不同。一派在《春秋》的研讀上重視《左傳》，認爲《春秋》是史，因此應以史學的角度來看待《春秋》。在此前提下，《春秋》中種種殘缺的文字往往被視爲因史料欠缺造成的「闕文」。研究《春秋》大義應以史事爲主，由史實所呈現的行爲善惡來判斷褒貶問題，反對「一字褒貶」的說法。另一派則是以《公》、《穀》研究爲主，在研究《春秋》的路徑上以義例爲主，以經文爲重。因此注重經文間參差不同的差異處，以爲即是孔子微言大義所寄託。他們認爲《春秋》是經，主在藉由義例表現大義，並非透過史事來表現大義，肯定「一字褒貶」的存在。認爲《春秋》中闕文甚少，其餘皆「有說以處之，並非斷闕不全」。

在葉氏《春秋》學中，葉氏認爲《春秋》是經非史，旨在傳達「一王大法」。因此說：「《春秋》因人以見法，不求備於史，而著其人」。這意味著葉氏在「闕文」問題上傾向將孔子視爲以「不書」的方式表現大義。從而葉氏強調《春秋》並不重在「信以傳信，疑以傳疑」地載錄史實，而重在透過筆削褒貶等方式來傳達大義。《春秋》中種種如「或國、或氏、或人、或名、或字、或子」等分別，並非「闕文」，而是義例之所在。如「天王去『天』以示貶」、「桓無王」、「桓公四年、七年，皆闕二時」等例。葉氏認爲，除了「史失之，而經不能益者；有經成亡之，而後世不敢益者」這兩種「闕文」外，就《春秋》爲後世立一王大法的前提下，斷定「《春秋》無闕文」。

葉氏不僅強調「《春秋》無闕文」，更在研究中確立《春秋》經文重「義」輕「事」的傾向。這表現在《春秋》所記載三個與弒君有關的例子中。因此，研究《春秋》不可廢棄三《傳》，亦不可忽略《春秋》以義爲主，重在微言大義的特點。基於這些意見，葉氏因此對「蘇、孫之學」提出批評，試圖在治經途徑的問題上予以澄清。我們也能從葉氏觀點與「蘇、孫之學」的比較中，更清楚底掌握葉氏解經的重點所在。

總括來說，葉氏的「尊經」觀念來自啖、趙學派。而啖、趙學派賦予葉氏的最大啓示即在於尊經疑傳的懷疑精神。此一精神促使葉氏反省過往成說，跳脫既有成見的束縛，而重新以懷疑的角度來考核經傳，從而構成葉氏解經的鮮明特色：特別注重禮制的考證與經文義例的辨析。葉氏說：「《春秋》立大法而遺萬世者也。不知聖人之道，孰與發其義？不見先王之典籍，孰與定其制？」強調從典籍考證、義例辨析這兩個層面，理解孔子作《春秋》爲後世遺留的「一王大法」。

從葉氏解經的研究成果來看，在禮制辯證、義例分析兩方面都取得相當豐碩的成果，並且糾正了過往典籍中一些錯誤說法。即就上文所提到的例子來說，葉氏在禮制考證上，從廟見之禮來析論經文的「致女」問題；從典籍資料反駁《公羊傳》

「婚禮不稱主人」的說法；以「天子巡狩之節」分析齊桓公盟會性質，駁斥《穀梁傳》「同尊周也」、「同外楚也」說法的錯誤。

葉氏又援引禮制考證以說明《春秋》經文，並分析經文中存在的禮制問題。例如論「諸侯不得相朝」，從而貶斥《春秋》經文中有關諸侯相朝的記載；論「四時祭」的內涵，因而貶斥桓公「雖祭而時，猶不敬焉」，斥責桓公之用心誣枉。或者是在時令的問題上，清楚掌握到曆法中「三正」的問題，並透過經傳記載的比較，得出「左氏記時，大抵先經一時」的寶貴結論。並引〈檀弓〉的記載，糾正《穀梁傳》對「君在祭樂之中，大夫有變以聞，可乎？」此一問題的看法。這些都是難得而可觀的研究成果。

葉氏不僅善於援用禮制說明《春秋》經文，在葉氏考證「名字」的過程中，葉氏參考經文以及相關記載，掌握到《春秋》命名的書法慣例。對〈曲禮〉所說：「天子不言出，諸侯不生名。……諸侯失地，名；滅同姓，名」此一說法予以駁斥，從而糾正了〈曲禮〉和三《傳》一些關於「名、字」的錯誤意見。

在義例辨析上，葉氏排比經文，一一檢核三《傳》所提出的義例，以駁斥《左傳》關於諸侯卒經文是否書名等凡例，並對歸入例提出自身的看法。這些研究成果，來自葉氏深厚的學養以及廣博的知識。在許多問題上，活用了稽核「事」、「義」的研究方式，在三《傳》以及諸多典籍的基礎上，取得了有別於前人成說的觀點，對經傳缺失予以抉摘。

然而，葉氏雖然藉由尊經疑傳的懷疑精神，擺脫前人成說，大膽質疑經傳記載；另一方面也使得葉氏解經流於粗疏武斷、臆測附會。在筆者看來，在某些問題時，葉氏並沒有遵守「多聞闕疑」、「君子於其所不知，蓋闕如也」的嚴謹精神，而大膽地提出新說；這種新說卻因其缺乏經典證據而使人難以盡信。這其實削弱了葉氏論證的嚴謹與可靠性，因而貶低葉氏在《春秋》學方面論述的成就。在禮制考證上，就有幾條論證過程疏略，立論大膽的例子。

再者，葉氏強調以義例解經，注重《春秋》經文中文理的分別。一方面援用義例，強調《春秋》經文在批判人事上「別嫌明微」、「正名定份」。但另一方面，企圖包括《春秋》二百四十二年經文來分析義例，使得葉氏有關義例的說法流於瑣碎和附會。前面曾提到，啖、趙解經流於「自用名學，憑私臆決」的流弊，在葉氏身上亦有類似的缺點。因此，在解經上，葉氏具有下列特點：一、大膽懷疑、不拘成見。二、旁徵博引、考證精詳。三、別嫌明微、正名定罪。四、主觀武斷、憑私臆決。五、拘泥義例、支離瑣碎等特點。

除了義例辨析與禮制考證外，對於《春秋》學中的經權問題、諱例理論，葉氏

也有深入的論述。在經權問題上，葉氏主要接受《公羊傳》的觀點，並提出更為深入細密的看法。在理論建構層面，葉氏基於維護倫理綱常的立場，斥責通權說是「以亂濟亂」，並根據《春秋》中幾條對臣子用權表示否定的經文，認為「《春秋》無權道」。

葉氏認為「權」即是能「明道」，「雖守其常，而變自存乎其間。」從而能持守常道，進而應變。換言之，即是「守經」就能應變，即能「通權」。如此一來，「通權」無異於「守經」，在觀念上和程頤的「權只是經」說法非常相近。同時也對《公羊傳》「權者反於經，然後有善」的說法予以駁斥，在理論上否定用權的可能性。但在實際經文的解說中，卻可以發現葉氏仍贊同給予臣下某種程度的授權，認為在一定情況下在下的臣子具有專擅通權的權力。這表現在對於大夫遂事的解釋上。比照先前葉氏對經權問題的看法，無疑可以看出葉氏在大夫遂事的解釋上出現理論與解說的矛盾。

值得特別說明的是，臣子遂事並非沒有任何限制。在葉氏看來，「大夫出疆，有可以安社稷、利國家，則專之者也」，應該給予大夫某部分的授權。然而這種權力卻絕不可混亂綱常，動搖君臣應有的分際。從葉氏對趙盾、祭仲的貶斥中，不難看出葉氏對於臣子遂事所設下的底線。

在諱例理論上，葉氏著眼於技術上實務方面的考量，質疑《公羊傳》提出的「《春秋》為尊者諱，為親者諱，為賢者諱」這條諱例。認為《春秋》二百四十二年的歷史中，尊者、親者、賢者眾多，難以一一避諱；果真從事避諱，即無法在經文中信實地記載史實，並透過史事批評來進行筆削褒貶。

再者，葉氏援引眾多典籍中的記載，認為《春秋》出於對於自身君父的特殊感情，因而對於魯國事件採取特殊而又與他國不同的方式記載。在《春秋》之中，哀公十二年經書「夏五月甲辰，孟子卒」，即因「諱取同姓」，而特書「孟子卒」。此即是孔子「為尊者諱」的顯證，從而證明《春秋》為尊者諱的合理性。

葉氏認為《春秋》的宗旨在於為後世樹立「一王大法」，因此，在經文記載上應該符合「公天下」、「信後世」等要求。對於大惡，表面上似乎隱諱，但是仍能透過義例、書法，使後來讀者從隱諱的記載中窺探到事實真相。這是葉氏從「內大惡諱」諱例的討論中，凸顯出《春秋》經文在諱例中呈現史事的方式。

進一步說，葉氏這些觀點可能出自啖助、趙匡。啖、趙兩人在諱例理論中，皆強調「舉例而見意」，認為經文儘管出於「為尊者諱」、「為親者諱」等理由，對於某些事件採取避諱的字詞。但是，如果熟悉《春秋》中的書法、義例，不難察覺到當時記載的事實。例如魯國國君被殺，不書地，不書葬，即可知道其中發生變故。因此，啖、

趙的主張，和葉氏對於諱例所說：「雖隱其跡，而使人徐察焉，終不沒其實」的觀點，兩者之間其實非常相近。可以推斷葉氏可能在諱例理論上因襲啖、趙兩人的意見。

　　以上略述在《葉氏春秋傳》中，葉氏對各種問題的看法，可據以看出葉氏在《春秋》學中的豐富貢獻，可提供後來研究者進一步參考研究。宋代學者眞德秀讚美葉氏《春秋》學著作有補世道人心，他說：

> 《春秋讞》、《考》、《傳》三書，石林先生葉公之所作也。自熙寧用事之臣倡爲「新經」之說，既天下學士大夫以談《春秋》爲諱有年矣。是書作於絕學之餘，所以闢邪說，黜異端，章明天理，遏止人欲，其有補於世教爲不淺也。〔註93〕

不過就葉氏《春秋》三書著述流傳的情況來看，學者葉德輝描述曰：

> 《文淵閣書目》、《菉竹堂書目》，有《傳》無《讞》、《考》。世善堂、淡生堂、天一閣、絳雲樓，並《傳》、《讞》，《考》不載。可知此三書在明時已若存若亡，傳本絕少。幸逢……《四庫全書》均已著錄。〔註94〕

可見得葉氏《春秋》學並沒有得到後世學者普遍的注意，因此影響不大。但是，從《提要》的資料來看，葉氏的某些觀點卻透過後來學者的著作加以流傳。《提要》說：

> 是書於寧宗開禧中，與《春秋傳》、《春秋讞》同刻於南劍州。元程端學作《春秋三傳辨疑》，多引其說，則當時猶有傳本。自明以來，藏書家皆不著錄，故朱彝尊《經義考》注曰「已佚」。惟《永樂大典》頗載其文，以次檢校，尚可得十之八九。今排比綴輯，復勒成編。其書大旨，在申明所以攻排三《傳》者，實本周之法度制作以爲斷，初非有所臆測於其間。故所言皆論次周典，以求合於《春秋》之法。其文辨博縱橫，而語有本原，率皆典核。陳振孫《書錄解題》稱其「辨定考究，無不精詳」，殆不誣也。
> 〔註95〕

整體來說，葉氏在禮制考證與義例辨析上最有成就，並在批評三《傳》缺失的經學成果上，貢獻良多。因此，被後來元代學者程端學吸收，作爲其攻擊三《傳》缺失的參考。就葉氏著作來說，葉氏曾懷疑《左傳》的傳承、作者身份，並詳細討論《左傳》的作者問題。直到今天，我們在思考這一個問題時，也不得不感謝葉氏在此問題上曾付出的心血與努力，給予後來學者更多的引導與指示。

〔註93〕 朱彝尊：《點校補正經義考》（臺北市：中央研究院中國文哲研究所籌備處，1997年），第五冊，頁865。
〔註94〕 葉德輝：《石林遺事》（上海市：上海書局，叢書集成續編本37冊，史部），頁549。
〔註95〕 紀昀總纂：《四庫全書總目提要》（石家莊：河北人民出版社，2000年），頁705。

參考書目及期刊

一、專　著

1. 《葉氏春秋傳》，葉夢得，文淵閣四庫全書本，149 冊。
2. 《春秋考》，葉夢得，文淵閣四庫全書本，149 冊。
3. 《春秋三傳讞》，葉夢得，文淵閣四庫全書本，149 冊。
4. 《十三經注疏（標點本）》，北京：北京大學出版社，1999 年。
5. 《春秋釋例》，杜預，台北：台灣中華書局，1980 年。
6. 《春秋集傳纂例》，陸淳，文淵閣四庫全書本，146 冊。
7. 《春秋尊王發微》，孫復，文淵閣四庫全書本，147 冊。
8. 《劉氏春秋傳》，劉敞，文淵閣四庫全書本，147 冊。
9. 《春秋權衡》，劉敞，文淵閣四庫全書本，147 冊。
10. 《春秋經解》，孫覺，文淵閣四庫全書本，147 冊。
11. 《蘇氏春秋集解》，蘇轍，文淵閣四庫全書本，148 冊。
12. 《呂氏春秋或問》，呂大圭，文淵閣四庫全書本，157 冊。
13. 《程氏經說》，程頤，文淵閣四庫全書本，183 冊。
14. 《六經奧論》，鄭樵，文淵閣四庫全書本，184 冊。
15. 《春秋傳》，胡安國，四部叢刊續編本，上海：上海書店，1989 年。
16. 《左氏春秋集說》，朱鶴齡，續修四庫全書本，上海：上海古籍出版社。
17. 《左氏春秋考證》，劉逢祿，皇清經解本，台北：藝文印書館，1961 年。
18. 《春秋繁露義證》，蘇輿，北京：北京中華書局，2002 年。
19. 《大戴禮記解詁》，王聘珍，北京：北京中華書局，1998 年。
20. 《春秋大事表》，顧棟高，北京：北京中華書局，1993 年。
21. 《點校補正經義考》，第五冊，朱彝尊，台北：中央研究院中國文哲研究所籌

備處，1997 年。

22. 《詩集傳》，朱熹，台北：台灣中華書局，1996 年。

23. 《四書章句集注》，朱熹，台北：大安出版社，1994 年。

24. 《論語新解》，錢穆，台北：蘭臺網路出版商務股份有限公司，2000 年。

25. 《春秋左傳注》，楊伯峻，高雄：復文圖書出版社，1991 年。

26. 《春秋人譜》，程發軔，台北：台灣商務印書館，1995 年。

27. 《左傳譯文》，沈玉成譯，北京：北京中華書局，1997 年。

28. 《春秋公羊傳譯注》，王維堤、唐書文，上海：上海古籍出版社，1997 年。

29. 《春秋穀梁傳譯注》，承載，上海：上海古籍出版社，1999 年。

30. 《中國經學史》，馬宗霍，台北：臺灣商務印書館，2000 年。

31. 《經學歷史》，皮錫瑞，台北：藝文印書館，2000 年。

32. 《中國經學史》，本田成之，台北：廣文書局，1979 年。

33. 《經學通論》，皮錫瑞，台北：臺灣商務印書館，1989 年。

34. 《經學史》，安井小太郎等講述，林慶彰、連清吉譯，台北：萬卷樓圖書有限公司，1996 年。

35. 《經學通志》，錢基博，台北：台灣中華書局，1978 年。

36. 《十三經概論》，蔣伯潛，台北：學海出版社，1985 年。

37. 《群經要略》，黃壽祺，上海：華東師範大學出版社，2000 年。

38. 《中國經學史》，吳雁南、秦學頎、李禹階，福州，福建人民出版社，2001 年。

39. 《中國經學思想史》一、二卷，姜廣輝主編，北京：中國社會科學出版社，2003 年。

40. 《兩漢經學史》，章權才，台北：萬卷樓圖書有限公司，1995 年。

41. 《宋明經學史》，章權才，廣東：廣東人民出版社，1999 年。

42. 《經與經學》，蔣伯潛、蔣祖怡，上海：上海書店，1998 年。

43. 《春秋學史》，趙伯雄，濟南：山東教育出版社，2004 年。

44. 《春秋左傳學史稿》，沈玉成、劉寧，南京：江蘇古籍出版社，2000 年。

45. 《宋代經學之研究》，汪惠敏，台北：師大書苑有限公司，1989 年。

46. 《宋初經學發展述論》，馮曉庭，台北：萬卷樓圖書出版有限公司，2001 年。

47. 《中國學術史‧宋元卷》上、下冊，朱漢民等著，南昌：江西教育出版社，2001 年。

48. 《春秋辨例》，戴君仁，台北：中華叢書編審委員會，1964 年。

49. 《左氏春秋義例辨》上、下冊，陳槃，台北：中央研究院歷史語言研究所，1993 年。

50. 《春秋要領》，程發軔，台北：三民書局，1996 年。

51. 《春秋三傳傳禮異同考要》，李崇遠，嘉新水泥公司文化基金會研究論文，1967年。

52. 《春秋三傳研究論集》，戴君仁等著，台北：黎明文化事業公司，1982年。

53. 《春秋三傳綜合研究》，浦衛忠，台北：文津出版社，1995年。

54. 《春秋三傳及國語之綜合研究》，顧頡剛講授、劉起釪筆記，九龍，中華書局香港分局，1988年。

55. 《諸經總龜——《春秋》與中國文化》，塗文學、周德鈞，開封：河南大學出版社，1998年。

56. 《《春秋》之謎》，鞏紅玉、劉黎明，成都：四川教育出版社，2001年。

57. 《杜預及其春秋左氏學》，葉政欣，台北：文津，1989年。

58. 《左傳導讀》，張高評，台北：文史哲出版社，1995年。

59. 《左傳漫談》，郭丹，台北：頂淵文化事業有限公司，1997年。

60. 《春秋穀梁傳傳授源流考：兼論張西堂穀梁真偽考》，周何，台北：國立編譯館，2002年。

61. 《穀梁傳漫談》，謝金良，台北：頂淵文化事業有限公司，1997年。

62. 《穀梁傳思想析論》，吳智雄，台北：文津出版社，2000年。

63. 《春秋公羊學講疏》，段熙仲，南京：南京師範大學出版社，2002年。

64. 《春秋公羊傳要義》，李新霖，台北：文津出版社，1989年。

65. 《公羊學引論》，蔣慶，瀋陽：遼寧教育出版社，1997年。

66. 《公羊傳漫談》，翁銀陶，台北：頂淵文化事業有限公司，1997年。

67. 《從公羊學論春秋的性質》，阮芝生，台北：國立台灣大學文學院，1969年。

68. 《春秋宋學發微》，宋鼎宗，台北：文史哲出版社，1986年。

69. 《春秋胡氏學》，宋鼎宗，台北：萬卷樓圖書有限公司，2000年。

70. 《三禮通論》，錢玄，南京：南京師範大學出版社，1996年。

71. 《春秋吉禮考辨》，周何，嘉新水泥公司文化基金會研究論文，1970年。

72. 《兩漢經學今古文平議》，錢穆，台北：東大圖書股份有限公司，1989年。

73. 《經學大要》，錢穆，台北：蘭臺網路出版商務股份有限公司，2000年。

74. 《國學概論》，錢穆，台北：台灣商務印書館，1987年。

75. 《書傭論學集》，屈萬里，台北：聯經出版事業公司，1984年。

76. 《周予同經學史論著選集》，周予同，上海：上海人民出版社，1996年。

77. 《經學今詮初編》，中國哲學編輯部，瀋陽：遼寧教育出版社，2000年。

78. 《經學今詮續編》，中國哲學編輯部，瀋陽：遼寧教育出版社，2001年。

79. 《經學今詮三編》，中國哲學編輯部，瀋陽：遼寧教育出版社，2002年。

80. 《中國經學史論文選集》上、下冊，林慶彰編，台北：文史哲出版社，1992

年。

81. 《兩漢思想史》，徐復觀，台北：台灣學生書局，1979 年。

82. 《經學與漢代社會》，張濤，石家莊，河北人民出版社，2001 年。

83. 《經子解題》，呂思勉，台北：台灣商務印書館，1996 年。

84. 《敘事與解釋──《左傳》經解研究》，張素卿，台北：書林出版有限公司，1998 年。

85. 《國語》，台北：漢京文化事業有限公司，1984 年。

86. 《史記》，司馬遷，台北：大明王氏出版社，1975 年。

87. 《漢書》，班固，台北：成偉出版社，1976 年。

88. 《後漢書》，范曄，北京：北京中華書局，2001 年。

89. 《新校本新唐書》，歐陽修、宋祁合撰，楊家駱主編，台北：鼎文書局，1976 年。

90. 《宋史》，脫脫，台北：鼎文書局，1998 年。

91. 《二十二史箚記校證》，趙翼，王樹民，北京：北京中華書局，2001 年。

92. 《國史大綱》，錢穆，台北：台灣商務印書館，1995 年。

93. 《史學與中國文化傳統》，陳其泰，北京：學苑出版社，1999 年。

94. 《韓非子集解》，王先謙，北京：北京中華書局，2003 年。

95. 《朱子語類》，黎靖德編，北京中華書局，1999 年。

96. 《墨子今註今譯》，李漁叔，台北：台灣商務印書館，1997 年。

97. 《二程集》，程顥、程頤，北京：北京中華書局，2004 年。

98. 《莊子纂箋》，錢穆，台北：東大圖書股份有限公司，1993 年。

99. 《太平御覽》，李昉，文淵閣四庫全書本，898 冊。

100. 《石林居士建康集》，葉夢得，叢書集成續編本，上海：上海書店。

101. 《避暑錄話》，葉夢得，百部叢書集成本，台北：藝文印書館，1965 年。

102. 《石林燕語》，葉夢得，百部叢書集成本，台北：藝文印書館，1965 年。

103. 《蒙齋筆談》，葉夢得，百部叢書集成本，台北：藝文印書館，1965 年。

104. 《孫明復小集》，孫復，文淵閣四庫全書本，1090 冊。

105. 《說文解字注》，許慎作、段玉裁注，台北：天工書局，1992 年。

106. 《兩宋詞人年譜》，王兆鵬，台北：文津出版社，1994 年。

107. 《石林遺事》，葉德輝，叢書集成續編本，上海：上海書局。

108. 《四庫全書·總目提要》，紀昀總纂，石家莊，河北人民出版社，2000 年。

109. 《直齋書錄解題》，陳振孫，台北：廣文書局，1968 年。

110. 《郡齋讀書志》，晁公武，台北：廣文書局，1967 年。

二、期　刊

1. 〈春秋三傳諱例異同研究〉，奚敏芳，《孔孟學報》，1989 年 9 月第 58 期，頁 199～251。

2. 〈春秋公羊傳思想中的經權問題〉，林義正，《文史哲學報》，1980 年 12 月 38 期，頁 313～333。

3. 〈公羊摘例〉，周何，《靜宜學報》，第 5 期，1982 年 6 月，頁 1～25。

4. 〈《四庫全書提要》對宋儒春秋學評騭之態度〉，汪惠敏，《書目季刊》，第 22 卷第 3 期，頁 71～77。

5. 〈四庫全書總目的經學批評〉，周積明撰，《孔孟學報》，第 71 期，1996 年 3 月，頁 179～198。

6. 〈春秋王不稱天探微〉，羅清能，《中華文化復興月刊》，第 20 卷第 7 期，頁 79 ～82。

7. 〈儒家「通經致用」實踐之考察——以西漢朝廷「春秋決事」為中心的討論〉，盧瑞容，《臺大文史哲學報》，第 47 期，1997 年 12 月，頁 107～138。

8. 〈論三傳不書之例〉，趙生群，《經學研究論叢》第七輯，學生書局，1999 年 9 月，頁 205～239。

9. 〈兩宋春秋學之主流（上、下）〉，牟潤孫撰，《大陸雜誌》，第 5 卷第 4、5 期，1952 年 8、9 月，頁 1～4、18～20。

10. 〈論左傳無經之傳〉，趙生群撰，《孔孟學報》，第 76 期，1999 年 9 月，頁 75 ～108。

11. 〈略論《春秋》《左傳》的褒貶書法〉，王天順，《南開學報》，1982 年第 1 期，頁 67～70。

三、學位論文

1. 《春秋三傳性質之研究及其義例方法之商榷》，陳銘煌，臺灣大學中國文學研究所碩士論文。

2. 《「經傳集解」的形成——杜預春秋左氏學析論》，謝明憲，南華大學文學研究所碩士論文。

3. 《孫復《春秋尊王發微》研究》，林玉婷，國立臺灣師範大學國文研究所碩士論文。

4. 《宋人劉敞的經學述論》，馮曉庭，東吳大學中國文學系博士論文。

5. 《啖、趙、陸三家之《春秋》學研究》，張穩蘋，東吳大學中國文學系碩士論文。

6. 《《春秋師說》考徵》，賈承恩，國立臺灣師範大學國文研究所碩士論文。

7. 《春秋公羊傳稱謂例釋》，成玲，國立臺灣師範大學國文研究所碩士論文。

8. 《何休春秋公羊解詁研究》，張廣慶，國立臺灣師範大學國文研究所碩士論文。

9. 《宋儒春秋尊王思想研究》，倪天蕙，國立政治大學碩士論文。